Hinter dem Sachregister befindet sich ein ausführliches Verzeichnis der

Guttentagschen Sammlung

Deutscher Reichs- und Preußischer Gesetze

— Textausgaben mit Anmerkungen; Taschenformat —,

die alle wichtigeren Gesetze in unbedingt zuverlässigem Abdruck und mit mustergültiger Erläuterung wiedergibt.

Guttentagsche Sammlung
Nr. 62. Preußischer Gesetze. Nr. 62.
Textausgaben mit Anmerkungen und Sachregister.

Das preußische Fischereigesetz vom 11. Mai 1916

in der geltenden Fassung.

Erläutert von

A. Born
Erster Bürgermeister i. R.

Berlin und Leipzig 1928.
Walter de Gruyter & Co.
vormals G. J. Göschen'sche Verlagshandlung — J. Guttentag, Verlags-buchhandlung — Georg Reimer — Karl J. Trübner — Veit & Comp.

Inhaltsverzeichnis.

I. Fischereigesetz.

II. Anhang.

III. Nachtrag.

Abkürzungen.

aaO. = am angeführten Orte.
aFG. = altes Fischereigesetz.
AG.BGB. = Ausführungsgesetz zum Bürgerlichen Gesetzbuch.
AllgVerf. = Allgemeine Verfügung.
ALR. = Allgemeines Landrecht.
AusfAnw. = Ausführungsanweisung.
Bd. = Band.
BGB. = Bürgerliches Gesetzbuch.
EG.BGB. = Einführungsgesetz zum Bürgerlichen Gesetzbuch
FG. = Fischereigesetz.
FO. = Fischereiordnung.
G. oder Ges. = Gesetz.
GO. = Gewerbeordnung.
GS. S. = Preußische Gesetzsammlung Seite
JO. = Jagdordnung.
JurWoch. = Juristische Wochenschrift
JMin. = Justizminister
JMBl = Justizministerialblatt.
KG. = Entscheidung des Kammergerichts
KGSt. = Entscheidung des Kammergerichts in Strafsachen
KomBer. d. AH. aaO. 1914/15 = Bericht der XVI Kommission des Abgeordnetenhauses über den Entwurf eines Fischereigesetzes, Anlagen zu den stenographischen Berichten, Sammlung der Drucksachen, Session 1914/15, Drucksache Nr 725A, S 4991 ff.
KomBer. d HH. aaO. 1916/18 = Bericht der X. Kommission des Herrenhauses zu dem Entwurf eines Fischereigesetzes, Anlagen zu den stenographischen Berichten über die Verhandlungen des Herrenhauses, Aktenstück Nr 27A, S. 84 ff.

KomBer. d. AH. aaO 1916/17 = Bericht der XIII. Kommission des Abgeordnetenhauses über den Entwurf eines Fischereigesetzes, Anlagen zu den stenographischen Berichten über die Verhandlungen des Abgeordnetenhauses, Drucksache Nr. 164, S. 130 ff.
LMin. = Minister für Landwirtschaft, Domänen und Forsten.
LMBl. = Ministerialblatt für die Verwaltung der Landwirtschaft, Domänen und Forsten.
LVG. = Gesetz über die allgemeine Landesverwaltung
LWA. = Entscheidung des Landeswasseramtes
Min. = Minister.
MinVerf. = Ministerialverfügung.
OG. = Entscheidung des Oberverwaltungsgerichts
OLG. = Entscheidung des Oberlandesgerichts.
OLKG. = Entscheidung des Oberlandeskulturgerichts.
OT. = Entscheidung des vormaligen Obertribunals.
PrVerwltgsbl. = Preußisches Verwaltungsblatt.
RegBegr. aaO. 1914/15 = Regierungsbegründung des Entwurfs eines Fischereigesetzes, Anlagen zu den stenographischen Berichten über die Verhandlungen des Abgeordnetenhauses, 22. Legislaturperiode, II. Session 1914/15, Drucksache Nr. 260, S. 2464 ff.
RegBegr. 1916/18 aaO. = Regierungsbegründung des Entwurfs eines Fischereigesetzes, Anlagen zu den stenographischen Berichten über die Verhandlungen des Herrenhauses 1916/18, Aktenstück (Drucksache) Nr. 12.
RGSt. = Entscheidung des Reichsgerichts in Strafsachen.
RGZ. = Entscheidung des Reichsgerichts in Zivilsachen.
RdErl. = Runderlaß.
StenBer. = Stenographischer Bericht
StPO. = Strafprozeßordnung
Verf. = Verfügung.
WG. = Wassergesetz.
ZG. = Zuständigkeitsgesetz
ZPO. = Zivilprozeßordnung.

I. Fischereigesetz.

Erster Abschnitt.

Allgemeine Vorschriften.

§ 1. Im Sinne dieses Gesetzes sind

1. Küstengewässer: die Teile der Nord- und Ostsee, auf die sich die preußische Staatshoheit erstreckt, einschließlich der offenen Meeresbuchten, und die in der Beilage aufgeführten Strecken von Wasserläufen,
2. Binnengewässer: alle anderen Gewässer.

Beilage zu § 1:

Bezeichnung des Küstengewässers	Anfangspunkte des Küstengewässers
Kurisches Haff	—
Frisches Haff mit Königsberger Seekanal	—
Weichsel, und zwar Mündungsarm Tote Weichsel bei Neufähr	Ostsee bei Neufähr, Verbindungslinie der am Fuße der Ostmole und am Strande (westliches Ufer) gesetzten Fischereisteine
Oder	Baumbrücke in Stettin
mit	
Parnitz	Parnitzbrücke in Stettin
Kleine Reglitz	Chausseebrücke der Stettin-Altdammer Chaussee
Große Reglitz	desgleichen

Bezeichnung des Küstengewässers	Anfangspunkte des Küstengewässers
Dammscher See nebst seinen weiteren, vorstehend nicht erwähnten Verbindungsgewässern mit der Oder, Papenwasser sowie die zwischen diesem und dem Dammschen See belegenen, untereinander in Verbindung stehenden Gewässer, Stettiner Haff (Großes und Kleines Haff) sowie die Mündungsarme der Oder: Der Peenestrom, die Swine und die Dievenow mit ihren Seitenarmen; ferner die mit den vorstehend bezeichneten Gewässern ohne zwischenliegende Flußläufe in offenem Zusammenhange stehenden Buchten und Seen	—
Eider	Süderstapeler Fähre
Stör	Delftorbrücke in Itzehoe
Krückau	Elmshorner Wassermühle
Pinnau	Chausseebrücke bei Ütersen
Elbe	Eine an der Einmündungsstelle der Ilmenau in die Elbe bei Hoopte letztere von Ufer zu Ufer durchschneidende Linie
Oste	Nördliche Grenze der Feldmark Oberndorf.
Weser	Landesgrenze gegen Bremen und Oldenburg bei Vegesack
Ems	Papenburger Schleuse
Leda	Potshausener Brücke
Jümme	Drehbrücke bei Stickhausen

I. Das für den Umfang des preußischen Staatsgebiets erlassene Fischereigesetz gilt für alle Gewässer, welche im § 1 zusammengefaßt sind und in Küstengewässer und Binnengewässer unterschieden werden.

Daraus ergibt sich, daß die Hochseefischerei, die Fischerei auf offener See, auf dem Meere von dem Gesetz unberührt geblieben ist. Die Fische im offenen Meere können als niemandem gehörend, als res nullius, von jedermann angeeignet werden. Es ist hierfür daher keine Erlaubnis, auch keine behördliche, notwendig, ebensowenig ein behördliches Legitimationspapier. Wenn nun auch das Reichsgesetz vom 4. Dezember 1876 (RGBl. S. 233) und die Kaiserliche Verordnung vom 29. März 1877 (RGBl. S. 409), betreffend die Schonzeit für den Fang der Robben einschließlich der sog. Klappmützen, ergangen sind, so wird trotzdem die eben genannte Rechtslage der Hochseefischerei dadurch nicht berührt. Letztere ist gleichsam als Gemeingebrauch am offenen Meer anzusehen.

Gesetz, betreffend die Schonzeit für den Fang von Robben vom 4. Dezember 1876: „Mit Geldstrafe bis zu 5000 Reichsmark werden Deutsche und zur Besatzung eines deutschen Schiffes gehörige Ausländer bestraft, wenn sie den vom Kaiser mit Zustimmung des Bundesrats erlassenen Verordnungen zuwiderhandeln, durch welche der Fang von Robben in den Gegenden zwischen dem 67 und 75. Grade nördlicher Breite und dem 5. Grade östlicher und 17. Grade westlicher Länge, vom Meridian von Greenwich aus gerechnet, für bestimmte Zeiten des Jahres beschränkt oder verboten wird."

Verordnung, betreffend die Schonzeit für den Fang von Robben, vom 29. März 1877: „In den Gegenden zwischen dem 67 und 75 Grade nördlicher Breite und dem 5. Grade östlicher und 17. Grade westlicher Länge, vom Meridian von Greenwich aus gerechnet, ist es den Deutschen und den zur Besatzung eines deutschen Schiffes gehörigen Ausländern verboten, den Fang von Robben, einschließlich der sogenannten Klappmützen, vor dem 3. April jedes Jahres zu betreiben."

Klappmützen sind eine Art von Robben, im männlichen Geschlecht mit einer aufblasbaren Hauttasche versehen.

II. Das FG. teilt die seinem Geltungsbereiche unterliegenden Gewässer in Küstengewässer und Binnengewässer ein, letztere in offene und geschlossene (§§ 2 und 3 des Gesetzes) Selbstverständliche Voraussetzung für die Anwendbarkeit des FG. ist, daß in den Gewässern sich Fische aufhalten.

1. Küstengewässer. Diese umfassen: a) die Teile der Nord- und Ostsee, auf die sich die preußische Staatshoheit erstreckt, einschließlich der offenen Meeresbuchten; b) die in der Beilage aufgeführten Strecken von Wasserläufen.

Zu a. Die Grenzen der Küstengewässer gegen das offene Meer sind international durch Art. 2 des Vertrages vom 6. Mai 1882 (RGBl. 1884 S 25) zwischen Deutschland, Belgien, Dänemark, Frankreich, England und Niederlande für die polizeiliche Regelung der Fischerei in der Nordsee geregelt, der besagt: „Die Fischer jeder Nation sollen das ausschließliche Recht zum Betriebe der Fischerei haben in dem Gebiete bis zu drei Seemeilen Entfernung von der Niedrigwassergrenze, in der ganzen Längenausdehnung der Küsten ihres Landes und der davor liegenden Inseln und Bänke"

„In den Buchten ist das Gebiet der drei Seemeilen von einer geraden Linie ab zu rechnen, welche in dem dem Eingang der Bucht zunächst gelegenen Teile von einem Ufer derselben zum anderen da gezogen gedacht wird, wo die Öffnung zuerst nicht mehr als zehn Seemeilen beträgt. Der gegenwärtige Artikel soll die den Fischerfahrzeugen bei der Schiffahrt und beim Ankern in den Küstengewässern eingeräumte freie Bewegung in keiner Weise beschränken, nur haben sich dieselben hierbei genau nach den von den Uferstaaten erlassenen besonderen polizeilichen Vorschriften zu richten."

Art. 3 des besagten internationalen Vertrages: „Unter

der in dem vorigen Artikel erwähnten „Seemeile" ist der 60. Teil eines Breitengrades zu verstehen."

Zur Ausführung des genannten Vertrages ist das Reichsgesetz vom 30. April 1884 (RGBl. S. 48) ergangen.

Eine Seemeile beträgt 1853 Meter, drei Seemeilen also 5559 Meter Breite längs der Küste (Hoheitszone).

Diese Abgrenzung hat keine völkerrechtliche, sondern nur fischereirechtliche Bedeutung.

In der Ostsee gilt auch, nach den Grundsätzen des Völkerrechts, die Drei-Seemeilen-Entfernung (Hoheitsgrenze) mit Ausnahme des Kleinen Belts, für welchen die Fischereihoheitsgrenze durch Vertrag zwischen Preußen und Dänemark vom 27. September 1894/9. Oktober 1896 vereinbart ist.

Die offenen Meeresbuchten, zu denen auch die sogenannten Ostsee-Binnengewässer des Regierungsbezirkes Stralsund gehören, sind Teile des Meeres, gehören also zu den Küstengewässern (Druckf. Nr 260, Samml. d. Druckf. d. Pr. AH., Anlagen zu den stenographischen Berichten, 22. Legislaturper., II. Seff. 1914/15, 4. Bd. S. 2464 ff.) und Begründung des Gesetzentwurfs, Anlagen zu den stenographischen Berichten über die Verhandlungen des Pr. HH., Seff. 1916/18, I. Bd., Aktenstück Nr. 12 S. 49 ff.). Wenn ein See mit dem offenen Meer in dauernder Verbindung stehe, muß er unter allen Umständen als Meeresbucht gelten (Bericht der Unterkommission der Kommission, Druckf. Nr. 260 aaO.).

Unter den offenen Meeresbuchten sind also solche zu verstehen, die mit dem Meere in dauernder natürlicher Verbindung stehen; darauf, daß die Meeresbuchten sehr zahlreich, zum Teil kaum sichtbar sind, auch nicht immer einen Namen haben, und daß von ihrer Aufzählung abgesehen worden ist, weist der KomBer., Druckf. Nr. 725A, AH. 1914/15 S. 4991 ff., besonders hin.

Zu b. Zu den Küstengewässern gehören ferner, nach dem Binnenland zu begrenzt, die in der Beilage aufgeführten

Strecken von Wasserläufen. Durch das Verzeichnis soll nur festgestellt werden, welche Küstengewässer zur Zeit des Inkrafttretens des FG. als Küstengewässer im Sinne dieses Gesetzes anzusehen seien, um für diese gewisse rechtliche Verhältnisse in dem Fischereigesetze festzulegen. Alle bestehenden Rechte zur Küstenfischerei bleiben aufrechterhalten. Durch die Erklärung eines bisherigen Binnengewässers zum Küstengewässer können die bestehenden wohlerworbenen Rechte an dem Gewässer nicht berührt werden. Nur bei der Leda und Jümme ist eine materielle Änderung der Rechtslage gesetzlich vorgenommen worden, um in den zu Küstengewässern erklärten Strecken der beiden Gewässer den freien Fischfang wieder einzuführen, der vor dem alten Fischereigesetze vom 30. Mai 1874 (GS. S. 197) bestanden hatte (s. § 8 Abs. 4 des FG. vom 11. Mai 1916).

Eine Änderung des Verzeichnisses, das einen Bestandteil des Gesetzes bildet, kann nur im Wege der Gesetzgebung erfolgen.

Die uneingeschränkte Fischerei in den Küstengewässern, die sich als eine auf den Gemeingebrauch zurückzuführende Befugnis darstellt, steht jedem Deutschen frei, sofern nicht Eigentums- oder dingliche Fischereirechte an diesen Gewässern bestehen (vgl. §§ 6—8 FG.). Deutscher ist derjenige, der die Reichsangehörigkeit besitzt; er braucht nicht in Deutschland zu wohnen.

Das Fischereirecht in den Küstengewässern reicht bis an die Grenze dieser Gewässer gegen das Binnenland, in den Meeresteilen, soweit sie zu den Küstengewässern gehören, einschließlich der offenen Meeresbuchten, also bis an den Strand, der übrigens meistens dem Gemeingebrauch freigegeben ist, dessen Benutzung polizeilich geregelt, also auch eingeschränkt werden kann Vgl. auch §§ 6, 36, 92 Ziff. 2, §§ 102, 106, 119 FG.

Die Küstenfischerei ist nicht auf die im § 4 aufgezählten Tiere beschränkt.

Zu den einzelnen Wasserlaufstrecken sei noch folgendes bemerkt:

Was die in dem Verzeichnis aufgeführten Wasserlaufstrecken anlangt, so ist nach der Regierungs-Begründung des Gesetzentwurfes von der Festlegung einer Grenze in der Nogat abgesehen worden, da die natürliche Ausmündungsstelle der Nogat in das Frische Haff die Grenze zwischen Küsten- und Binnenfischerei bildet und in gleichen Fällen auch bei anderen Wasserläufen keine Grenze festgelegt worden ist

Der Königsberger Seekanal bildet einen Teil des Frischen Haffs.

Die Küstenfischerei in der im Verzeichnis genannten Oderstrecke umfaßt auch die sogenannte Kaiserfahrt als wesentlichen Teil der Swine, ein Küstengewässer. Die Kaiserfahrt ist in dem Verzeichnis nicht besonders aufgeführt, weil sonst auch noch viele andere Gewässer aufgenommen werden müßten; es konnten nicht alle erwähnt werden, da sie nicht einmal alle Namen haben und viele auch zu klein sind.

Über die im Verzeichnis angegebenen Strecken der Leda und Jümme siehe das oben Gesagte

Legitimationspapiere (Fischereischein, Erlaubnisschein) (§ 92 Ziff. 2, § 98 FG.) sind zur Ausübung des Fischfanges in den Küstengewässern nicht erforderlich.

2. Unbefugtes Fischen von Ausländern in deutschen Küstengewässern wird nach § 296a RStGB mit Geldstrafe oder mit Gefängnis bis zu sechs Monaten bestraft.

Neben der Geld- oder Gefängnisstrafe ist auf Einziehung der Fanggeräte, welche der Täter bei dem unbefugten Fischen mit sich geführt hat, ingleichen der in dem Fahrzeug enthaltenen Fische zu erkennen, ohne Unterschied, ob die Fanggeräte und Fische dem Verurteilten gehören oder nicht.

Danach kann sich nur ein Ausländer strafbar machen, (vgl. oben Art. 2 des internationalen Vertrages vom 6. Mai 1882), ein Deutscher nur als Teilnehmer (Anstifter oder Gehilfe), sowie als mittelbarer Täter (intellektuelle Urheberschaft), nicht aber als unmittelbarer Mittäter zur Verantwortung gezogen werden. Der Ausländer im Dienste oder Auftrage eines Inländers macht sich nicht strafbar.

Unbefugt fischt derjenige Ausländer, welcher keine Erlaubnis dazu hat. Der Ausländer ohne diese verletzt die durch den Staat kraft seines Hoheitsrechtes in seinen Küstengewässern erfolgte Regelung der Fischerei.

Die unbefugte Fischerei muß vorsätzlich stattgefunden haben.

Vgl. auch § 370 Ziff. 4 des RStGB Derjenige, welcher über die Grenzen der Küstengewässer gegen das Binnenland hinaus den freien Fischfang ausübt, fischt unberechtigt im Sinne dieser Strafbestimmung, vgl. auch §§ 105, 106 Abs. 1 Ziff. 3.

2. Binnengewässer Binnengewässer im Sinne des FG. sind „alle anderen" Gewässer, in welchen sich Fische, Krebse usw. (§ 4 FG.) aufhalten, d. h. alle Gewässer des preußischen Staatsgebiets, welche nicht unter die Küstengewässer im Sinne des FG. fallen

Ein Gewässer im Sinne des Gesetzes ist jede Bedeckung der Erdoberfläche mit Wasser (OG. vom 25. Februar 1895, Bd. 28 S. 305), also Seen, Teiche, Hälter, Wasserläufe. Die Fischerei in Binnengewässern betrifft also die Fischerei in allen, sei es stehenden oder fließenden, natürlichen oder künstlichen, dauernd oder nur zeitweilig Wasser führenden, öffentlichen oder privaten künstlich angelegten Gewässern, in denen Fischerei betrieben wird. Der Begriff des Gewässers im Sinne des FG. muß auch auf den in dem künstlichen Mühlengerinne befindlichen Wasserlauf ausgedehnt werden Denn das Mühlengerinne bildet die notwendige Voraussetzung des Mühlengrabens, das sich in dem Gerinne bewegende Wasser stellt zusammen mit dem Wasser des Mühlengrabens ober- und unterhalb des Mühlenkolks einen einheitlich zusammenhängenden Wasserlauf dar (OG vom 25. Februar 1895, Bd 28 S. 305, vgl auch RGZ. vom 12 November 1896, Bd 38 S. 266)

Lachen, welche sich bei Hochwasser, nachdem es zurückgetreten ist, gebildet haben, fallen unter die Gewässer (vgl RGZ. vom 28. September 1917, Bd. 90 — neue Folge Bd. 40 — S. 426); ferner Fischbehälter, aber nicht Fischkasten — sie dienen dazu, gefangene Fische lebend zu verwahren —, und dergleichen, ebensowenig Springbrunnen, auch wenn Goldfische und dergleichen enthalten sind

Das Gesetz unterscheidet zwischen offenen und geschlossenen Gewässern (s. § 2)

Siehe noch Ausführungsanweisung im Anhang, erster Abschnitt § 1

§ 2. (1) Im Sinne dieses Gesetzes sind geschlossene Gewässer:

1. künstliche Fischteiche und sonstige künstliche Anlagen zur Fischzucht, sofern sie gegen den Wechsel von Fischen, die das vorgeschriebene Mindestmaß haben, abgesperrt sind,
2. die übrigen Gewässer, sofern es ihnen an einer für den Wechsel der Fische geeigneten dauernden Verbindung fehlt,

wenn die Ausübung des Fischereirechts in vollem Umfang einer Einzelperson zusteht oder die Gewässer einer Wirtschaftsgenossenschaft (§ 36 Abs. 1 Nr. 2) oder einem gemeinschaftlichen Fischereibezirke (§ 86) angehören. Dadurch, daß die Ausübung des Fischereirechts unter Beschränkung auf den Fischfang (§ 28 Abs. 1) mehreren Einzelpersonen übertragen wird, hört ein Gewässer nicht auf, ein geschlossenes zu sein.

(2) Über die Art der Absperrung nach Abs. 1 Nr. 1

können durch Polizeiverordnung (§ 124) nähere Bestimmungen getroffen werden.

(3) Alle anderen Gewässer sind offene Gewässer

I. Der Gesetzgeber unterscheidet zwischen offenen und geschlossenen Gewässern (Binnengewässern, s. § 1) und bestimmt, daß zu den offenen Gewässern alle diejenigen gehören, welche nicht zu den geschlossenen zu rechnen sind

II. Die geschlossenen Gewässer sind entweder solche, bei welchen die Voraussetzungen des § 2 Abs. 1 Ziff. 1 oder 2 gegeben sind und denen die Eigenschaft der Geschlossenheit kraft Gesetzes, also ohne weiteres zukommt, oder solche, welche von der zuständigen Behörde zu geschlossenen erklärt werden (§ 3 FG.).

III. Für die Geschlossenheit im Sinne des Abs. 1 ist erforderlich, daß 1. das Gewässer gegen den Wechsel von Fischen — im Falle der Ziffer 1 die das vorgeschriebene Mindestmaß haben (vgl §§ 106, 124), im Falle der Ziff. 2 von allen Fischen — (natürlich oder künstlich) abgesperrt ist; 2. daß a) die Ausübung des Fischereirechts in einem solchen Gewässer in vollem Umfange einer Einzelperson zusteht oder b) das Gewässer einer Wirtschaftsgenossenschaft oder einem gemeinschaftlichen Fischereibezirk angehört.

Geschlossene Gewässer im Sinne des § 2 sind solche Gewässer, die zum Betriebe einer selbständigen Fischereiwirtschaft gegen andere abgesperrt sind.

Die Absperrung ist entweder eine von der Natur geschaffene, eine natürliche oder eine von Menschenhand hergestellte, eine künstliche. Sie besteht in der Verhinderung der Verbindung mit einem anderen Gewässer, so daß eine solche Verbindung fehlt. Es ist also notwendige Voraussetzung, daß es an einer für den Wechsel aller (Ziff. 2) oder nur der Fische mit vorgeschriebenem Mindestmaß (Ziff. 1) geeigneten Verbindung vollständig fehlt. Weitere Voraussetzung für die Geschlossenheit eines Gewässers ist die Ausübung des Fischereirechts in vollem Umfange einer Einzelperson — physischen Person — oder die Angehörigkeit des Gewässers zu einer Wirtschaftsgenossenschaft (§ 36 Abs. 1 Nr. 2) oder zu einem gemeinschaftlichen Fischereibezirke (§ 86). Im Falle des Abs. 1 Ziff 2 muß die Verbindung dauernd fehlen, und zwar auch bei besonderen mit einiger Regelmäßigkeit wiederkehrenden Verhältnissen (z. B. Hochwasser), während außerhalb jeder Berechnung liegende Verbindungen von Fischgewässern den Begriff des geschlossenen Gewässers nicht berühren Vgl. LWA. vom 20. Dezember 1923, PrVerwltgsbl., 45. Jahrg. S. 449. „Das Vorhandensein einer auch nur zeitweise wirksam werdenden, übrigens aber ‚geeigneten' Verbindung, wenn sie nur nicht eine lediglich hier und da aus ganz außerordentlichen Ereignissen hervorgehende ist, schließt den Begriff des ‚geschlossenen' Gewässers aus. Mit anderen Worten: das ‚Fehlen', an welchen das Gesetz diesen Begriff knüpft, muß ein wenigstens regelmäßig fortdauerndes, ein auch bei besonderen, immerhin aber naturgemäß periodisch wiederkehrenden Verhältnissen, wie beispielsweise bei dem gewöhnlich zu gewissen Zeiten eintretenden Hochwasser, hinlänglich gesichert sein (OG vom 31 Oktober 1881, Bd. 8 S 238)."

„Unter dem Wechsel der Fische ist diejenige Bewegung der Fische zu verstehen, durch die sie ihre Aufenthaltsstätte wechseln, d. h. die bisherige Stätte aufgeben. In den gesamten Verhandlungen, aus welchen das (frühere) Fischereigesetz vom 30 Mai 1874 hervorgegangen ist, bietet sich kein Anhalt dafür, daß der Gesetzgeber den Ausdruck ‚Wechsel' in einer den ‚Rückwechsel' mitumfassenden Bedeutung habe verstanden wissen wollen Wohl aber sprechen anderseits die Intentionen des Gesetzgebers, welche derselbe nach Inhalt der Verhandlungen und des Gesetzes selbst mit der Ein- und Durchführung des Gegensatzes zwischen geschlossenen (‚zusammenhängenden') und anderen Gewässern verbunden hat, überzeugend für die Auffassung, daß es nicht in seiner Absicht gelegen hat und gelegen haben kann, nur solche Gewässer für nicht geschlossen zu erklären, welche den Fischen neben einem ‚Wechsel auch noch einen Rückwechsel ermöglichen."

„Der Ausdruck ‚Wechsel' ist im wesentlichen nur eben dasjenige zu bezeichnen bestimmt, was sonst auch ‚Zug der Fische' genannt wird" OG. vom 31 Oktober 1881, Bd 8 S. 233.

„Die Begriffsbestimmung des geschlossenen Gewässers ist im wesentlichen aus dem früheren Fischereigesetze von 1874 in das geltende von 1916 übernommen worden."

„Deshalb hat auch die neuere Rechtsprechung die gleiche Ansicht ausgesprochen, wie sie vom Oberverwaltungsgericht in seiner Entscheidung vom 31 Oktober 1881 vertreten ist." LWA. vom 18. November 1919, Bd. 1 S. 189.

„Bei der Frage nach dem Fehlen oder Vorhandensein einer für den Wechsel der Fische geeigneten Verbindung sind auch künstliche Hindernisse zu berücksichtigen. Es wird nicht unter den Ursachen, aus denen die Fische nicht wechseln können, unterschieden. Jede künstliche Abstellung des Fischwechsels, sowohl eine schon vorhandene als eine erst künftige bewirkt ein Fehlen einer für den Wechsel der Fische geeigneten Verbindung" (OG. vom 18. Juni 1894, Bd 26 S 260)

„Das Erfordernis der fehlenden Verbindung wird aber nicht durch ein Hindernis hergestellt, welches nach freiem Belieben jeden Augenblick geschlossen und geöffnet werden kann, und welches seiner ganzen Einrichtung nach nicht zur dauernden Abschließung eines Gewässers, sondern dazu bestimmt ist, dem wechselnden Bedürfnisse zur jeweiligen Aufhebung oder Wiederherstellung der Verbindung zwischen zwei Gewässern zu dienen. (Vgl. OG Bd 8 S. 238, Bd 15 S. 344, Bd 26 S. 260, Bd. 28 S 307) Nur da, wo es sich um einen örtlich abgegrenzten Bestand von Fischen handelt, über den die Verfügung tatsächlich und rechtlich in der Hand eines Einzelnen liegt, hat es der Gesetzgeber nicht für geboten erachtet, schützend einzutreten. Der Begriff des geschlossenen Gewässers kann nur aus dem Gesetze selbst entnommen werden." OG. vom 24. Juni 1899, Bd. 35 S. 306.

„Die Begriffe ‚geschlossene und offene Gewässer' im Sinne des FG. sind von wirtschaftlichen Gesichtspunkten aus im wirtschaftlichen Interesse vom Gesetzgeber festgelegt und sind öffentlich-rechtlicher Art. Wenn daher Streit entsteht, ob ein Gewässer ein geschlossenes oder offenes im Sinne des FG. ist, so ergibt sich, daß ein solches Streitverfahren nur unter solchen als Kläger bzw Beklagten auftretenden Parteien Erledigung zu finden hat, welche bezüglich jener Frage entweder das öffentliche Interesse zu vertreten berufen sind oder ein berechtigtes Privatinteresse verfolgen. Die zur Vertretung des öffentlichen Interesses berufene Behörde ist diejenige, welche zur Verwaltung der Fischereipolizei zuständig ist." (OG. vom 20. November 1884, Bd 11 S. 274, OG vom 28. März 1887, Bd. 15. S 344) Das Streitverfahren über die Frage, ob ein Gewässer als ein geschlossenes anzusehen ist, erfordert also die Beteiligung der Polizeibehörde als Partei und das Vorhandensein eines Gegners, der die Geschlossenheit behauptet, während die Polizeibehörde für das Nichtgeschlossensein einzutreten hat. Die Entscheidung darüber, ob ein Gewässer als ein geschlossenes im Sinne des FG., also in öffentlich-rechtlicher Beziehung, anzusehen sei, kann nur in einem Verfahren erfolgen, in welchem die Polizeibehörde als Vertreterin des öffentlichen Interesses Partei gewesen ist, nicht auf Grund eines Streites zwischen zwei Privaten, denn die Entscheidung soll eine allgemeine, inter omnes, nicht bloß eine inter partes geltende sein "

„Die Stellung ferner, welche die Polizeibehörde in einem solchen Streitverfahren, sei es als Klägerin, sei es als Beklagte einnimmt, kann nur die sein, daß sie die Geschlossenheit bestreitet. Denn da die Geschlossenheit zur Folge hat, daß die im fischereipolizeilichen Interesse für offene Gewässer gegebenen Vorschriften keine Anwendung finden, kann es nicht Aufgabe der Polizeibehörde sein, für die Geschlossenheit des Gewässers einzutreten. Es wird daher das Vorhandensein einer Gegenpartei vorausgesetzt, welche die Geschlossenheit des Gewässers behauptet."

„Der Beigeladene nimmt nicht die Stellung einer Partei ein." (OG. vom 1. Oktober 1891, Bd. 22 S. 277.)

2. Der Begriff des geschlossenen Gewässers im FG. ist ein anderer als der im Sinne des § 960 Abs. 1 BGB. Letzterer bestimmt: „Wilde Tiere in Tiergärten und Fische in Teichen oder anderen geschlossenen Privatgewässern sind nicht herrenlos." Hier bildet das öffentliche Gewässer den Gegensatz zum Privatgewässer. Ob ein Gewässer privates oder öffentliches ist, ist nach Landesrecht zu beurteilen. Dem Allgemeinen Landrecht ist der Begriff eines geschlossenen öffentlichen Gewässers fremd.

„Das Fischereigesetz hat den Begriff des geschlossenen Gewässers nach wirtschaftlichen Gesichtspunkten festgelegt; er ist also ein anderer als der des § 960 BGB., dessen Bestimmung als reichsrechtliche durch Landesrecht nicht abgeändert werden kann. Nach Art 69 EG.BGB. ist jedoch die Landesgesetzgebung ermächtigt, im übrigen diesen Begriff so zu bestimmen, wie es aus wirtschaftlichen Gesichtspunkten geboten erscheint Das BGB. regelt privatrechtliche Verhältnisse, das FG ist aber aus der Notwendigkeit, wirtschaftliche Verhältnisse im Interesse der Allgemeinheit, also im öffentlichen Interesse, zu regeln und darum von allgemein wirtschaftlichen Gesichtspunkten aus ergangen" Darum befaßt es sich z. B. mit dem Fischereirecht in geschlossenen Gewässern in seinem, des Fischereigesetzes, Sinne, nur, soweit es die allgemein wirtschaftlichen Gesichtspunkte erfordern. „Wenn darum das BGB. in § 960 Abs. 1 erklärt, daß Fische in Teichen oder anderen geschlossenen Privatgewässern nicht herrenlos sind, so will es damit das Eigentum der Fische in solchen Gewässern feststellen, dessen Verletzung durch unberechtigte Wegnahme von Fischen als Diebstahl anzusehen ist Nur diese Fische befinden sich im Eigentum des Eigentümers des Gewässers. Unter einem geschlossenen Privatgewässer ist ein Gewässer zu verstehen, das wie ein ihm gleichgestellter Teich auf natürliche Art oder durch gleichwirkende Sicherungsmittel gegen jeden Fischwechsel abgesperrt ist und in seinem ganzen Umfange ein und demselben Eigentümer gehört (Staudinger, BGB § 960 Anm. 1b). Ein Hineingelangen der Fische in diese Gewässer aus anderen Gewässern, ebenso ein Hinausgelangen muß unmöglich sein. Der Begriff der Geschlossenheit eines Gewässers ist im zivilrechtlichen Sinne deshalb ein engerer als im Sinne des Fischereigesetzes (Görcke, Preußisches Fischereigesetz S. 10). Daß die Zuflüsse und Ausflüsse eines Sees durch Gitter für den Durchgang vollmaßiger Fische gesperrt sind, macht den See nicht zu einem geschlossenen Privatgewässer im Sinne des BGB Der Durchgang für mindermaßige Fische ist freigelassen. Ob diese üblicherweise nicht gefangen und nicht zur menschlichen Nahrung benutzt werden, ist unerheblich. Eine unterschiedliche Beurteilung der Eigentumsfrage je nach der Größe der Fische ist ausgeschlossen, maßgebend ist allein die Eigenschaft des Gewässers. KGSt vom 7. Mai 1926, Victor Ring, Bd 5 (neue Folge d Samml d. Entscheid. S. 165).

Eigentümer der Fische in einem geschlossenen Gewässer im Sinne des § 960 BGB kann auch der Fischereiberechtigte sein, dem das Fischereirecht an dem Gewässer zusteht

3. Zu Ziffer 1: Fischteich ist ein Gewässer, dessen gegenwärtiger ausschließlicher oder hauptsächlicher Zweck die Fischzucht ist (OG. Bd. 20 S 260). Der Fischteich ist ein künstlicher, wenn der Teich erst durch Menschenhand für diese Zweckbestimmung hergestellt worden ist. Es ist unter einem künstlichen Fischteich nach RGSt. vom 11 Dezember 1887, Bd. 15 S. 263, der Inbegriff derjenigen Vorrichtungen zu verstehen, durch welche den Teichen der Charakter von Fischteichen gegeben und sie zu Gewässern gemacht worden sind, welche sich zum Betriebe der Fischzucht und zur Verwahrung

von Fischen eignen. Unter künstlichen Fischteichen sind also Anlagen zu verstehen, welche die Teiche erst zu Fischteichen machen. Ein mit Fischbrut versehener Teich ist kein Fischteich

Vgl. dazu § 1 Abs. 2 des WG · Grundstücke, die zur Fischzucht oder Fischhaltung oder zu sonstigen Zwecken mit Wasser bespannt werden und mit einem Wasserlaufe nur dadurch in Verbindung stehen, daß sie mittels künstlicher Vorrichtungen aus dem Wasserlaufe gefüllt oder in einen solchen abgelassen werden, gelten nicht als Wasserläufe

Fischteiche können nach § 10 des Gesetzes über die Umlegung von Grundstücken (Umlegungsordnung) vom 21. September 1920 (GS. S 453) nur mit Zustimmung ihres Eigentümers zur Umlegung gezogen werden

Künstliche Anlagen zur Fischzucht sind z. B Rinnsäle, in welchen lediglich Forellenzucht betrieben wird; sie können nicht anders als Fischteiche behandelt werden (KomBer d AH aaO 1914/15).

Die Voraussetzung der Absperrung betrifft nur die größeren Fische, solche, die das vorgeschriebene Mindestmaß (vgl § 106 Abs. 1 Ziff. 1) haben. Kleinere Fische sind dadurch also im Wechsel nicht behindert Die Absperrung (Schutzrechen, Gitter) wird in ihrer Beschaffenheit nach dem Mindestmaß der Fischarten, die in den angrenzenden Gewässern vorkommen, einzurichten sein (RegBegr 1916/18 aaO.)

Bei künstlich angelegten Fischteichen wird der Begriff des geschlossenen Gewässers durch eine Verbindung mit einem offenen Gewässer nicht aufgehoben. Danach ist auch die Fischerei in Mühlengräben zu beurteilen. Letztere könnten natürlich auf dem Wege des § 3 zu geschlossenen erklärt werden; die vollständige Absperrung liege aber nicht im Interesse des Mühlenbesitzers, da es ihm weniger darauf ankomme, selbständige Fischereiwirtschaft zu treiben, als die Fische in die Abzweigung hineinzulassen und zu fangen (KomBer. d AH. aaO 1914/15) Eine Änderung des § 2 zugunsten der Mühlenfließe wurde in den Kommissionsberatungen nicht in Frage gezogen.

4. Die übrigen Gewässer. Ziff. 2 Diese Gewässer dürfen mit anderen Gewässern keine Verbindung haben, die für den Wechsel der Fische geeignet ist, also aller Fische, auch untermaßiger, so daß auch diesen der Ein- oder Ausgang unmöglich ist. Es muß eine dauernde Verbindung fehlen; der Ausdruck „an Verbindung dauernd fehlt" ist abgelehnt bzw in die jetzt im Gesetze festgelegte Fassung umgeändert worden, weil sonst das Gewässer, wenn einmal vorübergehend, z. B infolge eines Durchbruchs, eine Verbindung eintrete, ohne weiteres zu einem offenen werde (KomBer. d. AH aaO. 1914/15).

Ein See, in den verhältnismäßig unbedeutende, kleine Zuflüsse einmünden, sind an sich keine geschlossenen Gewässer, können aber nach § 3 zu solchen erklärt werden Wenn das zufließende kleine Gewässer keinen fischwirtschaftlichen Wert habe, werde, wie regierungsseitig erklärt wurde, naturgemäß die Genehmigung zur Absperrung des Sees gegen den Fischwechsel erteilt werden; dadurch werde dann der See ein geschlossenes Gewässer. Bei Bewässerungsgräben steht, wie ein Regierungsvertreter ausführte, falls sie nicht gegen den Wechsel von Fischen in der vorgeschriebenen Mindestgröße abgesperrt sind, dem Fischereiberechtigten des für den Bewässerungsgraben das Wasser liefernden Gewässers die Ausübung der Fischerei zu, Bewässerungsgräben seien vielfach Fischfallen.

Festungsgräben, die vollständig abgeschlossen sind, sind geschlossene Gewässer; sind aber nicht als solche zu betrachten, wenn eine dauernde Verbindung mit einem Flußlaufe bestehe. Die Kommandantur sei aber nach den bestehenden Bestimmungen trotzdem befugt, sie vollständig von jedem Verkehr abzusperren (KomBer. d AH. aaO. 1914/15).

Altwässer sind keine geschlossenen Gewässer, es sind Gewässer, welche früher ein Bestandteil des Hauptflusses waren und mit diesem oberirdisch in der Regel nicht mehr, sondern nur durch Sickerungen mit anderen Gewässern in Verbindung stehen.

5. Ausübung des Fischereirechtes in vollem Umfang durch eine Einzelperson oder die Angehörigkeit der Gewässer zu einer Wirtschaftsgenossenschaft (§ 36 Abs. 1 Nr 2) oder einem gemeinschaftlichen Fischereibezirk (§ 86)

Dieses Erfordernis muß sowohl für die Gewässer der Ziff 1 als auch der Ziff 2 nachgewiesen sein.

Einzelperson heißt. eine einzige physische Person

Fischereiberechtigter ist der auf Grund des Eigentums oder sonstiger dinglicher Rechte zur Fischerei Berechtigte.

Für die Geschlossenheit eines Gewässers ist Notwendigkeit die Ausübung des Fischereirechts durch eine Einzelperson (§ 28 Abs. 2), gleichgültig, ob einem Fischereirecht, dessen Ausübung übertragen wird, Eigentum am Gewässer oder ein selbständiges Fischereirecht zugrunde liegt. Diese Bestimmung beruht auf der Erwägung, daß bei dem Vorhandensein mehrerer Berechtigter die Garantie nicht so groß ist, daß eine gute Fischwirtschaft betrieben wird. Eine einzige Person hat daran ein größeres Interesse. Um ein unwirtschaftliches Verfahren, insbesondere Raubfischerei, zu verhindern, muß die Behörde es nur mit einer einzigen Person zu tun haben, an die sie sich in rechtlicher und polizeilicher Beziehung halten kann. Auch im Falle der Gütergesellschaft, der Gesellschaft, der Erbgemeinschaft, Miteigentums muß eine Einzelperson benannt werden (KomBer d. AH. aaO 1914/15).

Vgl. LWA. vom 8. März 1921, Bd. 3 S. 189: Es ist gleichgültig, auf welcher Grundlage im einzelnen Falle das Recht der mehreren Berechtigten beruht Darum ist auch nicht die Voraussetzung der „Einzelperson" erfüllt, wenn ein Fischereipächter mit alleinigem Rechte der Ausübung des Fischereirechts mit Genehmigung des Verpächters einen vollberechtigten Teilnehmer in das Pachtverhältnis aufgenommen hat, da dann eine ausreichende Gewähr für eine gute Fischereiwirtschaft nicht gegeben ist.

Dem Erfordernis, daß die Ausübung des Fischereirechts einer einzigen physischen Person zusteht, ist gleichgestellt die Ausübung durch eine Wirtschaftsgenossenschaft (§ 36 Abs. 1 Ziff. 2) oder einen gemeinschaftlichen Fischereibezirk (§ 86), weil bei diesen, Wirtschaftsgenossenschaft und gemeinschaftlichem Fischereibezirk, die Verwaltung unter der Aufsicht des Staates steht. Juristische Personen, insbesondere Gemeinden, können ihr Recht nur gemäß § 28 FG. ausüben. Sind mehrere Fischereiberechtigte vorhanden, so müssen sie sich über einen Ausübungsberechtigten einigen; es genügt, ist aber auch erforderlich (§ 28 Abs. 2 FG.), um dem Gewässer die Vorteile eines geschlossenen zu erhalten, daß der Fischereibehörde eine physische Person als allein zur Fischerei berechtigt namhaft gemacht wird; das privatrechtliche Verhältnis zwischen dieser Person und den Fischereiberechtigten interessiert die Fischereibehörde nicht (KomBer d HH. aaO. 1916/18). Die Anzeige kann schriftlich oder mündlich erfolgen; sie muß von allen Fischereiberechtigten erfolgen. Geschieht sie mündlich, muß eine amtliche Niederschrift darüber wegen der durch die Anzeige eintretenden Rechtswirkungen aufgenommen werden.

Nach der Fassung des § 2 kann auch ein Einzel**berechtigter** (physische wie juristische Person) eine Einzelperson namhaft machen, der dann der Behörde gegenüber allein als der zur Ausübung des Fischereirechts Berechtigte gilt (siehe KomBer. d. HH. aaO.).

Die Notwendigkeit der Anzeige an die Behörde hat zur Folge, daß die Übertragung der Ausübung an eine Einzelperson erst durch die Anzeige bei der zuständigen Fischereibehörde die daran im § 2 geknüpften Rechtswirkungen bewirkt Daraus ergibt sich, daß ein bisher geschlossenes Gewässer, in welchem das Fischereirecht einem einzigen Berechtigten zustand, und von diesem z. B durch Erbschaft, auf mehrere Berechtigte übergegangen ist, an sich rechtlich solange als offenes anzusehen ist, bis die Anzeige über die Ermächtigung der Ausübung des Fischereirechtes in vollem Umfange durch eine Einzelperson bei der Fischereibehörde eingegangen ist. Um in solchen Fällen die Änderung in der Eigenschaft eines Gewässers als geschlossenes zu vermeiden, ist es Sache der Berechtigten, sofort, zum wenigsten ohne schuldhafte Verzögerung, eine zum Fischereirecht ausübungsberechtigte Einzelperson namhaft zu machen, welche der Behörde gegenüber allein als verantwortlich bzw. berechtigt gilt.

Wenn in Abs. 1 Satz 2 die Bestimmung getroffen ist, daß durch Übertragung der Ausübung des Fischereirechtes unter Beschränkung auf den Fischfang (§ 28 Abs. 1 des FG.) an mehrere Einzelpersonen ein Gewässer nicht aufhört, ein geschlossenes zu sein, so ist hierbei besonders an juristische Personen, z. B. Gemeinden, gedacht und in ihrem Interesse diese Bestimmung besonders erlassen. Nach § 28 Abs. 1 wird die Übertragung erst durch Erteilung eines Erlaubnisscheines nach § 98 wirksam. Eine Beschränkung in der Zahl der Erlaubnisscheine ist nicht angeordnet; die Beschränkung darin nach § 98 Abs 7 des FG betrifft nur offene Gewässer.

6. Art der Absperrung. Übe. „Absperrung" siehe oben II 1. Für die Art der Absperrung muß die Art der voll- oder untermaßigen Fische, ihre Größe, Stärke, überhaupt ihre Beschaffenheit ausschlaggebend sein, deren Ein- oder Ausgang in oder aus dem geschlossenen Gewässer (im Zusammenhang mit anderen Gewässern), verhindert werden soll, die Unmöglichmachung, die Verhinderung des Ein- oder Ausganges der Fische ist ja der Zweck der Absperrung. Aus Zweckmäßigkeitsgründen ist im Abs. 2 angeordnet, daß über die Art der Absperrung nähere, ins einzelne gehende Be-

stimmungen durch Polizeiverordnung (§ 124) getroffen werden können (§ 2 Abs. 2 des FG.). Es handelt sich hierbei in erster Linie um technische Fragen, die am besten, auch was die Berücksichtigung der örtlichen Verhältnisse anlangt, im Wege der Polizeiverordnung gelöst werden.

7. Zweck der Bestimmungen über geschlossene Gewässer ist der, eine freiere, von den verschiedenen gesetzlichen Vorschriften, insbesondere auch polizeilichen Charakters, über die Fischzucht und den Fischfang unabhängigere Bewirtschaftung herbeizuführen und darum sie von diesen Vorschriften auszunehmen. In solchen Fällen liegt ein Antrieb zu rationeller wirtschaftlicher Behandlung der Fische im eigenen Interesse der Beteiligten (KmBer d AH. aaO. 1914/15)

„Die Wirkungen der Geschlossenheit sind im wesentlichen die gleichen wie nach bisherigem Rechte; der Fischereiberechtigte unterliegt keinen Beschränkungen hinsichtlich der Bewirtschaftung seines Fischgewässers und ist auch polizeilichen Vorschriften nur insoweit unterworfen, als diese nicht allein auf fischereipolizeilichem, sondern gleichzeitig auf allgemein polizeilichen oder rechtlichen Gesichtspunkte beruhen, während anderseits die Bestimmungen zum Schutz der Fischereirechte auch ihm zugute kommen (§§ 106, 107).“ (RegBegr. aaO 1916/18). Vgl. § 98 Abs. 3, § 100 Abs. 7, § 106 Abs. 4, §§ 107 ff

Aus dem Begriff des geschlossenen Gewässers folgt, daß in ihm eine einheitliche Wirtschaftsführung bestehen muß.

Die Bestimmung, ob ein Gewässer ein geschlossenes oder ein offenes ist, trifft die Fischereibehörde (§ 119 des FG.).

Streitigkeiten darüber, ob ein Gewässer als ein geschlossenes im Sinne des § 2 zu bezeichnen ist, gehören zur Entscheidung vor den Bezirksausschuß; § 102 Ziff. 1 des ZG. vom 1. August 1883 ist aufgehoben (siehe § 133 Abs. 2 Ziff. 4 des FG.). Siehe auch die oben bei II 1 angezogene OG., Bd 22 S. 277). Ein zwischen Privatpersonen über die Geschlossenheit eines Gewässers entstandener Streit kann nicht vor dem Verwaltungsgerichte, sondern nur vor dem ordentlichen Gerichte ausgetragen werden. Die Entscheidung des letzteren schafft aber nur Recht unter den Parteien.

8. Abs. 3. Alle anderen Gewässer sind offene Gewässer (§ 2 Abs. 3 des FG.). Für den Begriff des offenen Gewässers genügt es, daß z. B. zwischen zwei Seen eine wenn auch Unterbrechungen erleidende, aber doch regelmäßig wiederkehrende Verbindung vorhanden ist, welche für den Wechsel der Fische geeignet ist (KG. vom 11 Juni 1892, Bd. 13 S. 356)

9. Siehe noch Ausführungsanweisung im Anhang zu §§ 2, 3.

§ 3. (1) Offene Gewässer, in denen die Ausübung des Fischereirechts in vollem Umfang einer Einzelperson zusteht oder die einer Wirtschaftsgenossenschaft oder einem gemeinschaftlichen Fischereibezirk angehören, oder einzelne Strecken solcher Gewässer können durch Beschluß des Bezirksausschusses auf Antrag des zur Ausübung Berechtigten für einen bestimmten Zeitraum zu geschlossenen Gewässern erklärt werden, wenn sie derart abgesperrt werden, daß Fische, die das vorgeschriebene Mindestmaß haben, nicht wechseln können. Zuvor ist der Antrag öffentlich bekanntzumachen und dabei darauf hinzuweisen, bei welcher Stelle Widersprüche binnen vier Wochen anzubringen sind. Der Beschluß des Bezirksausschusses ist dem Antragsteller und den Widersprechenden zuzustellen, der endgültige Beschluß durch das Amtsblatt bekanntzumachen.

(2) Erleidet dadurch, daß ein Gewässer zum geschlossenen erklärt wird, ein zur Fischerei in anderen Gewässern oder Gewässerstrecken Berechtigter Schaden, so kann er vom Antragsteller Schadenersatz bean-

sprechen. Über den Anspruch und seine Höhe beschließt bei Streit der Bezirksausschuß, der nach Abs. 1 entschieden hat. Auf Antrag eines Beteiligten ist der Schaden durch wiederkehrende Leistungen zu ersetzen Schadenersatz ist nicht dafür zu leisten, daß der Wechsel von Fischen verhindert wird, die in dem zu schließenden Gewässer aufgewachsen sind. Der Schadenersatzanspruch ist ausgeschlossen, wenn er nicht binnen zwei Jahren nach Ablauf des Jahres, in dem die Absperrung erfolgt ist, bei dem Bezirksausschuß geltend gemacht wird.

1. Die vorstehenden Bestimmungen enthalten gegenüber dem bisherigen Rechte insofern eine grundsätzliche Erweiterung, als zur Erleichterung der Fischereiwirtschaft auch Gewässer, die mit anderen Gewässern zusammenhängen, vorübergehend zu geschlossenen erklärt werden können. Die Fischereiwirtschaft hat erkannt, daß auch in Gewässern, die gegen den Wechsel der Fische an sich nicht abgeschlossen sind, ein rationeller Fischereibetrieb eingerichtet werden kann Darüber, ob das möglich ist, entscheiden wirtschaftliche Grundsätze, die durch wissenschaftliche Forschungen in Verbindung mit praktischen Versuchen gewonnen worden sind und bei denen die Schonung des Fischbestandes nur insoweit Berücksichtigung findet, als sie sich mit der Ernährungsmöglichkeit und der fachgemäßen Ausnutzung der Erträge eines Gewässers vereinigen läßt. Hieraus ergibt sich, daß der Fischereiwirt in diesen Fällen eine größere Bewegungsfreiheit nicht nur in der Wahl der Fanggeräte, sondern auch hinsichtlich der zum Schutz der Fische gegebenen sonstigen Vorschriften haben muß, er muß in der Lage sein, durch rechtzeitige Wegnahme einer Überzahl von Fischen und durch Entfernung bestimmter minderwertiger, seinen Fischereibetrieb hindernder Fischarten den Wert des verbleibenden Bestandes nach

Art und Stückzahl zu erhöhen. Dadurch vermehrt er nicht nur für sich den Nutzen des Gewässers, er macht darüber hinaus seine Fischerei den allgemeinen wirtschaftlichen Interessen dienstbar (RegBegr., Anlage zu den stenographischen Berichten, II. Session d. AH. 1914/15, 4. Bd., Druckſ. Nr. 260 S. 2447 ff.). Diese Begründung setzt fort: „Daß die Erklärung eines offenen Gewässers zum geschlossenen nur unter Berücksichtigung der jeweiligen örtlichen Verhältnisse und unter Abwägung des Wirtschaftsbetriebes der sonst beteiligten Fischereiberechtigten erfolgen darf, ist selbstverständlich. Allgemein gültige Vorschriften hierüber lassen sich bei der Vielgestaltigkeit der Verhältnisse nicht geben. Neben den Rücksichten der Landeskultur, Schiffahrt und Industrie wird dabei insbesondere der Fischbestand in den Gewässern ober- und unterhalb sowie der Umstand in Frage kommen, ein wie starker Wechsel von Fischen und von welchen Arten, wertvollen oder minderwertigen, stattfindet, ferner ob durch die Absperrung Fische von unentbehrlichen Laichplätzen oder von ihren Sommer- oder Winterstandorten abgeschnitten werden. Zur Wahrung aller entgegenstehenden Interessen ist zunächst ein öffentliches Aufgebotsverfahren vorgesehen. Was die Dauer der Anordnung anlangt, so wird die Geschlossenheit des Gewässers auf einen bestimmten Zeitraum festzusetzen sein, weil der Antragsteller eine Sicherung für die Vorbereitung und Ausnutzung seiner wirtschaftlichen Maßnahmen, namentlich der Besetzung des Wassers mit wertvollen Fischen, haben muß."

„Die Möglichkeit, einzelne Strecken eines Gewässers gegen den Fischwechsel zu sperren, muß deswegen offengelassen werden, um Abzweigungen, die sich wieder mit dem Flußlauf vereinigen, wie z. B auch Mühlengräben, sperren zu können."

Ein Bedürfnis für die zeitweise Absperrung eines Gewässers hat sich im allgemeinen lediglich bei der Seewirtschaft herausgebildet, wie in den Kommissionsberatungen hervorgehoben wurde Für die Ausübung einer geordneten Fischzucht auf den Seen sei die Absperrung von hervorragender Bedeutung, da ohne dieselbe die Unter- oder Oberlieger die von dem Seebesitzer gezüchteten Fische fangen könnten, und dadurch die Rentabilität der Fischzucht in Frage gestellt würde (KomBer. d. AH. aaO 1914/15).

2. Zu Abs 1: Die Voraussetzungen für die Erklärung eines offenen Gewässers zu einem geschlossenen für einen bestimmten Zeitraum durch den Bezirksausschuß sind a) alleinige Befugnis einer Einzelperson zur Ausübung des Fischereirechts in vollem Umfange in einem offenen Gewässer oder Zugehörigkeit des letzteren zu einer Wirtschaftsgenossenschaft oder einem Fischereibezirk (vgl § 2 Abs. 1) — siehe § 36 Abs 1 Nr 2 und § 86 FG. —; b) Absperrung gegen den Wechsel von Fischen, die das vorgeschriebene Mindestmaß haben.

Diese Voraussetzungen müssen vorhanden sein, alsdann kann der Bezirksausschuß durch Beschluß ein offenes Gewässer zum geschlossenen erklären

Zuständig ist der Bezirksausschuß, in dessen Bezirk das offene Gewässer gelegen ist; liegt es in mehreren Bezirken, so kommen die Bestimmungen des LVG § 58 zur Anwendung.

Der Gesetzgeber setzt diesen Beschluß in das pflichtmäßige Ermessen des Bezirksausschusses, der alle Verhältnisse, welche für und gegen die Geschlossenheitserklärung sprechen, die Vorteile und Nachteile, namentlich auch den wirtschaftlichen Nutzen und Schaden der Absperrung für die Allgemeinheit, gegeneinander abwägen wird. Der Bezirksausschuß ist daher trotz der Erfüllung der beiden Voraussetzungen — zu a und b vorstehend — zur Geschlossenheitserklärung nicht verpflichtet Er ist daher befugt, z. B aus Rücksichten auf die Landeskultur, Schiffahrt oder der Industrie die beantragte Erklärung abzulehnen, auch wenn fischereiliche Gesichtspunkte, Interessen für die Erklärung sprechen Vgl Anm 1

Die beabsichtigte Absperrung gegen den Wechsel von Fischen mit vorgeschriebenem Mindestmaß muß als ausführbar nachgewiesen werden; sie ist eine künstliche Absperrung durch Schutzrechen, Gitter und dergleichen; sie muß in der Weise ausgeführt werden, in welcher sie genehmigt worden ist. Mit dieser Genehmigung ist aber nicht ausgesprochen, daß damit auch die etwa erforderliche wasserpolizeiliche Genehmigung für die Anlage erteilt oder sonst erforderliche Genehmigungen entbehrlich gemacht würden. Als ein gesetzlich geordnetes Verfahren im Sinne des § 22 Abs. 1 des WG. kann ein Verfahren, in dem ein offenes Gewässer zum geschlossenen erklärt wird, jedenfalls schon deshalb nicht angesehen werden, weil es dabei, abweichend von den für das Verleihungs- und das gewerbliche Genehmigungsverfahren geltenden Vorschriften, an einer ausdrücklichen gesetzlichen Bestimmung fehlt, wonach der Bezirksausschuß an Stelle der sonst zuständigen Polizeibehörde zu prüfen habe, ob die beabsichtigte Absperrung den polizeilichen Vorschriften entspricht (§ 69 Abs. 1 WG., § 18 GO.). Daher bedarf es unbeschadet der auf Grund des § 3 FG. getroffenen Entscheidung für die Absperrungsanlage noch der sonst erforderlichen Genehmigungen. Ebenso werden durch die Entscheidung nach § 3 die aus einer nachteiligen Veränderung der Vorflut etwa erwachsenden privatrechtlichen Ansprüche nicht beschränkt (LWA. vom 7. November 1922, Bd. 4 S. 186).

Der Antrag muß von dem zur Ausübung des Fischereirechts in vollem Umfange Berechtigten gestellt werden. Das Recht zur Ausübung kann dem Eigentümer eines Gewässers zustehen (§ 7 FG.); aber auch eine andere Person, die nicht Eigentümer ist, es können auch mehrere Personen derartig berechtigt sein, die sich vor der Antragstellung über die tatsächliche Ausübung des Fischereirechts in vollem Umfange durch eine Einzelperson geeinigt haben müssen.

Die Frage, ob ein offenes Gewässer zu einem geschlossenen zu erklären ist, kann nur von Fall zu Fall entschieden werden unter Berücksichtigung der örtlichen Verhältnisse Unter anderem wird auch abzuwägen sein, ob der durch die Absperrung erzielte wirtschaftliche Vorteil größer sei als die anderen Fischereiberechtigten verursachten Schädigungen Die Genehmigung kann nur für eine bestimmte Art — die Absperrung wird in ihrer Beschaffenheit auch nach dem Mindestmaß der Fischarten, die in dem angrenzenden Gewässer vorkommen, einzurichten sein — der Absperrung an einem bestimmten Ort erteilt werden Trotzdem kann hierin gegebenenfalls sowohl in diesem wie in jenem Punkte ein gewisser Spielraum gelassen werden (vgl AusfAnw vom 16. März 1918, LMBl S. 52 zu Nr. 6). Es müssen also durch den Beschluß Art, Ort sowie alle sonst erforderlichen Einzelheiten der Absperrung des Gewässers geregelt werden (vgl. LWA vom 18 November 1919, Bd. 1 S. 193)

Die Absperrung muß derart sein, daß der Wechsel, der Verkehr der Fische nach allen in Betracht kommenden Richtungen verhindert wird (LWA. vom 14. Dezember 1920, Bd. 1 S. 196; vom 8. März 1921, Bd. 3 S. 186; vgl. auch LWA Bd. 1 S 189; vom 4. Juli 1922, Bd 4 S 184; vom 7. November 1922, Bd. 4 S 186)

Der Antrag auf Erklärung eines offenen Gewässers zum geschlossenen ist vor der Beschlußfassung von dem Bezirksausschuß öffentlich bekanntzumachen Die Bekanntmachung muß also zum wenigsten in den für öffentliche Bekanntmachungen des für die Beschlußfassung zuständigen Bezirksausschusses bestimmten Blättern (z. B. Amtsblatt der Regierung) erfolgen; sie wird zweckmäßig auch in den Zeitungen der Ortschaften, in welchen das in Betracht kommende Gewässer liegt, insbesondere in dem betreffenden Kreisblatte geschehen. In der öffentlichen Bekanntmachung, dem öffentlichen Aufgebotsverfahren, muß der Bezirksausschuß angeben bei welcher Stelle, z. B bei der Fischereibehörde, Landratsamt, Widersprüche gegen den Antrag binnen vier Wochen, vom Tage der Bekanntmachung, d h. dem Erscheinen des oder der betreffenden Blätter, die für die öffentlichen Bekanntmachungen des zuständigen Bezirksausschusses bestimmt sind, anzubringen sind.

Vor der Entscheidung soll gemäß § 121 FG. ein Fischereisachverständiger gehört werden

Die Geschlossenheit ist für einen bestimmten Zeitraum zu beschließen. Letzterer wird je nach der Art, dem Umfang der Fischereiwirtschaft ein größerer oder kleinerer sein, jedenfalls ein solcher sein müssen, daß der Zweck der Geschlossenheitserklärung erreicht wird, d. h. der Antragsteller eine Sicherung für die Vorbereitung (z. B. Aussetzung von Fischbrut und deren Aufziehung) und Ausnutzung (Fang, Verwendung, Verkauf der gezüchteten Fische) seiner wirtschaftlichen Maßnahmen haben muß. Es muß dem Antragsteller also der entsprechende Zeitraum für die Erreichbarkeit dieses Zieles zugebilligt werden

Ein für geschlossen erklärtes Gewässer steht rechtlich dem geschlossenen Gewässer im Sinne des § 960 BGB. nicht gleich KGSt. vom 7 Mai 1926; Ring, Bd 5 S. 165.

Eine Genehmigung auf Widerruf ist unzulässig.

Der Beschluß des Bezirksausschusses muß dem Antragsteller und den Widersprechenden zugestellt werden. Gegen den Beschluß ist binnen zwei Wochen die Beschwerde an das Oberverwaltungsgericht (früher an das Landeswasseramt) zulässig (§ 122 FG.)

Der endgültige, d h. rechtswirksame (rechtskräftige) Beschluß muß durch das Amtsblatt der Regierung bekanntgemacht werden. Die Unterlassung der Bekanntmachung berührt zwar die Rechtskraft an sich nicht, kann aber rechtliche Wirkungen des Beschlusses, durch welchen ein offenes Gewässer zum geschlossenen erklärt wird, gegen Dritte — abgesehen von den Widersprechenden, die von dem Beschluß durch dessen Zustellung von Amts wegen in Kenntnis zu setzen sind — insoweit verhindern, als sie sich auf die Unterlassung der vorgeschriebenen Bekanntmachung des Beschlusses, d. h. die dadurch verursachte Unkenntnis des letzteren, berufen können.

3. Zu Abs. 2. Wenn durch die Erklärung eines offenen Gewässers zum geschlossenen einem zur Fischerei in anderen Gewässern oder Gewässerstrecken Berechtigten Schaden verursacht wird, so kann er vom Antragsteller Schadenersatz beanspruchen. Die Bestimmung der Schadenersatzleistung hat u. a. den Zweck, daß durch die zeitweise Umwandelung eines offenen Gewässers zum geschlossenen mit dem durch den Bezirksausschuß ausgesprochenen Recht kein Mißbrauch getrieben wird. Es ist daher für zweckmäßig gehalten, daß solche Ansprüche gegebenenfalls zu derselben Zeit, zugleich mit dem Antrage auf Erklärung des offenen Gewässers zum geschlossenen, verhandelt werden. Aus diesem Grunde ist die Beurteilung der Schäden auf deren Berechtigung und Höhe unter Ausschluß der ordentlichen Gerichte in die Hand des Bezirksausschusses gelegt worden, und zwar des Bezirksausschusses, der nach Abs. 1 zuständig ist und die Sperrung genehmigen soll bzw. genehmigt oder genehmigt hat. Zu gleicher Zeit mit dem Antrage ist daher über Schadenersatzansprüche zu verhandeln und zu beschließen, wenn sich übersehen läßt, welche Ansprüche erhoben werden können. Diese können natürlich auch später erhoben werden, weil sich der Umfang des Schadens nicht etwa von vornherein übersehen läßt. Da aber der Fischereiberechtigte nicht für unbeschränkte Zeit Schadenersatzansprüchen ausgesetzt werden darf, ist eine zweijährige Ausschlußfrist nach Ablauf des Jahres, in welchem die Absperrung erfolgt ist, festgesetzt. Anderseits läßt sich unter Umständen erst nach einem Jahre feststellen, ob ein Schaden entstanden ist (RegBegr. 1914/15 und 1916 aaO. und KomBer. d. AH. aaO. 1914/15).

Der ordentliche Rechtsweg, die Anrufung des ordentlichen Gerichts zur Entscheidung über Schadenersatzansprüche infolge Absperrung eines offenen Gewässers ist demnach ausgeschlossen. Darüber, ob ein solcher Antrag berechtigt ist (Grund desselben) und in welcher Höhe, entscheidet der Bezirksausschuß, welcher darüber vorher einen Fischereisachverständigen hören soll — diese Anhörung ist nicht zwingend vorgeschrieben; ihre Unterlassung macht das Beschlußverfahren nicht ungültig. Auch ist der Bezirksausschuß an das Gutachten nicht gebunden. Gegen den Beschluß des Bezirksausschusses steht die Beschwerde an das Oberverwaltungsgericht offen

Da es sich um einen zeitlich begrenzten, auch veränderlichen Schaden handelt, so muß anstatt einer einmaligen Entschädigungssumme, durch welche der Schadenersatzanspruch abgegolten ist, der Bezirksausschuß auf wiederkehrende Leistungen eine Geldrente als Ersatz des Schadens zubilligen, falls ein Beteiligter diese letztere Schadenersatzleistung beantragt.

Zum Schadenersatz — nach den Bestimmungen des BGB setzt die Schadenersatzpflicht eine Rechtswidrigkeit und ein Verschulden voraus — ist nach § 3 Abs 2 des FG. der Antragsteller verpflichtet auf Grund einer Handlung und eines Verhaltens, zu welchem er nach Abs 1 daselbst die Berechtigung erhalten hat, also ohne Rechtswidrigkeit Schadensersatz leisten heißt hier einen Ersatz leisten für die Nachteile, die die Interessen der zur Fischerei in anderen Gewässern oder Gewässerstrecken Berechtigten durch die Absperrung erleiden Dafür sind diese voll zu entschädigen. Es kann daher von anderen Fischereiberechtigten kein Schadenersatz gefordert werden, daß sie die Fische, die der Seebesitzer — § 3 des FG ist vornehmlich für die Seewirtschaft von Bedeutung — bis dahin in den See hineingesetzt und aufgezogen hat, nicht mehr fangen können. Auf einen solchen Vorteil haben diese Fischereiberechtigten keinen Anspruch, also auch keinen Anspruch auf Entschädigung dafür, daß ihnen dieser Vorteil entgeht (KomBer. d. AH. aaO 1914/15).

Hat der Geschädigte es unterlassen, den Schaden durch eigene Maßnahmen abzuwenden oder zu mindern, so wird sich der Schadenersatz, soweit er auf die schuldhafte Unterlassung dieser Maßnahmen zurückzuführen ist, entsprechend vermindern oder ganz wegfallen (§ 254 BGB.)

Ein Ersatz kann im wesentlichen nur für das Ausbleiben der Fische gewährt werden, welche im natürlichen Laufe der Dinge, z. B. zwecks Laichung im See, die Gewässer des Unterliegers passieren und auf dem Rückwege weggefangen würden, infolge der Sperre jedoch ausbleiben (KomBer d AH aaO 1914/15)

Schadenersatz ist in vollem Werte zu leisten. Es kommen die einschlägigen Bestimmungen des BGB zur Anwendung (§§ 249 ff daselbst).

Die ausdrücklich für offene Gewässer erlassenen gesetzlichen und polizeilichen, die Ausübung des Fischereirechts beschränkenden Vorschriften fallen sowohl für die nach § 2 als geschlossen anzusehenden, als nach § 3 zu solchen erklärten weg, um für sie eine größere Bewegungsfreiheit und Ausnutzung in der Fischereibewirtschaftung zu ermöglichen (vgl. §§ 27, 35, sowie § 92 Abs. 3, § 98 Abs. 7, §§ 100 und 106 Abs 4 FG).

Siehe auch §§ 121, 122 des FG, die auch für § 3 FG. in Anwendung kommen.

4. Siehe noch im Anhang Ausführungsanweisung zu §§ 2, 3

Zweiter Abschnitt.

Fischereiberechtigung.

§ 4. (1) Das Fischereirecht enthält, soweit es nicht durch dieses Gesetz oder das Wassergesetz vom 7 April 1913 (GS. S. 53) eingeschränkt ist, die Befugnis, in einem Gewässer Fische, Krebse, Austern und andere Muscheln, Seemoos und Korallenmoos sowie Schildkröten zu hegen und sich anzueignen.

(2) Soweit das Gewässer zur Fischerei nach Abs. 1 benutzt wird, erstreckt sich das Fischereirecht auch auf Frösche.

(3) Die dem Fischereirecht unterliegenden Tiere werden in diesem Gesetz unter dem Ausdruck „Fische“ zusammengefaßt. Als „fischen“ gilt jede Tätigkeit nach Abs. 1.

1. Nach dem ALR. §§ 170—175 I 9 galt als Inhalt des Fischereirechts die Befugnis, sich alle im Wasser lebenden Tiere anzueignen Der Fang der Tiere, die zugleich im Wasser und auf dem Lande leben, gehörten zur Jagd, wenn es mit Schießgewehren, Fallen oder Schlageisen geschah; Wasservögel, Otter und Biber unterlagen nur dem Jagdrecht, doch durften die Fischereiberechtigten jagdbare Zugvögel mit Fischnetzen unter dem Wasser fangen.

Die Neuregelung des Gegenstandes erfordert eine klarere Begriffsbestimmung und eine schärfere Abgrenzung des Fischereirechts gegenüber dem Jagdrecht; es sind daher in Abs. 1 die bisher allgemein dem Fischfang unterliegenden nutzbaren Wassertiere einzeln aufgeführt; ihr Element ist das Wasser, und aus diesem Grunde sind sie auch dem Jagdrecht nicht unterworfen (RegBegr. aaO 1916/18. Aktenstück Nr. 11 u. 12. S. 33 ff.). Demgemäß umfaßt das Recht des Fischereiberechtigten die in der Regel ausschließliche Befugnis, die im Abs 1 einzeln angeführten Wassertiere und nur diese, sowie auch Frösche, letztere aber nur, soweit das Gewässer, in dem sie sich aufhalten, zur Fischerei nach Abs. 1 benutzt wird, zu hegen und sich anzueignen. Seemoos und Korallenmoos sind keine Seegewächse, sondern Tierkolonien (unter Seegewächsen sind nur Seegras, Binsen usw. zu verstehen). Nur lebende Muscheln fallen unter Abs. 1, nicht aber Muschelschalen. (Ebensowenig fallen darunter Seesterne, Wassermäuse usw. KomBer d HH. aaO 1916.) Muscheln sind in Abs 1 aufgenommen worden, um die Perlenfischerei in der Elster zu schützen. Sie geben ein sehr gutes Schweinefutter ab. Quappen sind zu den Fischen zu rechnen Der Fischlaich und ebenso die Brut fallen auch unter Abs. 1 (hegen); sie sind den Fischen gleichzustellen. Das Fischereirecht umfaßt die Berechtigung des Hegens und der Aneignung.

2. Hegen. Hegen bedeutet, daß der Fischereiberechtigte, soweit nicht Rechte Dritter entgegenstehen, alle Maßnahmen treffen darf, die zur Erhaltung und Hebung des Fischbestandes dienen, z. B das Einsetzen von Fischbrut, die Fütterung und Schonung der Tiere Er darf das Gewässer, das ihm nicht gehört, düngen (vgl. § 19 Abs. 2, § 202 Abs 2 des WG.). Er kann daher auch nicht nur den unberechtigten Fang, sondern auch alle anderen ungeeigneten wirtschaftlichen Maßnahmen Dritter, welche die Fischerei schädigen, untersagen, es sei denn, daß sie durch gesetzliche Vorschriften, insbesondere solche des Wassergesetzes, gestattet sind. Selbstverständlich darf er nicht auf Grund des Hegerechts gesetzwidrige Handlungen vornehmen (RegBegr aaO. 1914/15)

Rohr darf er ohne Genehmigung des Eigentümers des Fischgewässers nicht pflanzen.

3. Aneignen. Die rechtmäßige Aneignung einer beweglichen Sache — Fische usw sind bewegliche Sachen — ist die Herstellung, die Begründung des Eigentums an ihr die Aneignung, das Sichzueigenmachen, setzt also die völlige Beherrschung der Sache voraus. Der auf Aneignung gerichteten Handlung einer Person muß die Absicht zugrunde liegen, Eigentum zu erwerben. Mit welchen Mitteln die Aneignung bewerkstelligt wird, kommt hierbei an sich nicht in Betracht. Die Aneignung von Fischen geschieht gewöhnlich mittels Fanges, sie kann aber auch mit anderen Mitteln auf andere Weise erfolgen, sofern es nicht gesetzlich oder polizeilich verboten ist (s. §§ 100, 106 Abs. 1 Ziff. 3 FG).

Die übliche Art der Aneignung von Fischen usw. ist der Fang, sei es mit Angeln oder Netzen. Der Gebrauch von Schußwaffen als Mittel der Aneignung ist nicht erlaubt, falls nicht der Fischereiberechtigte zugleich Jagdberechtigter ist, aber auch in diesem Falle kann ihm der Gebrauch der Schußwaffe zur Fische-, usw -Aneignung auf Grund des § 106 Abs 1 Ziffer 3 FG verboten werden

Der Gesetzgeber gebraucht in Abs 1 des § 2 die Bezeichnung „aneignen“, der Fischfang, als eine Art der Aneignung, fällt unter den Begriff derselben. Für ihn gilt daher die Bestimmung des § 958 BGB. „Wer eine herrenlose bewegliche Sache in Eigenbesitz nimmt, erwirbt das Eigentum an der Sache.“

„Das Eigentum wird nicht erworben, wenn die Aneignung gesetzlich verboten ist oder wenn durch die Besitzergreifung das Aneignungsrecht eines anderen verletzt wird.“

§ 960 BGB bestimmt „Wilde Tiere sind herrenlos, so lange sie sich in der Freiheit befinden. Wilde Tiere in Tiergärten und Fische in Teichen oder anderen geschlossenen Privatgewässern sind nicht herrenlos.“

„Erlangt ein gefangenes wildes Tier die Freiheit wieder, so wird es herrenlos, wenn nicht der Eigentümer das Tier unverzüglich verfolgt oder wenn er die Verfolgung aufgibt“

„Ein gezähmtes Tier wird herrenlos, wenn es die Gewohnheit ablegt, an den ihm bestimmten Ort zurückzukehren“

Das Aneignungsrecht steht demgemäß nur an herrenlosen Sachen — Fischen, usw — zu Hierzu gehören nicht Fische in Teichen oder anderen geschlossenen Privatgewässern Der Teich, dessen Fische usw. nicht als herrenlos gelten sollen, muß also ein Privatgewässer im Sinne des BGB sein, und dazu noch ein geschlossenes Privatgewässer (vgl oben § 2 Anm. II 2)

4. Abs. 1 umgrenzt nicht bloß den sachlichen (Fische, Krebse usw.), sondern auch den örtlichen Umfang: das Fischereirecht enthält an sich nur die Befugnis, in einem Gewässer Fische usw. zu hegen und sich anzueignen. (Vgl. LVA. vom 2. Juli 1918, Bd 2 S. 103. Grundstücke, die durch ein über seine Ufer getretenes Gewässer zeitweise vorübergehend überflutet werden, bilden in diesem Zustande weder nach den Grundsätzen des Wasserrechts noch nach denjenigen des Fischereigesetzes

einen Teil des überflutenden Gewässers, mag dieses die Eigenschaft eines Wasserlaufs besitzen oder nicht.) Die Grenzen eines Gewässers ergeben sich aus den Katasterkarten, auch das Wassergesetz vom 7 April 1913 hat Bestimmungen darüber gegeben, z. B in § 12 daselbst Im allgemeinen ist maßgebend, wie weit Grund und Boden dauernd mit Wasser bedeckt, bespannt und als das Bett des Gewässers anzusehen ist, das die Bodenfläche, worauf das Wasser sich befindet und das sich an die Sohle anschließende Seitenland, soweit es regelmäßig unter dem Wasserspiegel steht, umfaßt Befinden sich daher Wassertiere, welche nach Abs 1 dem Fischereirecht unterliegen, auf dem Lande, z. B Schildkröten, so ist ein Aneignungsrecht nicht gegeben Außerhalb eines Gewässers sind Fische usw Gegenstand des freien Tierfangs, das Aneignungsrecht des Fischereiberechtigten ist in diesem Falle erloschen. Anders liegt der Rechtszustand bei Teichen und geschlossenen Privatgewässern, für welchen § 960 Abs 2 BGB - siehe vorstehend — maßgebend ist

Tritt ein Gewässer über seine Grenzen, über seine Ufer, überschwemmt also das angrenzende Land, so treten die Bestimmungen des § 12 FG in Wirkung.

Über Besitzstörungen und Schutz dagegen siehe §§ 858 ff BGB, insbesondere auch § 862 Abs. 1: „Wird der Besitzer durch verbotene Eigenmacht (§ 858 daselbst) im Besitze gestört, so kann er von dem Störer die Beseitigung der Störung verlangen Sind weitere Störungen zu besorgen, so kann der Besitzer auf Unterlassung klagen" Dem Fischereiberechtigten steht danach die Klage im ordentlichen Rechtswege wegen Besitzstörung zu. Vgl. ferner § 25 in Verbindung mit § 39 WG

5. Unberechtigte Aneignung von Fischen usw wird nach § 370 Ziff. 4 und § 296 RStGB. bestraft.

§ 370 Ziff 4 daselbst „Mit Geldstrafe oder mit Haft wird bestraft, wer unberechtigt fischt oder krebst"

RGSt vom 15 April 1904, Bd 37 S. 117 Sowohl im Sinne des § 370 Ziff 4 als auch des § 296 RStG umfaßt

„fischen“ die gesamten Veranstaltungen, die bestimmt sind, zur Okkupation zu führen. Diesem Zwecke dient nicht nur das Auslegen und Herausnehmen, sondern auch das Liegenlassen der Netze, und zwar so lange, als die Netze in einer Art und Weise ausliegen, daß sich darin Fische fangen lassen sollen oder können. Gerade das Liegenlassen der Netze im Wasser bildet das Mittel, das zur Aneignung (Okkupation) von Fischen in besonderem Maße bestimmt und geeignet ist, also das Mittel, durch das sich das Fischen vollzieht.

Besitzt jemand kein vertragsmäßiges oder sonstiges Recht, für sich und seinen Nutzen zu fischen, so fischt er unberechtigt. Hat jemand das Recht, im Namen, im Auftrage eines anderen zu fischen, beabsichtigt aber von vornherein, für sich zu fischen, für seinen Nutzen, nicht mit der Absicht, den erbeuteten Fang für den Auftraggeber, namens desselben, für diesen in Besitz zu nehmen, sondern für sich als sein Eigentum, so handelt er objektiv wie subjektiv unberechtigt RGSt vom 10. Dezember 1885, Bd. 13 S. 195

„Fischen“ im Sinne des RStGB s ist der allgemeinere Ausdruck, „Fischfang“ der engere (vgl. RGSt. Bd. 17 S. 161)

Unberechtigt fischt, wer ohne Befugnis oder über die Grenzen seiner Befugnis oder über die örtlichen Grenzen seiner Fischereibefugnis hinausgeht, ebenso, wenn er unter Verletzung seiner Vertragspflichten fischt oder wenn die Berechtigung ruht (Schonzeit).

Die Frage, ob jemand „unberechtigt“ im Sinne des § 370 Ziff. 4 des StGB.s fischt, ist nicht nach dem Fischereigesetze, sondern nach dem materiellen Fischereirechte (Provinzialrecht, Landesrecht, etwaige Privilegien) zu beurteilen RGSt. vom 10. Dezember 1906, Bd 33 S. C 39.

Es ist strafrechtlich gleichgültig, ob der unberechtigt Fischende für sich oder andere Fische usw. erbeutet, und welche Vermögensnachteile er hierdurch dem Berechtigten zufügt. Die mit solcher Bedeutung verbundene Besitzergreifung oder Aneignung dem ausschließlichen Okkupationsrechte eines Dritten unterworfener herrenloser Sachen bildet nicht den Gegenstand eines selbständigen Delikts, sondern fällt unterschiedslos in den Tatbestand der zu einem delictum sui generis erhobenen Fischereirechtsverletzung hinein. Die einfache Fischereiverletzung fällt unter § 370 Nr. 4, die qualifizierte Form derselben unter § 296 StGB RGSt vom 10. Dezember 1885, Bd. 13 S. 195.

Anlocken von Fischen ist nicht strafbar. Dagegen verstößt derjenige, welcher sich aus einem anderen Fischereirevier in sein Gebiet Fische zutreiben läßt gegen § 370 Ziff. 4 RStGB

§ 296 RStGB.: „Wer zur Nachtzeit, bei Fackellicht oder unter Anwendung schädlicher oder explodierender Stoffe unberechtigt fischt oder krebst, wird mit Geldstrafe oder mit Gefängnis bis zu sechs Monaten bestraft."

§ 296a RStGB. „Ausländer, welche in deutschen Küstengewässern unbefugt fischen, werden mit Geldstrafe oder mit Gefängnis bis zu sechs Monaten bestraft."

„Neben der Geld- oder Gefängnisstrafe ist auf Einziehung der Fanggeräte, welche der Täter bei dem unbefugten Fischen bei sich geführt hat, ingleichen der in dem Fahrzeuge enthaltenen Fische zu erkennen, ohne Unterschied, ob die Fanggeräte und Fische dem Verurteilten gehören oder nicht." Siehe oben § 1 Anm. 2 unter II.

6. Zu Abs. 2. Frösche unterliegen dem Fischereirecht nur, soweit sie sich in einem Gewässer aufhalten, das zur Fischerei nach Abs. 1 benutzt wird. In den nicht zur Fischerei benutzten Gewässern ist also der Froschfang für jeden freigegeben, ebenso steht das Aneignungsrecht der Frösche als herrenlose bewegliche Sachen auf dem Lande jedermann frei.

Nach dem KomBer. d AH aaO. 1914/15 ist das Fischereigesetz auch auf die Frösche ausgedehnt worden, damit den empörenden Tierquälereien beim Froschfang ein Ende gemacht werde. Es ist aber auch im Interesse der Fischereiwirtschaft sehr erwünscht, da der Froschfang vielfach nur zum Vorwand benutzt wird, um Fischdieberei zu treiben, ferner aber auch, weil in einzelnen Gegenden der Froschfang tatsächlich einen großen Umfang angenommen hat

7. Zu Abs 3. Als „fischen" gilt jede Tätigkeit nach Abs 1 Das Hegen der Fische usw (Abs. 1) gilt demnach als Tätigkeit des Fischens. Der Begriff des Fischens im Sinne des Abs. 3 ist ein anderes als der des § 370 Ziff. 4 und der §§ 296, 296a StGB Der Begriff „Fischen" nach den letzteren deckt sich nicht mit „Fische fangen" (siehe oben zu Abs 1 Anm 4).

Beschränkungen in der Ausübung des Fischereirechts siehe §§ 5, 12, 13, 28—35, 90—98, 100, 104, 106—109, 110 ff., 115 bis 118, 119, sowie §§ 19 ff des WG

8. Siehe noch Anhang Nr 5 Ausführungsanweisung zu § 4

9. Nach dem Gesetz über die Regelung der Gewerbesteuer für das Rechnungsjahr 1927 vom 8. März 1927 (GS. S 17) — Bekanntmachung der neuen Fassung der Verordnung über die vorläufige Regelung der Gewerbesteuer vom 15. März 1927 (GS S. 21) § 3 — ist die Fischzucht und der Fischfang gewerbesteuerfrei. Die Befreiung erstreckt sich sowohl auf den Absatz der selbstgewonnenen Erzeugnisse im rohen Zustande als auch auf den Absatz nach einer Verarbeitung, die in dem Bereiche des betreffenden Gewerbezweiges liegt

§ 5. Ein Fischereirecht für den häuslichen Gebrauch (Fischereirecht zu Tisches Notdurft, Küchenfischereirecht usw.) gibt dem Berechtigten nur die Befugnis, für seinen eigenen Bedarf und den der Familienangehörigen seines Haushalts zu fischen. Ist es mit einem Grundstück verbunden, so ist der Bedarf des jeweiligen Nutzungsberechtigten maßgebend.

1. Der zur Fischerei für den häuslichen Gebrauch Berechtigte hat nur die Befugnis, für seinen eigenen Bedarf usw zu fischen, demgemäß an Fischen nur so viel zu fangen, daß der Bedarf für ihn, den Berechtigten, und seine Familienangehörigen gedeckt ist Maßgebend ist also der Bedarf In

der Kommission des AH. — siehe KomBer d. AH. aaO 1914/15 — wurde von dem Regierungsvertreter erklärt, daß darunter der Bedarf für höchstens zwei Tage zu verstehen sei, um zu vermeiden, daß etwa auf einmal große Fischzüge gemacht werden, der Begriff des Fischereirechtes „für den häuslichen Gebrauch" umgangen werde.

2. Zu den Familienangehörigen gehören nicht auch die Haushaltungsangehörigen. Pensionäre, Sommerfrischler usw kommen nicht in Betracht.

3. Der Kreis der nach Satz 2 in Betracht kommenden Personen kann unter Umständen größer sein als derjenige nach Satz 1: Das Wort „Familienangehörige" weggelassen, bedeutet eine Erweiterung, nicht eine Beschränkung des Fischereirechtes für den häuslichen Gebrauch. Der Nutzungsberechtigte könnte sie für seinen ganzen Hof fangen. (KomBer d. HH. aaO. 1916/18.)

4. Die Verpachtung des Rechts (§ 28 Abs. 1 FG.) ist unzulässig, weil ihr sein Inhalt entgegensteht. Eine Übertragung des Rechts durch Rechtsgeschäft unter Lebenden (nicht durch Testament) ist nur auf den Eigentümer zulässig (vgl. § 20).

5. Was die Ausstellung von Erlaubnisscheinen betrifft, siehe § 98 Abs. 4 FG

6. Vgl. auch § 133 Abs. 5 FG., wodurch für die Provinz Preußen (Ost- und Westpreußen) die Sonderbestimmung betreffend das Fischereirecht zur Tischesnotdurft aufrecht erhalten ist.

7. Siehe noch im Anhang, Ausführungsanweisung zu § 5

§ 6. In den Küstengewässern, an denen kein Eigentum besteht, hat jeder Deutsche freien Fischfang.

Was unter Küstengewässer zu verstehen ist, darüber s. § 1 FG und Anm. I 1 dazu

Für den freien Fischfang, ein dem Gemeingebrauch gleichstehendes Recht ist Voraussetzung, daß kein Eigentum an den Küstengewässern (§ 7, s auch § 8 Abs. 4 FG) besteht.

In ihnen hat jeder Deutsche, nicht bloß jeder Preuße, freien Fischfang. Letzterer umfaßt nur das Recht, Fische sich anzueignen, nicht das Fischereirecht im Sinne des § 4 FG

Zum freien Fischfang ist ein Fischereischein nicht erforderlich (s. § 92 Abs. 2 Ziff. 2 FG.). Da der Fischereischein versagt werden kann (§ 96 FG.), würde das freie Fischereirecht im Versagungsfalle aufgehoben werden; dies würde aber § 6 FG. widersprechen, das den freien Fischfang bedingungslos ausspricht

§ 7. In den Küstengewässern, die im Eigentume stehen, und in den Binnengewässern hat der Eigentümer das Fischereirecht.

1. Über den freien Fischfang in Küstengewässern s. § 6.

Das Gesetz bestimmt, daß sich grundsätzlich das Fischereirecht aus dem Eigentum an dem Fischgewässer ergibt: Eigentum an diesem begründet grundsätzlich Fischereirecht als Ausfluß des Eigentumsrechtes, d. h. grundsätzlich soll einem Fremden ein Fischereirecht an dem Eigentum eines anderen nicht zustehen. Die Grundlage des Fischereirechts ist also das Eigentum.

Ist bei Küstengewässern ein Unterschied zu machen zwischen Küstengewässern, die Teile des Meeres sind, und Küstengewässer, die nicht Teile des Meeres sind, so ist für beide Teile der Küstengewässer gemeinschaftlich bestimmt, daß in ihnen an sich der Fisch f a n g frei ist. Stehen sie aber im Privateigentum, so hat der Eigentümer in ihnen das Fischereirecht (Hegen und Aneignen, § 4 FG.). Damit ist nach § 7 FG. die Zuerkennung des Fischereirechts grundsätzlich geschieden in das Fischereirecht in Binnengewässern und privaten Küstengewässern einerseits und in das in Küstengewässern, die n i c h t im Privateigentum stehen, in letzteren das Fischereirecht auf den freien Fischfang für jeden Deutschen beschränkend (§ 6 FG.) anderseits.

An diese grundsätzlichen Bestimmungen, auf welchen sich das FG. aufbaut, reihen sich nun die Ausnahmen an (s. § 8 FG.). Im Unterschiede zum Jagdrecht kann aber auch künftighin ein Fischereirecht auf einem fremden Grundstück lasten.

Im übrigen s. §§ 1, 8 Abs. 1, 4 FG.

Vgl. auch §§ 7 ff., 196 ff. des WG. An den in der Anlage des Wassergesetzes bezeichneten Wasserläufen erster Ordnung steht vorbehaltlich der Bestimmungen des § 9 Abs. 1 dem Staate das Eigentum zu. Durch den Staatsvertrag, betreffend den Übergang der Wasserstraßen von den Ländern auf das Reich v 31. März/26. September 1921 GS. S. 520, sind die im Vertrage näher bezeichneten Wasserläufe auf das Reich übergegangen. Die staatlichen Fischereien an den natürlichen Wasserstraßen, ebenso an den kanalisierten Strecken natürlicher Wasserstraßen verbleiben dem Staate (siehe Anhang Nr. 3). An den Wasserläufen zweiter und dritter Ordnung steht, vorbehaltlich des § 9 WG., den Eigentümern der Ufergrundstücke (Anliegern) das Eigentum zu (§§ 7, 8 WG.).

Unter Eigentum ist Eigentum im Sinne des BGB. §§ 903 ff. zu verstehen. Vgl. auch RGZ. vom 11. Oktober 1918, Bd. 94 S. 33. Daß Gewässer im Steuerkataster als öffentliche Gewässer nachgewiesen werden, ist für ihre Eigentumsverhältnisse unerheblich.

Das Fischereirecht ist ein Privatrecht vermögensrechtlicher Art.

2. Siehe noch Anhang Nr. 5 AusfAnw. zu §§ 7, 8

§ 8. (1) Gegenüber den §§ 6, 7 bleiben alle Fischereirechte und der freie Fischfang aufrechterhalten, soweit sie am 30. April 1914 bestanden haben.

(2) Für den, der ein Fischereirecht bis zum 1. Mai 1914 mindestens dreißig Jahre lang als sein eigenes ausgeübt hat, spricht die Vermutung, daß es ihm zusteht. Die Vorschriften des § 937 Abs. 2 und der §§ 938,

943, 944 des Bürgerlichen Gesetzbuches gelten sinngemäß.

(3) Abs. 2 gilt nicht für die im § 20 bezeichneten Fischereirechte.

(4) Vom 1. April 1917 ab wird das Fischereirecht der Gemeinden in den zu den Küstengewässern gehörenden Strecken der Leda und Jümme aufgehoben. In ihnen hat fortan jeder Deutsche freien Fischfang.

1. Der im § 7 FG. festgelegte Grundsatz wird durch § 8 verschiedenfach eingeschränkt. Ausnahmen müssen von der Regel des § 7 FG. gemacht werden, da bestehende Rechte nicht verletzt werden sollen.

2. Zu Abs. 1: 1. Alle Fischereirechte und der freie Fischfang bleiben als Ausnahme von § 7 FG. bestehen, soweit sie am 30. April 1914 bestanden haben, d. h. alle bisherigen an diesem Termin noch zu Recht bestehenden Fischereirechte und der freie Fischfang, ebenso die bis dahin bestehenden regalen Fischereirechte des Staates. Die nicht auf Eigentum beruhenden Fischereirechte könnten, soweit es sich um die dem staatlichen Regale vorbehaltenen früheren öffentlichen Gewässer handelt, auf staatlicher Verleihung oder auf in der Regel bis zum 1. Januar 1900 vollendeter Ersitzung, in den sogenannten früheren Privatgewässern auf Dienstbarkeiten, die als Grund- oder Personaldienstbarkeiten nicht allein seitens des Gewässereigentümers bestellt, sondern nach Lokalrecht auch durch staatliches Privilegium verliehen werden konnten, der Ersitzung aber schon durch das Ergänzungsrecht zur Gemeinheitsteilungsordnung vom 2. März 1850 (GS S. 139) Art 12 entzogen waren — bis zu diesem Zeitpunkt mußte also die Ersitzung vollendet sein —, beruhen. Der Umfang dieser Rechte bestimmt sich nach dem Inhalt der Verleihungsurkunde und sonstigen Titeln oder nach bisherigen geltenden Vorschriften (vgl. ALR § 32 II 14, § 170 I 9, § 15 I 9). So dient in erster Linie Abs 1 zum Ersatze des § 6 und des § 7

Abs. 1, 2 des FG. vom 30. Mai 1874 Durch diese ist die Fischerei in solchen Gewässern, in denen sie beim Inkrafttreten des alten FG. von allen Einwohnern oder Mitgliedern einer Gemeinde ausgeübt werden konnte, sowie in solchen Binnengewässern, die in demselben Zeitpunkte dem freien Fischfange unterlagen, auf die politische Gemeinde übertragen worden. Letztere waren also bis zum Inkrafttreten des FG von 1916 fischereiberechtigt und bleiben es daher, ohne daß der Inhalt der §§ 6 und 7 Abs 1 und 2 des bisherigen Gesetzes von 1874 wiederholt zu werden braucht. Die Vorschrift der Nr. 1 kommt sodann auch für solche Fälle in Betracht, in denen Gemeinden in einem Teile eines Wasserlaufs erster Ordnung als Eigentümerin fischereiberechtigt ist, wie z. B die Stadtgemeinde Stettin in einem Teile der Oder Ferner ist in den Hohenzollernschen Landen durch die Gesetze vom 28. August und 5 Dezember 1848 (Verordnungs- und Anzeigeblatt f Hohenzollern-Sigmaringen S. 329 u. f Hohenzollern-Hechingen S. 459) das Fischereirecht in öffentlichen Gewässern den Gemeinden übertragen, wobei nach der Theorie des dort geltenden gemeinen Rechts alle Flüsse, Bäche, Gräben usw., die selbständig fließendes Wasser haben, zu den öffentlichen Gewässern zu rechnen sind (vgl. RGZ. Bd. 52 S. 382; Entsch. d Oberlandesgerichts Frankfurt a. Main vom 3. April 1903). Auch im Regierungsbezirke Stralsund sollen den Gemeinden Fischereirechte zustehen, deren Rechtsgrundlagen nicht ohne weiteres festzustellen sind, die aber von keiner Seite angefochten werden (RegBegr. aaO. 1914/15).

Die zweite Ausnahme ist die, daß alle bestehenden Rechte zur Fischerei in den Küstengewässern aufrechterhalten werden An sich steht das Fischereirecht auch in den zu den Küstengewässern gehörenden Teilen der Wasserläufe erster Ordnung dem Staate zu; in den übrigen Gewässern, also den innerhalb der Hoheitsgrenze liegenden Teilen der Nord- und Ostsee, ist jeder Deutsche zum freien Fischfange befugt. In § 8 Nr. 1 wird aber zunächst gegenüber dieser Befugnis zum freien

Fischfang das ausschließliche Recht des Staates zur Austernfischerei an der Westküste der Provinz Schleswig-Holstein erhalten, ferner wird dadurch die Befugnis zum freien Fischfang für den Regierungsbezirk Stralsund ganz ausgeschlossen, da dort auch die Küstenfischerei kraft Provinzialrechts staatliches Regal ist. Neben diesem Regal bleibt aber kraft desselben Vorbehalts die gleichfalls auf Provinzialrecht beruhende sogenannte Schargerechtigkeit der an die Küstengewässer angrenzenden Güter bestehen. (Unter Schar versteht man die an die Ufergrundstücke angrenzenden Teile der Meeresfläche, soweit hier ein Mann waten und mit der Pflugschar werfen kann; letzteres ist dahin entschieden worden, daß das Scharrecht bis zu 1 Meter Wassertiefe vor dem Ufergrundstücke gegeben ist.) Endlich fallen unter die Ausnahme alle auf besonderen Titeln beruhenden Fischereirechte in den Küstengewässern, namentlich also die auf staatlichem Privileg sich gründenden, wie sie an natürlichen Wasserläufen erster Ordnung vielfach, im Regierungsbezirk Stralsund aber auch an anderen Küstengewässern vorkommen, wo z. B. solche Rechte zugunsten der Universität Greifswald begründet sind Soweit Gemeinden in Küstengewässern fischereiberechtigt sind, wie z. B. die Stadtgemeinde Schleswig, in der eine Bucht der Ostsee bildenden Schlei und einzelne Städte im Regierungsbezirk Stralsund, werden sie durch § 8 Abs 1 geschützt. War das Fischereirecht in einem Küstengewässer bisher ausschließlicher Natur, so behält es dabei selbstverständlich sein Bewenden. Die Bestimmung des § 7 findet dann keine Anwendung (RegBegr. aa O.) Daß alle auf besonderen Titeln beruhenden Fischereirechte unberührt bleiben, ist selbstverständlich. Unter den besonderen Titeln sind nicht nur privatrechtliche — wie Rechtsgeschäfte, Ersitzung, unvordenkliche Verjährung, sondern auch öffentlich-rechtliche Titel, wie Privilegien und Auseinandersetzungsrezesse, zu verstehen (RegBegr. aaO.).

Ein Fischereirecht in den Wasserläufen zweiter und dritter

Ordnung steht dem Staate in der Provinz Hessen-Nassau zu. Dieses Recht beruht, wie auch gerichtlich anerkannt ist (vgl. OLG. Kassel vom 19. Juni 1882), nicht auf einem Eigentum an einem Wasserlaufe oder auf Anliegerrecht, in der Regel auch nicht auf besonderen Titeln, sondern, ebenso wie das Fischereirecht in den natürlichen Wasserläufen erster Ordnung, auf Regalität, die zwar nicht an allen fließenden Gewässern, insbesondere nicht an künstlich hergestellten, aus einem natürlichen Wasserlauf abgeleiteten Werkgräben, wohl aber an allen größeren Wasserläufen bestehen (vgl. RGZ. vom 3. Februar 1912, Bd. V 376. 1911; ferner RGZ. vom 12. März 1889, Bd. 23 S. 147, 155). RegBegr. aaO. 1914/15.

Im übrigen ergibt sich für die im Eigentum stehenden Gewässer im allgemeinen folgender Rechtszustand:

„1. In den Wasserläufen erster Ordnung ist in der Regel der Staat als Eigentümer (§ 7 WG.) fischereiberechtigt, soweit nicht in den zu den Küstengewässern gehörenden Strecken der freie Fischfang am 30. April 1914 bestanden hat oder nach § 8 Abs. 4 vom 1. April 1917 ab neu zugelassen wird. Dem Fischereirechte des Staates unterliegen nach § 2 Abs. 2 WG. auch die Nebenarme und die Mündungsarme der natürlichen Wasserläufe erster Ordnung. Zu den Wasserläufen erster Ordnung gehören auch Haffe (vgl. Anlage zum WG. unter I), in denen dem Staate ebenfalls schon nach jetzigem Rechte die Fischereiberechtigung zusteht."

„Auch soweit der Staat nicht Eigentümer der Wasserläufe erster Ordnung ist (§ 9 WG.), steht ihm doch das Fischereirecht zu, wenn es sich um Wasserläufe handelt, die vor dem Inkrafttreten des WG. zu den öffentlichen Strömen gehört haben und als solche nach den §§ 73, 38 ALR. II 15 dem Fischereiregal des Staates unterlagen, es sei denn, daß am 30. April 1914 der Eigentümer selbst oder ein Dritter kraft staatlichen Privilegiums oder sonstigen besonderen Titeln fischereiberechtigt war, wie z. B. die Stadtgemeinde Stettin in dem ihr gehörenden Teil der Oder."

„Ausgeschlossen ist das Fischereirecht des Staates überall da, wo nach § 7 FG. von 1874 ein Fischereirecht der politischen Gemeinden an Wasserläufen erster Ordnung besteht. Dies ist namentlich der Fall:

a) in der Provinz Westpreußen — jetzt also in den beim Deutschen Reiche verbliebenen Teilen dieser Provinz — (§ 72 des westpreußischen Provinzialrechts vom 19. April 1844);

b) in den Kreisen Lauenburg und Bötow und einigen Teilen der Kreise Belgard, Dramburg und Neustettin der Provinz Pommern (Art. 3 Nr. 4 G. vom 4. August 1865, GS. S. 873),

wo zurzeit, abweichend vom § 73 II 15 ALR. ein Fischereiregal nicht besteht."

„An den Strömen in diesen Gebietsteilen hat ursprünglich das Recht des freien Fischfanges bestanden (vgl. § 2 Art. 3 Tit. 1 dritten Buches des preußischen Landrechts von 1721 und Entscheid. d. Obertribunals vom 21. Oktober 1878 in Striethorsts Archiv Bd. 100 S. 264). Auf Grund des § 7 Abs. 1 FG. von 1874 ist jedoch, soweit das Gebiet der Binnenfischerei in Betracht kommt, die Fischereiberechtigung auf die politischen Gemeinden übergegangen, während der freie Fischfang in den zu den Küstengewässern gehörenden Teilen der Weichsel fortbesteht. Dieser und das Recht der Gemeinden wird durch § 8 Abs. 1 aufrechterhalten."

(Die Weichsel gehört jetzt seit dem Versailler Friedensvertrag vom 28. Juni 1919 nicht mehr zum Deutschen Reiche.)

„2. In den Wasserläufen zweiter und dritter Ordnung sind regelmäßig die Anlieger fischereiberechtigt, denen auch das Eigentum daran zusteht, soweit nicht beim Inkrafttreten des WG. ein anderes Eigentum begründet ist (§§ 7, 8, 9 Abs. 1). Seen, die nicht zu den Wasserläufen gehören, d. h. Seen, die keinen oberirdischen Abfluß haben oder aus denen nur künstliche Wasserläufe abfließen und bei denen auch die Wasserlaufverzeichnisse nicht etwas anderes bestimmen (§ 1

Abs. 1, Abs. 3 Satz 2 WG.), gehören dem Eigentümer des Bodens und stehen, wenn sie sich über die Grundstücke verschiedener Eigentümer erstrecken und das Eigentum an ihnen nicht anderweit geordnet ist, im anteiligen Eigentum der Anlieger (§ 205 WG.). Gehört einem Gewässereigentümer nur ein Anteil an dem Gewässer, so erstreckt sich das Fischereirecht nur auf diesen Teil."

„Sonderbestimmungen bestehen z. B. für Hohenzollern und Hessen-Nassau." RegBegr. aaO. 1916/18.

Über diese Sonderbestimmungen siehe das weiter vorstehend aus der RegBegr. 1914/15 Angeführte

Freier Fischfang bleibt nicht bloß in den Küstengewässern aufrechterhalten, sondern auch in den Binnengewässern, obwohl diese Ausnahmebestimmung für die letzteren kaum noch praktische Bedeutung haben wird Vgl. Art. 1 der Novelle zum FG. von 1874 vom 30. März 1880 und § 133 Ziff. 3 FG. Durch erstere ist das Recht zur freien Angelfischerei im preußischen Gebiete des französischen Rechts aufgehoben.

Vgl. auch noch § 382 WG., wonach „die beim Inkrafttreten dieses Gesetzes bestehenden Rechte an einem Wasserlaufe, die nicht unter § 379 Abs 1 Nr. 1 fallen, mit dem bisherigen Inhalte aufrechterhalten bleiben, soweit sie auf besonderem Titel beruhen. Dies gilt namentlich auch von den Nutzungsrechten, die den Anliegern oder anderen zustehen, auch wenn sie nicht Eigentümer des Wasserlaufs sind, insbesondere von dem Rechte, die Fischerei auszuüben, jedoch unbeschadet der Bestimmung des Wasserlaufs für die Schiffahrt"

F i s c h e r e i r e c h t e a n B i n n e n g e w ä s s e r n sind Rechte an einer fremden Sache, mit denen das Eigentum letzterer belastet ist (Nutzungsrechte an fremdem Grund und Boden). Über die rechtliche Natur der Fischereigerechtigkeiten siehe LWA. vom 28 Oktober 1921, Bd. 3 S. 151 ff.: Staudinger (BGB. Bd III S. 537, 7./8. Aufl., Vorbemerkung im Absatz Grunddienstbarkeiten VIII) hält die Fischereirechte mit

Recht für ein Nutzungsrecht an fremder Sache, indem er darauf hinweist, daß ihm die Grundnatur einer Dienstbarkeit fehle, da es von der aktiven Seite weder an ein Grundstück geknüpft noch auf die Lebenszeit eines Berechtigten eingeschränkt sei; die Ähnlichkeit mit einer Servitut bestehe darin, daß es auf der passiven Seite sich als Belastung eines Grundstücks darstelle. Vgl. dazu RGZ. vom 26. September 1922, Bd. 105 S. 186.

Niedere Regalien sind die Nutzungen an einem öffentlichen Strome, auch die Fischerei. Ersitzung der Fischerei in einem solchen Strome in einem Zeitraume von 44 Jahren war auch gegen den Fiskus zulässig.

Das Verbot der Ersitzung von Fischereiberechtigungen nach dem Gesetze vom 2 März 1850 (GS. S. 139) — jetzt gilt G. vom 9. Januar 1922 — trifft auch den Krebsfang (RGZ vom 26. Februar 1880, Bd. 1 S. 372).

Die unvordenkliche Verjährung hat, um als Rechtsgrundlage dienen zu können, eine während unvordenklicher Zeit fortgesetzte Rechtsausübung zur Voraussetzung und Zustände, in welchen eine Rechtsausübung sich nicht darstellt, werden durch die unvordenkliche Verjährung nicht zu rechtlichen erhoben Die Ausübungshandlungen müssen an sich geeignet sein, eine Rechtsausübung darzustellen. Darin ist auch die Absicht zu erblicken, ein Recht auszuüben (RGZ. vom 10. Juli 1888, Bd. 24 S. 163).

Zur Ausübung von Fischereiberechtigungen, welche in früheren Zeiten durch Privileg allen „Bürgern" einer Stadt verliehen sind, werden auf Grund der durch die neuere Städteordnung hinsichtlich der Gemeindemitgliedschaft herbeigeführten Änderung alle Gemeindemitglieder berechtigt, und stehen daher solche Berechtigungen jetzt nach § 6 FG. vom 30. Mai 1874 der politischen Gemeinde zu. Nicht mehr „Bürger"-Gemeinde, sondern „Einwohner"-Gemeinde besteht (RGZ. vom 10. Januar 1902, Bd. 50 S. 300). Vgl. auch RGZ. vom 24. Mai 1901, Bd. 49 GS S. 241 über den dinglichen Charakter eines Fischereirechts siehe die eingehenden Darlegungen der RGZ. vom 28. November 1902, Bd. 53 S. 98 und vom 25. September 1903, Bd. 55 S. 314.

Der Code civil kennt aber ein selbständiges, als dingliches Recht bestehendes Fischereirecht nicht.

Ein vorher bestehendes Fischereirecht bleibt an dem um Wasserfläche vergrößerten Flusse bestehen; das Fischereirecht erfährt also in dieser Beziehung eine Erweiterung, ebenso wie es auch in dem durch Verringerung der Wasserfläche verkleinerten Flusse eine Verringerung erleidet. RGZ. vom 28. September 1917, Bd. 90 S. 426.

3. Zu Abs. 2. Der Abs. 2 enthält — als Wirkung der Zeit — eine Rechtsvermutung, um diejenigen, die tatsächlich ein solches Fischereirecht ausüben, zu schützen und ihnen den Beweis ihres Rechtes zu erleichtern. Es genügt, wenn derjenige, der sich auf diese Vermutung stützen will, nachweist, daß er am Anfang und am Schluß der Periode von 30 Jahren das Recht in gutem Glauben ausgeübt habe. Dann spricht die Vermutung für ihn, daß er auch in der Zwischenzeit sich in der gleichen Rechtslage befunden habe. In den 30jährigen Zeitraum wird auch die Zeit der Ausübung des Rechts durch einen Rechtsvorgänger eingerechnet; das ist selbstverständlich. KomBer. d. HH. aaO. 1916/18. Ob der gute Glaube nach dem 30. April 1914 fortgefallen ist, ist unerheblich (RegBer. aaO. 1916/18).

Es handelt sich hier nicht um eine Ersitzung. Trotzdem ist die Anwendbarkeit der im Abs. 2 benannten Bestimmungen des BGB. ausgesprochen worden.

Der 1. Mai 1914 ist der Tag, an welchem das Wassergesetz in Kraft getreten ist.

Es wurde als mißlich angesehen, in das Gesetz eine Ersitzung einzuführen. Aus diesem Grunde wurde es für zweckmäßig gehalten, als Wirkung der Zeit nicht den Erwerb des Rechtes zu bestimmen, sondern nur die Vermutung aufzustellen, daß das Recht, 30 Jahre lang ausgeübt, besteht. Dem

Eigentümer des Wassergrundstücks muß alsdann, schon im Interesse des Grundsatzes, daß die Grundlage für das Fischereirecht das Eigentum bildet, das Recht des Gegenbeweises zustehen.

Zur Begründung der Vermutung des § 8 Abs. 2 genügt allein die tatsächliche Ausübung des Fischereirechtes als eines vermeintlichen Rechtes während des 30jährigen Zeitraumes, ohne daß überhaupt auf einen besonderen Rechtstitel zurückgegriffen zu werden braucht

Den Nachweis des Bestehens eines besonderen Titels, durch welchen die Rechtsvermutung entkräftet werden soll, muß der Gegner erbringen. Die Rechtsvermutung kann nur darauf gestützt werden, daß das Recht bis zum 1. Mai 1914 mindestens 30 Jahre als e i n e i g e n e s ausgeübt worden ist. Siehe auch OLKG. vom 5. April 1918, PrVerwltgsbl, 41 Jahrg. (1919/1920) S 231 und LWA. vom 19. Oktober 1923, PrVerwltgsbl., Jahrg. 45 S. 448.

4. Zu Abs 3. Derselbe schließt die im § 20 FG. bezeichneten beschränkten Fischereirechte von der Vergünstigung des Abs. 2 aus. Vgl. LWA. vom 28. November 1919, Bd 2 S. 110

5. Zu Abs. 4. Das Fischereirecht der Gemeinden in der Leda und der Jümme, das durch das alte FG. von 1874 begründet worden ist, ist entgegen der Bestimmung des Abs 1 in den zu den Küstengewässern gehörenden Strecken aufgehoben worden. Damit ist also eine Ausnahme von Abs 1 ausdrücklich ausgesprochen.

6. Siehe noch §§ 11 und 18 FG. sowie Anhang Nr 5 AusfAnw. zu §§ 7, 8 und Anhang Nr. 13.

§ 9. Nimmt der Staat nach § 11 Satz 2 des Wassergesetzes das Eigentum an einem Wasserlauf in Anspruch, so kann der bisherige Eigentümer verlangen, daß ihm das Fischereirecht bleibt. In diesem Falle hat

der Staat den bisherigen Eigentümer auf die Folgen des § 11 Abs. 2 hinzuweisen.

1. Nach § 3 Abs. 1 WG. kann der Fall eintreten, daß im Wege der Gesetzgebung ein Wasserlauf zweiter oder dritter Ordnung zum Wasserlaufe erster Ordnung erklärt wird. Die Eigentumsverhältnisse werden hierdurch nach § 11 daselbst nur insofern berührt, als der Staat das Eigentum gegen Entschädigung in Anspruch nehmen kann. In diesem Falle behält der bisherige Eigentümer auf sein Verlangen das Fischereirecht als besonderes Recht, er kann aber auch für die Entziehung des Fischereirechts Entschädigung beanspruchen.

Steht das Fischereirecht an dem zum natürlichen Wasserlauf erster Ordnung erklärten Wasserlauf nicht dem bisherigen Eigentümer, sondern einem Dritten zu, so wird dessen Recht durch den Übergang des Eigentums auf den Staat ebensowenig berührt, wie jedes andere an dem Wasserlauf bestehende Recht eines Dritten Dessen Rechtslage ist keine andere als bei einem in sonstiger Weise stattfindenden Eigentumswechsel. RegBegr. aaO 1916/18.

Behält der bisherige Eigentümer das Fischereirecht, so muß der Staat, nachdem er das Eigentum an dem Wasserlauf in Anspruch genommen hat, d i der Fiskus und für diesen die ihn vertretungsberechtigte Verwaltungsbehörde, den bisherigen Eigentümer auf die Folgen den § 11 Abs 2 FG. hinweisen.

Siehe § 11, auch § 17 FG

§ 10. (1) **Verläßt ein Wasserlauf infolge natürlicher Ereignisse sein Bett oder bildet sich ein neuer Arm, so gehen die nicht dem Eigentümer des Gewässers zustehenden Fischereirechte am alten Wasserlauf auch auf den neuen Wasserlauf über.**

(2) **Wird ein Wasserlauf erster Ordnung künstlich abgeleitet, so gehen solche Fischereirechte auf den neuen**

Wasserlauf über, wenn dieser mehr als die Hälfte des Abflusses bei gewöhnlichem Wasserstande (§ 8 Abs. 3 des Wassergesetzes) aufzunehmen bestimmt ist. Die Fischerei in dem alten Gewässer steht dem Hersteller der Ableitung zu. Der Fischereiberechtigte kann von diesem für die Verminderung des Wertes seines Fischereirechts Entschädigung verlangen. Bei künstlichen Ableitungen anderer Wasserläufe gilt Abs. 1.

(3) Umfang und räumliche Ausdehnung der Fischereirechte im neuen Wasserlaufe (Abs. 1, 2) bestimmen sich nach denen im alten.

(4) Bei Streitigkeiten beschließt der Bezirksausschuß, soweit darüber nicht schon in einem anderen gesetzlich geordneten Verfahren entschieden worden ist. Soweit der Beschluß die Entschädigung betrifft, kann er binnen drei Monaten im Rechtsweg angefochten werden. Die Frist beginnt für jeden Beteiligten mit der Zustellung der Mitteilung des Bezirksausschusses, daß der Beschluß allen Beteiligten gegenüber endgültig geworden ist.

(5) Solange kein endgültiger Beschluß des Bezirksausschusses (Abs. 4) vorliegt, kann die Fischereibehörde auf Antrag eines Beteiligten die Ausübung der Fischereirechte vorläufig regeln.

Abs. 1 und 2 befassen sich mit der Wirkung natürlicher oder künstlicher Veränderung von Wasserläufen auf das Fischereirecht.

1. Abs. 1 Bei natürlicher Veränderung infolge natürlicher Ereignisse — d. h. bei Eintritt einer Veränderung ohne menschliche Einwirkung, bei Veränderungen, welche die Natur (natürliche Ereignisse, höhere Gewalt) hervorgerufen hat —, kommt Abs 1 für alle Wasserläufe — nicht alle Ge-

wasser — zur Anwendung. Nach Abs. 1 geht der Eigentümer des bisherigen Flußbettes seines Fischereirechts ohne Entschädigung, da die natürlichen Ereignisse als höhere Gewalt wirken, vollständig oder, soweit ihm der neue Arm nur einen Teil des Wassers entzieht, teilweise verlustig, während der Eigentümer des neuen Flußbettes darin fischereiberechtigt wird (vgl. §§ 15 und 16 WG.). Anders verhält es sich mit den nicht auf Eigentum beruhenden Fischereirechten. Ihrem Charakter entsprechend, als von dem Grundeigentum unabhängige selbständige Rechte am Wasserlauf, folgen sie den Veränderungen des Wasserlaufs, erstrecken sich auch auf neu sich bildenden Arm und ruhen demgemäß, wenn ein Wasserlauf sich z. B. in zwei Arme teilt, auf beiden Armen. Hinsichtlich des Inhalts dieser Fischereirechte tritt dabei keine Änderung ein. War ein Recht an dem alten Wasserlauf ein ausschließliches, so daß die Eigentümer des Wasserlaufs nicht berechtigt waren, so haben die Eigentümer des neuen Wasserlaufs kein Fischereirecht. Bestanden dagegen die auf besonderen Titel beruhenden Fischereirechte nur neben dem Fischereirecht der Eigentümer, so gilt das gleiche auch für den neuen Wasserlauf. War das Fischereirecht auf die Aneignung bestimmter Fische oder auf die Benutzung bestimmter Fangmittel beschränkt oder handelt es sich um ein auf Zeit bestelltes Fischereirecht oder um ein Fischereirecht zu häuslichem Gebrauch, so kann es auch in dem neuen Wasserlauf nur in dieser Beschränkung ausgeübt werden.

Schwierigkeiten wird die Abgrenzung der Fischereirechte im neuen Wasserlauf, der wesentlich anders gestaltet sein kann als der alte, unter Umständen bieten, wenn im alten Wasserlauf mehrere für sich an einer bestimmten Strecke Fischereiberechtigte vorhanden sind. Zu deren Beseitigung sollen Abs 3 bis 5 dienen. RegBeg. aaO. 1916/18. Vgl. zu dieser Begründung die RGZ. vom 28. September 1917, Bd. 90 S. 426, welche sich obige Ausführungen zu eigen macht, sich auf sie stützend

2. Zu Abs. 2 „Die Frage der Zulässigkeit einer künstlichen Abteilung wird durch Abs. 1 des § 10 nicht berührt. In der Regel ist zur künstlichen Ableitung eines Wasserlaufs die Zustimmung des Eigentümers oder der sonst Berechtigten erforderlich, es sei denn, daß sie auf Grund eines gesetzlich geordneten Verfahrens, insbesondere eines Enteignungsverfahrens nach dem Enteignungsgesetz oder eines Ausbauverfahrens oder Verfahrens zur Begründung eines Zwangsrechts nach dem WG. (§§ 152 ff, §§ 331, 340) vorgenommen wird. In einem solchen Verfahren wird auch wegen der künftigen Ausübung des Fischereirechts und, wenn es auf einen anderen als den bisher Berechtigten übergehen soll, wegen der diesem zu gewährenden Entschädigung Bestimmung zu treffen sein." Vgl. das Gesetz von 2. September 1911, bei § 7 Anm. 6 erwähnt; siehe auch § 25 FG

„Für künstliche Ableitungen von Wasserläufen erster Ordnung enthält Abs. 2 besondere Vorschriften. Diese beziehen sich auf den Fall, daß durch den Staat oder andere großen Unternehmer eine wesentliche Umgestaltung der wasserwirtschaftlichen Verhältnisse durch Durchstich erfolgt, die mehr als die Hälfte des abfließenden Wassers bei gewöhnlichem Wasserstand aufzunehmen bestimmt sind. Nach § 70 II 15 ALR ist der Staat, falls er durch Durchstich einem Strome einen anderen Lauf angewiesen hat, in allen Fällen berechtigt, über das verlassene Flußbett Verfügung zu treffen, und zwar so, daß hierdurch auch die Fischerei in dem alten Flußlauf beseitigt wird. Er mußte aber letzterenfalls nach § 72 aaO. die Fischereiberechtigten entschädigen, wenn der neue Kanal ihnen nicht eine Fischerei von gleicher Art gewährt. Auch in Zukunft muß ihm daher das freie Verfügungsrecht über die in den alten Wasserläufen auf Grund besonderer Titel bestehenden Fischereirechte vorbehalten bleiben, während die Fischereiberechtigten die Fischerei in den neuen Wasserläufen erhalten und für die Verminderung des Wertes ihrer Fischereiberechtigungen Entschädigung im Rechtswege (Abs. 4) fordern können. Solange die Fischerei in den alten Wasserläufen ausgeübt werden kann, ist der Staat nach § 33 FG. allerdings unter Umständen verpflichtet, den Fischereiberechtigten die Fischerei gegen eine nach billigem Ermessen festzusetzende jährliche Geldrente zu überlassen" RegBegr. aaO 1916/18.

Bei künstlichen Ableitungen ist die Rechtswirkung für den Eigentümer des Wasserlaufs als Fischereiberechtigten dieselbe wie im Falle des Abs. 1. Auch hier verliert der Eigentümer, durch dessen Grundstück der Wasserlauf bisher gegangen ist, sein Fischereirecht zugunsten des neuen Eigentümers, da das Eigentum die Grundlage für die Fischereiberechtigung bildet. Dagegen ist die Rechtsfrage hierin eine andere hinsichtlich der Frage des Schadenersatzanspruches. Wenn jemand rechtswidrig eine künstliche Ableitung vorgenommen und dadurch bewirkt hat, daß der Eigentümer sein Fischereirecht verliert, so hat er den Eigentümer zu entschädigen. Das folgt bereits aus der allgemeinen Vorschrift des § 823 BGB. Wenn aber jemand die künstliche Ableitung auf Grund eines ihm darauf zustehenden Rechtes vornimmt, so wird der Inhalt des Rechts den Aufschluß darüber geben, ob die künstliche Ableitung ohne Entschädigung des Eigentümers des Wasserlaufs, auch hinsichtlich des aus dem Eigentum sich ergebenden Fischereirechtes, oder gegen Entschädigung vorgenommen werden darf.

Die Entschädigungsfrage bei verliehenen Rechten zur Vornahme von Wasserableitungen regelt das Wassergesetz (§§ 46ff. WG.). KomBer. d. AH. aaO. 1914/15.

Als der gewöhnliche Wasserstand gilt nach § 8 Abs. 3 WG. der Wasserstand, der im Durchschnitte der Jahre an ebenso viel Tagen überschritten wie nicht erreicht wird, im Ebbe- und Flutgebiete das Hochwasser der gewöhnlichen Flut.

Bei künstlichen Ableitungen von Wasserläufen zweiter und dritter Ordnung gilt nicht Abs. 2, sondern Abs. 1, also dieselben Bestimmungen wie bei der natürlichen Veränderung.

3. Abs. 3 Umfang und räumliche Ausdehnung. Umfang bedeutet den Inhalt des Fischereirechtes, räumliche Ausdehnung die örtliche Begrenzung. Bei letzterer wird in erster Linie die Breite, ebenso die Tiefe des neuen Wasserlaufes im Verhältnis zu dem alten Wasserlauf, auch die Vergleichung der Gestaltung der ersteren an den Ufern im Vergleich zu denen im letzteren (z. B wegen der Geeignetheit für Laichplätze) usf. in Betracht kommen.

4. Bei Streitigkeiten ist erst festzustellen, ob darüber nicht schon in einem anderen gesetzlich geordneten Verfahren entschieden worden oder einem solchen vorbehalten ist, wie z. B. die Entscheidung über die Zulässigkeit der künstlichen Ableitung. Im verneinenden Falle beschließt der Bezirksausschuß über die sich aus dem Inhalt der Bestimmung des § 10 Abs. 1, 2, 3 hinsichtlich der Fischerei ergebenden Rechte und Pflichten der Beteiligten. Vor der Entscheidung soll ein Fischereisachverständiger gehört werden (§ 121 FG.). Der Rechtsweg ist nur über die Entschädigung zulässig, d. h. die vom Bezirksausschuß festgesetzte Entschädigung kann durch Klage vor dem ordentlichen Gerichte angefochten werden; die Frist für die Erhebung der Klage ist eine dreimonatliche, innerhalb deren sie dem Gegner zugestellt sein muß. Im übrigen gilt § 122 FG., wonach gegen den Beschluß des Bezirksausschusses die Beschwerde an das Oberverwaltungsgericht zulässig ist.

5. Bis zur Endgültigkeit des Beschlusses des Bezirksausschusses (Abs. 4), kann die Fischereibehörde (§ 119 FG.) auf Verlangen eines Beteiligten für die Zeit vom Beginn des Streites bis zu dessen endgültiger Erledigung die Ausübung der Fischereirechte vorläufig regeln. Ein Rechtsmittel gegen diese Regelung durch die Fischereibehörde gibt es nicht

§ 11. (1) Fischereirechte, die nicht dem Eigentümer des Gewässers zustehen, sind auf Antrag des Berechtigten ins Wasserbuch einzutragen. In diesem Falle sind

Wasserbücher anzulegen, auch wenn das Gewässer kein Wasserlauf im Sinne des Wassergesetzes ist. Der § 186, § 187 Abs. 1, 3 und die §§ 188, 190 bis 193, 195 des Wassergesetzes gelten sinngemäß; an Stelle der Wasserpolizeibehörde tritt die Fischereibehörde.

(2) Fischereirechte der im Abs. 1 bezeichneten Art erlöschen mit Ablauf von zehn Jahren

1. nach Inkrafttreten des Gesetzes, soweit sie zu diesem Zeitpunkte bestanden haben (§ 8),
2. im Falle des § 9 nach Zustellung des Bescheides, in dem der Berechtigte auf diese Folge der Nichteintragung hingewiesen ist,
3. in den Fällen des § 10 Abs. 1, 2 nach ihrem Entstehen,

wenn die Eintragung ins Wasserbuch nicht vorher beantragt wird. Auf Rechte, die im Grundbuch eingetragen sind, sind diese Vorschriften nicht anzuwenden. Der § 380 Abs. 2 des Wassergesetzes gilt entsprechend.

1. Das Wasserbuch ist durch das Wassergesetz neu eingeführt worden (§§ 182 ff. WG.). Zuständig für die Anlegung und Führung des Wasserbuchs ist nach § 183 WG der Bezirksausschuß (Wasserbuchbehörde), in dessen Bezirk das Fischereigewässer gelegen ist

Soweit ein Gewässer mehrere Regierungsbezirke berührt, kann der zuständige Minister einen der Bezirksausschüsse mit der Anlegung und Führung des Wasserbuchs betrauen (Abs. 2 daselbst). Beglaubigte auszugsweise Abschriften des Wasserbuchs sind bei der Fischereibehörde niederzulegen (Abs 3 daselbst). Sein Zweck ist eine Klarstellung der vom Eigentum an Gewässern unabhängigen Fischereiberechtigungen. Die gesetzlichen Bestimmungen über die Eintragung von Benutzungsrechten an Wasserläufen ins Wasserbuch bieten auch für die dringend notwendige Ermittlung und Klärung der

Fischereirechte eine geeignete Grundlage. Insbesondere gilt dies von dem Aufgebotsverfahren (§ 188 WG.), der Rechtsvermutung (§ 190 daselbst) und dem Erlöschen von Berechtigungen, welche nicht binnen längstens zehn Jahren bei der Wasserbuchbehörde angemeldet werden (§ 380 WG.). RegBegr aaO. 1914/15.

Wasserbücher müssen angelegt werden auch für Fischereirechte in Gewässern, die nach dem Wassergesetz nicht zu den Wasserläufen gehören und für die nach dem Wassergesetz Wasserbücher nicht angelegt werden können. Nach dem Wassergesetz sind Fischereirechte nicht eintragbar. Erst durch § 11 FG. ist diese Eintragungsfähigkeit neu geschaffen und die Zweckbestimmung des Wasserbuches auf die Eintragung von Fischereirechten an nicht zu den Wasserläufen gehörenden Gewässern jeder Art ausgedehnt worden. In Betracht kommen hier nicht nur Seen, sondern insbesondere auch die Küsten- und Außengewässer, bei denen ein besonderes Fischereirecht, gesondert von dem Eigentumsrecht, besteht, wie die Scharrechte in der Provinz Pommern. Teile des Meeres fallen aber nicht unter diesen Begriff, da das Wassergesetz die Rechtsverhältnisse des Meeres unberührt läßt. KomBer d. HH. aaO. 1916/18.

Fischereirechte, die sich als Ausfluß des Eigentums darstellen, können nicht eingetragen werden, sondern nur Fischereirechte, die u n a b h ä n g i g v o m E i g e n t u m, e i n e m a n d e r e n (a l s d e m E i g e n t ü m e r) z u s t e h e n. Die Eintragung erfolgt nur auf Antrag. Sind alle derartigen Fischereirechte eingetragen, so ist daraus auch ersichtlich, welche Fischereirechte noch dem Eigentümer des Gewässers verblieben sind.

Eintragungen im Wasserbuch gelten nach § 190 Abs 1 WG bis zum Beweise des Gegenteils als richtig. Dies gilt nach § 190 Abs. 2 daselbst nicht für Eintragungen, die mit dem Grundbuch im Widerspruch stehen, sowie gegenüber denjenigen, für welche ein Widerspruch im Wasserbuche vermerkt ist.

Gelten Eintragungen auf Grund des § 11 Abs. 1 FG. bis zum Beweise des Gegenteils für richtig, so ist diese Wirkung für die im Wasserbuche eingetragenen Widersprüche so lange ausgeschlossen, bis die Widersprüche als unberechtigt nachgewiesen und infolgedessen im Wasserbuche gelöscht sind.

Die Eintragung eines Fischereirechts bewirkt — ausgenommen für denjenigen, für welchen ein Widerspruch eingetragen ist — die umgekehrte Beweislast: derjenige, welcher die Unrichtigkeit der Eintragung behauptet, hat den Nachweis seiner Behauptung zu führen. Bis ihm dieser gelungen und daraufhin die Eintragung gelöscht oder berichtigt ist, gilt das eingetragene Recht als richtig in dem Umfange, mit dem Inhalt, mit dem es im Wasserbuch eingetragen ist

Das Grundbuch besitzt öffentlichen Glauben, nicht aber das Wasserbuch. Ist im Grundbuche für jemand ein Recht eingetragen, so wird gemäß § 891 BGB. vermutet, daß ihm das Recht zustehe. Ist im Grundbuche ein eingetragenes Recht gelöscht, so wird vermutet, daß das Recht nicht bestehe. Das ist besonders für den gutgläubigen Erwerber von rechtlicher Bedeutung, indem ihm gegenüber nur die eingetragenen Rechte geltend gemacht werden, wirken können, nicht aber solche, die der Eintragung bedurften, jedoch nicht eingetragen, auch nicht durch Vormerkung oder Widerspruch im Grundbuch gesichert sind (§ 892 BGB.) Dagegen muß sich auch der gutgläubige Erwerber trotz der Eintragung des von ihm erworbenen Rechtes ins Wasserbuch auf den Streit des Nichtbestehens des Rechts einlassen; der Gegner ist durch die Eintragung ins Wasserbuch nicht der Berechtigung beraubt, den Beweis des Nichtbestehens des eingetragenen Rechts mit seiner Rechtswirkung zu erbringen.

§ 186 WG. gibt u a. Vorschriften über die dem Antrage zum Nachweise des Rechts dienenden Urkunden sowie das beizufügende vollständige Verzeichnis der dem Antragsteller bekannten Personen, die in der Geltendmachung von Rechten durch die im § 190 Abs 1 WG. daselbst bestimmte Wirkung der Eintragung — siehe vorstehend — beeinträchtigt würden, sowie (im Abs. 2) über die Zurückweisung offenbar unbegründeter Anträge durch einen mit Gründen versehener Bescheid des Vorsitzenden. Gegen den Bescheid ist binnen zwei Wochen der Antrag auf Beschlußfassung durch das Kollegium und gegen dessen Beschluß die Beschwerde an das Oberverwaltungsgericht oder unmittelbar die Beschwerde an letzteres zulässig. Anträge sind bei der Wasserbuch- oder bei der Fischereibehörde (§ 119 FG.) schriftlich oder zu Protokoll zu stellen.

§ 187 Abs. 1 WG. ordnet an Ist das Recht im Grundbuch eingetragen, so ist es in Übereinstimmung mit diesem ins Wasserbuch einzutragen Im übrigen wird das Recht eingetragen, wenn sein Bestehen nachgewiesen ist.

Abs. 3 daselbst: Urkunden, auf die eine Eintragung sich gründet oder Bezug nimmt, sind in Urschrift oder beglaubigter Abschrift von der Wasserbuchbehörde aufzubewahren Siehe auch § 183 Abs. 3 WG.

An Stelle der Wasserpolizeibehörde tritt die Fischereibehörde Da nach dem Wortlaute des Abs. 1 Satz 3 des § 11 FG. die Worte „an Stelle der Wasserpolizeibehörde tritt die Fischereibehörde" sich nur auf die im ersten Halbsatz angezogenen Gesetzesstellen zu beziehen sind, bei dem Entwurf des Fischereigesetzes aber nicht die Absicht obgewaltet hat, die beglaubigten auszugsweisen Abschriften der Eintragungen von Fischereirechten bei den Wasserpolizeibehörden niederlegen zu lassen, hat der Landwirtschaftsminister, um Zweifel darüber zu beheben, durch die Verfügung vom 24. Juni 1919, LMBl 1919 S. 214, auf Grund des § 136 FG. angeordnet, daß diese beglaubigten auszugsweisen Abschriften bei den Fischereibehörden niederzulegen sind, für welche die in dem Erlasse vom 6. September 1918, LMBl. S. 244, unter c bezeichneten Vordrucke zu benutzen sind.

§ 188 WG. regelt das Aufgebotsverfahren, § 190 WG. betrifft die Rechtswirkung der Eintragungen ins Wasserbuch §§ 192, 193 enthalten die Vorschriften über Berichtigung und Einsichtnahme des Wasserbuchs, § 195 über die Kosten der Verhandlungen vor der Wasserbuchbehörde und der Eintragungen.

Siehe noch, was den Antrag auf Eintragung und diese sebst betrifft, §§ 8, 9, 10, 17, sowie § 96 Abs. 1 Ziff. 1 (Wirkung der Eintragung) FG

Der Gang des Verfahrens ist folgender:

Der Antrag auf Eintragung ist mit den erforderlichen Beweismitteln für die Berechtigung des Antrages (Urkunden, auch rechtskräftig ergangene Urteile, Zeugen) bei der Wasserbuch- oder Fischereibehörde schriftlich oder zu Protokoll einzureichen. Nach den einschlägigen Bestimmungen des Wassergesetzes ist der Antrag, sofern er sich als offenbar unbegründet herausstellt, sofort durch Bescheid des Vorsitzenden des Bezirksausschusses zurückzuweisen, z.B. wenn das zur Eintragung beantragte Recht nicht eintragungsfähig ist. Andernfalls trägt der Bezirksausschuß nach Prüfung der Beweismittel, der Unterlagen für das beanspruchte Recht, wenn der Nachweis des Bestehens des Rechtes erbracht ist, dasselbe in das Wasserbuch ein. Ist es im Grundbuch eingetragen, gilt der Nachweis als erbracht; es ist dann in Übereinstimmung mit dem Grundbuch einzutragen. Gelingt dieser Nachweis nicht in der Weise, daß es ohne weiteres eingetragen werden kann, so erfolgt das im § 188 WG. vorgesehene Aufgebotsverfahren, um den Gegnern der beantragten Eintragung die Geltendmachung ihrer Widersprüche und deren Berechtigung binnen einer bestimmten Frist zu ermöglichen. Die Frist hierfür muß mindestens einen Monat betragen und beginnt mit dem Ablaufe des Tages, an dem das Blatt für die amtlichen Bekanntmachungen der Wasserbuchbehörde ausgegeben ist (siehe § 188 WG.). Ist die Frist abgelaufen, so wird das Recht und ebenso die erhobenen Widersprüche, vorausgesetzt, daß diese nicht offenbar unbegründet sind, in das Wasserbuch eingetragen. Offenbar unbegründete Widersprüche sind durch einen mit Gründen versehenen Bescheid des Vorsitzenden zurückzureisen Gegen diesen Bescheid, ebenso gegen den mit Gründen zu versehenden Beschluß des Bezirksausschusses stehen den davon Betroffenen die im § 186 Abs. 2, bzw. § 188 Abs. 2, bzw. § 192 Abs. 3 WG. vorgesehenen Rechtsmittel zu (in letzter Instanz die Beschwerde an das Oberverwaltungsgericht).

Behauptet der im Wasserbuch Eingetragene die Unrichtigkeit des Widerspruches, so muß er die Richtigkeit seiner Behauptung nachweisen, nötigenfalls durch die entsprechende Feststellungsklage, die bei dem ordentlichen Gerichte zu erheben ist. Dasselbe gilt auch für den Widersprechenden, welcher die Unrichtigkeit des eingetragenen Rechts, z. B. sein Nichtbestehen, behauptet.

Einige Beispiele für die Zulässigkeit oder Unzulässigkeit der Eintragung von Fischereirechten ins Wasserbuch:

Das Recht, sich auf einem Grundstücke Fische anzueignen, das durch ein über sein Ufer getretenes Gewässer zeitweise vorübergehend überflutet wird, ist, soweit es nicht als Nebenrecht einem Fischereiberechtigten zusteht, kein Fischereirecht im Sinne des Fischereigesetzes und darf nicht ins Wasserbuch eingetragen werden. LWA. vom 2. Juli 1918, Bd. 2 S. 108. Wenn sich ergibt, daß jemand und sein Rechtsvorgänger anscheinend länger als 30 Jahre vor dem 1 Mai 1914 ein Mitfischereirecht als eigenes auf nicht in seinem Eigentum stehenden Gewässerteilen ausgeübt hat, so ist das Recht entweder gemäß § 188 WG. bekanntzumachen oder auf Grund der Vermutung aus § 8 Abs. 2 FG. in Verbindung mit § 187 Abs. 1 Satz 2 WG. ohne weiteres in das Wasserbuch einzutragen. LWA. vom 14. Dezember 1920, Bd 2 S. 104. Vgl. dazu auch LWA. vom 25. April 1921, Bd. 3 S. 158.

Ein Fischereirecht am eigenen Gewässer ist nicht eintragungsfähig. LWA. vom 18. Februar 1919, Bd. 2 S. 106. Ein solches Fischereirecht selbst und seine Ausübung wird durch den Ausschluß von der Eintragung in keiner Weise berührt; es besteht auch weiter fort; nur kann es nicht eingetragen werden. LWA vom 18. Februar 1919, Bd. 2 S. 108.

Wird die Eintragung eines Fischereirechts ins Wasserbuch, losgelöst von dem Grundstück, mit dem es ursprünglich verbunden war, beantragt, so darf ein Widerspruch gegen die Eintragung und ein Antrag auf Eintragung desselben Rechts für den Eigentümer des ursprünglich berechtigt gewesenen Grundstücks, der darauf gestützt ist, daß die Trennung des Fischereirechts von dem Grundstück nach dem vor dem FG. vom 11. Mai 1916 in Geltung gewesenen Rechte unzulässig gewesen sei, in der Regel als offenbar unbegründet zurückgewiesen werden. LWA. vom 28. Oktober 1921, Bd. 3 S. 151.

Widersprüche gegen die Eintragung eines ausschließlichen Fischereirechts, die sich nicht nur auf Mitfischereirechte der Widersprechenden stützen, sondern gegen das Bestehen des Rechts überhaupt richten, sind nicht offenbar unbegründet, wenn durch rechtskräftige Urteile nur über die Mitfischereirechte, nicht aber auch über das Fischereirecht des Antragstellers entschieden ist. Denn die Wirksamkeit der Urteile ist auf das beschränkt, was die Parteien durch die Klage oder durch die Widerklage zur Entscheidung gestellt haben, und worüber in der Urteilsformel entschieden worden ist. Dagegen werden die in den Entscheidungsgründen enthaltenen rechtlichen und tatsächlichen Feststellungen nicht rechtskräftig. LWA. vom 20. Dezember 1921, Bd. 3 S. 164.

Der Grundsatz, daß gegen eine Entscheidung der Wasserbuchbehörde, durch die eine Eintragung in das Wasserbuch angeordnet wird, ein Rechtsmittel nicht zugelassen ist, gilt auch a) für den Fall der Eintragung eines Widerspruchs, b) für die Eintragung von Fischereirechten und gegen diese sich richtende Widersprüche. LWA. vom 25. Februar 1921, Bd. 3 S. 168.

Besteht für ein eingetragenes Fischereirecht die Vermutung des § 8 Abs. 2 FG., so sind Widersprüche, die gegen das Bestehen des Rechts erhoben und im Wasserbuch eingetragen sind, zu löschen, ohne daß der Berechtigte den Rechtsgrund anzugeben braucht, auf den er sein Recht stützt LWA. vom 20. Dezember 1921, Bd. 3 S. 170.

Die Befugnis des Fischereiberechtigten zur Ausstellung von Fischereierlaubnisscheinen stellt kein eintragungsfähiges Recht dar. LWA. vom 27. Juni 1922, Bd. 4. S. 142.

Siehe noch ferner LWA. vom 27. April 1923, Bd. 4 S 144; vom 21. März 1922, Bd. 4 S 147; vom 4. Juli 1922, Bd. 4 S 152.

Das Verfahren der Wasserbuchbehörde ist stärker zu einem Verfahren von Amts wegen ausgebildet als das Verfahren der Grundbuchbehörde. Auch wenn jemand verurteilt wird (vom ordentlichen Gericht), in die Umschreibung des Fischereirechts auf den Kläger einzuwilligen, ist der Bezirksausschuß formell gezwungen, die Umschreibung vorzunehmen. Er wird immer noch in die Prüfung eintreten dürfen und eintreten müssen, ob die vorhandene Eintragung nicht mit der wirklichen Rechtslage übereinstimmt. Aber die rechtskräftige Feststellung, daß der Kläger der Berechtigte ist, und die Einwilligung des Beklagten in die Umschreibung werden als Beweismittel zugunsten des Klägers schwer ins Gewicht fallen. RGZ. vom 5. Januar 1926, Bd. 112 S. 269.

„A. a) Obligatorische Rechte zur Benutzung eines Wasserlaufs sind nicht ins Wasserbuch einzutragen. b) Die Wasserbuchbehörde ist im Berichtigungsverfahren befugt, von der eigenen Entscheidung über das Bestehen eingetragener Rechte abzusehen und die Vorlegung eines rechtskräftigen Urteils hierüber zu verlangen. Ist ein Recht ins Wasserbuch eingetragen, ohne daß sich seine obligatorische Natur schon aus der Eintragung ergibt, so ist anzunehmen, daß es als dingliches, d h. als gegen jedermann wirksames, eingetragen ist."

„B. Die Entscheidung über das Bestehen von Privatrechten ist den ordentlichen Gerichten vorzubehalten, wenn auch den Wasserbuchbehörden im Berichtigungsverfahren gesetzlich keine Vorschriften darüber gegeben sind, inwieweit sie von einer eigenen Entscheidung über das Bestehen eingetragener Rechte abzusehen haben" LWA vom 5. Februar 1924, PrVerwltgsbl. Jahrg. 45 S. 320.

2. Abs. 2. Erlöschen der Fischereirechte.

Mit Ablauf von 10 Jahren erlöschen Fischereirechte, die beim Inkrafttreten des Fischereigesetzes bereits bestanden haben, sofern nicht vorher, vor dem Ablauf der zehnjährigen Frist, die Eintragung ins Wasserbuch bei der zuständigen Behörde — Wasserbuch- oder Fischereibehörde — beantragt wird

Die Eintragungszeit kommt für die Frist nicht in Betracht, sondern nur der Antrag auf Eintragung.

Für den Beginn der zehnjährigen Frist kommt im Falle des § 9 FG der Zeitpunkt der Zustellung des Bescheides, in dem der Berechtigte auf diese Folge der Nichteintragung, das Erlöschen des Fischereirechtes, hingewiesen ist, in den Fällen des § 10 Abs 1, 2 der Zeitpunkt ihres Entstehens in Betracht

3. Siehe noch Anhang Nr. 5: AusfAnw zu § 11

§ 12. (1) Tritt ein Gewässer über seine Ufer, so hat der in ihm zur Ausübung der Fischerei Berechtigte das Recht, auf den überfluteten Grundstücken zu fischen. Von der Befischung ausgeschlossen sind Hofräume, Gartenanlagen, Forstkulturen, bestellte Äcker, gewerbliche Anlagen und eingefriedigte Grundstücke. Betreten dürfen die überfluteten Grundstücke nur werden, soweit sie nicht von Wasserfahrzeugen aus befischt werden können.

(2) Sind nach Abs. 1 mehrere berechtigt, auf den überfluteten Grundstücken zu fischen, so bestimmt der Kreis- (Stadt-) Ausschuß, wie sie ihre Rechte auszuüben haben. Dabei gilt § 10 Abs. 3 entsprechend.

(3) Unzulässig sind Maßnahmen, die den Zweck haben, die Rückkehr der Fische in das Gewässer oder das Fischen auf den überfluteten Grundstücken zu hindern.

(4) Der Grundeigentümer hat nicht das Recht, auf den überfluteten Grundstücken zu fischen. Bleiben jedoch nach Rücktritt des Wassers in Gräben oder anderen Vertiefungen, die nicht mehr in Verbindung mit dem Gewässer stehen, Fische zurück, so darf er sie sich aneignen. Untermaßige Fische (§ 107) kann die Fischereibehörde auf Antrag und auf Kosten des Fischereiberechtigten in das Gewässer zurücksetzen lassen.

(5) Für fremde Fischgewässer, die von der Überflutung betroffen sind, gelten diese Vorschriften nicht.

1. Das Revier des Fischers ist das Gewässer; an sich darf er die Grenzen desselben, die stets bestimmbar (zum Teil nach dem Wassergesetze, und zum Teil nach den Katasterkarten) sind, nicht überschreiten.

Davon weicht § 12 FG. aus Billigkeitsgründen ab, indem es dem zur Ausübung der Fischerei Berechtigten das Recht gibt, wenn ein Gewässer über seine Ufer tritt, auf den überfluteten fremden Grundstücken zu fischen und sie zu diesem Zwecke zu betreten, letzteres jedoch nur dann, wenn sie nicht von Wasserfahrzeugen aus befischt werden können. Von der Befischung ausgeschlossen sind die im Satz 2 des Abs. 1 bezeichneten Anlagen und Grundstücke.

Die Bestimungen im Abs. 1 sind öffentlichrechtlicher Natur; das hindert aber nicht, daß privatrechtliche, die Rechte aus § 12 einschränkende oder sie erweiternde Vereinbarungen, denen aber auch nur die aus dem Vertrage sich ergebenden Rechtswirkungen zukommen, nicht die aus § 12 FG., über die Beschiffung und das Betreten von überfluteten Grundstücken zwischen dem Grundstückseigentümer und dem zur Ausübung der Fischerei Berechtigten getroffen werden können. Abs. 1 stellt das aus öffentlichen Gründen ausgesprochene Recht des Fischers dar.

Die Überflutung kann in natürlichen Ereignissen ihre Ursache haben, sie kann auch durch Menschenhand, künstlich herbeigeführt sein, berechtigt oder nicht berechtigt; denn der Gesetzgeber faßt die Ursache der Überflutung ganz allgemein in die Worte: „Tritt ein Gewässer über seine Ufer." Das geschieht unter Umständen auch durch künstliches, auch widerrechtliches Anstauen des Wassers (vgl. dazu §§ 91 ff WG über Stauanlagen und die Strafbestimmungen in §§ 375 ff WG). Die Grenze zwischen dem Wasserlauf und dem Ufergrundstück wird durch die Uferlinie gebildet (§ 12 WG.). Überschreitet ein Gewässer diese Linie, so tritt es „über seine Ufer" Werden dadurch Grundstücke überflutet, so greift zugunsten des Fischereiausübungsberechtigten § 12 FG Platz.

Die Pflicht, das Fischen auf den überfluteten Grundstücken zu dulden, liegt nicht bloß dem Eigentümer, sondern auch den Nutznießern (Nießbraucher, Pächter usw) dieser Grundstücke ob. Das Fischen und das dazu nötige Betreten der überfluteten Grundstücke muß sich im Rahmen der durch Abs. 1 gegebenen Befugnisse halten. Dadurch verursachte Schäden sind gemäß § 15 FG. zu ersetzen. Schaden, der durch Überschreitung in der Ausübung der Rechte, die § 12 FG. dem Fischer zugestanden hat, verursacht, wird, ist ein widerrechtlicher (§ 823 BGB.), dessen Ersatz sich nach den Vorschriften des Bürgerlichen Gesetzbuchs richtet.

§ 12 betrifft „Überschwemmungen", d h — Unterwassersetzen von Grundstücken durch das Binnengewässer, das hier nur in Frage kommen kann, geschlossenes oder nicht geschlossenes —, vorübergehendes, nicht dauerndes Übertreten eines Gewässers über seine Ufer wie sich auch aus Abs. 4 ergibt; vgl. dazu RGZ. vom 28. September 1917, Bd. 90 S. 426; vgl. auch RGZ. Bd. 97 S. 148. Welcher Art das Gewässer ist, das die Überflutung verursacht, ist unerheblich. Es kann nur vom Austreten eines Gewässers als eines Ganzen geredet werden, nicht aber vom Austreten eines Teiles eines Gewässers. Nicht darauf legt die Vorschrift Gewicht, von welchem Teile eines Gewässers aus unmittelbar örtlich der Übertritt des Wassers erfolgt, sondern darauf, ob das „Gewässer" austritt, und wer „in ihm", also im ganzen Gewässer, zur Fischerei berechtigt ist. Sind dies mehrere Personen, so steht ihnen allen das Recht der Fischfolge zu, und so erklärt sich naturgemäß daraus, daß, ebenso wie beim Austreten das gesamte Wasser des Gewässers beteiligt ist, so auch die sämtlichen darin befindlichen Fische, da sie sich frei im Wasser bewegen, in der Lage sind, dem Wasser auf die überfluteten Grundstücke zu folgen. RGZ. vom 14 November 1919, Bd. 97 S. 148.

Zur Ausübung der Fischerei berechtigt kann der Fischereiberechtigte, ebenso der Pächter, der Inhaber eines Erlaubnisscheines sein.

Die Grundstücke müssen überflutet sein, d h. sie müssen infolge des Übertretens des Gewässers über seine Ufer mit Wasser bedeckt sein, das mit dem überflutenden Gewässer so zusammenhängt, daß die Fische aus diesem auf die überflutenden Grundstücke gelangen können. Das durch Abs. 1 gegebene Fischnacheilerecht besteht nur so lange, als dieser Zustand der Überflutung besteht. Es erlischt sofort, als der für den Zug der Fische nach den Grundstücken erforderliche Zusammenhang zwischen dem Fischgewässer und diesen aufgehört hat

Der zur Ausübung Berechtigte kann den Fischfang auf ihnen in derselben Weise wie im Fischgewässer ausüben, vorausgesetzt daß die Beschaffenheit der überfluteten Grundstücke (auch die Tiefe oder Flachheit des auf sie übergetretenen Wassers) dies zuläßt. Der Berechtigte braucht daher das ihm aus Abs. 1 zustehende Recht auch nicht persönlich auszuüben, er kann damit auch andere beauftragen. Die Frage, wie diese Fischerei auszuüben sei, ist im Abs. 1 offengelassen; die Ausübung muß selbstverständlich eine ordnungsmäßige sein. Fischen im Sinne des § 12 ist kein Fischereirecht der §§ 5 u 8 FG., bei welchen es sich um Fischereirechte in Gewässern handelt, zu welchen die überfluteten Grundstücke des Abs 1 nicht gehören Mit dem Nacheilerecht ist auch das Nebenrecht im Sinne des § 19 Abs 3 nicht gleichbedeutend. Die Befugnis aus Abs 1 setzt voraus, daß die Fische dem Ausübungsberechtigten aus dem hierfür in Betracht kommenden Fischgewässer nach den überfluteten Grundstücken gezogen sind, so daß es sich hier im allgemeinen um Fische handelt, deren Aneignungsrecht ihm zusteht (siehe auch Abs. 2)

Das Fischen (das Nacheilerecht) betrifft nur die im § 4 FG. angeführten Fische Örtlich begrenzt ist das Recht nicht bloß durch die Grenzen der durch das Übertreten des Fischgewässers verursachten Überflutung, sondern auch durch ein fremdes Fischgewässer, an welches die Überflutung heranreicht

Von der Befischung sind Hofräume usw. ausgeschlossen, nicht Gebäude Zuwiderhandlungen gegen das Verbot, auf überschwemmten Hofräumen usw. das Fischnacheilerecht auszuüben, stellen sich als unberechtigtes Fischen dar und fallen daher unter die Strafbestimmung des § 370 Ziff. 4 RStGB

Ein Hofraum ist ein Raum, der unmittelbar an ein Gebäude angrenzt; meistens ist er auch, wenigstens zum Teil, eingefriedigt.

Unter Gartenanlagen sind nur gärtnerisch kultivierte und benutzte Grundstücke zu verstehen. KomBer. aaO 1914/15. Es ist übrigens nicht notwendig, daß sie an ein Haus angrenzen oder in dessen Nähe sich befinden; sie brauchen auch nicht umzäunt zu sein.

Forst**kulturen** sind junge Forstgewächse, welche aus Samen oder Forstpflanzen entstanden sind. Groschuff bezeichnet sie als durch natürliche Besamung, Saat, Pflanzung oder Stecklinge entstandene Jungwüchse von so geringem Alter, daß schon das bloße Betreten geeignet ist, Beschädigungen herbeizuführen.

Freisaaten, welche dazu bestimmt sind, neben der Begründung eines Bestandes überschüssiges Pflanzenmaterial zu liefern, sind nicht Saatkämpen, sondern Forstkulturen. Forstschonungen fallen nicht unter Abs. 1 Satz 2 (KomBer d AH aaO 1914/15)

Bestellte Äcker sind Äcker, die besät oder bepflanzt sind.

Gewerbliche Anlagen sind solche, welche gewerblichen Zwecken dienen.

Ein Grundstück ist eingefriedigt, wenn es in äußerlich erkennbarer Weise mittels zusammenhängender Schutzvorrichtungen gegen das beliebige Betreten durch Menschen gesichert ist Ein räumlicher oder wirtschaftlicher Zusammenhang mit einem Gebäude ist nicht erforderlich (RGSt. Bd. 36 S. 395). Der Zweck der Einfriedigung ist, das Betreten eines Grundstücks zu verhindern; es muß daher aus der Einfriedigung desselben sich die Absicht des Eigentümers ergeben, daß niemand es ohne seinen Willen betreten soll.

Die überfluteten Grundstücke dürfen nur betreten werden, soweit sie nicht von Wasserfahrzeugen aus befischt werden können, d. h. nur an flachen Stellen, wo Wasserfahrzeuge nicht mehr fahren können Nur die überfluteten Grundstücke selbst dürfen in diesem Falle betreten werden, also hört dieses Recht örtlich mit dem Rande des Überflutungswassers, an dessen Ende auf, überhaupt überall da, wo die Grundstücke von der Überflutung verschont, freigeblieben sind, auch innerhalb der überfluteten Flächen; das gilt z. B für Erhöhungen derselben, die über das Wasser hinausragen.

2. Abs. 2. Die Vorschrift des Abs 2 findet Anwendung, wenn nach Abs. 1 mehrere berechtigt sind, auf den überfluteten Grundstücken zu fischen, d h. wenn mehreren an dem überflutenden Gewässer (z. B. an einem See) das Recht zur Ausübung der Fischerei zusteht (vgl. dazu die vorstehend in Anm. 1 angeführte RGZ. vom 14. November 1919) oder die Überflutung von verschiedenen über die Ufer tretenden Fischgewässern, in welchen die Ausübung der Fischerei nicht ein und derselben Person zusteht, ausgeht, dieselben Grundstücke überschwemmend. In diesem Falle darf nicht jeder der zur Ausübung der Fischerei Berechtigten nach Belieben fischen, sondern nur nach Maßgabe der Anordnung des Kreis- (Stadt-)

Ausschusses darüber, wie sie ihre Rechte auszuüben haben, wobei Umfang und räumliche Ausdehnung des Fischereiausübungsrechtes auf den überfluteten Grundstücken sich nach denen in den überflutenden Fischgewässern bestimmen (§ 10 Abs. 3 FG.).

In dringenden Fällen entscheidet der Landrat als Vorsitzender des Kreisausschusses (KomBer. d. HH. aaO. 1916/18)

Die Entscheidung des Kreis- (Stadt-) Ausschusses ergeht von Amts wegen; sollte sie nur auf Antrag eines Beteiligten erfolgen, würde dies der Gesetzgeber wie in anderen Fällen besonders zum Ausdruck gebracht haben. Gegen die Entscheidung des Kreis- (Stadt-) Ausschusses steht die Beschwerde an den Bezirksausschuß zu. Wird ohne Vereinbarung der Beteiligten unter sich vor der Entscheidung des Kreisausschusses auf den überfluteten Grundstücken die Fischerei ausgeübt, so steht den dadurch Benachteiligten der Anspruch auf Schadenersatz zu.

3. Abs. 3. Das Verbot nach Abs 3 trifft jeden, nicht bloß den Eigentümer der überfluteten Grundstücke Verboten sind auch alle Maßnahmen, welche die Rückkehr der Fische nach einem der Fischgewässer, welche die Überflutung verursacht haben, zugunsten eines anderen dieser Gewässer verhindern sollen

§ 127 Ziff. 1 FG. bedroht die gegen Abs. 3 Zuwiderhandelnden mit Strafe (Geldstrafe bis zu 150 RM. oder Haft).

4. Abs. 4. Der Grundeigentümer hat nicht das Recht, auf den überfluteten Grundstücken zu fischen, auch nicht auf überschwemmten Hofräumen usw. (Abs. 1 Satz 2). Tut er es trotzdem, fischt er unberechtigt und macht sich dadurch nach § 370[4] StGB. strafbar. Ist die Überflutung der Grundstücke derartig zurückgegangen, daß Graben oder andere Vertiefungen, unter Wasser stehend, mit dem Gewässer nicht mehr in Verbindung stehen, eine Rückkehr der Fische nach letzterem also nicht mehr möglich ist, so hat der Grundeigentümer das

Recht, sich die zurückgebliebenen Fische anzueignen Eines Fischereischeines bedarf er hierzu nicht.

Übrigens werden in der Regel solche Vertiefungen, die nicht mehr mit dem Fischgewässer in Verbindung stehen, als geschlossene Privatgewässer (§ 960 Abs 2 BGB) zu behandeln sein, sofern sie ringsum von dem dem Eigentümer einer solchen Vertiefung (Grabens) gehörenden Grund und Boden eingeschlossen, umgeben sind

Ob die Bestimmung des Abs 4 Satz 2 nur für den Grundeigentümer gilt und nicht auch für den Nießbraucher, Pächter usw., ist zweifelhaft. Hält man sich genau an den Wortlaut, so hat nur der Grundeigentümer das Aneignungsrecht nach Satz 2 daselbst, während Nießbraucher usw. von dem Aneignungsrecht ausgeschlossen sind.

Untermaßige Fische sind mangels eines festgesetzten Maßes (§ 106 Abs. 1 Ziff. 1 FG.) „nicht marktfähige" Fische

Eine Frist für das Rückforderungsrecht solcher Fische ist nicht festgesetzt. Seine Geltendmachung wird in der Regel abzuweisen sein, wenn eine längere Zeit vergangen ist, ohne daß die Zurücksetzung verlangt worden ist, und daher anzunehmen ist, daß darauf verzichtet ist.

5. Abs. 5. „Fremde" Fischgewässer, die von der Überflutung betroffen sind, unterliegen nicht den Bestimmungen des § 12 Abs. 1—4, d. h. das Fischereirecht muß an der Grenze des fremden Fischgewässers haltmachen. Da, wo letzteres beginnt, hören die Rechte der Fischnacheile und die Pflichten ihr gegenüber (Abs. 1—4) auf.

6. Vgl. noch § 10 Abs. 3 sowie §§ 14, 15, § 106 Abs. 1 Ziff 1; § 127 Ziff 1 FG und im Anhang: AusfAnw. zu § 12

§ 13. (1) Der in einem Gewässer zur Fischerei Berechtigte und mit dessen Ermächtigung der Fischereipächter oder angestellte Fischer darf mit seinen Gehilfen und seinen Geräten die an das Wasser angrenzenden Ufer, Inseln, Anlandungen, Schiffahrtanlagen sowie Brücken, Wehre, Schleusen und sonstige Wasserbauwerke so weit betreten, als es die Ausübung seines Fischereirechts erfordert.

(2) Abgesehen von dieser Vorschrift kann der Kreis-(Stadt-)Ausschuß nach Anhörung der Beteiligten widerruflich genehmigen, daß auch einzelne Inhaber von Erlaubnisscheinen (§ 98) fremde Grundstücke nach Abs. 1 betreten dürfen.

(3) Das Betreten von Schiffahrtanlagen und Wasserbauwerken sowie von Anlandungen, die durch Unterhaltungs- und Ausbauarbeiten (§ 140, § 162 Abs. 1 des Wassergesetzes) entstanden sind, kann durch Polizeiverordnung eingeschränkt oder verboten werden.

(4) Das Recht nach Abs. 1 erstreckt sich nicht:

1. auf Gebäude, Hofräume, Gartenanlagen, Forstkulturen, bestellte Äcker, gewerbliche Anlagen und dauernd vollständig eingefriedigte Grundstücke;
2. auf die Ufer von Bewässerungs- oder Entwässerungsgräben in Wiesen.

Zur vollständigen Einfriedigung gehört eine Einfriedigung des Ufers nicht. Eingezäunte Viehweiden gelten nicht als eingefriedigte Grundstücke im vorstehenden Sinne. Bei Streit beschließt auf Antrag der Kreis-(Stadt-) Ausschuß.

(5) Der Kreis- (Stadt-) Ausschuß kann das Recht nach Abs. 1 noch weiter einschränken, als in Abs. 4 bestimmt ist. Die Ausübung des Rechtes ist ausgeschlossen, wenn der Schaden für den Eigentümer des Grundstücks größer ist als der Vorteil für die Fischerei. Dar-

über, ob dies zutrifft, beschließt auf Antrag der Kreis-(Stadt-) Ausschuß.

1. §§ 13—16 FG. ordnen das Uferbetretungsrecht. Der Zweck der gesetzlichen Vorschriften darüber ist, die Ausübung der Fischerei zu ermöglichen, die ohne dieses Recht ausgeschlossen wäre und darum wertlos, wenn in solchen Fällen der Ufereigentümer sich ablehnend verhielte, z. B in kleinen Forellenbächen, bei der Zugnetzfischerei in Strömen und bei Ausübung der Angelfischerei.

Das Recht zum Betreten der Ufer fand sich nicht nur in außerpreußischen Fischereigesetzen bereits vor, sondern bestand auch schon in preußischen, zur Regelung der Anlieger- und Koppelfischerei in den Provinzen Westfalen, Rheinland und Hannover, sowie im Regierungsbezirk Kassel erlassenen Spezialgesetzen — in letzterem wird aber von dem Recht, Brücken zu betreten, nicht mehr gesprochen — (vgl. G. vom 30. Juni 1894, GS. S. 135, § 17; vom 25. Juni Juni 1895, GS. S. 267, § 15; vom 26. Juni 1897, GS. S. 196, § 16 und vom 19. Mai 1908, GS. S.133, § 19). Hier bestand und besteht aber das Uferbetretungsrecht nur in den daselbst bereits bei Inkrafttreten des FG. von 1916 bestehenden Fischereibezirken Siehe Anhang Nr 2. Entstehen außerhalb ihres Bereichs neue, von diesen örtlich verschiedene Fischereibezirke, so fallen sie unter die Vorschriften der §§ 13 ff. FG. von 1916. Die Bestimmungen über das Uferbetretungsrecht in diesen Sondergesetzgebungen für Westfalen usw. sind für bestehende Fischereibezirke aufrechterhalten (siehe § 131 FG.), alle anderen aufgehoben. Vgl. KomBer. d. AH. aaO. 1914/15.

Freilich haben sich in den meisten Fällen Uferbetretungsrechte im Lauf der Zeit herausgebildet, die sich z. B. als Dienstbarkeiten (Servituten) im landrechtlichen Gebiete des preußischen Staates herausgebildet haben, die bestehen bleiben (vgl. auch § 16 FG.).

Wohlerworbene Rechte sind bestehengeblieben, sie kommen auch Minderfischereiberechtigten zugute.

Trotzdem hat sich die Notwendigkeit herausgestellt, für eine geordnete Fischereiausübung allgemein eine Uferbetretungsmöglichkeit zu schaffen, die dem Fischereiberechtigten usw (Abs. 1) das Recht der Uferbetretung, unabhängig von der Einwilligung, dem guten Willen des Ufereigentümers, gibt, zumal die Rechtsverhältnisse unsicher lagen, namentlich was den Umfang, Inhalt des Uferbetretungsrechts, Entschädigungsansprüche usw., anlangt. Ungeachtet dieses Rechtes nach § 13 Abs. 1 und 2 FG. bleiben die bestehenden Rechte bestehen und weitergehende oder das Betretungsrecht einschränkende oder verbietende privatrechtliche Vereinbarungen über Uferbetretungsrechte unberührt; bei den letzteren kann es sich um eine einzelne Zustimmung, Einwilligung zur Uferbetretung zwecks Ausübung der Fischerei oder eine allgemeine Zustimmung, d. h. eine Zustimmung handeln, die ein für alle Male für die Ausübung der Fischerei gegeben wird. Mit letzteren haben §§ 13 ff. FG. nichts zu tun, da es sich bei diesen Vorschriften um Erfüllung öffentlichrechtlicher Interessen handelt

2. Umfang, Inhalt des Uferbetretungsrechts.

Das Betretungsrecht nach Maßgabe des § 13 geht weiter, als das der Adjazentenfischerei in Westfalen usw.; es gibt jeden Fischer, der durch Verjährung, Verleihung, Regal usw. ein Fischereirecht besitzt, das Uferbetretungsrecht. Letzteres hat zum Inhalt die Befugnis, die an das Fischereiwasser angrenzenden Ufer,- Inseln, Anlandungen usw. zum Zwecke der Ausübung des Fischereirechtes zu betreten, und zwar, soweit dies zu der Ausübung erforderlich ist

Was unter Ufer zu verstehen ist, muß aus den Bestimmungen des Wassergesetzes hergeleitet werden, das zwar den Begriff Ufer nicht definiert hat, aber trotzdem nur die an die Ufer angrenzenden Grundstücke meint, unter Ufer also hier der an die Wasserfläche angrenzende Landstreifen dieser Grundstücke zu verstehen ist. Inseln, die im Wasser liegen, haben deshalb nach dem Wassergesetz keine Ufer

Auch Inseln und Anlandungen sind unter Anwendung der einschlägigen Bestimmungen des Wassergesetzes begrifflich zu erklären (§§ 14, 17 WG.) Anlandungen sind nicht als Ufergrundstücke zu betrachten; dazu gehören auch sogenannte Haken, die sich manchmal durch die Anspülung von Sand in größeren, aber auch in kleineren Flüssen bilden. — Es ist vom Gesetzgeber absichtlich unterlassen, eine bestimmte Breite des Ufergrundstücksstreifens festzulegen, da für die Ausübung des Fischrechts, auch im Hinblick auf die Geräte hierzu, bald ein schmalerer, bald ein breiterer Streifen zu betreten notwendig sein wird, jedenfalls die Abgrenzung nicht für alle Fälle zutreffend bestimmt werden kann

Auch Wiesen — auch nicht gemähte — zu betreten, ist gestattet.

Daß nicht das ganze Grundstück, sofern es eine über einen Uferstreifen hinausgehende Breite hat, für das Uferbetretungsrecht in Anspruch genommen werden kann, ist selbstverständlich; ebenso darf es nicht als Zugang zum Fischereigewässer benutzt werden. Fehlt dem Fischereiberechtigten ein solcher, so muß er sich ihn nach Maßgabe des § 917 BGB beschaffen.

Unter „Wehre" versteht man eine Anlage, die den Zweck hat, Wasser für bestimmte Zwecke zurückzuhalten und aufzusammeln Kaskadenwehre fallen darunter nicht; sie haben den Zweck, den Abschuß des Wassers zu verlangsamen und sind ein Teil der ausgebauten Flußsohle, die nicht betreten werden dürfen. KomBer. d. AH aaO 1914/15.

Schleuse ist ein Bauwerk, das Wasser von verschiedener Spiegelhöhe zeitweise trennt, zeitweise mittels besonderer Vorrichtungen verbindet (Schiffahrtsschleusen — Klappschleusen, Stauschleusen, Kammerschleusen usw —)

Unter den Begriff „sonstige Bauwerke" fallen auch die sogenannten Erken, Vorrichtungen an kleinen Mühlen, die durch den ganzen Fluß hindurchgehen, um das Wasser zu stauen. (KomBer. d. AH. aaO. 1914/15.)

Das Fischereirecht umfaßt nach § 4 auch das Recht zum Hegen Es besteht daher das Uferbetretungsrecht auch für die Ausübung des Hegerechts

Das Betretungsrecht ist nur für die Ausübung des Fischereirechts (§ 4 FG.) gegeben, für den Erlaubnisscheininhaber nur zur Ausübung des Fischfanges. Für den Fang usw. anderer Wassertiere als der im § 4 genannten, gilt es nicht, ebensowenig für das Töten oder Fangen von Fischottern oder Reiher oder den Fang der Fischerei schädlicher Tiere (§ 105 FG.).

Das Uferbetretungsrecht umfaßt auch das Recht für die von dem Berechtigten mitgenommenen Gehilfen, das Ufer zu betreten; sie und der Berechtigte dürfen bei Ausübung des Betretungsrechtes Geräte mitnehmen und sie auf dem Uferstreifen des betretenen Grundstücks zum Fischen benutzen, soweit dies zur Ausübung des Fischereirechtes erforderlich ist Ohne Anwesenheit der Berechtigten dürfen aber die Gehilfen das Ufer nicht betreten, also nur in Gemeinschaft, im Beisein der zur Ausübung der Fischerei Berechtigten; das Gesetz sagt in Abs 1: „mit seinen Gehilfen". Mit anderen Personen, die etwa bei der Ausübung der Fischerei zugegen sind, als den Gehilfen, dürfen die Berechtigten nicht das Ufer betreten.

Das durch Abs. 1 begründete Uferbetretungsrecht ist nicht von der Zustimmung des Eigentümers des Ufergrundstücks abhängig; seine Ausübung daher nicht an dessen Einwilligung gebunden Das Uferbetretungsrecht ist ein gesetzlicher Eingriff in das Eigentumsrecht zugunsten des Fischereiberechtigten aus öffentlichrechtlichen Gründen wirtschaftlicher Natur

Unter den Fischereiberechtigten des Abs. 1 ist nur der dinglich Berechtigte zu verstehen Die den freien Fischfang in den Küstengewässern betreibenden Personen fallen nicht unter § 13 FG; er ist auch kein Recht, sondern nur eine Befugnis, ähnlich dem Gemeingebrauch an Gewässern, welche jedermann zusteht. Der Meeresstrand ist aber meistens dem Gemeingebrauch überlassen.

Ein Betreten des Leinpfades an Wasserläufen (§§ 27 ff WG), also ein Benutzen desselben, ist dem zur Ausübung der Fischerei Berechtigten nicht gestattet.

3. Kreis der berechtigten Personen.

Das Uferbetretungsrecht ist zugesprochen:

a) dem Fischerei**berechtigten** mit seinen Gehilfen,

b) dem Fisch**pächter** mit seinen Gehilfen,

c) dem angestellten Fischer mit seinen Gehilfen; zu b und c aber nur mit Ermächtigung des Fischereiberechtigten.

Die Ermächtigung seitens des Fischereiberechtigten ist erforderlich, weil er für den vom Fischereipächter usw. verursachten Schaden mithaftet. Soweit ein Schaden bei nicht ordnungsmäßiger Ausübung des Rechts entsteht, hat derjenige den Schaden zu tragen, der ihn verursacht hat. Auch bei Unterverpachtung ist die Ermächtigung des Fischereiberichtigten, dem das Uferbetretungsrecht schlechthin allein zusteht, notwendig, die Ermächtigung seitens des Weiterverpachtenden genügt nicht (KomBer. d. AH. aaO. 1914/15)

d) den Inhabern von Erlaubnisscheinen (Abs. 2) mit seinen Gehilfen, sofern er vom Kreis- (Stadt-) Ausschuß die Genehmigung zur Uferbetretung nach Anhörung der Beteiligten erhalten hat.

Die Genehmigung ist widerruflich. Gegen ihren Widerruf, ihre Zurücknahme, steht dem Betroffenen die Beschwerde an den Bezirksausschuß zu.

Abs. 2 ist von dem Herrenhaus eingefügt worden.

„Die Kommission schlägt vor, den Inhabern von Fischereierlaubnisscheinen in beschränktem Umfange das Uferbetretungsrecht zu geben. Der Kreisausschuß hat vorher durch Anhörung aller Beteiligten, insbesondere des Grundstückseigentümers und des Jagdberechtigten, sich zu vergewissern, ob nicht berechtigte Proteste erhoben werden. Auch ist die Uferbetretung nicht allgemein, sondern nur im Einzelfalle und widerruflich zu gestatten, damit sie bei Schaden oder Belästigungen anderer sofort wieder zurückgezogen werden könnte Deshalb ist dieses zu empfehlen, weil jede Friedensstörung durch das Auftreten solcher Fischer vermieden werden müsse, man gewährt ihnen kein volles Recht, sondern nur eine Erlaubnis unter Wahrung aller etwa entgegenstehenden berechtigten Interessen." KomBer d. HH. aaO. 1916/18. Der Kreisausschuß „kann" widerruflich genehmigen. Das Uferbetretungsrecht für den Erlaubnisscheininhaber darf nicht an Bedingungen oder Auflagen geknüpft sein.

Gegen die Verfügung des Kreisausschusses ist die Beschwerde an den Bezirksausschuß zulässig.

e) den Beschränktfischereiberechtigten mit ihren Gehilfen (§ 20 FG.).

4. Ausschluß des Betretungsrechtes (Abs. 4)

Das Recht nach Abs. 1 erstreckt sich nicht:

(„Durch die Worte ‚erstreckt sich nicht' scheidet das Betreten in dem vorbezeichneten Umfange aus dem Rahmen des gesetzlichen Uferbetretungsrechts aus und wird eventuell reines Privatrecht. Die Ausübung eines solchen vertraglich bestehenden Rechts würde eventuell kontraktliche Schäden im Gefolge haben." KomBer. d AH. aaO 1914/15.)

a) auf Gebäude usw.

Nicht nur auf Wohngebäude, sondern Gebäude aller Art Hofräume, Gartenanlagen, bestellte Äcker, gewerbliche Anlagen siehe § 12 Anm. 2. Unter Forstkulturen versteht man im allgemeinen nur Pflanzungen. KomBer d AH. aaO 1914/15.

Dauernd vollständig eingefriedigte Grundstücke. Der Begriff ist hier ein anderer als in § 12. Das Grundstück muß gegen den Eintritt von Menschen versperrt sein, um als dauernd vollständig eingefriedigtes Grundstück angesehen werden zu können; das Vorhandensein von Türen schadet nicht

(KomBer. d AH. aaO 1914/15). Zur vollständigen Einfriedigung gehört aber eine Einfriedigung des Ufers nicht; letzteres braucht also, um eine Einfriedigung als eine vollständige bezeichnen zu können, nicht eingefriedigt zu sein.

Nicht ausgeschlossen vom Uferbetretungsrecht sind trotz der Einzäunung eingezäunte Viehweiden; sie gelten nicht als eingefriedigt im Sinne des Abs. 4 Ziff. 1 FG. Der Zaun kann also zur Geltendmachung des Uferbetretungsrechtes überstiegen werden „Die Befürchtung, daß die Fischer, wenn sie ihre Netze ans Land ziehen, dabei den Draht an den Zäunen beschädigen, und das Vieh austritt und sogar Flurschaden verursacht, ist allerdings nicht ausgeschlossen, für den Schaden sind aber die Fischer verantwortlich. Die Zäune der Weidenbesitzer sind in der Regel weit genug vom Wasser entfernt, und die Fischer ziehen ihre Netze nur an sandigen Stellen an der äußersten Uferlinie, welche einen ganz bestimmten Neigungswinkel haben müssen, auf KomBer. d. HH aaO 1916/18. Bei Streit beschließt auf Antrag der Kreis- (Stadt-) Ausschuß.

b) auf die Ufer von Bewässerungs- oder Entwässerungsgräben in W i e s e n. Diese das Uferbetretungsrecht ausschließende Bestimmung ist getroffen wegen der Beschädigung der Uferränder durch Betreten. Wiese ist eine Bodenfläche, welche eine wiederkehrende Grasnutzung gestattet oder zu einer solchen bestimmt ist Ob die Be- oder Entwässerungsgräben künstlich angelegt sind oder nicht, ist gleichgültig. Wo der Graben vom Hauptgewässer abzweigt, darf das Ufer ebenfalls nicht betreten werden, denn die Ecke ist Ufer des Grabens, wenn sie auch zugleich Ufer des Hauptgewässers ist. Das Betreten der Wiesen an dem Hauptwasserlauf ist zulässig. KomBer d AH. aaO 1914/15

c) Die Ausübung des Uferbetretungsrechts ist ausgeschlossen, wenn der Schaden für den Eigentümer des Grundstücks größer ist als der Vorteil für die Fischerei Ob dies zutrifft, darüber beschließt auf Antrag der Kreis- (Stadt-) Ausschuß, gegen dessen Beschluß die Beschwerde an den Bezirksausschuß zusteht.

Der Kreis- (Stadt-) Ausschuß kann das Uferbetretungsrecht noch weiter einschränken als in Abs. 4 bestimmt ist, er kann z. B. für eingezäunte Viehweiden das Betreten verbieten, also das Betretungsrecht ausschließen

d) Das Betreten von Schiffahrtanlagen und Wasserbauwerken sowie von künstlichen Anlandungen (Abs. 3 des § 13 FG.) „kann" durch Polizeiverordnung verboten werden.

Solange die Polizeiverordnung in Kraft ist, ist das Betretungsrecht ausgeschlossen

Unter „Wasserbauwerke" fallen nicht bloß die unter „sonstigen Wasserbauwerken" des Abs 1 zu verstehenden, sondern auch Brücken, Wehre, Schleusen.

§ 142, ebenso §§ 160 und 161 WG. und die daraufhin ergangenen Anordnungen, Vorschriften der zuständigen Behörden bleiben, wie überhaupt die Vorschriften des Wassergesetzes, von den Bestimmungen des § 13 FG. unberührt

6. Beschränkungen des Uferbetretungsrechts können, ebenso wie das Verbot, gemäß Abs. 3 durch Polizeiverordnung erfolgen. Die Beschränkung bleibt so lange bestehen, als die Polizeiverordnung in Kraft bleibt

7. Ein Fischereipächter kann vom Pachtvertrage zurücktreten oder Herabsetzung der Pachtsumme verlangen, wenn er durch Beschränkungen oder Ausschluß des Betretungsrechts von Ufern, Anlandungen, Brücken, Wehren usw erheblich geschädigt wird.

8. Siehe noch §§ 12, 19, 20, 28, 29, 50, 98, 119, 124, 131, 133 Ziff. 10, 11, 12, 13.

9. Wegen Schadenersatz siehe die beiden folgenden Paragraphen.

10. Siehe noch im Anhang AusfAnw zu § 13

§ 14. Schaden, welchen die nach den §§ 12, 13 Berechtigten oder ihre Gehilfen bei Ausübung dieser Rechte erleiden, brauchen Eigentümer oder Nutzungsberechtigte nur zu ersetzen, wenn sie ihn absichtlich herbeigeführt haben.

1. Die Regelung der Geltendmachung von Schadenersatzansprüchen kann nur dann zum Gesetz erhoben werden, wenn dem Art. 69 EG.BGB. eine soweitgehende Auslegung gegeben wird (vgl. Art. 65 EG.BGB und Wassergesetz: (Schadenersatz nach billigem Ermessen). Der die Berechtigung dazu bejahende Vertreter des Justizministers in der Kom. d. AH. für die Beratung des Fischereigesetz-Entwurfes — KomBer. d. AH. aaO 1914/15 — erklärte, der preußische Gesetzgeber dürfe danach im Rahmen des von ihm geschaffenen Uferbetretungsrechtes die Bestimmungen der §§ 823 ff. BGB. ändern. Diese Rechtsanschauung ist auch vom Reichsgericht bestätigt worden. Juristisch gestaltet sich die Frage so, daß hier als besondere Vorschrift § 15 FG. und eventuell als allgemeine Vorschrift der § 823 BGB., soweit es sich um widerrechtlich verübten Schaden handelt, in Betracht kommt. Wenn in § 14 FG. die Gehilfen eingeschaltet sind, so haften alle diejenigen Personen, denen in § 13 das Uferbetretungsrecht gegeben ist, als Gesamtschuldner. KomBer. d. AH. aaO. 1914/15.

Den Schaden, den die Fischereiberechtigten usw. oder ihre Gehilfen (§§ 12, 13) beim Fischen auf überschwemmten Grundstücken oder bei Ausübung des Uferbetretungsrechts erleiden, müssen sie selbst tragen, jedenfalls sind die Eigentümer und Nutzungsberechtigten der überschwemmten oder betretenen Grundstücke (§§ 12, 13 FG.) von der Schadenersatzlast befreit Eine Schadenersatzpflicht tritt danach nur ein, wenn sie a b s i c h t l i c h den Schaden herbeigeführt haben. Die Haftpflicht des Tierhalters (§ 933 BGB.) fällt also auch unter die einschränkende Bestimmung. (KomBer. aaO. 1914/15.)

2. Bei Streit steht der ordentliche Rechtsweg offen

3. Auf vertragliche Fischnacheile- und Uferbetretungsrechte bezieht sich § 14 FG. nicht.

4. Siehe auch noch §§ 15, 16, 131 FG

§ 15. (1) Für Schaden, der durch Ausübung der Rechte in den Grenzen der §§ 12, 13 verursacht wird, kann der Geschädigte Ersatz verlangen. Ersatzpflichtig ist der Fischereiberechtigte. Neben ihm haften Fischereipächter, angestellte Fischer und Inhaber von Erlaubnisscheinen als Gesamtschuldner, wenn sie oder ihre Gehilfen den Schaden verursacht haben. In gemeinschaftlichen Fischereibezirken haftet an Stelle des Fischereiberechtigten der Fischereibezirk.

(2) Der Anspruch auf Schadenersatz ist binnen einer Woche, nachdem der Geschädigte von der Beschädigung Kenntnis erhalten hat, bei der Fischereibehörde oder dem Gemeinde- (Guts-) Vorsteher schriftlich oder zu Protokoll anzumelden. Wird diese Frist versäumt, so erlischt der Anspruch.

(3) Über den Anspruch und die entstandenen Kosten entscheidet die Fischereibehörde nach Anhörung der Beteiligten. Gegen den Bescheid ist binnen zwei Wochen die Klage im Verwaltungsstreitverfahren beim Kreis- (Stadt-) Ausschuß zulässig. Auf Berufung entscheidet der Bezirksausschuß endgültig.

1. Wie schon die Einleitung zu Abs. 1 „in den Grenzen der §§ 12, 13" besagt, kommt das Verfahren nach § 15 nur dann zur Anwendung, wenn ein Schaden durch die ordnungsmäßige Ausübung des Fischnacheile- oder Uferbetretungsrechts durch die zu diesem Rechte Befugten verursacht wird. Es dürfen also nur Handlungen vorgenommen

werden, welche ihnen durch §§ 12, 13 FG zur Ausübung der darin zugebilligten Rechte zustehen.

Ein diese Grenze überschreitender Schaden ist nicht mehr auf eine ordnungsmäßige Ausübung zurückzuführen, sondern ein durch Überschreitung der in §§ 12, 13 FG. eingeräumten Rechte, also durch eine Rechtsüberschreitung verursachter, z. B. durch Fischen in überfluteten fremden Fischgewässern oder durch das verbotene Betreten von Hofräumen usw. oder durch Außerachtlassen der gebotenen Vorsicht oder durch vorsätzliche oder böswillige Handlung, also durch rechtswidrige Handlungen, und darum ein rechtswidriger im Sinne des § 823 BGB., der lediglich im ordentlichen Rechtswege zu verfolgen ist Für diesen Schaden haftet derjenige, der ihn verursacht hat oder der sonst nach den Grundsätzen des allgemeinen bürgerlichen Rechts ersatzpflichtig ist, mithin der Fischereiberechtigte, der Pächter, Erlaubnisscheininhaber, wenn sie den Schaden nicht selbst verursacht haben, ebenso eine Genossenschaft, die nach § 36 FG. im Rahmen ihrer Aufgaben als Fischereiberechtigter gilt, nur dann, wenn sie nach jenen Grundsätzen, z. B nach § 831 BGB. eine Ersatzpflicht trifft RegBegr. aaO 1914/15. Verjährungsfrist 3 Jahre.

Für den Ersatz des durch die ordnungsmäßige Ausübung verursachten Schadens hat unter Ausschluß des Rechtsweges das im § 15 vorgesehene Verfahren stattzufinden Besteht ein Zweifel darüber, ob es sich um einen darunter fallenden oder einem rechtswidrig zugefügten handelt, so wird zweckmäßigerweise der Schaden bei der Fischereibehörde usw. angemeldet werden; falls diese sich für unzuständig hält, weil der Schaden nicht in den durch § 15 FG. gegebenen Rahmen gehört, steht dem Geschädigten der Rechtsweg offen Andrerseits wird das Verwaltungsgericht seine Tätigkeit einstellen, sobald Klage vor dem ordentlichen Gericht erhoben ist, das wieder das Verfahren aussetzen wird, bis das schwebende Verwaltungsstreitverfahren beendet ist.

Bei dem Schaden nach § 15 FG. muß es sich um solchen

handeln, der durch Ausübung der Rechte entstanden ist, also als unmittelbare Folge der rechtmäßigen und ordnungsmäßigen Ausübung eingetreten ist, nicht gelegentlich der Ausübung

Grundsätzlich ersatzpflichtig ist der Fischereiberechtigte, also auch eine Genossenschaft und ein gemeinschaftlicher Fischereibezirk, auch wenn er den Schaden nicht verursacht hat. Neben ihm haften Fischereipächter usw., wenn sie oder ihre Gehilfen den Schaden verursacht haben. Es sind also haftbar als Gesamtschuldner der Gehilfe, der Dienstgeber des Gehilfen (Fischereipächter, angestellter Fischer oder Inhaber eines Fischereierlaubnisscheines) und der Fischereiberechtigte, wenn der Gehilfe der Täter ist. Ist der Gehilfe nicht der Täter, so haften der Fischereiberechtigte und der Fischereipächter, wenn letzterer den Schaden verursacht hat; oder Fischereiberechtigter und angestellter Fischer, wenn letzterer der Täter ist; oder der Fischereiberechtigte und Inhaber eines Fischereierlaubnisscheines, wenn dieser der Täter ist.

Nur Gehilfen, welche mitgenommen worden sind, fallen mit dem von ihnen verursachten Schaden unter § 15; sind andere Personen mitgenommen worden, z. B. Kinder, und ist von diesen ein Schaden angerichtet worden, so kann der Ersatzanspruch nur im ordentlichen Rechtswege verfolgt werden, nicht im Wege des Verfahrens nach § 15 FG.

Geschädigter kann nicht bloß der Eigentümer, sondern auch jeder andere Nutzungsberechtigte eines Grundstücks sein (Pächter usw.).

2. Abs. 2. Der Anspruch auf Schadenersatz ist binnen einer Ausschlußfrist von einer Woche anzumelden, und zwar schriftlich oder zu Protokoll bei der Fischereibehörde oder dem Gemeinde- (Guts-) Vorsteher. Die Anmeldefrist beginnt mit dem Zeitpunkte, an welchem der Geschädigte von der Beschädigung Kenntnis erhalten hat. Wird diese Frist versäumt, so erlischt der Anspruch; eine Wiedereinsetzung in den vorigen Stand ist ausgeschlossen Es handelt

sich meistenteils um geringfügige Schäden, die nach kurzer Zeit schon nicht mehr oder nur schwer zu erkennen sind.

3. Abs. 3. Über den Schadenersatzanspruch und die entstandenen Kosten entscheidet die Fischereibehörde nach Anhörung der Beteiligten. Gegen den Bescheid steht den Beteiligten binnen zwei Wochen nach Zustellung des Bescheides Klage im Verwaltungsstreitverfahren beim Kreis- (Stadt-) Ausschuß unter vollem Ausschluß des Rechtsweges zu. Gegen die Entscheidung des Kreisausschusses ist die Berufung an den Bezirksausschuß zulässig, dessen Entscheidung endgültig ist.

Ist der Bescheid der Fischereibehörde rechtskräftig geworden, kann er zwangsweise vollstreckt werden

4. Abs. 4 In den §§ 12, 13 FG. sind gesetzliche Bestimmungen erlassen und Rechte gegeben worden, die von der Zustimmung der Grundeigentümer unabhängig sind Sind Fischnacheilerecht (§ 12 FG.) und Uferbetretungsrecht (§ 13 FG.) vom Grundstückseigentümer genehmigt worden, d. h. ist der gesetzliche Inhalt (§§ 12, 13) dieser Rechte Gegenstand einer ausdrücklichen Genehmigung des Eigentümers gegenüber dem Berechtigten, so steht, wenn darüber Streit entsteht, der ordentliche Rechtsweg offen. Auf vertraglich eingeräumte — weitergehende oder eingeschränkte — Fischnacheile- und Uferbetretungsrechte findet § 15 ebensowenig wie § 14 FG. Anwendung, die nur für die gesetzlich eingeräumten Rechte der Fischnacheile und der Uferbetretung gelten.

5. Siehe noch §§ 16, 28, 97, 131 FG.

6. Siehe auch noch Anhang Nr. 5 AusfAnw. zu § 15.

§ 16. Weitergehende Rechte zur Benutzung fremder Grundstücke, die auf besonderen Rechtsverhältnissen beruhen, werden durch die §§ 13 bis 15 nicht berührt.

Weitergehende Rechte zur Uferbetretung, als in den §§ 12, 13 FG. gegeben sind, ergeben sich z. B. aus dem Wassergesetz (§§ 135, 137) und dem Gesetz, betreffend Maßnahmen zur Verhütung von Hochwassergefahren in der Provinz Schlesien, vom 3. Juli 1900 (GS. S. 131).

Auch auf Vertrag, Ersitzung, Privilegium, Rezeß usw kann ein umfangreicheres Recht beruhen.

Im Streitfall ordentlicher Rechtsweg.

§ 17. Mit neuen Fischereirechten darf, unbeschadet der §§ 9, 10, ein Gewässer nicht belastet werden.

1. Der Zweck des Verbots ist, einer weiteren Zersplitterung der Fischereirechte im Interesse der Wirtschaftlichkeit der Fischerei vorzubeugen, ausgenommen bei Inanspruchnahme eines Wasserlaufs durch den Staat gemäß § 11 Satz 2 WG. und bei natürlicher oder künstlicher Bildung neuer Flußbette (§§ 9, 10 FG.). Nach § 25 FG. bleibt von dem Verbot auch das Gesetz über den Erwerb von Fischereiberechtigungen durch den Staat usw (siehe Anhang) unberührt.

Die auf Dienstbarkeit beruhenden Berechtigungen in den früheren Privatgewässern sind gemäß Art 1 Nr 7 des Ergänzungsgesetzes zur Gemeinheitsteilungsordnung vom 2. März 1850 (GS. S. 139) ablösbar geworden; ihre neue Begründung unterliegt den Beschränkungen des Art 12 desselben Gesetzes — Jetzt gilt das G. vom 9. Januar 1922 —

Einer besonderen Bestimmung für die vormals öffentlichen Ströme, an denen Fischereirechte seitens des Staates durch Privilegium verliehen wurden, bedarf es nicht mehr, nachdem der Staat (bzw. das Reich) durch das Wassergesetz das privatrechtliche Eigentum an den Wasserläufen erster Ordnung erlangt hat. RegBegr aaO. 1916/18.

2. Siehe noch Anhang Nr 5· AusfAnw. zu § 17.

§ 18. Ein nicht dem Eigentümer des Gewässers zustehendes Fischereirecht gilt vom Inkrafttreten dieses Gesetzes an als ein das Wassergrundstück belastendes Recht. Auf dieses Recht ist der § 1004 des Bürgerlichen

Gesetzbuchs sinngemäß anzuwenden. Sein Rang bestimmt sich nach der Zeit der Entstehung. Es braucht, um gegenüber dem öffentlichen Glauben des Grundbuchs wirksam zu sein, nicht eingetragen zu werden. Die Eintragung hat jedoch auf Antrag des Berechtigten oder des Eigentümers des belasteten Grundstücks zu erfolgen; die Kosten trägt der Antragsteller.

1. Im § 18 handelt es sich um die sogenannten selbständigen Fischereirechte im Gegensatz zu den sogenannten Eigentumsfischereirechten als Ausfluß des Eigentums am Gewässer, welche alle Schicksale des Grundstücks teilen. Der Grundeigentümer darf sich seines Fischereirechtes nicht ohne die gleichzeitige Übertragung des Eigentums an seinem Grundstück entäußern. Ist der Eigentümer des Gewässers der Erwerber eines selbständigen Fischereirechtes, so kann er es nicht als selbständiges weiterbestehen lassen und gegebenenfalls vom Eigentum wieder trennen. Das würde dem Gedanken des § 17 FG. widersprechen. Es erlischt daher in diesem Falle als besonderes Recht (§ 24 FG.)

Das Eigentumsfischereirecht wird in seiner Ausübung schon durch die zum Schutze des Eigentums und des Besitzes erlassenen gesetzlichen Bestimmungen (BGB.) geschützt.

Durch § 18 hat der Gesetzgeber den dinglichen Charakter der selbständigen Fischereirechte festgelegt („als ein das Wassergrundstück belastendes Recht"). Danach gelten für sie die allgemeinen Bestimmungen für Rechte an Grundstücken (z. B. die Bestimmungen über den Nießbrauch, und wenn das Fischereirecht mit dem Eigentum an einem Grundstück verbunden ist, die Bestimmungen über Grunddienstbarkeiten), soweit das Fischereigesetz nichts anderes bestimmt.

Das Fischereirecht hat eine gewisse Ähnlichkeit mit selbständigen Gerechtigkeiten, es ist nicht auf eine Stufe mit Hypotheken und anderen dinglichen Rechten zu stellen. Seinem inneren Wesen nach steht es den selbständigen Gerechtigkeiten viel näher als den dinglichen Rechten Das Bürgerliche Gesetzbuch hat die selbständigen Gerechtigkeiten den Grundstücken, was die Übertragung anlangt, gleichgestellt, und daher auch für die selbständigen Gerechtigkeiten die gerichtliche oder notarielle Beurkundung vorgeschrieben KomBer. d AH. aaO 1914/15. (Vgl. § 19 FG., siehe auch Art. 40 AG.BGB) Sie sind nicht wesentliche Bestandteile des Grundstückes (§ 93 BGB.), mit dem sie verbunden sind, können also von ihm getrennt werden, sofern nicht das Fischereigesetz etwas anderes bestimmt. Der dem dritten Buch (Sachenrecht) angehörende § 1004 BGB., welcher auf das selbständige Fischereirecht sinngemäß anzuwenden ist, bestimmt „Wird das Eigentum — im vorstehenden Falle das selbständige Fischereirecht — in anderer Weise als durch Entziehung oder Vorenthaltung des Besitzes beeinträchtigt, so kann der Eigentümer — im vorliegenden Falle der Fischereiberechtigte — von dem Störer die Beseitigung der Beeinträchtigung verlangen Sind weitere Beeinträchtigungen zu besorgen, so kann der Eigentümer — der Fischereiberechtigte also — auf Unterlassung klagen"

„Der Anspruch ist ausgeschlossen, wenn der Eigentümer zur Duldung verpflichtet ist"

Der nach örtlichen Grenzen bezeichnete Teil eines Wasserlaufs stellt sich dar als ein bestimmbarer und bestimmter, räumlich abgegrenzter Abschnitt der Erdoberfläche, ist also als ein Grundstück und mithin als unbewegliche Sache sowohl im Sinne des materiellen Rechts als in dem des § 24 ZPO., der diesen Begriff dem materiellen Recht entnommen hat, anzusehen. RGZ. vom 18 November 1902, Bd 53 S 98.

Eintragung des Rechts im Grundbuch kann geschehen. sie braucht aber nicht zu erfolgen, um es gegenüber dem öffentlichen Glauben des Grundbuches wirksam sein zu lassen Es kann sich also niemand darauf berufen, daß es, weil es nicht eingetragen ist, anderen gegenüber, welche z. B das belastete Grundstück erworben haben, nicht gelte

Die Kosten der beantragten Eintragung trägt der Antragsteller, welcher der Fischereiberechtigte oder der Eigentümer des belasteten Wassergrundstücks sein kann.

Über selbständige Gerechtigkeiten siehe Art. 40 PrAG.BGB.

2. Siehe noch §§ 4, 8, 11, ferner §§ 19—21, § 22, §§ 23, 24, 25, 26.

§ 19. (1) Ein nicht dem Eigentümer des Gewässers zustehendes Fischereirecht kann durch Vertrag auf den Eigentümer oder einen anderen übertragen werden, auch wenn es nach dem bisherigen Rechte nicht übertragbar war. Der Vertrag bedarf der gerichtlichen oder notariellen Beurkundung. Der gleichen Form bedarf ein Vertrag, durch den der Berechtigte sich zur Übertragung des Fischereirechts verpflichtet; doch wird der Mangel der Form durch die Übertragung geheilt.

(2) Ist das Fischereirecht mit dem Eigentum an einem Grundstücke verbunden, das mit dem Recht eines anderen belastet ist, so kann es nur übertragen werden, wenn dieser in öffentlich beglaubigter Form zustimmt, es sei denn, daß sein Recht nicht durch die Übertragung berührt wird.

(3) Sind mit dem Fischereirechte Nebenrechte, namentlich zum Trocknen der Netze, zur Rohrnutzung oder zum Fischen auf überschwemmten Wiesen, oder Verpflichtungen verbunden, so gehen sie zugleich auf den Erwerber über.

1. Ein nicht dem Eigentümer des Gewässers zustehendes Fischereirecht — siehe § 18 FG. —, also ein sogenanntes selbständiges Fischereirecht, kann ohne Einschränkung durch Vertrag übertragen, z. B. veräußert werden. Etwaig bestehende Einschränkungen der Übertragbarkeit sind durch § 19 aufgehoben. Zur Rechtsverbindlichkeit, Gültigkeit der Über-

tragung — nicht Verpachtung —, ist die gerichtliche oder notarielle Beurkundung gefordert, damit übereilte Verträge vermieden werden, also im Interesse der Vertragschließenden Diese Beurkundung ist auch vorgeschrieben für einen Vertrag, durch den der Berechtigte sich zur Übertragung des Fischereirechts verpflichtet, jedoch wird der Mangel dieses (Vor-) Vertrages durch die Übertragung, die natürlich vorschriftsgemäß in gerichtlicher oder notarieller Beurkundung erfolgen muß, geheilt

Der Übergang des selbständigen Fischereirechtes kann durch Rechtsgeschäft (Verkauf, Tausch, Schenkung) geschehen, natürlich auch durch Erbfolge (siehe § 21 Satz 2 FG.), durch gütergemeinschaftliche Ehe usw

Die Übertragung kann nur in dem Umfange des Rechts geschehen, in welchem es dem bisher Berechtigten zustand, also nur mit dem bisherigen Inhalte

Eine Teilung des Fischereirechts ist unzulässig (vgl auch § 23 FG. und die Tendenz des Gesetzes, jeder Zersplitterung eines Fischereirechtes entgegenzutreten und sie zu verhindern)

2. Abs. 2 enthält eine die Hypothekengläubiger schützende Sondervorschrift, da auf die Sicherheit der Belastung eines Grundstücks, mit dem ein Fischereirecht verbunden ist, der durch dieses erhöhte Wert des Grundstücks entsprechende Wirkung ausübt

Wenn nämlich das Grundstückseigentum, dessen Bestandteil das selbständige Fischereirecht bildet (mit dem es verbunden ist), mit dem Recht eines anderen behaftet ist, so darf es nur dann auf den Eigentümer des Gewässers oder einen anderen übertragen werden, wenn der Inhaber des belastenden Rechts (Hypothekengläubiger) in öffentlich beglaubigter Form (gerichtlich oder notariell) zustimmt Diese Zustimmung ist nicht notwendig, wenn sein Recht durch die Übertragung nicht berührt wird, nicht geschädigt werden kann

Daß für die Übertragung des Fischereirechtes (Abs. 2) die gerichtliche oder notarielle Beurkundung erforderlich ist, ergibt sich aus Abs. 1.

Der § 19 bezieht sich nicht auf den Fall, daß ein mit dem Eigentum an einem Grundstück verbundenes Fischereirecht zusammen mit dem Grundstück übertragen wird (§ 22 FG.).

3. Abs 3. Nebenrechte aller Art — die im Abs 3 angeführten sind nur Beispiele der verschiedenen Nebenrechte, wie durch das Wort „namentlich" bedeutet wird — gehen mit auf den Erwerber über Auch das Recht, mit Kähnen anzulegen, sowie Fischkästen in den Wasserlauf zu stellen (KomBer AH aaO. 1916/17.), ist ein solches Nebenrecht

4. Gegen die Vorschriften des § 19 verstoßende Verträge sind nichtig.

5. Siehe auch noch § 25 FG., auch §§ 20, 21 daselbst, sowie Anhang Nr 5: AusfAnw zu § 19

§ 20. Ein Fischereirecht, das auf Hegen oder Aneignen nur einzelner der in § 4 aufgeführten Fische oder auf die Benutzung bestimmter Fangmittel, mit Ausnahme der Anweisung auf mehrere Arten von Netzen oder Reusen, beschränkt ist, desgleichen ein Fischereirecht auf Zeit oder für den häuslichen Gebrauch sowie jedes in anderer Hinsicht eingeschränkte Fischereirecht kann durch Rechtsgeschäft unter Lebenden nur auf den Eigentümer des Gewässers übertragen werden.

1. Die Absicht der Bestimmung ist, die kulturschädlichen Nebenberechtigungen zu treffen, nicht aber die ordnungsmäßige wirtschaftlich richtige Ausübung der Fischerei, wie sie durch Anwendung von Netzen und Reusen erfolgt, gleichviel ob es sich um größere oder kleinere Zug- und Fangnetze handelt Gerade die Berechtigung, mit einzelnen Geräten zu fischen, wirkt schädlich, das nach Möglichkeit zu beseitigen, liegt im

Interesse der Fischerei Diese Personen mit einzelnen Geräten haben natürlich kein Interesse an einer vernünftigen Behandlung der Fischerei. Diejenigen, welche mit mehreren Netzen fischen dürfen, würden aber zu schwer getroffen werden, wenn sie unter den § 20 gestellt würden, nicht weil sie, wenn auch nur Halbfischer, doch richtige Berufsfischer seien Daher die Ausnahme Es ist in den Wortlaut des Paragraphen: „auf mehrere Arten von Netzen oder Reusen" aufgenommen worden, um dadurch den Gebrauch der sehr schädlichen sogenannten Kleppe, die in Westpreußen vielfach angewendet werden, zu verhüten. Eine Kleppe fällt nicht darunter, und das Recht, mit derselben zu fischen, unterliegt den Beschränkungen des § 20. KomBer. d. AH. aaO. 1914/15.

Fischereirechte, die unter § 20 FG. fallen, werden als beschränkte Fischereirechte bezeichnet. Solche Rechte können neben dem kraft des Eigentums am Fischgewässer bestehenden oder von diesem unabhängig bestehenden (selbständigen) Fischereirechts bestehen, so zwar, daß erstere neben diesen Berechtigten das Recht haben, einzelne der in § 4 aufgeführten Fische, z. B. Aale, zu fischen (zu hegen und anzueignen) oder nur allein dazu befugt sind unter Ausschluß des Eigentümers oder des selbständig Fischereiberechtigten. Im Zweifelsfall gilt nur der erstere Fall Es handelt sich aber immer um den Fall der Koppelfischerei. Die Beschränkung der Fischerei kann sich nicht nur auf einzelne Fische (§ 4 FG.) beziehen, sondern auch auf die Benutzung bestimmter Fangmittel, z. B die Angel Zu den beschränkten Fischereirechten, die auch niedere Fischereien genannt werden und außerordentlich verschiedener Art sind, gehören ferner Fischereirechte auf Zeit usw.

Es fallen also unter die beschränkten Fischereirechte des § 20: a) das Fischen einzelner der in § 4 aufgeführten Fische, z. B der Aalfang, b) die Benutzung bestimmter Fangmittel (Beschränkung auf diese bestimmten), wenn auch zum Fang aller der im § 4 aufgeführten Fische, z B

Beschränkung auf die Benutzung der Angel; hiervon ausgenommen ist die Anweisung auf mehrere Arten von Netzen oder Reusen, d) Fischereirechte für den häuslichen Gebrauch, e) jedes in anderer Hinsicht eingeschränkte Fischereirecht, d. h. jedes nicht dem Eigentümer zustehende Fischereirecht, das in anderer Hinsicht als zu a, b, c und d in der allgemein mit einem selbständigen Fischereirecht verbundenen Rechten beschränkt ist.

2. Die Übertragung solcher beschränkten Rechte, welche der gerichtlichen oder notariellen Beurkundung bedarf, ist durch ein Rechtsgeschäft unter Lebenden nur an den Eigentümer des Fischgewässers zulässig. Da von der Regierung als „Rechtsgeschäft" auch das Testament angesehen wird, sind deshalb die Worte „unter Lebenden" eingeschaltet. Vgl. KomBer. d. AH. aaO. 1914/15. Die Übertragung auf den Todesfall unterliegt also nicht der Übertragungsbeschränkung.

Eine Teilung des beschränkten Fischereirechts ist ebenso ausgeschlossen wie die eines unbeschränkten Fischereirechtes (siehe § 19 FG. oben Anm. 1 Abs 4 dazu).

Über das Fischereirecht zum häuslichen Gebrauch siehe § 5.

Da die Übertragung nur auf den Eigentümer zulässig ist, nicht auf den oder die Inhaber eines nicht dem Eigentümer des Fischgewässers zustehenden Fischereirechtes, ist letzterer von der Erwerbung beschränkter Fischereirechte ausgeschlossen. Der Eigentümer wird allerdings in solchem Falle, wenn ihm kein Fischereirecht zusteht, an der Erwerbung beschränkter Fischereirechte kein Interesse haben.

Verträge, die im Widerspruch mit § 20 FG stehen, sind nichtig.

3. Siehe noch §§ 22, 25, 26, 27, 28 FG sowie Anhang Nr 5 AusfAnw. zu § 20.

§ 21. Ein Fischereirecht an derselben Gewässerstrecke kann durch Rechtsgeschäft unter Lebenden nur dann auf mehrere Personen übertragen werden, wenn die

Zahl der Erwerber die der bisher Berechtigten nicht übersteigt. Ist ein solches Fischereirecht durch Erbgang, Lehns- oder Fideikommißfolge auf mehrere Personen übergegangen, so dürfen es diese nur an so viele Personen übertragen, als zur Zeit des Inkrafttretens dieses Gesetzes Fischereiberechtigte vorhanden sind.

1. § 21 bedeutet den Kampf gegen die Koppelfischerei, d. i. das Recht mehrerer Personen zum Fischen oder das Bestehen mehrerer Fischereirechte in ein und derselben Wasserstrecke.

Durch die Bestimmung des § 21 FG. wird die Übertragung der Koppelfischerei nur an dieselbe Personenzahl wie die, die bisher die Koppelfischerei gehabt haben, geduldet Ist ein solches Fischereirecht durch Erbgang usw auf mehrere Personen übergegangen, so sind diese fischereiberechtigt, dürfen aber das Recht nur an soviel Personen übertragen, als zur Zeit des Inkrafttretens des Fischereigesetzes Fischereiberechtigte vorhanden waren Vgl. noch § 31 Abs. 2 FG. dazu.

Ein diese Bestimmungen verletzender Vertrag ist nichtig.

Der nach Maßgabe des § 21 FG. abgeschlossene Vertrag muß gerichtlich oder notariell beurkundet werden, um gültig zu sein.

Die Anm 2 zu § 19 FG gilt auch hier, ebenso Anm 1 daselbst.

2. Siehe noch §§ 19, 22, 25 und 26 FG.

3. Vgl. zu Satz 2, was die Lehns- oder Fideikommißfolge anlangt, Verordnung über Familiengüter vom 10. März 1919 (GS. S. 39), Gesetz über die Aufhebung der Standesvorrechte des Adels und die Auflösung des Hausvermögens vom 23. Juni 1920 (GS. S. 367) und die Bekanntmachung des neuen Textes der Verordnung über Familiengüter vom 30. Dezember 1920 (GS. 1921 S. 77) sowie die Verordnung über die Zwangsauflösung der Familiengüter und Hausver-

mögen (Zwangsauflösungsverordnung) vom 19. November 1920, GS. S. 463, und Verordnung über die anderweite Festsetzung von Geldbezügen aus Altenteilsverträgen und von Versorgungsansprüchen bei Stammgütern und Familien-Fideikommissen vom 8. September 1923, GS. S. 433

§ 22. Auf den Fall, daß ein mit dem Eigentum an einem Grundstücke verbundenes Fischereirecht zusammen mit dem Grundstück übertragen wird, beziehen sich die §§ 19 bis 21 nicht.

Nach § 22 fallen die Beschränkungen für die Übertragung wie sie in §§ 19—21 enthalten sind, weg, wenn ein mit dem Eigentum an einem Grundstück verbundenes Fischereirecht zusammen mit dem Grundstücke, also nicht getrennt von diesem, übertragen wird.

Siehe noch §§ 18, 23 und 25 FG

§ 23. Ein Fischereirecht, das mit dem Eigentum an einem Grundstücke verbunden ist, verbleibt bei dessen Teilung, wenn nichts anderes in der Form des § 19 vereinbart wird, der ältesten Hofstelle und, wenn eine solche nicht vorhanden ist, dem größten Teilgrundstücke, bei einer Teilung in gleiche Teile dem Teilgrundstücke, das die Fischereibehörde bestimmt. Eine Vereinbarung, nach der das Fischereirecht mit mehreren Teilgrundstücken verbunden bleiben soll, ist nichtig.

1. § 23 trifft unter Wiedergabe des bisherigen Rechts Bestimmung für den Fall der Teilung eines Grundstückes, mit dem ein Fischereirecht an einem Fischgewässer verbunden ist, also für den Fall, daß es in mehrere selbständige Teile, mindestens zwei, zerlegt wird, z. B durch Verkauf eines Teiles an einen anderen Eigentümer übergeht Falls nicht in der Form des § 19 FG., also mittels gerichtlicher oder notarieller Beurkundung, in

anderer Weise das Fischereirecht übertragen, z. B. veräußert oder mit einem Teilgrundstück des Grundstückes, mit dem das Fischereirecht bisher verbunden war, außerhalb der im § 23 vorgesehenen Reihenfolge (Hofstelle usw.) — vgl LWA. vom 4 Juli 1922, Bd. 4 S. 152 — verkauft wird, bleibt das Fischereirecht bei der ältesten Hofstelle. Ist eine solche nicht vorhanden, verbleibt es bei dem größten Teilgrundstücke Wird das Grundstück aber in gleiche Teile geteilt, bleibt es bei dem Teilgrundstücke, welches die Fischereibehörde (§ 119 FG.) bestimmt. Daß das Fischereirecht selbständig veräußert werden kann, also getrennt vom Grundstück, ergibt sich aus §§ 18 und 19 FG

Mangels einer solchen anderweitigen Vereinbarung in der Form des § 19 kommt § 23 zur Anwendung

Als innerer Grund für die Bevorzugung der Hofstelle ist in der Kom. d HH. (S. 27 d. Berichts) zu 1 treffend angeführt worden, daß die Hofstelle eine wirtschaftliche Einheit sei, im Gegensatz zu dem rechtlichen Begriff eines Grundstücks (vgl OT. Bd 79 S 176) RGZ. vom 5 Januar 1926, Bd 122 S. 269

Es liegt also auch dem § 23 die Absicht zugrunde, eine Zersplitterung des Fischereirechtes zu verhindern. Darum ist eine Vereinbarung, nach der es mit mehreren Teilgrundstücken verbunden bleiben soll, nichtig.

Die Frage des Unterganges oder des Fortbestehens des mit einem Grundstück verbundenen Fischereirechts für den Fall, daß dieses Grundstück einem anderen im Grundbuch zugeschrieben wird, hängt von der Art der Eintragung in das Grundbuch ab. Wird es einem anderen als Bestandteil zugeschrieben, so geht das Fischereirecht auf dieses mit über Ist in diesem Falle das Grundstück, dem es als Bestandteil zugeschrieben wird, ebenfalls mit einem Fischereirechte verbunden, so findet eine Vereinigung der Fischereirechte statt Ein Abverkauf des früher selbständig gewesenen Grundstückes (Parzelle) mit dem alten Fischereirecht ist dann nicht mehr möglich; es tritt dann die Vorschrift des § 23 FG. ein. Werden die Grundstücke unter Wahrung ihrer Selbständigkeit ins Grundbuch eingetragen, so bleiben auch die Fischereirechte selbständig bestehen. KomBer. d. HH. aaO. 1916/18.

Eine Teilung des Fischereirechtes ist unzulässig. Siehe §§ 18, 19, 25 FG

§ 24. Vereinigt sich ein Fischereirecht mit dem Eigentum am Wasserlaufe, so erlischt es als besonderes Recht. Ist es mit dem Recht eines anderen belastet, so erlischt es nur, wenn dieser in öffentlich beglaubigter Form zustimmt.

Wenn das Fischereirecht durch die Vereinigung nicht erlöschen würde, würde es dem Rechtssatz des Gesetzes, daß das Fischereirecht grundsätzlich dem Eigentümer des Gewässers zusteht, und dem Bestreben, diesen Grundsatz nach Möglichkeit durchzuführen, widersprechen (vgl. die Vorschrift des § 17 FG.). Vgl. dazu LWA. vom 21. März 1922, Bd 4 S. 147. Eine Vereinigung tritt nicht ein, wenn das Fischereirecht mit dem Rechte eines anderen belastet ist. Um die Vereinigung zu ermöglichen, muß die Zustimmung des Berechtigten erteilt sein, die gerichtlich oder notariell beglaubigt sein muß. Eine andere öffentliche Behörde, insbesondere auch die Polizeibehörde, ist zur Beglaubigung nicht berechtigt

Vgl. noch §§ 17, 25 FG

§ 25. Unberührt durch die §§ 17 bis 24 bleibt das Gesetz über den Erwerb von Fischereiberechtigungen durch den Staat und das Aufgebot von Fischereiberechtigungen vom 2. September 1911 (GS. S. 189).

Die nach diesem Gesetze zustehenden Rechte des Staates über den Erwerb von Fischereiberechtigungen usw. zu Zwecken des Ausbaues von Wasserläufen erster Ordnung werden durch die Vorschriften der §§ 17—24 FG. nicht aufgehoben, sondern bleiben in vollem Umfange bestehen. (Siehe Anhang.)

§ 26. (1) Die im § 20 bezeichneten Fischereirechte sind ablösbar, auch soweit sie es bisher nicht waren. Das Verfahren richtet sich nach den Ablösungsgesetzen.

(2) Vorbehaltlich Abs. 1 kann ein Recht zur Ablösung nicht auf das Eigentum an einem Wasserlaufe gestützt werden, das erst durch das Wassergesetz begründet worden ist. Ebenso entsteht kein Ablösungsrecht daraus, daß das Fischereirecht nach § 18 ein das Wassergrundstück belastendes Recht geworden ist. Die nach dem bisherigen Rechte bestehende Ablösbarkeit von Fischereiberechtigungen wird hierdurch nicht berührt.

„Die über die Ablösbarkeit von Dienstbarkeiten zur Fischerei bestehenden Vorschriften — es kommt jetzt das Gesetz über die Änderung der Gesetze betreffend die Ablösung der auf Dienstbarkeit beruhenden Berechtigungen vom 7 März 1924, GS. S. 125, zur Anwendung — werden durch diese Bestimmungen, wie auch durch das Wassergesetz nicht berührt Nur die Ablösbarkeit der Nebenberechtigungen, die größtenteils als Dienstbarkeitsrechte begründet und daher nach bisherigem Rechte überwiegend ablösbar sind (Art. 1 Nr 1 des Ergänzungsgesetzes zur Gemeinheitsteilungsordnung vom 2. März 1850 — über die Ablösung von Reallasten ist jetzt das Gesetz über die Änderung der Gesetze, betreffend die Ablösung von Reallasten, vom 9. Januar 1922, GS. S. 7, maßgebend) — spricht das Gesetz im § 26 Abs 1 ausdrücklich aus, um die bisher bestehenden Unklarheiten zu beseitigen. Der Gewässereigentümer kann daher solche Berechtigungen, ohne an Beschränkungen nach Art des § 27 Abs. 2 Nr. 2 gebunden zu sein, auch im Wege der Ablösung aufheben Dagegen ist die Ablösbarkeit der vollen Fischereiberechtigungen auch in Zukunft nur nach den bestehenden Ablösungsgesetzen zu beurteilen, d h es kommt darauf an, ob sie Dienstbarkeitsrechte an den früheren Privatgewässern sind." RegBegr aaO. 1916/18.

Die im § 20 bezeichneten Fischereirechte sind ablösbar, auch wenn sie es vorher nicht waren. Das Verfahren für die Ablösung, auch für die bisher nicht ablösbaren, richtet sich nach den Bestimmungen hierüber in den Ablösungsgesetzen. Danach bedeutet Ablösbarkeit das Recht, einen Antrag auf Ablösung zu stellen

Ob ein Fischereirecht (§ 20 FG.) ablösbar ist, richtet sich nicht nach dem Wassergesetz und seinen Rechtsbestimmungen, sondern nach dem vor seinem Inkrafttreten geltenden Rechte In dieser Beziehung soll das geltende Recht auch durch das Fischereigesetz nicht berührt werden Bezüglich der Ablösbarkeit der Fischereiberechtigungen bleibt der Rechtszustand vor dem Inkrafttreten des Wassergesetzes aufrechterhalten Soweit der Staat aus wasserbaulichen Interessen einen Erwerb von Fischereiberechtigungen für erforderlich hält, kann er sie auf Grund des Spezialgesetzes vom 2 September 1911 erwerben, dann muß er auch den vollen Wert bezahlen KomBer d AH aaO 1914/15.

Die Ablösung kann in einer Beschränkung oder in einer Aufhebung des Fischereirechtes (§ 26 FG.) bestehen

§ 27. (1) In offenen Gewässern können die im § 20 bezeichneten Fischereirechte gegen Entschädigung der Berechtigten beschränkt oder aufgehoben werden.

(2) Die Beschränkung oder Aufhebung können beanspruchen:

1. der Staat im öffentlichen Interesse;
2. Fischereiberechtigte, wenn sie nachweisen, daß die Fischereiberechtigung der Erhaltung oder Verbesserung des Fischbestandes dauernd nachteilig

ist und einen wirtschaftlichen Betrieb der Fischerei in dem Gewässer hindert.

(3) Die Entschädigung hat zu leisten, wer den Anspruch erhebt.

(4) Über Anspruch und Entschädigung beschließt der Bezirksausschuß nach Anhörung der Beteiligten. Soweit der Beschluß die Entschädigung betrifft, kann er binnen drei Monaten im Rechtsweg angefochten werden. Die Frist beginnt mit dem Tage, an dem die Entscheidung über den Anspruch endgültig geworden ist.

„1 Schon das Fischereigesetz vom 30. Mai 1874 sah in § 5 die Möglichkeit vor, wirtschaftlich schädliche Fischereiberechtigungen durch eine Art von Enteignung zu beseitigen, beschränkte diese Möglichkeit aber im wesentlichen auf die ständigen Anlagen, die sogenannten Selbstfänger für Fische, die meist mit Mühlen und anderen Wasserwerken verbunden sind Nach § 27 soll die Aufhebung der im § 20 FG. erwähnten Teilberechtigungen auf demselben Wege allmählich durchgeführt werden. Ein Anspruch auf deren Beseitigung oder Einschränkung ist wie bisher nicht nur dem Gewässereigentümer, sondern auch anderen Fischereiberechtigten und Genossenschaften — Wassergenossenschaften — sowie dem Staate im öffentlichen Interesse eingeräumt" RegBegr. d GesEntw aaO 1916/18.

1. Die Beschränkung oder Aufhebung der im § 20 bezeichneten Fischereirechte nach § 27 ist für solche Rechte nur zulässig, wenn sie an offenen Gewässern (§ 2 Abs 3 FG) bestehen.

2. Anspruchsberechtigt sind

a) der Staat im öffentlichen Interesse, z. B im Interesse der Schiffahrt oder der Vorflut,

b) Fischereiberechtigte, die den Nachweis erbringen, daß die Fischereiberechtigung (§ 20 FG) der Erhaltung oder Verbesserung des Fischbestandes dauernd nachteilig ist und einen wirtschaftlichen Betrieb der Fischerei in dem Gewässer hindert

Zu den Fischereiberechtigten des Abs. 2 gehören auch die Genossenschaften (§ 36 Abs 1 Ziff. 2 letzter Satz FG.). Für sie kommen nur die in ihrem Bezirke vorhandenen Fischereirechte (§ 20 FG.) in Frage

Die Entscheidung des Bezirksausschusses über die Entschädigung (deren Höhe) kann nicht durch Beschwerde an das Oberverwaltungsgericht, sondern nur durch die Klage bei dem ordentlichen Gerichte angefochten werden

Dritter Abschnitt.

Ausübung des Fischereirechts.

§ 28. (1) Die Ausübung des Fischereirechts kann, soweit sein Inhalt nicht entgegensteht, einem anderen durch Vertrag in vollem Umfange (§ 29) oder unter Beschränkung auf den Fischfang übertragen werden. Ein unter Beschränkung auf den Fischfang abgeschlossener Vertrag wird erst durch Erteilung eines Erlaubnisscheins nach § 98 wirksam.

(2) Fischereiberechtigte in Gewässern der in § 2 Abs. 1 Nr. 1, 2 bezeichneten Art können eine Einzelperson ermächtigen, das Fischereirecht an ihrer Stelle in vollem Umfang auszuüben. Die Ermächtigung wird erst durch Anzeige an die Fischereibehörde wirksam. Der zur Ausübung Ermächtigte gilt insoweit als Fischereiberechtigter.

1. Abs. 1 § 28 gilt für offene und geschlossene Gewässer Während §§ 18 ff. (vgl § 8) die rechtliche Natur der nicht auf Eigentum beruhenden Fischereirechte sowie deren Übertragung zum Gegenstande haben, regeln §§ 28 ff die

Ausübung des Fischereirechtes ohne Unterschied, ob es sich um ein Eigentumsfischereirecht oder um ein nicht dem Eigentümer zustehendes Recht handelt. Sie kann, soweit der Inhalt des Fischereirechtes, z. B. bei Fischereirechten für den häuslichen Gebrauch (§ 5 FG.), nicht entgegensteht, einen anderen entweder durch Vertrag a) in vollem Umfange, d. h. zum Hegen und zum Fischfang, oder b) unter Beschränkung auf den Fischfang, so daß dem Fischereiberechtigten das Hegerecht verbleibt, übertragen werden. Im letzteren Falle (b) wird der Vertrag erst durch Erteilung eines Erlaubnisscheines nach § 98 wirksam.

Zur Übertragung der vollen Ausübung eines Fischereirechtes bedarf es eines Pachtvertrages, und zwar in schriftlicher Form (§ 29 FG.), auf welchen die Vorschriften des Bürgerlichen Gesetzbuchs Anwendung finden.

Ein unter Beschränkung auf den Fischfang abgeschlossener Vertrag bedarf keiner Form.

Das wesentliche entscheidende Merkmal für die Frage, ob durch den Pachtvertrag das Fischereirecht zur vollen Ausübung oder nur beschränkt übertragen werden soll, ist dem Umstand zu entnehmen, ob nach dem Vertrage dem Fischereiberechtigten Rechte verbleiben sollen, die sich als Ausübung des Fischereirechts darstellen würden. Ist dies der Fall, so liegt nur eine beschränkte Übertragung der Ausübung des Fischereirechts vor. Ist es nicht der Fall, so handelt es sich um die Übertragung der vollen Ausübung. OG. vom 11 Januar 1923, Bd 78 S. 350.

Unter die Einschränkung „soweit sein Inhalt nicht entgegensteht", fallen vielfach Fischereirechte von Fischerinnungen (siehe auch § 31 Abs. 1 FG), bei denen die Ausübung des Rechtes nur den Innungsmitgliedern zusteht, so daß die Übertragung der Ausübung auf einen anderen ausgeschlossen ist. Zur Übertragung der Fischerei zum häuslichen Gebrauch ist nach § 98 Abs 4 deren Inhaber nur mit Genehmigung der Fischereibehörde berechtigt, Erlaubnisscheine zur Ausübung dieses Rechtes auszustellen Stellt er einen Schein aus, so darf er während dessen Geltung nicht selbst Fische fangen. Verpachten darf er sein beschränktes Fischereirecht nicht

Während die Übertragung der Ausübung des Fischereirechts in vollem Umfange nur gegen Entgelt (durch Pachtvertrag) zulässig ist, kann die beschränkte Ausübung auch unentgeltlich übertragen werden.

2. Der Erlaubnisschein. Daß die Ausübung des Fischereirechtes durch Pachtvertrag übertragen werden kann, steht im Einklang mit den Bestimmungen des BGB und ist zweifellos. Fraglich ist es aber, ob die Erteilung eines Erlaubnisscheins ein Mittel ist, das geeignet ist, das Recht zur Ausübung der Fischerei zu übertragen. Der Erlaubnisschein ist nichts weiter als ein Legitimationsschein gegenüber den Fischereibehörden zum Ausweis der Berechtigung zur Ausübung der Fischerei. Die Erteilung eines derartigen Ausweispapieres kann in der rechtlichen Wirkung einem Pachtvertrage nicht gleichgestellt werden. Dem Pachtvertrage muß vielmehr ein Vertrag anderer Art gegenübergestellt werden Ein solcher Vertrag wird in der Praxis auch stets vor oder bei der Erteilung des Erlaubnisscheines geschlossen In der Regel hat ein solcher Vertrag den Inhalt, daß die Ausübung der Fischerei ohne Entgelt für eine bestimmte Zeit oder auf Widerruf überlassen werde Der Vertrag kann aber auch einen anderen Inhalt haben, insbesondere auch ein entgeltliches Geschäft sein Es handelt sich also um einen im BGB nicht besonders geregelten Vertrag, also um einen Vertrag besonderer Art. „Notwendige Erfordernisse für diesen Vertrag sind **nur**, daß er die Übertragung der Ausübung eines Fischereirechts zum Gegenstand hat und nicht unter die Regeln des Pachtvertrags fällt“ KomBer d AH aaO. 1914/15

Der Vertrag bedarf, wie schon oben gesagt, keiner Form, er braucht auch nicht in dem Erlaubnisschein nachgewiesen zu sein; es braucht also der Grund zur Erteilung des Erlaubnisscheines in diesem nicht angegeben zu sein. Inhaltlich kann der Vertrag die Ausübung des Fischfanges auf bestimmte Fischarten oder Fangmittel oder örtlich auf einen bestimmten Teil, Strecke des Fischfanges oder auf die Aneignung für einen anderen, also lediglich auf die Ausübung der Fangtätigkeit, usw. beschränkt sein

Siehe noch Ministerialerlaß vom 23. September 1925, betreffend Aalfang im Camelstrom, LMBl. S 487, der im Anhang angegeben.

Dem Ausübungsberechtigten auf Grund des Erlaubnisscheines kann nach § 13 Abs 2 auch ein Uferbetretungsrecht zugebilligt werden.

Ist die Ausstellung eines Erlaubnisscheins nicht erforderlich (§ 93 Abs. 3 FG), so fällt auch die Beschränkung des Abs. 1 Satz 2 fort

Sind mehrere Fischereiberechtigte vorhanden, so kommt der Vertrag nur zustande, wenn sämtliche Berechtigte ihn abschließen, auch bei einem Vertrage auf Widerruf. Widerruft daher einer von ihnen, wird der Vertrag hinfällig, und der Erlaubnisschein verliert seine Gültigkeit Fällt die Berechtigung des Ausstellers des Scheins weg, erlischt selbstverständlich der Schein ebenfalls. Geht die Fischereiberechtigung durch rechtsgültigen Vertrag auf einen anderen über, so bleibt der Erlaubnisschein nur dann in Kraft, wenn dies vereinbart ist; im Falle des gesetzlichen Erbanfalls oder sonstiger gesetzlicher Rechtsnachfolge kann der Nachfolger den Schein nur dann zurücknehmen, wenn der Rechtsvorgänger dazu berechtigt war

Die Zahl der Erlaubnisscheine kann für geschlossene Gewässer nicht beschränkt werden.

Alle Rechtsstreitigkeiten über den Vertrag, betreffend die Übertragung der beschränkten Ausübung, gehören vor das ordentliche Gericht

Ist der Vertrag abgeschlossen, so wird er erst durch die Erteilung eines den gesetzlichen Anforderungen entsprechenden Erlaubnisscheins, d h. dessen Aushändigung (Übergabe) an den Empfangsberechtigten, wirksam. Da § 28 FG. die Wirksamkeit der Fischereierlaubnis von der Erteilung eines Fischereierlaubnis s c h e i n e s nach § 98 FG. abhängig macht, so ist die nur mündlich erteilte Erlaubnis nach § 125 BGB. nichtig. KGSt., Ring, Bd. 6 S. 311

Ist ein solcher Schein nicht erforderlich, wird der Vertrag, der zu seiner Gültigkeit nur mündlich abgeschlossen zu werden braucht, sofort wirksam

Über die Berechtigung des Fischereipächters zur Erteilung von Erlaubnisscheinen siehe § 98 FG.

Angestellte Fischer bedürfen des Erlaubnisscheines zur Ausübung des Fischfanges, um sich der Polizeibehörde gegenüber ausweisen zu können.

3. Abs 2 Durch die Fassung des Abs 2 Satz 1 soll zum Austrag gebracht werden, daß sowohl eine Mehrheit von Fischereiberechtigten, als auch ein einzelner Berechtigter einen Bevollmächtigten bestellen können (KmBer d. AH. aaO 1916) § 28 Abs. 2 ist namentlich wichtig für die Fischereirechte der Gemeinden

„Die Person, der das Fischereirecht nach § 2 Abs. 1 Nr. 1, 2 FG. (geschlossene Gewässer) zusteht, muß eine p h y s i s c h e Person sein, nicht eine juristische Dadurch entsteht zwar eine gewisse Schwierigkeit, z. B. beim Erbgang, Eheschließung, wenn die Berechtigung eines einzelnen an mehrere übergeht Hier ist der Ausweg darin gefunden, daß man zwischen Fischereirecht und dessen Ausübung unterscheidet § 2 spricht nämlich nur von der Ausübung des Fischereirechts; die Abhilfe ist also darin enthalten, daß der Personenmehrheit der Fischereiberechtigten ein vereinfachtes gesetzliches Verfahren zu Gebote steht und daß danach diese, um den Charakter des geschlossenen Charakters zu erhalten, der Behörde eine einzige Person als diejenige bezeichnen, welcher die Ausübung des

Fischereirechtes allein zusteht. An dem inneren privatrechtlichen Verhältnis zwischen dem Namhaftgemachten und den Besitzern (Fischereiberechtigten) haben die Behörden kein Interesse. Auch die Gemeinden und alle juristischen Personen müssen in dieser Weise vorgehen, um ihren Gewässern die Vorteile der geschlossenen Gewässer zuzuwenden.

In den Fällen, wo jemand ohne weiteres auf Grund der bestehenden Bestimmungen das Recht erhält, ein fremdes Fischereirecht auszuüben, handelt es sich immer um einen Übergang der Ausübung des Fischereirechtes kraft Gesetzes, der nicht auf dem Willen des übertragenden beruht KomBer d. HH aaO 1916/18 §§ 33, 34 91 FG enthalten solche Fälle

Im übrigen siehe § 2 und die Anmerk dazu

4. Siehe noch §§ 13 bis 15, § 29, §§ 90, 91, 98 FG., sowie im Anhang: Ausführungsanweisung zu §§ 28, 29.

5. Siehe ferner das Gesetz über die Sicherung der Bewirtschaftung von Fischereigewässern vom 18. Juli 1919 (im Anhang), sowie die MinVerf, betreffend Ausführungsanweisung z. d Gesetze vom 11. August 1919 (im Anhang) und MinVerf., betr Förderung der Fischereiwirtschaft in den Domänen und Forsten vom 29. März 1919, LMBl 1919 S 155 Hinzuweisen ist hier noch auf das Reichsarbeitsgerichtsgesetz (siehe im Anhang zu den „preußischen Jagdgesetzen").

§ 29. (1) **Zur Übertragung der vollen Ausübung des Fischereirechts bedarf es eines Pachtvertrages in schriftlicher Form. In dem Vertrag ist die Pachtzeit auf mindestens zwölf Jahre festzusetzen. Ausnahmen kann der Kreis- (Stadt-) Ausschuß zulassen.**

(2) **Auf Antrag der Fischereibehörde kann der Bezirksausschuß bestimmen, an wieviel Personen höchstens ein Gewässer oder eine Gewässerstrecke eines Fischerei-**

berechtigten verpachtet werden darf. Jedes Mitglied eines Vereins gilt im Sinne dieser Vorschrift als Pächter.

(3) Eine Verpachtung an Personen, die nicht die Reichsangehörigkeit besitzen, bedarf der Genehmigung des Regierungspräsidenten.

(4) Pachtverträge, die gegen Abs. 1 bis 3 verstoßen, sind nichtig. Streitigkeiten darüber werden im Verwaltungsstreitverfahren entschieden. Zuständig ist der Kreisausschuß, in Stadtkreisen der Bezirksausschuß. Für die Dauer des Verwaltungsstreitverfahrens kann die Fischereibehörde die Ausübung der Fischerei vorläufig regeln.

(5) Bei Veräußerung des Fischereirechts gelten die §§ 571 bis 579 des Bürgerlichen Gesetzbuchs sinngemäß. Der Überlassung an den Mieter steht der Beginn der Pachtzeit gleich.

1. Abs. 1 Gegenstand des Pachtvertrages können — siehe Anm. 1 zu § 28 — Eigentumsfischereirechte (§ 7 FG.) und selbständige Fischereirechte (§§ 8, 18 FG.), auch beschränkte (§ 20) sein; ausgenommen sind Fischereirechte für den häuslichen Gebrauch (§ 5 FG.). Soll ein Fischereirecht in vollem Umfange übertragen werden, so ist hierfür nur der Pachtvertrag zulässig, also nur die entgeltliche Übertragung mittels Pachtvertrages. Eine Beschränkung des vollen Umfanges ist unzulässig, das Recht muß in dem Umfange wie es besteht, ohne jede Einschränkung verpachtet werden.

Daß § 29 sich auf offene wie auch auf geschlossene Gewässer bezieht, ergibt sich aus seiner Fassung, ebenso auch für Küstengewässer, an welchen ein Fischereirecht besteht. Der Pachtvertrag nach § 29 ist ein Privatvertrag, auf den sowohl die privatrechtlichen Vorschriften über Geschäftsfähigkeit,

Willenserklärung, Verträge, besonders auch § 157 BGB. und in Sonderheit über den Pachtvertrag (Unterpachtvertrag) — §§ 581 ff. BGB., Verpachtung nicht bloß von Sachen, sondern auch von Rechten — Anwendung finden, soweit nicht das Fischereigesetz für Fischereipachtverträge ein anderes bestimmt. Auch sonstige Vorschriften des bürgerlichen Rechts, Familienrecht, Vormundschaftsrecht — aus § 184 BGB in Verbindung mit den §§ 182, 1643, 1822 Ziff 5, 1829 daselbst folgt, daß die Wirksamkeit des mit Genehmigung des Vormundschaftsgerichts für einen Minderjährigen abgeschlossenen Pachtvertrages in vermögensrechtlicher Beziehung von dem Zeitpunkte des Abschlusses, nicht von dem der Genehmigung, beginnt — Zivilprozeßrecht, Konkursrecht, auch die einschlägigen Vorschriften über Zwangsversteigerung (Zwangsverwaltung), Zwangsvollstreckung usw. greifen in das Fischereipachtrecht über. Sie gelten für Abschluß, Beginn, Erfüllung (Gewährleistung), Beendigung (vertragsmäßige, vorzeitige) usw. der Fischereipachtverträge. Die Verpachtung kann öffentlich (auch öffentlich meistbietend) oder nichtöffentlich erfolgen. Wird die Verpachtung öffentlich ausgeschrieben, so ist, wenn die Ausschreibung gegen zwingende gesetzliche Vorschriften verstößt (vgl § 29), die Fischereibehörde berechtigt, hiergegen vorzugehen.

Das Fischereirecht gilt als unbewegliche Sache (vgl. § 18). Ein Pachtvertrag ist deshalb nach § 10a des Stempelsteuergesetzes in der Fassung der Bekanntmachung vom 27 Oktober 1924 (GS S. 627) — siehe Anhang zu den preuß. Jagdgesetzen, mit Erläuterungen versehen von A. Born — mit dem entsprechenden Stempel zu versehen. Über die Pfändbarkeit der Ausübung des Fischereipachtrechtes sagt KGSt. vom 1. März 1927, Ring, Bd. 6 S. 329: Ist die Überlassung der Ausübung des Fischereipachtrechtvertrages nicht gestattet, so ist auch die ohne Einwilligung des Fischereiverpächters erfolgte Pfändung und Überweisung der Ausübung des Fischereipachtrechtes grundsätzlich rechtsunwirksam, ohne Rücksicht darauf, ob der pfändende Gläubiger zugleich Mitpächter ist oder nicht. Der die Fischerei trotz des gegen ihn erlassenen Pfändungs- und Überweisungsbeschlusses weiter ausübende Fischereipächter fischt daher in einem solchen Falle nicht unberechtigt im Sinne des § 370 Nr. 4 StGB. Wird eine verpachtete Fischereigerechtigkeit auf Antrag des Seeigentümers gemäß dem Gesetze vom 2. März 1850 — jetzt gilt das Gesetz von 1922 (siehe Anmerk zu § 8) — abgelöst, so steht dem Fischereipächter kein Schadenersatzanspruch zu (RGZ. vom 3. Juli 1908, v Kamptz-Delius ErgBd., S. 150)

Soweit die Vorschriften des Fischereigesetzes nicht zwingender, sondern subsidiärer Art sind, kann der von ihnen geregelte Inhalt auf andere, von der gesetzlichen Regelung abweichende Art vereinbart werden

Pachtverträge bedürfen nur im Falle des Abs. 3 einer Genehmigung, sonst nicht.

Der Pachtvertrag, ebenso der Unterpachtvertrag, muß schriftlich abgeschlossen werden. § 126 BGB.: „Ist durch Gesetz schriftliche Form vorgeschrieben, so muß die Urkunde von dem Aussteller eigenhändig durch Namensunterschrift oder mittels gerichtlich oder notariell beglaubigten Handzeichens unterzeichnet werden."

„Bei einem Vertrage muß die Unterzeichnung der Parteien auf derselben Urkunde erfolgen. Werden über den Vertrag mehrere gleichlautende Urkunden aufgenommen, so genügt es, wenn jede Partei die für die andere Partei bestimmte Urkunde unterzeichnet."

„Die schriftliche Form wird durch die gerichtliche oder notarielle Beurkundung ersetzt."

Wird der ursprüngliche Vertrag durch einen neuen ersetzt, oder wird er abgeändert, so ist auch hierzu die schriftliche Form erforderlich; überhaupt alles, was Gegenstand des Vertrages, der Vereinbarung, sein soll, muß in die schriftliche Form gekleidet werden.

Der Pachtvertrag muß auf mindestens zwölf Jahre abgeschlossen werden. Einen kürzeren Zeitraum hierfür festzusetzen, ist nur mit Genehmigung des zuständigen Kreis-(Stadt-)Ausschusses zulässig, der die besonderen Gründe für die kürzere Dauer unter dem Gesichtspunkte der Zweckmäßigkeit, Wirtschaftlichkeit der Fischerei zu prüfen hat Über die Zuständigkeit siehe LVG. vom 30. Juli 1883, insbesondere auch § 58 Abs. 1 daselbst. Die Höchstdauer des Vertrages ist der Vereinbarung überlassen. Eine Genehmigung der über zwölf Jahre hinausgehenden Vertragsdauer ist nicht erforderlich. Wird der Vertrag für eine längere Zeit als dreißig Jahre geschlossen, so kann nach dreißig Jahren Verpächter wie Pächter den Pachtvertrag unter Einhaltung der gesetzlichen Frist (§ 565 BGB.) kündigen. Die Kündigung ist unzulässig, wenn der Vertrag für die Lebenszeit des Verpächters oder des Pächters geschlossen ist; in diesem Vertrag muß aber trotzdem vereinbart sein, daß er für mindestens zwölf Jahre abgeschlossen gilt. Siehe auch Anm 5.

3. Abs 2. Beschränkung der Anzahl der Pächter An sich ist die Zahl der Pächter nicht beschränkt, also eine Höchstzahl von Personen, an welche das Fischereirecht verpachtet werden kann, nicht vorgeschrieben Jedoch kann auf Antrag der Fischereibehörde der BA. die Höchstzahl der Pächter für ein Gewässer oder eine Gewässerstrecke eines Fischereiberechtigten festsetzen Sind mehrere Pächter vorhanden, so finden, wenn nichts anderes vereinbart ist, die Bestimmungen des BGB. über Mehrheit von Schuldnern und Gläubigern (§§ 420 ff, insbesondere auch § 427) auf sie Anwendung; vgl. auch §§ 705 BGB. und §§ 741 ff. daselbst.

Aus der Fassung des Abs. 2 Satz 1 und aus dem Grundsatze des Gesetzes, für Fischereigewässer die größtmögliche Ertragsfähigkeit zu erzielen, ergibt sich zwangsläufig, daß das zu verpachtende Gewässer (Gewässerstrecke) eines Fischereiberechtigten nicht in mehrere Pachtbezirke geteilt werden kann (vgl. KomBer d AH. aaO 1914/15); die Pächter selbst können die

Ausübung der Fischerei unter sich örtlich teilen Siehe noch § 86 und §§ 62 bis 64 FG. Die Vorschrift des Abs 2 findet überhaupt keine Anwendung, wenn es sich um eine größere Zahl zusammenhängender Gewässerstrecken, einer größeren Zahl Fischereiberechtigter handelt, denn Abs 2 gibt dem BA die Befugnis, die Höchstzahl zu bestimmen, nur für e i n Gewässer oder e i n e Gewässerstrecke e i n e s Fischereiberechtigten. Das Wort „Personen" in Satz 1 läßt es zu, die Zahl der Personen aus Berufsfischerkreisen, oder Nichtberufsfischern zu entnehmen, mit welchen ein Pachtvertrag abgeschlossen, und deren Höchstzahl auf Antrag der Fischereibehörde vom BA. bestimmt werden soll. (Vgl LWG vom 28. Juni 1921, Bd 3 S. 202).

Auch mit Vereinen — mit oder ohne Rechtsfähigkeit — kann ein Fischereivertrag abgeschlossen werden. Dann gilt jedes Mitglied eines Vereins als Pächter im Sinne des Abs 2 „Um einem Mißbrauche namentlich durch nachträgliche Aufnahme von Mitgliedern, vorzubeugen, ist die Bestimmung getroffen, daß jedes Mitglied, dem die Ausübung der Fischerei vom Verein, der die Ausübung eines Fischereirechtes gepachtet hat, gestattet wird, als Pächter hinsichtlich der vom BA. festgesetzten Anzahl solcher zählt. Also nur zu diesem Zwecke, die Beschlußfassung des BA zu ermöglichen und wirksam zu gestalten (Abs. 2 Satz 1), soll jedes Vereinsmitglied als Pächter g e l t e n", anderenfalls wäre eine Bestimmung nach dem Maßstabe der Anzahl der an der Ausübung der verpachteten Fischerei beteiligten Personen undenkbar. Der Zusammenhang und die Fassung der Vorschriften läßt an der Richtigkeit dieser Auslegung keinen Zweifel. KGSt. vom 3. Dezember 1926, LMBl 1927 S. 171 Die Mitglieder eines Anglervereins, der eine Fischerei gepachtet hat, sind durch ihre Mitgliedschaft allein nicht zu Pächtern der Fischerei geworden Sie müssen vielmehr bei Ausübung des Fischfanges einen Erlaubnisschein des Fischereiberechtigten oder Fischereipächters bei sich führen KGSt vom 3. Dezember 1926, Ring, Bd. 6

S. 316. Vgl auch RegBegr aaO. 1914/15 und KomBer d AH aaO. 1916, sowie die Plenarverhandlungen im Landtage Danach dürfen nur soviel Mitglieder des Vereins die gepachtete Fischerei ausüben, als der BA. nach Abs 2 Satz 1 genehmigt hat. Die Mitglieder des Vereins können aber unter Beobachtung der festgesetzten Zahl der zur Ausübung Berechtigten unter sich wechseln.

Auch bei Unterverpachtung darf, wenn mehrere Unterpächter vorhanden sind, oder wenn neben dem Unterpächter auch noch der Unterverpächter nach dem Unterverpachtvertrage zur Ausübung berechtigt bleiben soll, deren Gesamtzahl die vom BA auf Anrufen der Fischereibehörde zur Ausübung festgesetzte Zahl nicht überschreiten. Siehe auch Anmerk 5.

4. Abs 3. Personen, die nicht Reichsangehörige sind, dürfen nur mit Genehmigung des Regierungspräsidenten pachten Ohne diese Genehmigung ist der Pachtvertrag ungültig. Vgl auch §§ 97 und 98 Abs. 5 FG

5. Die Pachtverträge sind stempelpflichtig. Den Stempelbetrag bestimmt das Stempelsteuergesetz vom $\frac{\text{21. Oktober 1924}}{\text{25. Oktober 1924}}$ $\frac{\text{(GS. S 611),}}{\text{(GS. S. 620),}}$ bekanntgemacht am 27 Oktober 1924 (GS. 627), Tarifstelle 10, diese wieder geändert durch das Gesetz zur Änderung des Stempelsteuergesetzes in der Fassung der Bekanntmachung vom 27. Oktober 1924 (GS S 627), vom 26. Juli 1926 (GS. S. 233)

6. Nichtigkeit der Pachtverträge.

Pachtverträge, die gegen Abs. 1—3 verstoßen, sind nichtig. Ein Vertrag, der nichtig ist, ist von Anfang an unwirksam; ein solcher Vertrag gilt rechtlich als nicht geschlossen. Ist das gepachtete Fischereirecht bereits ausgeübt worden, so kommen die Bestimmungen über ungerechtfertigte Bereicherung (§§ 812 ff. BGB) in Betracht. Der Pächter muß das herausgeben, was er aus der Fischerei an Einnahmen erzielt hat, hiervon ist der gezahlte Pachtzins abzuziehen KomBer. aaO. 1914/15.

Im Verwaltungsstreitverfahren kann nur auf Nichtigkeit von Verträgen geklagt werden, die die volle Ausübung des Fischereirechts zum Gegenstande haben (§ 29 Abs. 1 FG.). Vgl. OG. vom 3. Mai 1917, Bd. 73 S 335: „Nur die Frage, ob Pachtverträge der im § 29 Abs. 1 bezeichneten Art wegen Verstoßes gegen die Vorschriften der Abs 1—3 aaO. nichtig sind, gehört vor das Verwaltungsgericht. Von irgendwelchen weiteren Voraussetzungen ist die Klage im Verwaltungsstreitverfahren nicht abhängig gemacht. Sie ist aus § 29 Abs. 4 FG. daher bei allen die volle Ausübung des Fischereirechts übertragenden Pachtverträgen zulässig, und es bedarf deshalb z. B. keiner Untersuchung, zu welcher Art von Gewässern das in Betracht kommende Gewässer gehört. Ist aber die Ausübung des Fischereirechtes nicht in vollem Umfange, sondern nur unter Beschränkung auf den Fischfang übertragen worden, so ist eine solche Beschränkung von wesentlicher Bedeutung, weil zur Feststellung der Nichtigkeit eines derartig beschränkten Vertrages die Klage im Verwaltungsstreitverfahren nicht gegeben ist."

„Liegen die bürgerlichen Merkmale eines Pachtvertrages vor, greift § 29 FG Platz. Nach der zwingenden Vorschrift Abs 1 indessen ist die zulässige Mindestpachtdauer zwölf Jahre. Ist eine Ausnahme davon nicht erteilt, ist ein auf kürzere Zeit geschlossener Vertrag nichtig. Eine Hinzurechnung der Zeitdauer früherer Verträge ist nicht angängig. Auch jede Vereinbarung über Pachtverlängerung muß unter die Vorschrift des § 29 Abs. 1 fallen, soweit es sich um die Übertragung der vollen Ausübung des Fischereirechts handelt. Bei der Berechnung der Dauer der Pachtzeit ist jeder Pachtvertrag für sich zu betrachten, so daß auch jede Verlängerung auf eine Pachtzeit von mindestens zwölf Jahren sich erstrecken muß." OG vom 11 Januar 1923, Bd 78 S. 350

Deshalb wird auch die vorgeschriebene Mindestdauer von zwölf Jahren nicht dadurch erfüllt, daß der auf eine kürzere Zeit abgeschlossene Vertrag nachträglich durch ein neues Abkommen verlängert wird OG. vom 17 Januar 1924, PrVerwltsgbl. Jahrg. 45 S. 354

Abgesehen von den Fällen nach Abs. 4 sind Klagen über Streitigkeiten, betreffend den Pachtvertrag, bei dem ordentlichen Gericht anzubringen Es kann daher ein Pachtvertrag, welcher den Vorschriften des § 29 Abs 1—3 entspricht, aus zivilrechtlichen Gründen ungültig sein, ebenso wie ein zivilrechtlich gültiger Vertrag infolge Verstoßes gegen Abs 1—3 des § 29 FG. nichtig sein kann.

Zuständig für die Verwaltungsklage ist der Kreisausschuß, in Stadtkreisen der Bezirksausschuß. Schwebt ein solches Verwaltungsstreitverfahren, so kann für seine Dauer die Fischereibehörde die Ausübung der Fischerei vorläufig regeln. Nur in diesem Falle ist die Fischereibehörde zur vorläufigen Regelung befugt, nicht aber im Falle eines bei dem ordentlichen Gericht schwebenden Streites aus dem Pachtvertrage; letzterenfalls ist nur das ordentliche Gericht zur vorläufigen (privatrechtlichen) Regelung zuständig. Gegen die Entscheidung des Kreisausschusses ist die Berufung an den Bezirksausschuß zulässig; gegen dessen Entscheidung die Revisionsklage bei dem Oberverwaltungsgericht. Gegen die Entscheidung des Bezirksausschusses in Stadtkreisen steht die Berufungsklage bei dem Oberverwaltungsgericht offen

6. Veräußerung des Fischereirechts und deren Wirkungen auf den Pachtvertrag.

Es entspricht zweifellos der Billigkeit und der Wirtschaftlichkeit, daß Fischereipachtverträge durch den Verkauf des Fischereirechts nicht berührt werden. „Kauf bricht nicht Miete“ gilt in diesem Falle, nachdem in Abs. 5 ausdrücklich ausgesprochen ist, daß die §§ 571—579 aus dem dritten Titel des Bürgerlichen Gesetzbuchs über Miete sinngemäß gelten „Die Geltung dieser Vorschriften des Bürgerlichen Gesetzbuchs sind deswegen in Abs. 5 aufgenommen worden, weil das Reichsgericht (RGZ. Bd. 70 S. 70) bei der Jagdpacht angenommen hatte, daß Jagdpachtverträge keine Pachtverträge im Sinne des Bürgerlichen Gesetzbuchs seien und daher bei dem Verkauf des Grundstücks ohne weiteres durch den neuen Erwerber aufgelöst werden könnten; es sei mit der Möglichkeit zu rechnen, daß dieselbe Rechtsprechung auch gegenüber Fischereipachtverträgen Platz greifen könnte, wenn das Gesetz nicht die Bestimmungen des Bürgerlichen Gesetzbuchs über die Fortdauer der Pachtverträge auch auf Fischereipachtverträge für anwendbar erklärt Das letztere ist aus wirtschaftlichen Gründen geboten; denn wenn der Pächter nicht die Gewähr hat, daß bei einem Besitzwechsel sein Vertrag unberührt bleibt, wird er sich auf eine Pachtung überhaupt nicht einlassen oder jedenfalls möglichst wenig Aufwendungen für die Fischpflege in dem Pachtbezirk machen." KomBer d AH aaO 1914/15.

Im Falle eines Konkurses des Verpächters bleibt der Fischereipachtvertrag bestehen; letzterer wird dadurch nicht hinfällig.

7. Betreffend Verpachtung domänen- und forstfiskalischer Fischereinutzungen ist am 18 März 1916, LMBl 1917 S 153, eine Ministerialverfügung ergangen, ferner am 10 September 1925 ein Runderlaß des Landwirtschaftsministers, betreffend Verpachtung staatsforsteigener Fischereien (LMBl S. 438), vom 28. Februar 1921, LMBl. S 105, und betreffend öffentliche Verpachtung staatsforst- und staatsdomäneneigene Fischereien die ministerielle allgemeine Verfügung vom 5. Oktober 1921, LMBl S. 344

Siehe noch § 97, sowie § 86 in Verbindung mit §§ 62—64 FG, sowie Anhang Nr 5 AusfAnw. zu §§ 28, 29.

§ 30. Wer zur Ausübung eines fremden Fischereirechts nach den §§ 33, 34, 91 ermächtigt ist, gilt insoweit als Fischereiberechtigter.

Danach wird die Ausübung des Fischereirechts kraft Gesetzes übertragen. Der Ermächtigte gilt als Fischereiberechtigter nach Maßgabe und in dem Umfange der Ermächtigung. Vgl. § 28 Anm 3 Abs 3. Der Öffentlichkeit gegenüber ist der Ermächtigte, wenn mehrere Fischereiberechtigte sind, im Bereiche seiner fischereirechtlichen Befugnisse als Generalbevollmächtigter anzusehen; das privatrechtliche Verhältnis zwischen den Fischereiberechtigten und Ermächtigten wird dadurch nicht berührt

§ 31. (1) Juristische Personen, mit Ausnahme von Fischerinnungen, dürfen Fischereirechte nur nach § 28 nutzen. Für Wirtschaftsgenossenschaften gilt dies nicht

(2) Wenn mehrere Personen ein oder mehrere Fischereirechte an derselben Gewässerstrecke haben, kann der Bezirksausschuß auf Antrag der Fischereibehörde oder eines Beteiligten beschließen, daß die Fischerei nur nach Abs. 1 ausgeübt werden darf. Einigen sich die Beteiligten über die Nutzung nicht, so kann der Bezirksausschuß sie vorläufig regeln.

(3) So lange der Bezirksausschuß keinen Beschluß nach Abs. 2 gefaßt hat, kann in der Provinz Hannover und im Regierungsbezirk Kassel die Auseinandersetzungsbehörde die Ausübung von Koppelfischereirechten nach den §§ 19 bis 24 des Gesetzes, betreffend die Fischerei der Ufereigentümer und die Koppelfischerei in der Provinz Hannover, vom 26. Juni 1897 (GS S. 196), §§ 1 bis 6 des Gesetzes, betreffend die Koppelfischerei im Regierungsbezirke Kassel, vom 19. Mai 1908 (GS. S. 133) regeln.

1. Abs. 1 Eine juristische Person hat nicht dieselben Befugnisse wie eine natürliche Person; sie dürfen Fischereirechte

nur durch Verpachtung oder unter Beschränkung auf den Fischfang durch Erteilung von Erlaubnisscheinen nutzen. Juristische Personen sind eine Personenmehrheit mit Rechtsfähigkeit, z. B. der Fiskus, Kommunalverbände (Provinzial- Kreisverbände, Gemeinden, Aktiengesellschaften, Gesellschaften mit beschränkter Haftung, Innungen usw. Innungen sind aber von der Beschränkung ausgenommen; sie sind es deswegen, weil, wie KomBer d HH. aaO. 1916 ausführt, dies sich im Interesse der gewerblichen Verhältnisse empfiehlt.

Eine Fischerinnung ist ein mit Rechtsfähigkeit ausgestatteter Verband von Berufsfischern, welcher das ihm zustehende Fischereirecht durch seine Mitglieder ausübt; eine solche Innung ist nicht zu verwechseln mit einem Fischereiverein, wie solche sich zum Zwecke des Fischens vielfach gebildet haben und bestehen.

Ein Fischereibezirk ist keine juristische Person

Wirtschaftsgenossenschaften (siehe § 36 Abs 1 Ziff 2 FG.) sind ebenso wie Innungen von Abs 1 ausgenommen, nicht aber Schutzgenossenschaften (ebendaselbst Ziff. 2)

2. Abs 2 befaßt sich sich mit der Koppelfischerei, deren Beseitigung, namentlich auch ihrer selbständigen Ausübung, das Gesetz im wirtschaftlichen Interesse zur Hebung der Fischerei durch eine einheitliche und wirtschaftliche Regelung mittels der zu einer rechtlichen Einheit zusammengeschlossenen Gesamtfischerei anstrebt. Die Koppelfischerei, d. i. wenn mehrere Personen ein oder mehrere Fischereirechte an derselben Gewässerstrecke haben, darf auf Beschluß des Bezirksausschusses nur nach Abs. 1 ausgeübt werden, wenn die Fischereibehörde oder ein Beteiligter diese Ausübung beim Bezirksausschuß beantragt, gegen dessen Beschluß die Beschwerde beim Oberverwaltungsgericht zusteht.

Ist der Beschluß endgültig geworden, darf an sich nach Satz 1 die Koppelfischerei entweder nur durch Verpachtung in vollem Umfang oder unter Beschränkung auf den Fischfang durch Erteilung von Erlaubnisscheinen nach § 98 FG. ausgeübt werden (§ 28 FG.). Die Fischereiberechtigten verlieren an sich nach Satz 1 die Befugnis, selbst zu fischen, sobald der gemäß Abs. 2 Satz 1 ergangene Beschluß endgültig und damit rechtswirksam geworden ist. Über die Einwirkung von Satz 2 auf die zeitliche Rechtswirkung des nach Satz 1 ergangenen Beschlusses siehe LWA. vom 20 Dezember 1921, Bd. 3 S. 191, weiter unten

Einigen sich die Beteiligten nicht über die Nutzung (ob Pacht oder Beschränkung auf den Fischfang), so kann sie der Bezirksausschuß im Interesse der Berechtigten und aus wirtschaftlichen Gründen vorläufig regeln. Ist von vornherein zu ersehen, daß eine Einigung ausgeschlossen ist, kann der Bezirksausschuß die Anordnung nach Abs. 2 Satz 1 und die vorläufige Regelung nach Satz 2 daselbst in ein und demselben Verfahren und Beschluß treffen (LWA. vom 26. März 1918, Bd. 1 S. 198). Abs. 2 spricht ganz allgemein nur davon, daß mehrere Personen ein oder mehrere Fischereirechte an derselben Gewässerstrecke haben. Davon, daß es auf die Art der Fischereirechte ankäme, ist nichts gesagt. Es fallen also alle Fischereirechte, einschließlich der sogenannten Küchenfischereirechte, unter die Bestimmung. „Trifft im Falle des Bestehens einer Mehrheit von Fischereiberechtigten oder Fischereirechten der Bezirksausschuß die Anordnung, daß die Fischerei nur durch Verpachtung oder Ausgabe von Erlaubnisscheinen ausgeübt werden darf, und regelt er die Nutzung vorläufig, so gilt diese Anordnung und Regelung für alle an der Gewässerstrecke bestehenden Fischereirechte, deren gesonderte Ausübung dadurch verboten wird, gleichgültig, ob etwa einzelne Berechtigte bisher nicht bekannt waren oder im Verfahren vor dem Bezirksausschuß nicht zugezogen worden sind. Das Gesetz fordert keine Zuziehung sämtlicher Beteiligten; es genügt der Antrag eines einzigen Beteiligten oder der Fischereibehörde. Treten also noch nachträglich neue Fischereiberechtigte hervor, so können sie nur

Ansprüche auf einen ihrem Fischereirechte entsprechenden Teil der Entschädigung für die Nutzung, z. B. im Falle der erfolgten Verpachtung auf einem entsprechenden Teil des Pachtzinses gegen die übrigen Berechtigten, nötigenfalls im Wege der Zivilklage, erheben. Das Recht des Pächters wird hierdurch nicht berührt und nicht beschränkt."

„Steht der Kreis derjenigen nicht fest, die als Fischereiberechtigte und als Verpächter zu gelten haben, darf anderseits der Anpächter nicht im unklaren gelassen werden, wer ihm gegenüber die Rechte der Verpächterin auszuüben befugt sein soll, erscheint eine Bestimmung in dem Pachtvertrage geboten, nach der die Verpächter in allen die Verpachtung angehenden Angelegenheiten durch die in ihrem Namen und für ihre Rechnung handelnde örtliche Fischereibehörde vertreten werden." LWA. vom 25. Juni 1920, Bd. 1 S. 202

a) Die bei Regelung der Ausübung und Nutzung der Fischerei nach Abs. 2 FG. auf Grund des Satzes 1 daselbst angeordneten Beschränkungen in der Ausübung von Fischereiberechtigungen treten erst mit der nach Satz 2 aaO. durch Einigung der Beteiligten oder durch Beschluß des Bezirksausschusses erfolgten Neuregelung der Nutzung in Kraft. Nach Satz 2 aaO hat der Bezirksausschuß nicht nur über die Regelung der Fischereibenutzung, sondern auch darüber zu beschließen, wann diese Neuregelung in Kraft treten soll. Die Bestimmung dieses Zeitpunktes ist in das Ermessen des Bezirksausschusses gestellt. b) Die Regelung nach Satz 2 aaO ist nur eine einstweilige und steht einer abweichenden Regelung der gemeinschaftlichen Nutzung durch Übereinkunft aller Berechtigten nicht entgegen mit der Maßgabe, daß die inzwischen im Namen und für Rechnung der Berechtigten erfolgten Rechtshandlungen für diese bindend bleiben. Ebensowenig wird durch die angeordnete Verteilung des Pachterlöses die Befugnis der Berechtigten berührt, im Rechtswege eine andere Verteilung zu beanspruchen. LWA. vom 20 Dezember 1921, Bd 3 S. 191 „Nicht nur die Bestimmung über die Art der Nutzung, sondern auch diejenige des Zeitpunkts, von dem ab die Neuregelung in Kraft treten soll, ist in das Ermessen des Bezirksausschusses gestellt. Daß die Beschränkung bereits mit dem Zeitpunkte des Beschlusses nach Satz 1 aaO selbst eintreten sollte, wird schon dadurch ausgeschlossen, daß dieser Beschluß der Anfechtung unterliegt und erst später in Rechtskraft übergeht. Aber auch der Zeitpunkt der Rechtskraft des Beschlusses ist nicht für den Eintritt der dadurch angeordneten Beschränkung in der Ausübung der Fischereirechte maßgebend. Auch bis zu diesem Zeitpunkte wird es nur in seltenen Fällen feststehen, welche neue Art der Nutzung an die Stelle der bisherigen treten soll Und wenn — was die Regel sein wird — die Nutzung im Wege der Verpachtung erfolgen soll, wird bis zu deren Vornahme und bis zur Übernahme der Fischerei durch den neuen Pächter immer noch geraume Zeit vergehen Eine nach Satz 1 des § 2 getroffene Anordnung hat nur den Zweck, an Stelle eines fischereiwirtschaftlich ungünstigen Zustandes die Herbeiführung eines anderen zweckmäßigeren zu ermöglichen. Nicht die Rechtsveränderung nach Satz 1 an sich, sondern diese Veränderung als Grundlage eines neuen wirtschaftlichen Zustandes nach Satz 2 und in Verbindung damit entspricht dem gesetzlichen Ziele."

„Daraus folgt, daß das Gesetz die rechtliche Beschränkung erst dann herbeigeführt sehen will, wenn auch der darauf begründete neue wirtschaftliche Zustand eintritt Bei dieser Auslegung steht es im freien Ermessen der Behörde, wann sie die Neuregelung beginnen, und ob sie bis zum Eintritt einer neuen Pachtwirtschaft die Fischerei ruhen lassen oder bezüglich ihrer Ausübung den bisherigen Zustand beibehalten will."

„Ist, über die Verteilung des Pachterlöses unter den Berechtigten vorläufig Entscheidung zu treffen, der Fischereibehörde mit Genehmigung des Bezirksausschusses überlassen worden, so wird dadurch den Ansprüchen der Beteiligten auf eine andere Verteilung nicht vorgegriffen; sie sind befugt, mittels der Klage vor dem ordentlichen Richter gegenüber den anderen Beteiligten auf eine andere Verteilung des Erlöses und auf die Herauszahlung des zu viel Erhaltenen anzutragen; dasselbe gilt von denjenigen, die Fischereirechte beanspruchen, aber bei der Verteilung überhaupt nicht berücksichtigt worden sind."

Die Kosten der Neuregelung nach Satz 2 des Abs. 2 haben die Fischereiberechtigten zu tragen; sie haben Anrecht auf die Nutzungen aus der Neuregelung, müssen also auch deren Lasten tragen, wozu auch die Kosten der Einleitung und Herbeiführung der neuen Regelung gehören. Die Entscheidung über die Kosten und deren Verteilung ist aber auch nur eine vorläufige, wie alle Anordnungen auf Grund des Satz 2 Abs. 2. Über die endgültige Tragung der Unkosten wie auch über die endgültige Verteilung der Pachteinnahme haben sich die Berechtigten untereinander wie auch mit etwaigen weiteren Personen, die Fischereirechte in dem Fischgewässer und demgemäß einen Anteil an dem Pachterlöse beanspruchen, vor dem ordentlichen Richter auseinanderzusetzen, ebenso über etwaige Schadenersatzansprüche. Der Bezirksausschuß ist grundsätzlich auch befugt, eine gemäß § 31 Abs. 2 Satz 2 FG getroffene Maßnahme wegen veränderter Umstände wieder abzuändern oder ganz aufzuheben. LWA. vom 21. Juni 1921, Bd. 3 S. 197.

3. Abs. 3. Solange der Bezirksausschuß nicht nach Abs. 2 um Regelung angerufen worden ist, ist in der Provinz Hannover und im Regierungsbezirk Kassel die Auseinandersetzungsbehörde befugt, die Ausübung von Koppelfischereirechten nach den im Abs. 3 angegebenen Bestimmungen der für Hannover und Kassel erlassenen Sondergesetze zu regeln. Diese Sonderbestimmungen siehe im Anhang Nr. 1 und 2.

4. Siehe noch im Anhang: AusfAnw. zu § 31.

§ 32. (1) Der Fischereiberechtigte darf Stauanlagen, die beim Inkrafttreten des Gesetzes an Abzweigungen von Wasserläufen bestehen, nicht in ihrem ordnungsmäßigen Betriebe hindern, wenn er dazu kein besonderes Recht hat. Die §§ 101, 116 werden hierdurch nicht berührt.

(2) Abzweigungen nach Abs. 1 sind nur solche, die sich mit dem Wasserlaufe wieder vereinigen.

1. „In §§ 32, 33 FG. handelt es sich um die Regelung der Fischereiverhältnisse in Mühlengräben, Werkkanälen und dergleichen, welche zum Betriebe einer industriellen Anlage geschaffen sind und deren Wasser sich nach geleisteter Arbeit sofort wieder in den Hauptwasserlauf ergießen. Staurechte, Industrierechte usw. sind neben dem Fischereirechte von größerer Bedeutung. In der überwiegenden Zahl der Fälle übersteigt der Wert der industriellen Rechte und der Staurechte in den Abzweigungen den Wert der Fischereirechte in ganz erheblichem Maße. Deshalb ist den Staurechten eine Bevorrechtigung gegeben die sich natürlich aber nur auf bestehende Staurechte bezieht Selbstverständlich ist der Fall ausgenommen, daß der Fischereiberechtigte ein Recht darauf hat, diese Stauanlagen zu beseitigen."

„Bestehende Stauanlagen an Abzweigungen von Wasserläufen dürfen also mit der vorgesehenen, eben erwähnten Ausnahme, im Hinblick auf ihre Bedeutung von Fischereiberechtigten nicht in ihrem ordnungsmäßigen Betriebe gehindert werden." KomBer. d. AH aaO 1916/18.

Über Stauanlagen siehe § 91 WG. Ursprünglich hieß es im Entwurf des Gesetzes statt Stauanlagen: Wassertriebwerke

Wenn andere Rechte landeskulturrechtlicher Art, wie landwirtschaftliche Anlagen zur Bewässerung oder zu gewerblichen Benutzung eines Fischereigewässers mit dem Fischereirecht kollidieren, so sollen erstere nicht bevorzugt, sondern es soll dann ein Ausgleich gemäß § 104 FG. vorgenommen werden KomBer d. AH. aaO 1914/15.

2. Unter Ableitungen sind nur künstliche Einrichtungen zu verstehen

§ 33. (1) Fischereiberechtigte in Abzweigungen (§ 32 Abs. 2) müssen die Ausübung ihrer Fischereirechte den in den angrenzenden Strecken des Hauptwasserlaufs zur Fischerei Berechtigten auf Verlangen gegen eine Geldrente überlassen, wenn sie nicht bereit sind, die zum Schutz und zur wirtschaftlichen Nutzung der Fischgewässer notwendigen Maßnahmen gemeinschaftlich mit ihnen zu treffen.

(2) Der Anspruch nach Abs. 1 bestimmt sich hinsichtlich des Umfanges und der räumlichen Ausdehnung der Fischerei in der Abzweigung nach den Fischereirechten im Hauptwasserlaufe.

(3) Mehrere in derselben Strecke des Hauptwasserlaufs zur Fischerei Berechtigte können den Anspruch nur gemeinschaftlich geltend machen; sie haften für die Geldrente als Gesamtschuldner.

(4) Mehrere in derselben Strecke der Abzweigung zur Fischerei Berechtigte können nur gemeinschaftlich in Anspruch genommen werden und müssen sämtlich nach Abs. 1 bereit sein. Die Geldrente ist für jeden von ihnen besonders festzusetzen.

(5) Über die Ansprüche und Verpflichtungen aus Abs. 1 bis 4 sowie die notwendigen gemeinschaftlichen Maßnahmen beschließt bei Streit der Bezirksausschuß. Zu den gemeinschaftlichen Kosten müssen die Beteiligten nach dem Wert ihrer Fischereirechte beitragen. Die

Höhe der Geldrente ist nach dem Werte der Fischereirechte in der Abzweigung zu bestimmen.

(6) Wird durch natürliche oder künstliche Veränderungen in den Wasserläufen die Fischerei betroffen, so können die Beteiligten eine andere Festsetzung der Geldrente und der sonstigen Überlassungsbedingungen nach Abs. 5 verlangen.

(7) Für Abzweigungen, die geschlossene Gewässer bilden oder einer Wirtschaftsgenossenschaft oder einem Fischereibezirk (§§ 86, 89) angehören, gelten diese Vorschriften nicht.

1. § 33 regelt die Fischereiverhältnisse in den Abzweigungen (siehe § 32 und Anm. 2 dazu), die sehr häufig mit der Fischerei im Hauptwasserlauf in Interessengegensätze geratën

„Die Frage, wer in solchen Abzweigungen der Wasserläufe, die sich unterhalb der Abzweigungsstelle mit dem Hauptwasserlauf wieder vereinigen, namentlich in Mühlengräben und Werkkanälen, fischereiberechtigt ist, ist im wesentlichen nicht anders zu beurteilen, als für die Wasserläufe überhaupt Maßgebend sind also nach der subjektiven Seite des Fischereirechts die Bestimmungen der §§ 7, 8 FG., auch für Abzweigungen, in denen demnach grundsätzlich deren Eigentümern das Fischereirecht zusteht. Das Gesetz gibt aber dem im Hauptwasserlauf Berechtigten das Recht, die Überlassung der Fischerei in der Abzweigung zu verlangen, sofern die hier zur Fischerei Berechtigten nicht zu einer Wirtschaftsgenossenschaft oder einem Fischereibezirk gehören oder sofern es sich nicht um ein geschlossenes Gewässer (§§ 2, 3 FG.) handelt (Abs. 7), wenn der in der Abzweigung zur Fischerei Berechtigte nicht gemeinschaftlich mit ihm (bei Streit nach näherer Anweisung des Bezirksausschusses) wirtschaften will.

Die Überlassung soll gegen eine Geldrente erfolgen, die mangels gütlicher Einigung vom Bezirksausschuß festgesetzt wird. Um Zweifel auszuschließen, ist hervorzuheben, daß sich das Überlassungsrecht des im Hauptwasserlauf Fischereiberechtigten auf die Abzweigung nur in ihrem jeweilig vorhandenen Zustande bezieht. Veränderungen, die der Eigentümer in den Abzweigungen vornimmt, hat der Fischereiberechtigte ohne weiteres zu dulden. Wird hierdurch die Fischerei betroffen, so kann eine andere Festsetzung der Geldrente verlangt werden. Ist die Fischerei wertvoller geworden, so wird der Eigentümer der Abzweigung, ist die Fischerei geschädigt, der zur Fischerei in der Hauptwasserlaufstrecke Berechtigte den entsprechenden Antrag stellen. Einen über die Herabsetzung der Geldrente hinausgehenden Anspruch auf Entschädigung hat der Fischereiberechtigte nicht

2. „Sind in den an die Abzweigung angrenzenden Strecken des Hauptwasserlaufs, also an der Abzweigungs- und an der Einmündungsstelle, verschiedene Personen fischereiberechtigt, so können beide den Anspruch auf Überlassung der Fischerei in der Abzweigung geltend machen, und zwar hinsichtlich des Umfangs und der räumlichen Ausdehnung nach Verhältnis ihrer Fischereirechte in der Hauptwasserstrecke, d h. in demjenigen Teile des Hauptwasserlaufs, der zwischen der Abzweigungs- und der Einmündungsstelle liegt. Daß der Fischereiberechtigte an der Abzweigungsstelle die Überlassung der Fischerei nur in einer dem angegebenen Verhältnis entsprechenden Strecke der Abzweigung von der Abzweigungsstelle abwärts, der an der Einmündungsstelle Fischereiberechtigte in einer ebensolchen Strecke von der Einmündungsstelle aufwärts verlangen kann, ist selbstverständlich. Soweit im Hauptwasserlauf Koppelfischerei besteht, soll der Anspruch aus § 33 nur von allen Berechtigten gemeinsam geltend gemacht werden können (Abs. 3), die sich darüber miteinander verständigen müssen."

„Besteht in der Abzweigung Koppelfischerei, so kann dem im Hauptwasserlauf Berechtigten nicht gestattet werden, nach seinem Belieben nur den einen oder den anderen der Koppelfischereiberechtigten in Anspruch zu nehmen, er muß vielmehr, wenn er überhaupt von dem Rechte aus § 33 Gebrauch machen will, die Fischerei auf der dem Koppelfischereirecht unterliegenden Stelle der Abzweigung von allen Koppelfischereiberechtigten die Überlassung verlangen, so daß die Ausübung der Fischerei fernerhin ihm allein zusteht (Abs. 4)."

„Auf Abzweigungen, die geschlossene Gewässer bilden oder einer Wirtschaftsgenossenschaft oder einem Fischereibezirk angehören, finden diese Vorschriften (Abs. 1—6 FG.) keine Anwendung (Abs. 7), weil solche Abzweigungen ordnungsmäßig bewirtschaftet werden, und der Fischereiberechtigte eines geschlossenen Gewässers dem im Hauptwasserlaufe Berechtigten auch keine fangbaren, höchstens untermaßige, Fische entzieht RegBegr d. Entw. aaO. 1916/18.

3. § 33 regelt z. B. das Verhältnis zwischen dem im Hauptwasserlauf Fischereiberechtigten und dem Fischereirechte des Müllers an seinem Mühlgraben, zu dem Fischereirechte von gewerblichen und anderen Triebanlagen an ihrem Werkkanal.

Der Grundgedanke des § 33 ist die Förderung der Fischwirtschaft

Nur zu den erforderlichen gemeinsamen Maßregeln hat der Besitzer der Abzweigung beizutragen, daher nicht zu solchen, die nur dem im Hauptwasserlaufe Fischereiberechtigten zugute kommen, und umgekehrt braucht letzterer nicht für Veranstaltungen, die ersterer für die Ausübung des Fischereirechts in der Abzweigung trifft, mit aufzukommen Es soll nur das, was der gemeinsamen Fischereiwirtschaft dient, von beiden nach Verhältnis des Wertes ihrer Fischereirechte getragen werden

Durch die Geldrente sollen nicht nur die Vorteile, welche die Überlassung der Fischerei in der Abzweigung dem Fischereiberechtigten in der Hauptwasserlaufstrecke gewährt, entgeltet, sondern daneben noch Schadenersatz gewährt werden, insbesondere auch die Werte, welche der Fischereiberechtigte der Abzweigung für die Fischerei daselbst aufgewendet hat, vergüten Die Geldrente ist eine wiederkehrende Geldleistung dafür, daß der zur Fischerei in der Abzweigung Berechtigte gezwungen wird, die Ausübung seines Fischereirechtes dem Fischereiberechtigten der Hauptwasserlaufstrecke zu überlassen Durch die Bemessung der Geldrente soll der Wert der Ausübung des Fischereirechtes in der Abzweigung, den sie sowohl für den Benutzer als auch den Eigentümer bietet, berücksichtigt und vergütet werden (Vgl dazu §§ 912 und 917 BGB)

Die Fischereiberechtigten in der Hauptwasserlaufstrecke und in der Abzweigung sind selbstverständlich auch befugt, sich über eine gemeinschaftliche Bewirtschaftung oder in anderer Weise zu einigen, ohne daß der BA. zur Regelung der gemeinschaftlichen Maßnahmen angerufen wird Sind beide Teile bereit, die zum Schutz und zur wirtschaftlichen Nutzung der Fischgewässer gemeinschaftlichen Maßnahmen zu treffen, können sich aber über letztere (Art, Umfang, Kostenbeitrag) nicht einigen, so beschließt auf Anrufen der BA darüber

4. Zu Abs. 1 siehe das in Anmerk 1 und 3 Angeführte

5. Abs 2. Siehe Anm. 1

6. Abs 3. Siehe Anm. 2 Abs 1. Die in der Hauptwasserlaufstrecke zur Fischerei Berechtigten haften für die Geldrente als Gesamtschuldner.

7. Abs 4. Siehe Anm 2 Abs. 3 und 4 Die Geldrente ist für jeden in der Abzweigung zur Fischerei Berechtigten besonders festzusetzen, weil jeder von ihnen in derselben Strecke der Abzweigung zur Fischerei, unabhängig von dem oder den anderen daselbst zur Fischerei Berechtigten, zu fischen berechtigt ist

8. Abs. 4 Über die Ansprüche und Verpflichtungen aus Abs. 1 bis 4 sowie die gemeinschaftlichen Maßnahmen (Abs 1) beschließt bei Streit unter Ausschluß des Rechtsweges der BA., gegen dessen Beschluß die Beschwerde offen steht, über die das Oberverwaltungsgericht im Beschlußverfahren entscheidet Vor der Entscheidung des BA. soll gemäß § 121 FG ein Fischereisachverständiger gehört werden

Zu den gemeinschaftlichen Kosten (Abs. 1 „die zum Schutz und zur wirtschaftlichen Nutzung der Fischereigewässer notwendigen, gemeinschaftlich zu treffenden Maßnahmen") müssen die Beteiligten nach dem Werte ihrer Fischereirechte beitragen (siehe Anm. 3 Abs. 1). Die Höhe der Geldrente ist nach dem Werte der Fischereirechte in der Abzweigung zu bestimmen (siehe Anm 1 und Abs. 4 der Anm. 3).

9. Abs. 6. Siehe Anm. 1 Abs. 2 Ob die Veränderungen in den Wasserläufen natürliche oder künstliche sind, ist für die anderweitige Festsetzung der Geldrente und der sonstigen Überlassungsbedingungen ohne Einfluß.

10. Abs. 7 Siehe Anm. 2 Abs. 3

11. Derjenige, welcher zur Ausübung des fremden Fischereirechts ermächtigt ist, gilt insoweit gemäß § 30 FG. als Fischereiberechtigter.

12. Siehe noch § 91, 121 FG. sowie im Anhang: Ausführungsanweisung zu § 33

§ 34. (1) Steht ein Wasserlauf oder ein See in Verbindung mit einem nicht zu den Wasserläufen gehörenden, blind endigenden Gewässer, so kann der im Wasserlauf oder See an der Verbindungsstelle zur Fischerei Berechtigte verlangen, daß es gegen den Wechsel von Fischen, die das vorgeschriebene Mindestmaß haben, abgesperrt wird. So lange das nicht geschieht, ist er ausschließlich berechtigt, die Fischerei in dem Gewässer auszuüben. In Bewässerungs- und Entwässerungsgräben kann statt dessen die Fischerei auch ruhen, wenn dies dem Fischereibetrieb im Wasserlauf oder See nicht nachteilig ist. Der § 33 Abs. 7 gilt entsprechend.

(2) Für Häfen und Stichkanäle, die der Schiffahrt oder Flößerei dienen, und für Altarme von natürlichen Wasserläufen gelten diese Vorschriften nicht. Dagegen gilt § 33 mit der Maßgabe, daß der Eigentümer des Hafens oder Stichkanals anstatt der Überlassung der Fischereiausübung auch berechtigt ist, die Fischerei ruhen zu lassen, und daß der Eigentümer des Altarms dasselbe Recht hat, sofern das Ruhen dem Fischereibetrieb im Wasserlauf oder See nicht nachteilig ist.

(3) Darüber, ob die Fischerei in Bewässerungs- oder Entwässerungsgräben oder in Altarmen von natürlichen Wasserläufen nach Abs. 1, 2 ruhen darf, beschließt bei Streit der Kreis- (Stadt-) Ausschuß.

1. § 34 befaßt sich mit der Ausübung des Fischereirechts in blind endigenden, nicht zu den Wasserläufen gehörenden Gewässern, die Ausübung in weitem Maße beschränkend.

Teiche, Ausschachtungslöcher, Ent- und Bewässerungsgräben usw., in denen nach § 7 FG. regelmäßig dem Eigentümer das Fischereirecht zusteht, bilden, wenn sie mit einem Wasserlauf (See) in Verbindung stehen, oft sogenannte Fischfallen, indem die Fische aus dem Wasserlauf, namentlich zur Laichzeit, in diese aufsteigen und von dem Eigentümer gefangen werden. Deswegen ist in der Beschränkung des in diesen Gewässern Fischereiberechtigten zugunsten des im Wasserlauf Berechtigten weiter gegangen als bei den Abzweigungen im Sinne des § 33. Die im Wasserlauf oder See Fischereiberechtigten erhalten das Fischereirecht nicht schlechthin übertragen, sondern sie erhalten nur das Recht, die Absperrung gegen den Wechsel von Fischen, die das vorgeschriebene Mindestmaß haben, zu verlangen und, wenn der Eigentümer des Gewässers die Absperrung nicht vornehmen will oder wegen entgegenstehender gesetzlicher Vorschriften nicht vornehmen kann, die Fischerei selbst auszuüben, und zwar ohne Entschädigung des Berechtigten In diesem Falle steht dem Eigentümer des blind endigenden Gewässers die Ausübung seines Fischereirechts nicht zu, da sie dem im Wasserlauf oder See an der Verbindungsstelle zur Fischerei Berechtigten durch das Gesetz als ausschließliche Berechtigung überwiesen ist. RegBegr aaO. 1916/18.

In Bewässerungs- und Entwässerungsgräben kann statt dessen die Fischerei auch ruhen, wenn dies dem Fischereibetrieb im Wasserlauf (See) nicht nachteilig ist. Selbstverständlich ist es, daß unter die Bestimmungen des § 34 nur solche Ent- oder Bewässerungsgräben fallen, die blind endigen. Unter „die Fischerei ruhen", ist das Ruhen der Ausübung des Rechtes auf Fischerei zu verstehen.

Über den „Wechsel von Fischen" siehe §§ 2, 3 FG.

2. Ausgenommen von der Vorschrift des Abs. 1 sind:

a) nicht zu den Wasserläufen gehörende, blind endigende Gewässer, z. B. Teiche, Gräben usw., welche zu den geschlossenen Gewässern (§ 3 FG.) gehören (§§ 33 Abs. 7 FG.).

b) Blind endigende Gewässer, welche einer Fischerei-Wirtschaftsgenossenschaft oder einem Fischereibezirke angehören (§ 33 Abs 7 FG.).

c) Häfen oder Stichkanäle, welche der Schiffahrt oder Flößerei dienen, weil deren Zweckbestimmung eine Absperrung von vornherein ausschließt, sie auch meist im öffentlichen oder wohl berechtigten Privatinteresse angelegt sind. Jedoch wird, wenn überhaupt eine Fischerei in ihnen stattfinden soll, der Eigentümer aus den zu § 33 angeführten Gründen den Wasserlauffischereiberechtigten nachstehen müssen und ist deshalb der § 33 FG. für anwendbar erklärt worden. Statt der Unterlassung der Ausübung der Fischerei ist der Eigentümer des Hafens oder Stichkanals aber berechtigt, die Fischerei daselbst ruhen zu lassen. Vgl RegBegr aaO. 1916/18.

d) Altarme von natürlichen Wasserläufen. Auch bei den Altarmen sind deren Eigentümer berechtigt, statt der Überlassung der Ausübung der Fischerei ihr Fischereirecht daselbst ruhen zu lassen; diese Berechtigung des Ruhenlassens ist aber von der Voraussetzung abhängig gemacht, daß es nicht dem Fischereibetrieb im Wasserlauf oder See nachteilig ist.

3. Darüber, ob die Fischerei in Bewässerungs- oder Entwässerungsgräben oder in Altarmen von natürlichen Wasserläufen nach Abs. 1, 2 ruhen darf, beschließt bei Streit der Kreis- (Stadt-) Ausschuß. Beschwerde gegen dessen Beschluß wird vom BA. endgültig entschieden

4. Derjenige, welcher hiernach zur Ausübung des fremden Fischereirechts ermächtigt ist, gilt insoweit gemäß § 30 FG als Fischereiberechtigter.

5. Siehe §§ 35, 91 FG

§ 35. (1) In einem offenen Gewässer dürfen, unbeschadet der §§ 3, 34, keine Vorrichtungen getroffen werden, die den Zweck haben, den Wechsel der Fische zu verhindern. Der Regierungspräsident kann aus polizeilichen oder wirtschaftlichen Rücksichten, namentlich für den Fischfang, vorübergehend Ausnahmen gestatten. Ausnahmen zum Zwecke des Betriebes der Fischereiwirtschaft sind nur auf Grund von § 3 zulässig.

(2) Durch ständige Fischereivorrichtungen darf ein offenes Gewässer zum Zwecke des Fischfanges nicht auf mehr als die halbe Breite der Wasserfläche, bei gewöhnlichem Wasserstande vom Ufer aus gemessen, für den Wechsel der Fische versperrt werden. Solche Vorrichtungen dürfen einander nicht so nahe sein, daß sie den Wechsel der Fische erheblich beeinträchtigen. Nähere Bestimmungen können durch Polizeiverordnung getroffen werden.

(3) Abs. 2 gilt in Grenzgewässern nur so weit, als im Nachbarland ebenso verfahren wird; auch kann der

Minister für Landwirtschaft, Domänen und Forsten ihn zeitweilig für solche Gewässer außer Kraft setzen, die nicht ausschließlich dem preußischen Staatsgebiet angehören.

(4) Die schon bestehenden ständigen Fischereivorrichtungen unterliegen diesen Vorschriften nicht, wenn der Fischereiberechtigte ein Recht auf deren Benutzung hat.

(5) Ständige Fischereivorrichtungen sind solche, die unter dauernder Befestigung am Ufer oder im Bett ins Gewässer eingebaut sind, namentlich feststehende Fischwehre, Fischzäune, Fischfallen. Die Eigenschaft der Vorrichtung als einer ständigen wird dadurch nicht ausgeschlossen, daß das angebrachte Fanggerät entfernt werden kann. Freistehende Pfähle gelten nicht als ständige Fischereivorrichtungen.

1. Mit den Vorschriften des § 35 soll der Wechsel der Fische in offenen Gewässern freigehalten werden Zu diesem Zwecke sind Vorrichtungen verboten, die den Wechsel verhindern (Abs. 1) oder beeinträchtigen (Abs 2) würden

Abs. 1 lehnt sich an § 187 I 9 ALR. an. Die Bestimmung ist notwendig, um namentlich in fließenden Gewässern die oberhalb und unterhalb Fischereiberechtigten vor Schaden zu bewahren und ferner, um zu verhindern, daß der Fischbestand in einem Gewässer durch Maßnahmen geschädigt wird, die die Bewegungsfreiheit der Fische verhindern. Dieser Freiheit bedürfen die Fische zu ihrer Ernährung und der Verrichtung des Laichgeschäftes. Durch das Wort „verhindern" soll zum Ausdruck gebracht werden, daß der Fischwechsel nicht vollständig unterbunden werden dürfe (KomBer d. HH. aaO. 1916/18) Es soll also damit gesagt werden, daß die völlige Hemmung, Aufhaltung des freien Fischzuges durch Vorrichtungen irgendeiner Art verboten ist. Die Zulassung von Ausnahmen durch den Regierungspräsidenten ist vorgesehen sowohl zum Fischfang im allgemeinen als auch, weil es im polizeilichen oder wirtschaftlichen Interesse liegen kann, gewisse Fischarten auszurotten oder in ihrem Bestande zu schwächen, was am besten durch Absperrung des Gewässers geschehen kann; solche Ausnahmen werden nach dem ganzen Sinn der Vorschriften nur auf kürzere Zeit gewährt werden können. Absperrungen, die mit dem Begriff der geschlossenen Gewässer zusammenhängen (§ 3), gehören ebensowenig wie die eine ganz andere Absicht verfolgende Absperrung des § 34 des Gesetzes, nicht zu den hier gemeinten Vorrichtungen. Soll daher ein offenes Gewässer im Interesse der privaten Fischereiwirtschaft eines Fischereiberechtigten gesperrt werden, so ist dies nur auf dem Wege des § 3 FG. möglich und zulässig (Ausnahmen zum Zweck des Betriebes der Fischereiwirtschaft). RegBegr. aaO 1916/18.

Über „Wechsel" der Fische siehe §§ 2, 3 FG.

2. „Während sich Abs. 1 auf die völlige Aufhaltung des Zuges der Fische bezieht, trifft Abs. 2 die bloße Beeinträchtigung des Zuges, und zwar durch Vorrichtungen, die nach ihrer Art bezeichnet werden (ständige). Man kann nicht die im Gebrauch befindlichen Fangvorrichtungen aller Art in ständige und nicht ständige einteilen; vielmehr kann ein und dieselbe Vorrichtung ständig sein oder nicht, je nachdem sie für die Dauer oder nur für einen bestimmten Fang berechnet und dementsprechend eingerichtet ist. Die Beurteilung der Frage, wann eine ständige Fischereivorrichtung vorliegt, muß immer der Untersuchung im einzelnen Falle überlassen werden. Reusen und Stellnetze können, wenn sie entsprechend in das Gewässer eingebracht sind, ständige Fischereivorrichtungen sein, aber auszusprechen, daß sie es immer seien, liegt keine Veranlassung vor. Immerhin hat die bisherige Erfahrung Merkmale ergeben, die zu der in Abs. 5 gegebenen Begriffsbestimmung geführt hat." RegBegr. aaO 1916/18.

Es ist nach Abs. 2 verboten, ein offenes Gewässer a) durch ständige Fischereivorrichtungen, b) zum Zwecke des Fischfanges für den Wechsel der Fische zu sperren, und zwar auf mehr als die halbe Breite der Wasserfläche zu sperren. Das Verbot des § 35 Abs. 2 FG. bezieht sich nicht auf eine Sperrung, welche durch eine lediglich zum Mühlenbetrieb erforderliche Stauanlage bewirkt worden ist, KGSt. vom 6. Oktober 1892 Bd. 13 S. 357, wohl aber auf Wehre (Stauanlagen), die zunächst behufs des Staues für den Mühlenbetrieb hergestellt zugleich zum Fischfang benutzt werden in der Art, daß erst die Mitbenutzung den Fischfang möglich oder ergiebig macht. Das Stauwehr wird durch seine Mitbenutzung für die Fischereivorrichtung ein Teil der Fischereivorrichtung (OG. vom 5. Oktober 1898, Bd. 34 S. 301.)

„Bei Berechnung der Hälfte der Wasserfläche ist nach dem Wortlaut ‚vom Ufer aus gemessen' die Auffassung ausgeschlossen, daß die Fangvorrichtung in der Mitte des Flusses angebracht werden kann, wenn nur rechts und links davon ein zusammen der Hälfte der Wasserflächenbreite gleichkommender Raum freibleibt. Denn das Gesetz will die völlige Versperrung der Gewässer- (Fluß-) Mitte verbieten. Die Absperrung darf die Wasserfläche vom Ufer bis zur Mittellinie des Gewässers nicht überschreiten, wobei unter Ufer nach dem Sprachgebrauch die Grenze des an das Gewässer stoßenden Festlandes zu verstehen sein wird. Die vorhandenen Buhnen sind aber mit als Sperrung zu veranschlagen, da sie, wenn auch an sich keine Fangvorrichtungen, gleichwohl tatsächlich als Versperrung des Fischzuges wirken; ihre Nichtanrechnung bei der Bemessung der abzusperrenden Hälfte der Wasserfläche daher der Absicht der Bestimmung entgegen sein würde. Dies gilt in gleicher Weise für den Fall, daß die ständigen Fischereivorrichtungen bei der Verlängerung der Buhne, also vom Buhnenkopf aus, wie, wenn sie gegenüber einer Buhne angebracht werden soll." RegBegr aaO 1916/18. Für die Ermittelung der Breite der Wasserfläche eines offenen Gewässers ist nicht ein Durchschnitt in Betracht zu ziehen, sondern allein die Stelle, sei es z. B. des Hauptwasserlaufs, sei es einer Abzweigung desselben, maßgebend, wo sich die ständige Fischereivorrichtung befindet OG. vom 15. April und vom 6. Mai 1901, Bd. 39 S. 261 und S. 274 (vgl. OG. vom 2. Januar 1892, PrVerwltgsbl., Jahrg. 13, S. 314, vgl auch OG vom 5. Oktober 1898, Bd 34 S. 301)

Bei der Verwendung von ständigen Fischereivorrichtungen, die den Vorschriften des Satz 1 Abs. 2 entsprechen, dürfen diese Vorrichtungen einander nicht so nahe sein, daß sie den Wechsel der Fische *erheblich beeinträchtigen*. Ob die Vorrichtungen einander so nahe sind, daß sie *erheblich* beeinträchtigen, muß bei Streit im einzelnen Falle festgestellt werden, sofern nicht darüber nähere Bestimmungen durch Polizeiverordnung getroffen sind, deren Zulässigkeit durch Satz 3 ausdrücklich ausgesprochen ist. Satz 3 bezieht sich nur auf Satz 2, denn der Begriff der ständigen Fischereivorrichtungen ist durch Abs. 5 festgelegt; noch nähere Bestimmungen darüber durch Polizeiverordnung zu treffen, dafür bietet Satz 1 in Verbindung mit Abs. 5 keinen Anhalt.

3. Bei Grenzgewässern, in welchen Abs 2 nur so weit gilt, als im Nachbarland ebenso verfahren wird (Reziprozitätsgrundsatz), kann der Landwirtschaftsminister *zeitweilig* die einschränkenden Vorschriften des Abs. 2 außer Kraft setzen; der Minister kann für diese Gewässer, d. h. für Gewässer, die nicht *ausschließlich* dem preußischen Staatsgebiete angehören, Ausnahmen von Abs. 2 zulassen

4. Die bei Inkrafttreten des FG. schon bestehenden ständigen Fischereivorrichtungen, die gegen die Vorschriften des § 35 verstoßen — solche vorschriftswidrige Vorrichtungen, die zu den kulturschädlichen Fischereien des § 20 FG. zu rechnen sind, müssen beseitigt werden — dürfen bestehen bleiben, wenn der Fischereiberechtigte ein Recht darauf hat, das er nachzuweisen hat

Das Recht zum Fangen von Fischen mit ständigen Fischereivorrichtungen im Sinne des § 35 FG. ist nichts anderes als der Ausfluß des Fischereirechts, das dem Fischereiberechtigten zusteht (sei es des Eigentumsrechtes oder eines nicht dem Eigentümer des Gewässers zustehenden Fischereirechts). In diesem Recht ist eine Ausübung des Fischereirechts zu erblicken, das durch § 35 FG. verschiedenen Beschränkungen unterworfen ist. Es handelt sich also dabei nicht um eine Beschränkung des Fischereirechts, sondern um eine solche in der Ausübung dieses Rechts, welche Beschränkung wegfällt, wenn der Fischereiberechtigte ein Recht auf die Benutzung der nach Abs 2 vorschriftswidrigen Fischereivorrichtungen nachweist. Ein solches kann deshalb nicht ins Wasserbuch eingetragen werden, wohl aber das Recht, Fische zu fangen, wenn es an einem fremden Gewässer zusteht, z. B das Recht, mittels eines Aalfanges Aale, also Fische, zu fangen als eines beschränkten Fischereirechts im Sinne des § 20 FG Vgl dazu LWA. vom 21 März 1922, Bd. 4 S. 147.

5. Abs. 5 trifft Begriffsbestimmungen für ständige Fischereivorrichtungen, worunter freistehende Pfähle nicht fallen, während Satz 2 noch besonders ausspricht, daß die Eigenschaft der Vorrichtung als einer ständigen nicht dadurch ausgeschlossen wird, daß das angebrachte Fanggerät entfernt werden kann

Zur Ständigkeit einer Fischereivorrichtung gehört ein fester aus Holz, Steinen oder Metall hergestellter Bau, in dem der Fangapparat in dauernder Befestigung oder abnehmbar angebracht ist Nicht alle feststehenden Netzvorrichtungen werden somit als ständige angesehen werden können. Dies gilt besonders von Reusen und Stellnetzen; vielmehr muß in jedem Falle unter Sachverständigenbeurteilung die bauliche Einrichtung und die Absicht des Eigentümers bei ihrer Anwendung geprüft werden. Da, wo die Fangvorrichtung mit einem Wehr verbunden ist, wie dies vielfach bei Mühlenstauen vorkommt, handelt es sich zweifellos um eine ständige Vorrichtung im Sinne des Gesetzes (§ 35), ohne Bedeutung ist dabei, ob die

Fangvorrichtung an sich die halbe Breite der Wasserfläche einnimmt oder nicht, denn die ganze Anlage (Wehr- und Fangapparat) ist eine einheitliche und dient als solche tatsächlich dem Fischfange. RegBegr. aaO 1916/18. (Die Aalfange, d. i die Aalfanggeräte, fallen nicht unter die ständigen Fischereivorrichtungen, weil darunter alle möglichen anderen Geräte verstanden werden, die im § 35 FG gar nicht gemeint sind, z B. Aalkörbe, reusenähnliche Geräte aus Rohr oder Weidengeflecht, die auf dem Boden der Gewässer entlang, durch den ganzen Fluß hin gelegt werden und die ganze Breite absperren. Diese Aalkörbe sind immer gelegt worden und müssen immer gelegt werden In § 35 soll nur dafür gesorgt werden, daß der Wechsel der Fische nicht erheblich beeinträchtigt wird; die Fische gehen aber über die Aalkörbe herüber, wenn sie wandern wollen, obgleich die Aalkörbe von einem anderen Ufer zum anderen reichen. Ein anderes Gerät sind die Garnsäcke, Garnreusen, sie müssen auch weiter gestellt werden dürfen als die halbe Breite der Wasserfläche Am richtigsten ist es, die Aalfänge hier (bei § 35) wegzulassen; dann wird von Fall zu Fall zu entscheiden sein, ob es sich um eine ständige Fischereivorrichtung im Sinne des Abs 2, 5 handelt. KomBer d AH. aaO 1914/16.)

Es ist nicht notwendig, daß das Fanggerät sich gerade in der Vorrichtung befindet; es kann auch daneben seinen Platz haben KomBer d HH. aaO 1916/18

Das Recht, ein Gewässer durch ständige Fischereivorrichtungen in der ganzen Breite für den Fischwechsel zu sperren, kann durch Ersitzung nicht erworben werden (OG Bd 20 S 315)

6. Zuwiderhandlungen gegen die Vorschriften werden nach § 127 Ziff 2 bestraft

7. Siehe noch im Anhang Ausführungsanweisung zu § 35

Vierter Abschnitt.

Fischereigenossenschaften.

Erster Titel.

Allgemeine Vorschriften.

§ 36. (1) Mehrere zur Fischerei in einem offenen Gewässer oder in zusammenhängenden offenen Gewässern Berechtigte können zu einer Genossenschaft vereinigt werden:

1. zu geregelter Aufsichtsführung und gemeinschaftlichen Maßnahmen zum Schutze des Fischbestandes (Schutzgenossenschaften);
2. zu gemeinschaftlicher Bewirtschaftung und Nutzung der Fischgewässer samt Fangverwertung (Wirtschaftsgenossenschaften).

Die Genossenschaft gilt im Rahmen ihrer Aufgaben als Fischereiberechtigter.

(2) Fischereibezirke (§§ 86, 89) können als solche in eine Genossenschaft einbezogen werden.

1. Mehrere Fischereiberechtigte können zu einer Genossenschaft vereinigt werden, wenn es sich um Fischereirechte in einem offenen Gewässer oder in zusammenhängenden offenen Gewässern handelt

Der wirtschaftliche Nutzen der Fischereigenossenschaften bedarf keiner näheren Begründung.

Der § 36 unterscheidet Schutz- und Wirtschaftsgenossenschaften. Zweck der Schutzgenossenschaft ist die Beseitigung aller Hindernisse, welche einer ordnungsmäßigen Fischereiwirtschaft entgegenstehen. Hierunter fallen auch Maßnahmen, durch welche der Fischereibetrieb der einzelnen Genossen beschränkt wird, insbesondere lassen sich Schonmaßregeln ohne eine derartige Beschränkung nicht denken Die Schutzgenossenschaft kann daher den Gebrauch bestimmter Fanggeräte ganz untersagen oder hinsichtlich ihrer Zahl beschränken, auch die Art ihrer Benutzung näher regeln. LMA. vom 30. Mai 1922 Bd 4 S 190 Bei der Wirtschaftsgenossenschaft erfolgt der Betrieb der Fischzucht nebst allen zugehörigen Maßnahmen und deren Nutzung einschließlich der Fangverwertung (z. B. durch Verkauf der Fische) durch die Genossenschaft auf gemeinschaftliche Rechnung, so daß dem einzelnen Genossen die Möglichkeit zur selbständigen Ausnutzung seines Fischereirechtes genommen wird. Reg.-Begr. aaO. 1916/18.

Reine Ein- und Verkaufsgenossenschaften, die nur Fischhandel treiben, fallen nicht unter das Fischereigesetz, ebensowenig reine Fischverwertungsgenossenschaften KomBer d. AH aaO. 1914/15.

In formeller Hinsicht schließen sich die Bestimmungen des Gesetzes über das Zustandekommen der Genossenschaft den betreffenden Vorschriften des Wassergesetzes an. Die Bildung der Genossenschaft erfolgt daher durch Genehmigung oder Erlaß der Satzung seitens des Regierungspräsidenten, nachdem bei Streit der Bezirksausschuß und in höherer und letzter Instanz das Oberverwaltungsgericht, das an die Stelle des Landeswasseramtes getreten ist, festgestellt hat, daß die gesetzlichen Voraussetzungen hierzu vorliegen (§§ 37, 80 FG)

2. Das Gesetz kennt freiwillige oder zwangsweise gebildete Genossenschaften (siehe §§ 65, 66 und §§ 67, 68 FG). Koppelfischereiberechtigte können zur Genossenschaft herangezogen werden.

3. Zur Bildung einer Genossenschaft gehören mindestens drei Fischereigenossen (natürliche oder juristische Personen), auch wenn sie drei Berechtigte in einem offenen Gewässer sind. Die Genossenschaft kann später auf zwei Personen zurückgehen, aus nur zwei Personen bestehen; in diesem Falle ist die Auflösung der Genossenschaft durch den Regierungspräsidenten auf Antrag eines Mitgliedes zulässig (§ 84 Abs. 1 Ziff. 2 FG.).

Mitglieder der Genossenschaft können nur Fischereiberechtigte, nicht Pächter sein.

4. Offene Gewässer sind nicht nur Binnengewässer, sondern auch Küstengewässer. Geschlossene Gewässer können in eine Genossenschaft nicht einbezogen werden; Fischereiberechtigte in ihnen können aber freiwillig der Genossenschaft beitreten Kommen für die Genossenschaft mehr als ein Gewässer in Betracht (ihre Anzahl ist unbeschränkt), so müssen sie zusammenhängen, so daß sie zu einer wirtschaftlichen Einheit zusammengefaßt werden können; es muß sich um ein zusammenhängendes Fischereigebiet handeln. Ein Zusammenhang zwischen mehreren Gewässern im Sinne des § 36 ist überall da anzunehmen, wo zwischen ihnen eine räumliche Verbindung besteht, die einen Fischwechsel ermöglicht. LWA. vom 20. Dezember 1923, PrVerwltgsbl. Jahrg. 45 S. 449. „Eine Zusammenfassung von Wasserläufen, welche ganz verschiedenen Flußgebieten angehören, ist nicht zulässig. Es ist am besten, wenn ein Wasserlauf zu einer Wirtschaft zusammengefaßt wird, oder wenigstens die Regionen, z. B Forellen-, Aschen-, Barben-, Bleie-Region." KomBer. d. AH. aaO. 1914/15.

5. Abs. 1 letzter Satz. „Die Rechtsverhältnisse der Genossenschaft gegenüber den Mitgliedern bestimmen §§ 42 ff. FG. Im Abs. 1 letzten Satz handelt es sich um die Stellung der Genossenschaft nach außen. In dieser Beziehung hebt sich die Genossenschaft völlig von den Mitgliedern ab; sie ist rechtsfähig (§ 39), eine juristische Person; ihr allein, und nicht den einzelnen Mitgliedern, ist das Uferbetretungsrecht nach §§ 13 bis 15 mit allen Rechten und Pflichten, die Verpachtung des Fischereirechts nach § 29, die Erteilung von Erlaubnisscheinen (§ 98), die Tötung schädlicher Tiere (§ 105), die Vertretung der Rechte gegenüber Grundeigentümern und gewerblichen Unternehmern (§§ 32 bis 34, 101 FG.) zugewiesen: Die Genossenschaft als solche allein ist im Sinne aller Bestimmungen des Gesetzes Fischereiberechtigter. KomBer. d. HH. aaO. 1916/18.

6. In die Genossenschaft können sowohl gemeinschaftliche als auch selbständige Fischereibezirke einbezogen werden (§§ 86, 89). Für selbständige Fischereibezirke fällt in diesem Falle die Beschränkung aus § 90 FG. fort.

7. Bezüglich der Fischereigenossenschaften, die beim Inkrafttreten des FG. schon bestanden haben, siehe § 85 FG.

8. Fischereigenossenschaften können auch Mitglieder von Wassergenossenschaften werden, sofern sie an dem Unternehmen der letzteren ein Interesse haben (§ 210 WG.).

9. Siehe noch § 80 FG., sowie im Anhang Nr. 5: Ausführungsanweisung, vierter und fünfter Abschnitt, allgemeine Bemerkungen zu § 36.

10. Siehe auch Verfügung des Landwirtschaftsministers vom 4. Dezember 1919 (LMBl. S. 402), betreffend Vorarbeiten für Fischereigenossenschaften bei dem genossenschaftlichen Ausbau von Wasserläufen, wonach es erwünscht ist, daß bei den Vorarbeiten für Wassergenossenschaften die Bildung von Fischereigenossenschaften berücksichtigt wird. Es darf dadurch aber die Erfüllung der ersteren Aufgabe nicht verzögert werden.

§ 37. Die Bildung einer Genossenschaft erfolgt:

1. **durch Genehmigung der Satzung auf Grund eines einstimmigen Beschlusses der Beteiligten;**
2. **durch Genehmigung der Satzung auf Grund eines Beschlusses der Mehrheit unter zwangsweiser Heranziehung der Minderheit;**
3. **durch Erlaß der Satzung ohne Zustimmung der Mehrheit.**

1. Die §§ 37 bis 60 stehen im Einklang mit den entsprechenden Bestimmungen des Wassergesetzes in den §§ 208, 209, 211 bis 215, 217 bis 233, 235.

Die Fischereigenossenschaft ist eine öffentlich-rechtliche Körperschaft mit der rechtlichen Eigenschaft einer juristischen Person.

2. Ziff. 2. Siehe § 66 FG.

3. Ziff. 3. Siehe §§ 65 und 67 FG.

4. Erfolgt die Bildung einer Genossenschaft ohne Zustimmung der Mehrheit, so erläßt der Regierungspräsident die Satzung gemäß § 80 Abs. 5 FG., nachdem die Fischereiberechtigten gemäß § 75 Abs. 2 FG. gehört worden sind, während er im Falle der Ziff. 1, 2 die Satzung genehmigt

Ist die Satzung genehmigt oder erlassen, so ist die Genossenschaft als rechtsfähige Person zur Entstehung gekommen und als solche mit allen Rechtswirkungen begründet; sie tritt mit dem Zeitpunkt der Genehmigung oder dem Erlaß der Satzungen in rechtliche Erscheinung.

5. Siehe noch § 72 sowie § 75 in Verbindung mit § 67 FG.

§ 38. Ist die Satzung genehmigt oder erlassen, so kann nicht mehr geltend gemacht werden, daß eine Voraussetzung für ihre Genehmigung oder ihren Erlaß gefehlt habe.

1. Zu den Voraussetzungen gehört auch die Ordnungsmäßigkeit des Verfahrens. Durch die Genehmigung oder den Erlaß der Satzungen werden etwaige Mängel, auch des Verfahrens, geheilt Vgl. OG. Bd. 22 S. 84, Bd. 30 S. 301, Bd. 56 S. 371.

Der Nachprüfung durch die zuständigen Behörden unterliegen aber die materiellen Vorschriften der Satzung nach der Richtung hin, ob sie nach den materiellen gesetzlichen Vorschriften zulässig sind oder dagegen verstoßen

2. Siehe noch § 80 Abs. 5 FG.

§ 39. (1) Die Genossenschaft ist rechtsfähig.

(2) Sie muß ihren Sitz in Preußen haben.

1. Siehe § 37 Anm 1. Die Rechtsfähigkeit tritt ein mit

der Genehmigung oder dem Erlaß der Satzung (§ 38) und endigt, geht unter, mit der Auflösung gemäß § 84 FG.

Als öffentlich-rechtlicher Körperschaft kann der Fischereigenossenschaft die Rechtsfähigkeit gemäß § 43 BGB. nicht entzogen werden.

Als juristische Person kann die Genossenschaft als solche Rechte insbesondere auf Grundeigentum erwerben, Verpflichtungen übernehmen, überhaupt privatrechtliche Vereinbarungen treffen, Klage erheben, sich auf Klage einlassen usw.; für die Genossenschaft gilt z. B auch § 42 Abs. 2 BGB., wonach im Falle der Überschuldung der Vorstand die Eröffnung des Konkurses zu beantragen hat, und die Vorstandsmitglieder, wenn die Stellung des Antrages verzögert wird und ihnen ein Verschulden zur Last fällt, den Gläubigern für den daraus entstehenden Schaden verantwortlich sind, und als Gesamtschuldner haften

Der Gerichtsstand richtet sich nach dem Sitze der Genossenschaft

§ 40. (1) **Für den Beitritt von Körperschaften, Stiftungen und Anstalten des öffentlichen Rechtes ist nicht die Genehmigung des Staates erforderlich.**

(2) **Lehns- und Fideikommißbesitzer können der Genossenschaft ohne Zustimmung der Anwärter beitreten.**

Siehe dazu die Verordnung über die Zwangsauflösung der Familiengüter und Hausvermögen vom 19. November 1920 (GS. S. 463)

§ 41. (1) **Die Genossenschaft muß einen Vorstand haben. Dieser kann aus einer Person bestehen oder aus mehreren, von denen eine den Vorsitz führt.**

(2) **Der Vorstand vertritt die Genossenschaft gerichtlich und außergerichtlich. Er hat die Stellung eines**

gesetzlichen Vertreters. Den Umfang seiner Vertretungsmacht kann die Satzung mit Wirkung nach außen beschränken. Er führt die Verwaltung der Genossenschaft, wenn nicht einzelne Geschäfte durch Gesetz oder Satzung dem Vorsitzenden des Vorstandes oder der Mitgliederversammlung überwiesen sind.

(3) Der Vorsitzende des Vorstandes, der sich als solcher ausweist, bedarf zur Vertretung des Vorstandes vor Prozeßgerichten und Verwaltungsgerichten keiner besonderen Vollmacht.

(4) Abgesehen von den Fällen des § 82 Abs. 1, 2 und des § 84 Abs. 1 Nr. 1 kann die Satzung bestimmen, daß an die Stelle der Mitgliederversammlung ein von den Mitgliedern zu wählender Ausschuß tritt.

Eine Genossenschaft besteht aus der Mitgliederversammlung und dem von ihr gewählten Vorstand; diese beiden Teile sind ihre Organe (vgl. § 43 Abs. 1 Ziff. 11). Erstere kann nach Abs. 4 in ihrer Satzung bestimmen, daß an ihre Stelle ein von den Mitgliedern zu wählender Ausschuß tritt; vgl aber §§ 82, 84 FG. Sind dies die notwendigen Organe für eine Betätigung der Genossenschaft im Rahmen ihrer gesetzlichen und satzungsgemäßen Befugnisse, so ist der Vorstand nach außen hin der gesetzliche Vertreter der Genossenschaft, der für die Genossenschaft alle in ihrem Rechtsbereich liegenden Rechtsgeschäfte mit Rechtsverbindlichkeit für die Genossenschaft vornimmt (natürlich innerhalb der rechtlichen Befugnis in seinem Verhältnis zur Mitgliederversammlung). Die Vorstandsmitglieder brauchen nicht Mitglied der Genossenschaft zu sein („Personal"). Es genügt, wenn der Vorstand aus einer Person besteht; er kann aber auch aus mehreren Personen bestehen; in diesem Falle muß eine von ihnen den Vorsitz führen. Die Vorstandsmitglieder sind aber, obwohl die Genossenschaft eine öffentlich-rechtliche

Körperschaft ist, keine mittelbaren Staatsbeamten, da ihnen eine Verwaltung staatlicher Aufgaben nicht zukommt und obliegt (siehe Abs. 2). Der Genossenschaftsvorstand ist auch ein Organ der Ortspolizeibehörde bzw des Oberfischmeisters.

§ 42. Soweit die Rechtsverhältnisse der Genossenschaft und der Mitglieder nicht in diesem Gesetze geregelt werden, richten sie sich nach der Satzung.

An zwingende Vorschriften des Gesetzes ist selbstverständlich die Genossenschaft gebunden; letztere bzw. ihre Mitgliederversammlung darf erstere nicht ändern. Im übrigen sind die Satzung und ihre Bestimmungen öffentlich-rechtlicher Natur

§ 43. (1) Die Satzung muß Bestimmungen enthalten über:

1. den Namen, Sitz und Zweck der Genossenschaft;
2. das Fischereigebiet der Genossenschaft;
3. die Art der Verwaltung der Fischerei;
4. die Verpflichtungen der Mitglieder;
5. das Verhältnis der Teilnahme an den Nutzungen und Lasten sowie am Stimmrechte;
6. die Aufstellung des Haushaltsplans und die Feststellung und Entlastung der Rechnung;
7. die Zusammensetzung und Wahl des Vorstandes, die Befugnisse des Vorstandes und, wenn er aus mehreren Mitgliedern besteht, auch die seines Vorsitzenden, die Form für den Ausweis der Vorstandsmitglieder und die Beurkundung ihrer Beschlüsse;
8. die Voraussetzungen und die Form für die Zusammenberufung der Mitgliederversammlung oder des an ihre Stelle tretenden Ausschusses und die Beurkundung ihrer Beschlüsse;

9. die Gegenstände, die der Beschlußfassung der Mitgliederversammlung oder des Ausschusses unterliegen sollen;
10. die Form für die Bekanntmachungen der Genossenschaft;
11. die öffentlichen Blätter, in welche die Bekanntmachungen aufzunehmen sind, soweit sie nach Gesetz, Satzung oder Beschlüssen der Genossenschaftsorgane durch öffentliche Blätter zu ergehen haben.

(2) Der Satzung ist ein Verzeichnis der Mitglieder der Genossenschaft beizufügen. Es ist auf dem laufenden zu erhalten.

1. Wie sich aus den Eingangsworten des Paragraphen ergibt, sind seine Vorschriften zwingend und müssen durch die Satzung und ihren Inhalt erfüllt sein, andernfalls sie der gesetzlichen Grundlage entbehrt und darum ungültig ist. Die Satzung kann selbstverständlich noch andere Bestimmungen enthalten, die ihre Rechtsverhältnisse regeln. Was die Form für die Bekanntmachungen (Ziff. 10) betrifft, so muß z. B in der Satzung angegeben sein, wieviel Mitglieder des Vorstandes, wenn er aus mehreren Personen besteht, die Bekanntmachung mit ihrem Namen zu beurkunden haben, ob sie mit oder ohne Hinweis auf den Beschluß der Mitgliederversammlung, wenn ein solcher der Bekanntmachung zugrunde liegt, zu geschehen hat, bejahendenfalls, ob nur ein Auszug oder der wesentliche Inhalt dieses Beschlusses oder der gesamte Inhalt des letzteren bekanntzugeben ist usw.

2. Über Änderung des Zwecks siehe §§ 82, 83 FG.

3. Das Verzeichnis der Mitglieder gehört nicht zu den Bestimmungen, dem Inhalt der Satzung; es kann daher ohne Beobachtung bestimmter Formvorschriften geändert werden, sofern die Satzung nicht etwas anderes darüber vorschreibt

4. Über Mustersatzung für Fischereigenossenschaften siehe MinistVerf. vom 14. Juni 1919, LMBl. 1919 S. 208.

Betreffend Vorarbeiten für Fischereigenossenschaften bei dem genossenschaftlichen Ausbau von Wasserläufen siehe MinistVerf. vom 4. Dezember 1919, LMBl. 1919 S. 402, oben bei § 36 Anm. 10 angeführt.

5. Siehe noch § 68 FG. (zu § 43 Abs. 1 Ziff. 5)

§ 44. **Die Satzung kann Vorschriften über Bildung eines Schiedsgerichts treffen, das bei Streitigkeiten über genossenschaftliche Angelegenheiten auf Anrufen beider Parteien entscheidet.**

1. Beide Parteien müssen über die Inanspruchnahme eines Schiedsgerichts, über dessen Bildung die Satzung Vorschriften enthält, einig sein über das Verfahren siehe die einschlägigen Bestimmungen der ZPO (§§ 1025—1048 ZPO.); siehe auch § 220 BGB

2. Siehe noch § 55 sowie § 85 FG.

§ 45. **(1) Die Genossenschaft besteht unter Aufsicht des Staates. Die Aufsicht beschränkt sich auf die ordnungsmäßige Ausführung, Unterhaltung und Wiederherstellung der genossenschaftlichen Anlagen sowie darauf, daß die Angelegenheiten der Genossenschaft nach Gesetz und Satzung verwaltet werden.**

(2) Die Aufsicht führen der Landrat als Vorsitzender des Kreisausschusses, in Stadtkreisen die Ortspolizeibehörde, als höhere und letzte Behörde der Regierungspräsident. Zuständig ist die Behörde, in deren Bezirke die Genossenschaft ihren Sitz hat.

(3) Die Aufsichtsbehörde ist berechtigt, ihre Anordnungen unmittelbar durchzusetzen.

1. Der Aufsichtsbehörde stehen nur die in Abs 1 Satz 2 angegebenen Befugnisse zu („die Aufsicht beschränkt sich"),

also nur darüber, daß a) die genossenschaftlichen Anlagen nach Gesetz, Satzung, Beschluß der Genossenschaft und auch in sonstiger Weise ordnungsmäßig ausgeführt, unterhalten und wiederhergestellt werden und daß b) die Angelegenheiten der Genossenschaft „nach“ Gesetz und Satzung verwaltet werden. Sie kann also keinerlei Anordnung, gleichgültig welcher Art, treffen, die sich nicht auf Gesetzesvorschrift stützt, ebensowenig, die in der Satzung nicht vorgesehen ist. Materielle Bestimmungen zu treffen ist sie, wie der KomBer d. AH. aaO. 1914/15 ausführt, nicht ermächtigt. Der Landrat als Vorsitzender des Kreisausschusses hat u. a. nur zu kontrollieren, daß die im Rahmen des Statuts gefaßten Beschlüsse ordnungsmäßig ausgeführt werden, er kann also nicht die Errichtung einer notwendigen Veranstaltung auf einem Grundstück anordnen.

2. Abs 2. Siehe § 132 Ziff 1, 2, 3 LVG.

3. Siehe noch § 49 FG. über Befugnisse der Aufsichtsbehörde und § 119 Abs. 6 FG

§ 46. Kommt die Wahl des Vorstandes oder einzelner seiner Mitglieder trotz der Aufforderung der Aufsichtsbehörde nicht zustande, so kann diese für die fehlenden Mitglieder Vertreter bestellen, die bis zur ordnungsmäßigen Wahl deren Obliegenheiten wahrzunehmen haben. Die Aufsichtsbehörde kann für die Vertreter eine angemessene Entschädigung festsetzen.

Die Aufsichtsbehörde ist befugt, nachdem trotz ihrer Aufforderung zur Vornahme der Wahl des Vorstandes usw diese nicht zustande gekommen ist — die Aufforderung muß also der Geltendmachung der Befugnis vorangehen —, Vertreter für die fehlenden Mitglieder zu bestellen Den Vertretern stehen dieselben Rechte zu und liegen dieselben Verpflichtungen für die Zeit ihrer Bestellung ob, wie den ordnungsmäßig gewählten Ein Zwang zur Übernahme des Amtes besteht nicht, auch für die Genossen nicht, sofern nicht etwa für letztere die Satzung es bestimmt.

Gegen die Bestellung der Vertreter, ebenso gegen die Festsetzung einer angemessenen Entschädigung für dieselben seitens der Aufsichtsbehörde ist kein Rechtsmittel vorgesehen; nur die Beschwerde im Aufsichtswege ist zulässig.

§ 47. (1) Unterläßt oder verweigert die Genossenschaft, die ihr gesetz- oder satzungsmäßig obliegenden, von der zuständigen Behörde festgestellten Leistungen und Ausgaben in den Haushaltsplan aufzunehmen oder außerordentlich zu genehmigen, so kann die Aufsichtsbehörde unter Anführung der Gründe die Aufnahme in den Haushaltsplan oder die Feststellung der außerordentlichen Ausgabe und die Einziehung der erforderlichen Beträge verfügen.

(2) Gegen die Verfügung steht der Genossenschaft binnen zwei Wochen die Klage im Verwaltungsstreitverfahren beim Bezirksausschuß zu.

1. Nur, sofern es sich um Leistungen und Ausgaben handelt, die der Genossenschaft nach den gesetzlichen oder Satzungsvorschriften obliegen, also zur Erfüllung öffentlich-rechtlicher Verpflichtungen, nicht privatrechtlicher, steht der Aufsichtsbehörde (§ 45) das Recht zu, die Aufnahme der von der zuständigen Behörde festgestellten Ausgabe oder Leistung in den Haushaltsplan aufzunehmen, d. h. die Aufsichtsbehörde hat die Befugnis, von dem Zwangsetatisierungsrecht auf Grund des § 47 Gebrauch zu machen.

2. Rechtsmittel gegen die Zwangsetatisierungsverfügung ist die Verwaltungsklage beim Bezirksausschuß

§ 48. (1) Zur Veräußerung von Grundstücken oder Aufnahme von Anleihen, außer solchen, die den Schul-

denbestand nicht vermehren, bedarf die Genossenschaft der Genehmigung des Kreis- (Stadt-) Ausschusses.

(2) Die Satzung kann eine Genehmigung auch für andere Fälle vorschreiben.

1. Nur, wenn der Schuldenbestand vermehrt werden soll, ist die Genehmigung erforderlich, ebenso zur Veräußerung von Grundstücken, die unter Umständen sowohl den Zwecken der Genossenschaft widersprechen oder als eine Vermögensschädigung angesehen werden kann. Ein solches genehmigungspflichtiges Rechtsgeschäft ist, ohne daß die Genehmigung nachgesucht und erteilt ist, unwirksam, ebenso, wenn die Genehmigung versagt worden ist.

Zur Umwandlung von Anleihen oder zum Wechsel des Gläubigers ohne Schuldenvermehrung bedarf es keiner Genehmigung.

2. Durch Satzung der Genossenschaft kann die Genehmigungspflicht erweitert werden.

§ 49. Die Aufsichtsbehörde kann die Akten der Genossenschaft einsehen und Abschrift des Haushaltsplans, des Rechnungsabschlusses sowie der Niederschriften der Verhandlungen des Vorstandes und der Mitgliederversammlung (des Ausschusses) verlangen. Sie kann außerordentliche Prüfungen der Genossenschaftskasse und der gesamten Genossenschaftsverwaltung veranlassen und an den Versammlungen des Vorstandes sowie an den Mitglieder- (Ausschuß-) Versammlungen persönlich oder durch Beauftragte teilnehmen.

Gegen Nichtbefolgung der Verfügungen der Aufsichtsbehörde stehen dieser (§ 45 FG.) die Zwangsmittel aus § 132 LVG. zu; vgl. § 45 Abs. 2 FG.

Die gesetzlichen Vertreter der Aufsichtsbehörde, ebenso deren Beauftragte, können in den Versammlungen an der Debatte teilnehmen, haben aber kein Stimmrecht.

Die ordentlichen (regelmäßigen) Prüfungen der Genossenschaftskasse werden in der Regel von dem Vorstand der Genossenschaft, wenn die Satzungen nichts anderes bestimmen, vorgenommen

§ 50. (1) Die Genossenschaft ist berechtigt, in den Gewässern, die im Eigentume der Mitglieder stehen, und auf deren Ufergrundstücken die Anlagen herzustellen und zu erhalten, die zur Erfüllung des Genossenschaftszwecks nötig sind. Der § 13 Abs. 3, 4 gilt sinngemäß.

(2) Bei Streit beschließt die Aufsichtsbehörde, ob eine Anlage zur Erfüllung des Genossenschaftszwecks nötig ist. Gegen den Beschluß ist binnen zwei Wochen Beschwerde zulässig.

(3) Für den Nachteil, der ihnen aus den Anlagen erwächst, können die Mitglieder von der Genossenschaft Ersatz verlangen.

1. Zur Erfüllung des Genossenschaftszwecks erforderlich ist jede Anlage, die dem satzungsmäßigen Zwecke der Genossenschaft entspricht, mag sie auch im wesentlichen in erster Linie den besonderen wirtschaftlichen Interessen einzelner Beteiligter dienen. Erhalten der Anlagen ist nicht nur die Unterhaltung; das Bestehen derselben muß von den Genossen auf ihren Grundstücken geduldet werden. Mit den Worten „§ 13 Abs. 3, 4 gelten sinngemäß" soll ausgedrückt werden, daß auf den Teilen des Grundstücks, deren Betreten in § 13 verboten ist, die in Abs. 1 bezeichneten Anlagen nicht hergestellt werden dürfen. KomBer. d HH. aaO. 1916/18.

Nur für Gewässer und Ufergrundstücke, die im Eigentum der Mitglieder stehen, besteht die Verpflichtung der letzteren, Anlagen der gedachten Art zu dulden; sie können nicht deren Beseitigung verlangen, ebensowenig, daß ihre Gewässer und Ufergrundstücke von der Duldung der Anlagen befreit werden, sie können als **Mitglieder** der Genossenschaft, welche für ihre Anlagen das Eigentum an genannten Grundstücken in Anspruch nimmt, nur für den **Nachteil**, der ihnen aus den Anlagen erwächst, von der Genossenschaft Ersatz verlangen. Nicht bloß ein Schaden, sondern schon ein Nachteil begründet Ersatz. Ein Nachteil kann z. B. schon in Beschwerlichkeiten liegen, die durch die Herstellung der Anlage verursacht werden Nachteil ist im Vergleich zu Schaden ein weiterer Begriff. Unter Nachteil fällt daher auch der Schaden. Der Ersatzanspruch muß im Streitfalle vor dem ordentlichen Gericht geltend gemacht werden. Zur Geltendmachung eines solchen Ersatzanspruches ist nur der Eigentümer des Gewässer- oder Ufergrundstückes berechtigt. Pächter und sonstige Nutzungsberechtigte können für die ihnen durch die Anlage entstehenden Nachteile nur den Eigentümer zum Ersatz in Anspruch nehmen, der seinerseits berechtigt ist, von der Genossenschaft vollen Ersatz aller Nachteile, die ihm, den Pächtern und sonstigen Nutzungsberechtigten durch die Anlage verursacht werden, zu verlangen, nötigenfalls im Wege der Zivilklage.

2. Aus dem Wortlaut des Abs 1 und der dadurch auferlegten Verpflichtung, die zur Erfüllung des Genossenschaftszwecks nötigen Anlagen zu dulden, ergibt sich, daß ein Streit nur darüber entstehen kann, ob eine Anlage zu dem gedachten Zweck erforderlich ist, nicht aber darüber, ob das Genossenschaftsmitglied sie dulden muß; denn der gesetzlich ausgesprochene Duldungszwang ist die Rechtswirkung der Notwendigkeit einer Anlage nach Abs 1

Der Streit über die Notwendigkeit geht an die Aufsichtsbehörde, gegen deren Beschluß die Beschwerde zusteht Vgl § 222 WG.

§ 51. Im Einverständnis mit der Genossenschaft können Mitglieder eintreten und ausscheiden. Es be-

darf jedoch dazu der Genehmigung der Aufsichtsbehörde; diese hat beim Ausscheiden von Mitgliedern auch auf die Gläubiger Rücksicht zu nehmen.

1. Nach § 51 können Mitglieder freiwillig in die Genossenschaft mit deren Einverständnis ein- und austreten; dementsprechend ist die Genossenschaft befugt, Mitglieder auf deren Antrag neu aufzunehmen oder zu entlassen. Nach § 51 handelt es sich im Unterschiede von § 52 um Eintritt ohne Rechtsanspruch darauf In der Regel wird dieser freiwillige Ein- und Austritt durch die Satzung geordnet sein. Die neu eintretenden Mitglieder haften für die bei ihrem Eintritt schon bestehenden Verbindlichkeiten gemäß § 53 FG., wenn nicht ihre Haftung durch Vereinbarung mit der Genossenschaft oder durch Satzung anderweit geordnet wird. Für die verpflichtungsgemäß aufgenommenen Mitglieder bestimmt das Gesetz (§ 52 FG.) den Anteil der Haftung. Vgl. KomBer. d. HH aaO. 1916/18.

2. Ein- und Austritt bedarf der Genehmigung der Aufsichtsbehörde und ist nur mit dieser Genehmigung zulässig; die Aufsichtsbehörde hat im Falle des Austritts auch das Interesse der Gläubiger wahrzunehmen, und gegebenenfalls ihre Genehmigung zum Austritt von der Sicherung der vermögensrechtlichen Ansprüche der Gläubiger durch die ausscheidenden Mitglieder abhängig zu machen Letztere bleiben nach § 53 Abs. 2 FG. für die bis zu ihrem Austritt umgelegten Beiträge ohne weiteres verhaftet. Vgl. auch § 232 WG. und RGZ. vom 9. Januar 1918, Bd 92 S. 23, auch RG. Gruchot Bd. 31 S. 433.

§ 52. **(1) Die Genossenschaft ist verpflichtet, Fischereiberechtigte, deren Fischgewässer an ihr Gebiet grenzen, auf Verlangen in die Genossenschaft aufzunehmen, wenn ihnen dadurch wesentliche Vorteile und der Genossenschaft keine erhebliche Nachteile erwachsen.**

(2) Die Genossenschaft ist berechtigt, von den beitretenden Fischereiberechtigten einen angemessenen Anteil an ihren bisherigen Aufwendungen und die Entrichtung der besonderen Kosten zu verlangen, die ihr durch den Beitritt erwachsen.

(3) Bei Streitigkeiten aus Abs. 1, 2 beschließt der Kreis- (Stadt-) Ausschuß.

Vgl. §§ 89, 91 FG. Stellt einerseits der Fischereiberechtigte, dessen Fischgewässer an das Gebiet der Genossenschaft angrenzt, den Antrag, in sie aufgenommen zu werden, andererseits der Fischereiberechtigte eines selbständigen Fischereibezirks den Antrag, das Fischereigewässer des genannten Fischereiberechtigten seinem selbständigen Bezirk anzuschließen, so entscheidet die Zeit der Anträge: der zuerst eingegangene Antrag hat den Vorrang. Voraussetzung dafür ist, daß die Vorschriften sowohl für die Aufnahme in die Genossenschaft als auch für den Anschluß an einen selbständigen Fischereibezirk erfüllt sind.

Ob „wesentliche" Vorteile in dem einzelnen Falle vorliegen und der Genossenschaft „erhebliche" Nachteile erwachsen, ist eine Tatfrage, die von Fall zu Fall zu entscheiden ist.

Vgl. auch § 233 WG.

2. Über die Haftung der neu eintretenden Mitglieder — auf Grund des ihnen durch Abs. 1 gegebenen Anspruchs, zu dessen Erfüllung die Genossenschaft verpflichtet ist — für schon bestehende Verbindlichkeiten der Genossenschaft siehe § 51 Anm. 1.

§ 53. (1) Für Verbindlichkeiten der Genossenschaft haftet ihr Vermögen. Soweit daraus Gläubiger der Genossenschaft nicht befriedigt werden können, muß der Schuldbetrag durch Beiträge aufgebracht werden, die vom Vorstande nach dem in der Satzung festgesetzten Teilnahmemaßstab umzulegen sind.

(2) Die ausgeschiedenen Mitglieder bleiben für die bis zu ihrem Austritt umgelegten Beiträge verhaftet.

Nicht die einzelnen Genossen haften für die Schulden der Genossenschaft, sondern nur das gesamte Vermögen der letzteren als Rechtsperson. Die Genossen haften nur für die regelmäßigen Beiträge und die ordnungsmäßig beschlossenen außerordentlichen Umlagen. Teile derselben, ebenso Beiträge, welche wegen Unvermögen nicht eingezogen werden können, müssen nach dem Teilnahmemaßstab auf die anderen Mitglieder verteilt, umgelegt werden Siehe noch § 51 Anm. 2 a. E.

§ 54. (1) Die Teilnahme an den Nutzungen und Lasten wird nach dem Werte der Fischereirechte geregelt.

(2) Das Stimmrecht der Mitglieder wird nach dem Verhältnis ihrer Teilnahme an den Genossenschaftslasten festgestellt. Jeder beitragspflichtige Genosse muß mindestens eine Stimme haben.

(3) Durch einstimmigen Beschluß der zur Abstimmung erschienenen Berechtigten kann ein anderer Maßstab bestimmt werden als der in Abs. 1 und Abs. 2 Satz 1.

1. Der Wert jedes einzelnen Fischereirechts bildet die Grundlage für die Teilnahme an den Nutzungen und Lasten der Genossenschaft. Das Verhältnis der Teilnahme an deren L a s t e n (diesen allein) bestimmt das Stimmrecht (Stimmenzahl) der Mitglieder — ähnlich wie bei Aktiengesellschaften die Anzahl und Höhe der Aktien — mit der Maßgabe, daß jeder Genosse, der b e i t r a g s p f l i c h t i g ist, mindestens eine Stimme haben muß.

2. Der Maßstab muß für Nutzungen und Lasten derselbe sein. Einstimmigkeit ist erforderlich, wenn der in der Satzung festgesetzte Maßstab geändert werden soll; vgl. § 82 Abs. 1 FG

3. Siehe noch § 72 Abs. 3 FG.

§ 55. (1) Streitigkeiten über die Zugehörigkeit zur Genossenschaft werden im Verwaltungsstreitverfahren entschieden.

(2) Gegen Heranziehung und Veranlagung zu den Genossenschaftslasten sowie gegen Verteilung der Nutzungen steht den Beteiligten binnen vier Wochen der Einspruch zu, über den der Vorstand beschließt. Gegen den Beschluß kann, sofern nicht die beiden Parteien das Schiedsgericht (§ 44) anrufen, binnen zwei Wochen die Klage im Verwaltungsstreitverfahren erhoben werden. Die Klage hält die Vollstreckung des Beschlusses nicht auf.

(3) Zuständig ist der Kreisausschuß, in Stadtkreisen der Bezirksausschuß.

1. Abs. 1 trifft Bestimmung darüber, in welcher Weise Streitigkeiten entschieden werden, welche die Zugehörigkeit zur Genossenschaft betreffen, d. h. ob die Voraussetzungen zur Mitgliedschaft vorliegen oder nicht, ob also ein Wassergrundstück (Gewässer oder nicht dem Eigentümer des Gewässers zustehende Fischereiberechtigungen) nach dem Gesetz oder der Satzung zur Genossenschaft gehört oder nicht oder ob es, das zu ihr gehört hat, ausgeschieden ist. Die Entscheidung über den Streit, die nur dem Kreis- (Bezirks-) Ausschuß gemäß Abs. 3 zusteht, kann nicht von einem Schiedsgericht (siehe Abs. 2) getroffen werden Für die Erhebung der Verwaltungsklage ist keine Frist vorgeschrieben. Beschwerde gegen den Beschluß des Kreisausschusses in erster Instanz geht an

den Bezirksausschuß; gegen den Beschluß des Bezirksausschusses in erster Instanz (siehe Abs. 3) an das Oberverwaltungsgericht.

2. Abs. 2 setzt die Rechtsmittel fest a) gegen die Heranziehung und b) gegen die Veranlagung zu den Genossenschaftslasten. Heranziehung und Veranlagung können durch eine Verfügung erfolgen, was auch die Regel ist. Der Einspruch dagegen kann sowohl darauf gestützt werden, daß allgemein die Verpflichtung zur Tragung der angeforderten Genossenschaftslasten nicht vorliegt, als auch darauf, daß die Verpflichtung zur angeordneten Zahlung des einzelnen Betrages nicht besteht. Der in der Satzung festgesetzte Teilnahmemaßstab an den Lasten kann nicht Gegenstand des Einspruchs sein. Zur Korrektur eines etwaigen Widerspruches zwischen dem festgestellten Lastenumsatz im allgemeinen, von welchem der angeforderte Beitrag einen Anteil darstellt, und der Satzung gibt es kein Rechtsmittel, sondern nur die Beschwerde (im Aufsichtswege) an die Aufsichtsbehörde. Vgl. OG., Bd. 19 S. 202. Gegen den Beschluß des Vorstandes der Genossenschaft über den Einspruch nach Abs. 2 steht die Klage im Verwaltungsstreitverfahren binnen zwei Wochen beim Kreisausschuß, in Stadtkreisen beim Bezirksausschuß, offen (Abs. 3) — falls nicht die beiden Parteien das Schiedsgericht (§ 44) anrufen —, gegen dessen Entscheidung die Berufungsklage beim Bezirksausschuß bzw. dem Oberverwaltungsgericht gegeben ist.

3. Siehe noch wegen der beim Inkrafttreten des Fischereigesetzes bestehenden Genossenschaften § 85 Abs. 2 FG.

§ 56. (1) Der Vorstand und, wenn er aus mehreren Personen besteht, auch sein Vorsitzender können Anordnungen, die sie in Ausübung ihrer Befugnisse gegen einzelne Genossen richten, durch folgende Zwangsmittel durchsetzen:

1. Ist eine Handlung zu erzwingen, die auch ein

anderer ausführen kann, so können sie die Ausführung veranlassen und den vorläufig zu bestimmenden Kostenbetrag zwangsweise vom Verpflichteten einziehen.

2. Steht fest, daß der Verpflichtete nicht imstande ist, die aus der Ausführung durch einen anderen entstehenden Kosten zu tragen, oder ist eine nicht durch einen anderen ausführbare Handlung oder eine Unterlassung zu erzwingen, so können sie Geldstrafen bis zu dreißig Mark festsetzen. Die Strafgelder fließen in die Genossenschaftskasse.

(2) Der Anwendung der Zwangsmittel muß eine schriftliche Androhung vorausgehen; in ihr ist, wenn eine Handlung erzwungen werden soll, eine Frist zu bestimmen, innerhalb deren sie auszuführen ist.

1. Der Vorstand bzw. der Vorsitzende muß sich in Ausübung seiner Befugnisse befinden, um zur Anwendung der Zwangsmittel des § 56 gegen einzelne Genossen berechtigt zu sein. Diese lehnen sich an § 132 Nr. 1 und 2 des LVG. an. Dem Vorstand ist durch § 56 nur die Anwendung des mittelbaren nicht aber des unmittelbaren (§ 132 Nr. 3 LVG.) Zwanges in die Hand gegeben. Der unmittelbare Zwang steht aber der Aufsichtsbehörde zu (§ 45 Abs. 3 FG.). Ist die Zwangsmittelverfügung nach Abs 1 Ziff. 1 endgültig, so wird der Kostenvorschuß festgesetzt und seine Zahlung angefordert, nötigenfalls im Wege des Verwaltungszwangsverfahrens eingezogen. Ist die Anordnung der Geldstrafe (Abs. 1 Ziff. 2) endgültig, d. h. ist die Anordnung nicht angefochten oder ist innerhalb der Frist, die für die Ausführung der Handlung oder Unterlassung festgesetzt worden ist, die Anordnung nicht befolgt, so wird die Geldstrafe festgesetzt. Ist die Anordnung, wenn auch erst nach Ablauf der Frist dafür befolgt, oder kann die Handlung, welche erzwungen werden soll, nicht mehr aus-

geführt werden, so darf die angedrohte Geldstrafe nicht mehr festgesetzt werden. Ist aber nach Ablauf der Frist die Geldstrafe bereits festgesetzt, so ist ihre Einziehung zulässig.

2. Die Androhung, die in Abs. 1 Ziffer 1 oder 2 gegebenen Zwangsmittel anzuwenden, muß der Anwendung selbst vorausgehen und muß schriftlich sein; eine mündliche Androhung genügt ebensowenig wie eine Androhung mittels amtlicher Niederschrift.

Die gleichzeitige Androhung der Zwangsmittel aus Ziff 1 und 2 in derselben Angelegenheit ist nicht zulässig; es darf nur das eine oder das andere Zwangsmittel je nach Lage des Falles zur Androhung verwendet werden.

3. Siehe noch § 57 sowie § 58 FG.

§ 57. (1) Gegen die Anordnungen des Vorstandes und seines Vorsitzenden und gegen die Androhung eines Zwangsmittels ist Beschwerde an die Aufsichtsbehörde, gegen deren Bescheid weitere Beschwerde an die höhere Aufsichtsbehörde und gegen deren Bescheid Klage beim Oberverwaltungsgerichte zulässig. Die Klage kann nur darauf gestützt werden:

1. daß die angefochtene Anordnung dadurch, daß ein Gesetz oder eine rechtsgültige Verordnung nicht richtig angewendet worden sei, den Kläger in seinen Rechten verletze;
2. daß nicht die tatsächlichen Voraussetzungen zum Erlaß der Anordnung oder zur Androhung des Zwangsmittels vorgelegen hätten.

(2) Das Rechtsmittel, das sich gegen die Androhung eines Zwangsmittels richtet, erstreckt sich auch auf die Anordnung, um deren Ausführung es sich handelt, wenn nicht darüber ein besonderes Beschwerdeverfahren anhängig gewesen ist.

(3) Die Beschwerde gegen den Vorstand oder seinen Vorsitzenden ist bei diesem, die weitere Beschwerde bei der Behörde anzubringen, gegen deren Bescheid sie sich richtet.

(4) Die Frist zur Einlegung der Beschwerde und der weiteren Beschwerde sowie zur Erhebung der Klage beträgt zwei Wochen.

(5) Die Frist gilt als gewahrt auch dann, wenn die Beschwerde oder weitere Beschwerde rechtzeitig bei der Behörde angebracht wird, die darüber zu beschließen hat.

1. § 57 gibt die Rechtsmittel an, die gegen die Anordnungen des Vorstandes und seines Vorsitzenden und ebenso gegen die Androhung eines Zwangsmittels (§ 56 FG.) statthaft sind. Die Vorschriften darüber sind nach Art und Fristen zwingender Natur. Die Rechtsmittel können durch Genossenschaftssatzung nicht anderweit geregelt werden. Die weitere Beschwerde steht sowohl dem Genossenschaftsmitgliede als auch dem Vorstande (Vorsitzenden) der Genossenschaft zu.

2. Die Klage gegen den Bescheid der höheren Aufsichtsbehörde ist beim Oberverwaltungsgericht selbst, nicht bei der höheren Aufsichtsbehörde einzureichen (Abs. 3).

Die in § 57 gegebenen Rechtsmittel haben nach § 53 LVG. aufschiebende Wirkung.

Im Unterschied zur Beschwerde als Rechtsmittel gegen die Androhung eines Zwangsmittels steht gegen die Festsetzung und Ausführung eines Zwangsmittels nur die Beschwerde im Aufsichtswege offen.

Aufsichtsbehörde und höhere Aufsichtsbehörde siehe § 45 Abs. 2 FG.

§ 58. Rückständige Beiträge sowie die Strafen und Kosten (§ 56) können im Verwaltungszwangsverfahren beigetrieben werden. Das Beitreibungsverfahren

kann auch gegen Pächter und andere Nutzungsberechtigte der zur Genossenschaft gehörigen Fischereien gerichtet werden. Die Vollstreckungsbehörde wird durch die Aufsichtsbehörde bestimmt.

1. Die Bestimmung des Satz 2 entspricht der Bestimmung in § 229 WG. Pächter usw. können ihrerseits die Erstattung von demjenigen fordern, welcher nach ihrer Ansicht der endgültig Verpflichtete ist. Der Grund zu der Bestimmung des Satz 2 ist der, daß die Genossenschaft auf jeden Fall unverzüglich die Beiträge zugeführt erhält, damit sie die ihr obliegenden Aufgaben erfüllen kann.

2. Die Beitreibung geschieht auf Ersuchen des Genossenschafts-Vorstandes, welchem stattgegeben werden muß, von der von der Aufsichtsbehörde bestimmten Vollstreckungsbehörde, die durch die Bestimmung dazu durch die Aufsichtsbehörde zuständig ist.

3. Für die Beitreibung gelten die Bestimmungen der Verordnung betreffend das Verwaltungszwangsverfahren vom 15. November 1899 (GS. S. 545), welche folgende Veränderungen erfahren hat: § 50a ist neu hinzugefügt durch die Verordnung vom 18. März 1904 (GS. S. 36); geändert sind §§ 54 bis 56, 58, 60—64, 65—67 durch die Verordnung vom 16. Mai 1923 (GS. S. 271), geändert §§ 56—60 durch die Verordnungen vom 12. April 1924 und vom 28. November 1924 (GS. S. 209, 741), geändert §§ 54, 56, 57 durch VO. vom 31 Oktober 1925 (GS. S. 153), geändert § 46 und gestrichen § 47 durch VO. vom 16. März 1926 (GS S. 103). Dazu Ausführungsanweisung vom 28. November 1899 (Zentralbl d. AbgVerw., Jahrg. 1900 S. 44), welche folgende Änderungen erfahren hat: Art. 74a neu eingefügt durch Verfügung vom 4. Juli 1904 (MBl. f. d. i V. S. 257), geändert Art. 80, Verfüg. vom 30. Oktober 1912 (FMBl. S. 355), 5. November 1921 (MBl. f. d. i. V. S. 663); neu eingefügt Art. 26a, 82a durch Anweisung vom 22. Oktober 1921 (MBl. f. d. i. V., Jahrg 1922 S. 553) bzw vom 26. Mai 1923 (FMBl S 322)

§ 59. (1) Der Vorstand hat die Mitgliederversammlung (den Ausschuß) einzuberufen, sobald es das Interesse der Genossenschaft erfordert oder ein Drittel der Mitglieder es unter Angabe des Zweckes schriftlich beantragt.

(2) Wenn der Vorstand dem Antrage nicht binnen zwei Monaten stattgibt, erfolgt die Einberufung durch die Aufsichtsbehörde.

Der Vorstand ist verpflichtet, bei Vorliegen einer der beiden im Abs. 1 enthaltenen Voraussetzungen die Mitgliederversammlung (den Ausschuß, § 41 Abs. 4 FG.) einzuberufen. Ist ein Antrag zur Einberufung von ein Drittel der Mitglieder der Genossenschaft, der schriftlich und unter Angabe des Zweckes der Einberufung erfolgen muß, bei dem Vorstande eingegangen, so muß ihm binnen längstens zwei Monaten, vom Eingange des Antrages beim Vorstand an gerechnet, von diesem stattgegeben werden, widrigenfalls die Einberufung durch die Aufsichtsbehörde erfolgt, die hierzu verpflichtet ist.

Für das Drittel der Mitglieder ist deren Kopfzahl maßgebend; es wird nicht nach dem Umfange der Fischereiberechtigungen berechnet.

Die Vorschrift des § 59 ist eine zwingende, die nicht durch die Satzung der Genossenschaft abgeändert werden kann. Die Einberufung, auch die durch die Aufsichtsbehörde, hat in der durch die Satzung vorgeschriebenen Form zu erfolgen.

Aufsichtsbehörde siehe § 45 FG

§ 60. Die Aufsichtsbehörde kann Mitglieder des Vorstandes, die sich einer groben Pflichtverletzung schuldig machen, ihres Amtes entsetzen. Die auf Amtsentsetzung lautende Verfügung kann binnen zwei Wochen durch Klage beim Oberverwaltungsgericht an-

gefochten werden. Bis zur Entscheidung darüber bleibt das Vorstandsmitglied von den Amtsgeschäften enthoben.

1. Die Klage ist von dem von der Verfügung der Amtsentsetzung betroffenen Vorstandsmitgliede, dem allein die Klage zusteht (nicht dem Vorstande), gegen die Aufsichtsbehörde (§ 45 FG.) an das Oberverwaltungsgericht zu richten und bei ihm einzureichen.

2. Bis zur Entscheidung über die Klage bleibt das Vorstandsmitglied von den Amtsgeschäften enthoben Da eine Bestimmung über die Führung der Vorstandsgeschäfte in der Zwischenzeit nicht gegeben ist, kann damit eine andere Person von der Aufsichtsbehörde nicht beauftragt werden.

Ist die Amtsenthebung durch das Oberverwaltungsgericht bestätigt, also rechtskräftig geworden, muß Ersatzwahl stattfinden, bei deren Nichtzustandekommen das Verfahren nach § 46 FG. eintritt.

§ 60 entspricht dem § 231 WG

§ 61. Ist bei Bildung einer Schutzgenossenschaft die Fischerei in einem zur Genossenschaft gehörigen Fischgewässer verpachtet, so hat der Pächter keine Entschädigungsansprüche gegen die Genossenschaft wegen der Maßnahmen, die sie auf Grund von § 36 getroffen hat. Er kann jedoch innerhalb eines Jahres nach Bildung der Genossenschaft das Pachtverhältnis mit einer Frist von drei Monaten kündigen.

Durch die Schutz-Genossenschaftsbildung (§ 36 Abs. 1 Ziffer 1 FG.) wird das bestehende Pachtverhältnis — der Pächter kann nicht Mitglied der Genossenschaft werden, er soll nur in der Versammlung, welche über die Bildung der Genossenschaft beschließen soll, über die Genossenschaftsbildung gehört werden — zunächst nicht berührt. Der Pächter hat sich der Genossenschaftssatzung zu fügen. Ihm steht bei Bildung einer Schutzgenossenschaft kein Anspruch auf Entschädigung wegen seiner zeitweiligen Minderung des Ertrages der Fischerei zu (Satz 1). Kündigt er nach Satz 2, so steht ihm ein Anspruch auf Ersatz des Schadens, der ihm aus der vorzeitig eintretenden Auflösung des Pachtverhältnisses entsteht, ebensowenig zu, wie bei Bildung der Schutzgenossenschaft Vgl. RegBegr aaO 1916/18.

§ 62. Ist bei Bildung einer Wirtschaftsgenossenschaft die Fischerei in einem zur Genossenschaft gehörigen Fischgewässer verpachtet, so hat der Pächter an Stelle des Rechtes auf Ausübung der Fischerei Anspruch auf die nach der Satzung dem Verpächter zustehenden Nutzungen und ist diesem gegenüber verpflichtet, auch die Genossenschaftslasten zu tragen. Er kann jedoch das Pachtverhältnis jederzeit ohne Einhaltung einer Kündigungsfrist kündigen.

1. Infolge der Bildung einer Wirtschaftsgenossenschaft (§ 36 Abs. 1 Ziff. 2 FG.) ist der Pächter zur eigenen Ausübung der Fischerei nicht mehr befugt; er hat nur Anspruch auf die dem Verpächter zustehenden Nutzungen und ist zur Tragung der Lasten verpflichtet; diese Rechte und Pflichten des Pächters bestehen aber nur dem Verpächter gegenüber, der seinerseits als Mitglied der Genossenschaft für die auf ihn entfallenden Beiträge und die sonstigen Lasten verhaftet bleibt (vgl. dazu aber auch § 58). Da eine solche Regelung für den Pächter unter Umständen nachteilig sein kann, so z. B. wenn der Pachtvertrag nur noch kurze Zeit läuft und die Genossenschaft während dieser Zeit behufs Hebung des Fischebestandes und Erhöhung des Ertrages in späteren Jahren den Fischereibetrieb erheblich einschränkt, ist er berechtigt, das Pachtverhältnis ohne Rücksicht auf die Kündigungsbestimmungen des Pachtvertrages jederzeit und ohne Einhaltung einer Kündi-

gungsfrist zu kündigen, weil die Bildung einer Wirtschaftsgenossenschaft in der Regel eine völlige Umgestaltung des ganzen Pachtverhältnisses zur Folge hat. Ein Anspruch auf Ersatz des Schadens, der dem Pächter bei Bildung einer Wirtschaftsgenossenschaft hieraus und im Falle einer infolge der Genossenschaftsbildung erfolgten vorzeitigen Kündigung des Pachtvertrages seitens des Pächters aus der vorzeitig eintretenden Auflösung des Pachtverhältnisses entsteht, wird dem Pächter grundsätzlich ebensowenig eingeräumt wie bei Bildung einer Schutzgenossenschaft. Vgl. RegBegr. aaO. 1916/18.

Siehe aber, was bei Inkrafttreten des Gesetzes schon bestehende Verträge anlangt, § 63.

Dem Verpächter steht für diese Fälle kein derartiges vorzeitiges Kündigungsrecht zu

2. Siehe noch § 86 FG.

§ 63. Ist in den Fällen der §§ 61, 62 der Vertrag vor Inkrafttreten dieses Gesetzes geschlossen, so kann der Pächter, wenn er von dem Kündigungsrechte Gebrauch macht, von der Genossenschaft Ersatz des Schadens verlangen, der ihm durch die vorzeitige Auflösung entsteht.

1. Während es dem Pächter nach Inkrafttreten des Gesetzes überlassen bleiben muß, sich durch entsprechende Bestimmungen im Pachtvertrage gegen etwaige Nachteile, die ihm infolge einer Genossenschaftsbildung erwachsen können, zu schützen (siehe § 64 FG.), bestand diese Möglichkeit nicht, wenn der Pachtvertrag schon vor dem Inkrafttreten des Gesetzes abgeschlossen ist, weil der Pächter damals nicht mit einer Änderung der Gesetzgebung rechnen konnte. Für diesen Fall ist daher im § 63 ein Schadenersatzanspruch vorgesehen (RegBegr aaO. 1916/18.

2. Siehe auch § 86 FG.

§ 64. Gegen den Verpächter kann der Pächter aus Bildung einer Genossenschaft keinen Schadensersatzanspruch erheben, wenn nichts anderes vereinbart ist.

1. Siehe § 63 Anm. 1

2. Dem Verpächter Ersatzansprüche gegenüber der Genossenschaft einzuräumen, liegt um so weniger Veranlassung vor, als er selbst nach § 64 dem Pächter nicht ersatzpflichtig ist.

Zweiter Titel.

Genossenschaften mit Zulässigkeit des Beitrittszwanges.

§ 65. Eine Schutzgenossenschaft kann auch ohne Zustimmung der Fischereiberechtigten gebildet werden.

Siehe § 36 Abs. 1 Ziff. 1 FG., auch die daselbst angeführte LWA. vom 30. Mai 1922 Bd. 4 S. 190.

Die zwangsweise Bildung einer Schutzgenossenschaft kannte schon das Fischereigesetz von 1874 (§ 30 daselbst).

Eine solche Bildung kann also von dem Regierungspräsidenten angeordnet werden. Siehe §§ 75, 80 FG.

§ 66. (1) Eine Wirtschaftsgenossenschaft kann mit Zustimmung der Mehrheit der Fischereiberechtigten (§ 71) gebildet werden, wenn der genossenschaftliche Zusammenschluß der Erhaltung und Vermehrung des Fischbestandes dient und einen höheren wirtschaftlichen Nutzen in Aussicht stellt, als der selbständige Fischereibetrieb der einzelnen Berechtigten.

(2) Widersprechende Fischereiberechtigte können zwangsweise nur herangezogen werden, wenn ohne sie die Genossenschaft nicht wirtschaftlich zweckmäßig gebildet werden kann.

1. Bei der Ausübung des Zwanges zur Bildung von Wirtschaftsgenossenschaften ist zu unterscheiden, ob es sich um Fischereiberechtigungen handelt, die nach ihrer Lage, ihrem geringen Umfange, der großen Zahl der Berechtigten oder aus anderen Gründen zur wirtschaftlichen Nutzung im Wege der Einzelausübung der Fischerei überhaupt keine Möglichkeit bieten (§ 67) oder ob jene Voraussetzungen nicht vorhanden sind, die Förderung der Fischerei und die Erzielung einer höheren Rente aus ihr aber durch den genossenschaftlichen Zusammenschluß erreicht werden kann (§ 66). Im ersteren Falle ist die Ausübung des Zwanges auch ohne die Zustimmung der Beteiligten geboten und war auch nach dem bisherigen Recht zulässig, wenn wenigstens ein einziger Fischereiberechtigter zustimmt. Im zweiten Falle wird dieser weitgehende Zwang nicht zu rechtfertigen, die Bildung der Wirtschaftsgenossenschaft vielmehr von der Zustimmung der Beteiligten abhängig zu machen sein. Zur Vermeidung jeder Härte ist dabei aber auch vorgesehen, daß widersprechende Berechtigte zum Beitritt nur gezwungen werden können, wenn die Genossenschaft ihrer Berechtigungen, namentlich wegen räumlichen Zusammenhanges, zur wirtschaftlich-zweckmäßigen Gestaltung unbedingt bedarf. RegBegr. aaO. 1916/18.

Der Nutzen, den die gemeinschaftliche Bewirtschaftung bietet, muß unter Berücksichtigung der gesamten Verhältnisse beurteilt werden, nicht der eines einzelnen Fischereiberechtigten, d. h. es kommt darauf an, daß die Genossenschaftsbildung im ganzen einen Vorteil bringt, daß im ganzen die wirtschaftliche Ausnutzung der Fischerei ermöglicht wird, auch wenn z. B. ein einzelner Fischereiberechtigter, der in die Genossenschaft einbezogen werden muß, weil er mitten auf der in die Genossenschaft einzubeziehenden Strecke des Wasserlaufs liegt, keinen überwiegenden Vorteil, vielleicht sogar Nachteil von der Genossenschaftsbildung hat (vgl. § 238 Abs. 4 des WG.). Vgl. KomBer. d. AH. aaO. 1914/15.

2. Vgl § 37 FG. sowie §§, 70, 71, 80 und § 82 FG.

3. „Die Prüfung der Beschlußbehörde hat sich auf sämtliche Voraussetzungen zu erstrecken, von denen nach § 66 FG. die Anwendung des Beitrittszwanges abhängt. Es muß nicht nur die Mehrheit der Beteiligten in rechtsgültiger Weise die Bildung einer Fischerei-Wirtschaftsgenossenschaft beschlossen haben, sondern es müssen auch die gesetzlichen Bestimmungen für den genossenschaftlichen Zusammenschluß erfüllt sein, dieser also der Erhaltung und Vermehrung des Fischbestandes dienen und einen höheren wirtschaftlichen Nutzen in Aussicht stellen als der selbständige Fischereibetrieb des einzelnen Berechtigten, ferner muß feststehen, daß ohne Heranziehung der Widersprechenden die Genossenschaft nicht wirtschaftlich zweckmäßig gebildet werden kann. Nach der Natur der Sache lassen sich alle diese Fragen in befriedigender Weise nur beantworten, wenn die fischereiwirtschaftlichen Verhältnisse des ganzen in Betracht kommenden Fischereigebietes einer einheitlichen, zusammenfassenden Würdigung unterzogen werden." LWA. vom 17 November 1922 Bd. 4 S. 194.

§ 67. Eine Wirtschaftsgenossenschaft kann ohne Zustimmung der Mehrheit der Fischereiberechtigten gebildet werden, wenn der selbständige Fischereibetrieb der einzelnen Berechtigten mit einer wirtschaftlichen Fischereinutzung der Gewässer im ganzen unvereinbar ist, doch muß wenigstens ein Berechtigter mit der Bildung einverstanden sein.

1. Siehe § 66 Anm. 1.

2. § 67 handelt von der Bildung von Wirtschaftszwangsgenossenschaften Er schließt sich dem bisherigen Fischereirecht an.

Nach § 66 FG. muß die Mehrheit der Fischereiberechtigten mit der Bildung der Genossenschaft einverstanden sein; nach § 67 aber ist die Mehrheit nicht einverstanden. In letzterem Falle muß wenigstens ein Berechtigter sein Einverständnis erklären, um eine Zwangsgenossenschaft bilden zu können, sofern die Voraussetzungen dazu vorliegen

3. Siehe § 70 sowie § 80 Abs. 3 und § 82 Abs. 2 FG.

§ 68. Nachteile, die Fischereiberechtigten durch ihre Einbeziehung in die Wirtschaftsgenossenschaft entstehen, sind durch entsprechende Verteilung der Nutzungen und Lasten auszugleichen (§ 43 Abs. 1 Nr. 5).

Im Unterschied zu der Bestimmung des § 238 Abs. 4 WG. kann Fischereiberechtigten für etwaige Nachteile, die ihnen durch ihre Einbeziehung entstehen, Ersatz nicht gewährt werden. „Mit dem Begriff des reinen Schadenersatzes kann hier nicht operiert werden, wenn man z. B. der Koppelfischerei, Raubfischerei durch Bildung einer Genossenschaft zu Leibe geht; da würden jedenfalls einzelne Koppelfischer, die besonders Raubfischer gewesen sind, Schaden erleiden, indem ihr Anteil an den Nutzungen der Genossenschaft geringer sein würde als der, was sie früher erfischt hatten. In solchem Falle kann keine Entschädigung gewährt werden." KomBer d. AH. aaO 1914/15. Die Sachlage ist hier (§ 68) insofern eine andere, als nur F i s c h e r e i b e r e c h t i g t e in Betracht kommen, die immerhin nicht ohne Interesse an der Genossenschaft sein werden, d. h. letztere wird ihnen immer irgendwie Vorteile bringen, nur vielleicht auch Nachteile; das soll ausgeglichen werden. Die Regierungspräsidenten werden sorgfältig zu prüfen haben, ob ein solcher Ausgleich nötig und in der ihm zur Genehmigung vorgelegten Satzung entsprechend erfolgt ist und die Satzung nur genehmigen, wenn letzteres der Fall ist. Vgl. dazu auch § 66 Anm. 1 letzter Absatz.

D r i t t e r T i t e l.

Verfahren zur Bildung von Genossenschaften.

§ 69. (1) Das Verfahren zur Bildung einer Genossenschaft leitet der Regierungspräsident. Liegt das

Fischereigebiet in mehreren Regierungsbezirken, so bestimmt den Regierungspräsidenten endgültig der Oberpräsident, und wenn mehrere Provinzen beteiligt sind, der zuständige Minister.

(2) Das Verfahren kann von Amts wegen oder auf Antrag eingeleitet werden.

1. Vgl. §§ 248, 249, 251, 254, 255, 261 bis 283 WG., mit denen die §§ 69 ff. FG. in Übereinstimmung stehen.

2. §§ 69 ff. und das in ihnen geregelte Verfahren ist für jede Fischereigenossenschaftsbildung vorgeschrieben. Der Regierungspräsident leitet das Verfahren zur Bildung einer Genossenschaft (§ 37 sowie §§ 65 bis 67 FG.); seine Tätigkeit endigt mit der Genehmigung der Satzung (§ 80 Abs. 5 FG.).

Das Verfahren kann von Amts wegen oder auf Antrag eingeleitet werden.

§ 70. (1) Ist der Antrag auf Einleitung des Verfahrens offenbar unzulässig, undurchführbar oder unzweckmäßig, so kann er ohne weiteres durch einen Bescheid zurückgewiesen werden, der mit Gründen zu versehen ist.

(2) Andernfalls ernennt der Regierungspräsident einen Kommissar zur Verhandlung mit den Beteiligten. Dasselbe geschieht, wenn das Verfahren von Amts wegen eingeleitet werden soll.

(3) Der Kommissar entwirft die Satzung und beruft eine Versammlung der Berechtigten ein, in der über Bildung der Genossenschaft verhandelt wird. Die Ladung muß angeben, ob Beteiligte zwangsweise nach § 66 oder § 67 herangezogen werden sollen. Auch die Pächter der in die Genossenschaft einzubeziehenden

Fischgewässer sollen zu der Versammlung geladen und über die Genossenschaftsbildung gehört werden.

1. Abs. 1. Unzulässig. Undurchführbar. Unzweckmäßig. Ein Antrag ist unzulässig, wenn die gesetzlichen Voraussetzungen zur Bildung einer Fischereigenossenschaft nicht gegeben sind (vgl. § 36 FG.).

Undurchführbar ist ein Antrag, wenn die Genossenschaftsbildung in dem beabsichtigten Gebilde — technisch — nicht möglich ist, und unzweckmäßig, wenn die Genossenschaftsbildung unwirtschaftlich ist, d. h. die durch die Genossenschaften entstehenden Kosten den dadurch erreichbaren Nutzungen nicht entsprechen, im Vergleich dazu zu hoch sind, oder letztere gar übersteigen. Der den Antrag zurückweisende Bescheid muß mit Gründen versehen sein. Gegen ihn ist nur die Beschwerde im Aufsichtswege zulässig.

2. Abs. 2. Gibt der Regierungspräsident dem Antrag statt, so ernennt er einen Kommissar zur Verhandlung mit den Beteiligten. Letztere sind alle diejenigen, welche für die Mitgliedschaft in Frage kommen. Solche Verhandlung ist auch erforderlich, wenn das Bildungsverfahren von Amts wegen eingeleitet werden soll.

3. Abs. 3. Der Kommissar entwirft die Satzung.

Er beruft eine Versammlung der in Betracht kommenden Fischereiberechtigten ein; vorher muß er Stellung dazu genommen haben, ob nötigenfalls ein Beitrittszwang der Minderheit (§ 66 FG.) oder auch der Mehrheit gegenüber (§ 67 FG.) ausgeübt werden soll oder nicht. Im ersteren Falle (§§ 66, 67) muß in der Ladung die Absicht, Beitrittszwang — und welchen, ob nach § 66 oder § 67 — auszuüben, mitgeteilt werden.

Bezüglich der Pächter siehe §§ 61—64 FG. Die Vorschrift, die Pächter zu laden, ist keine zwingende; die Unterlassung der Ladung ist daher ohne rechtliche Wirkung.

Siehe noch § 76—78 und § 79 FG. sowie im Anhang: AusfAnw. zu § 70.

§ 71. (1) Wird gegen die Bildung einer Wirtschaftsgenossenschaft Widerspruch erhoben und liegt die Voraussetzung des § 66 Abs. 1 vor, so ist über die Bildung der Genossenschaft nach der Kopfzahl abzustimmen.

(2) Stimmt zwar die Mehrheit nach der Kopfzahl dagegen, haben aber die dafür stimmenden Berechtigten die Mehrheit nach dem Werte der Berechtigungen, so ist die Bildung der Genossenschaft beschlossen. Im Zweifel beschließt über den Wert der einzelnen Berechtigungen der Kreis- (Stadt-) Ausschuß.

1. Der Verschiedenartigkeit der Abstimmung, erst nach der Kopfzahl und sodann, wenn die Mehrheit nach der Kopfzahl gegen die Bildung der Genossenschaft ist, nach dem Werte der Berechtigungen, liegt die Tendenz zugrunde, die Bildung von Wirtschaftsgenossenschaften zu erleichtern; wenn die Gründung durch Kopfzahl nicht gelingt, soll sie nach dem Wert der Berechtigungen ermöglicht werden. KomBer. d. AH. aaO 1914/15. Die Mehrheit der Stimmen nach dem Werte der Berechtigungen — mangels einer Mehrheit nach der Kopfzahl — führt nach Abs. 2 zur Bildung der Genossenschaft. Die Minderheit kann — sie ist schon nach der Mehrheit der anwesenden Beteiligten festzustellen — zwangsweise herangezogen werden, wenn die Voraussetzungen hierzu (§ 66 Abs. 2) vorliegen.

2. Über den Wert der einzelnen stimmberechtigten Berechtigungen beschließt, wenn seine Richtigkeit in der Höhe angezweifelt wird, der Kreis- (Stadt-) Ausschuß.

Steht das stimmberechtigte Fischereirecht mehreren Personen gemeinschaftlich zu, so siehe über die Stimmabgabe und ihre Berechnung § 73. Ergeben sich Zweifel über Bestehen oder Umfang des Fischereirechts, so kommt § 74 FG. zur Anwendung.

3. Vgl. auch § 75 Abs. 2 FG. sowie §§ 66 und 67 daselbst; siehe auch § 79 Abs. 3. Diejenigen Berechtigten, die

trotz Ladung in der Abstimmungsverhandlung nicht erschienen sind, müssen gemäß § 79 Abs. 3 in Verbindung mit § 71 Abs. 2 FG., nachdem die Mehrheit nach dem Werte der Fischereiberechtigungen der Genossenschaftsbildung zugestimmt hat, gleichfalls als zustimmend gelten, nicht als widersprechend. Die Anwendung des Beitrittszwanges, dem nur widersprechende Fischereiberechtigte unterworfen sind, kommt daher ihnen gegenüber überhaupt nicht in Frage. LWA. vom 17. November 1922, Bd. 4 S. 194,

Bei der Bildung einer fischereiwirtschaftlichen Genossenschaft sind für die Feststellung des Abstimmungsergebnisses die in der Abstimmungsliste eingetragenen Werte der einzelnen Fischereiberechtigungen allein maßgebend, falls nicht die Widersprechenden sie bis zum Schlusse der Abstimmungsverhandlungen beanstandet und eine Entscheidung des zuständigen Kreis- (Stadt-) Ausschusses gemäß § 71 Abs. 2 Satz 2 FG. herbeigeführt haben. LWG. vom 20. Dezember 1923, PrVerwltgsbl., Jahrg. 45 S. 449.

4. Siehe noch: Anhang Nr. 5: AusfAnw. zu § 71.

§ 72. (1) Wird die Bildung der Genossenschaft beschlossen (§§ 70, 71), so läßt der Kommissar über die Satzung und alle anderen Punkte beschließen, bei denen er es für erforderlich hält. Dazu können die Berechtigten Bevollmächtigte wählen.

(2) Im Falle des § 71 können die Widersprechenden verlangen, daß die Zustimmenden und die Widersprechenden getrennt Bevollmächtigte wählen, deren Zahl annähernd dem Verhältnis der für und gegen die Genossenschaftsbildung abgegebenen Stimmen entsprechen muß. Die Zahl der Bevollmächtigten bestimmt der Kommissar.

(3) Zu allen diesen Beschlüssen, mit Ausnahme des Beschlusses nach § 54 Abs. 3, genügt die Mehrheit der

im Verhandlungstermin erschienenen Berechtigten oder Bevollmächtigten nach dem Werte der Fischereiberechtigungen.

1. Ist die Bildung der Genossenschaft beschlossen, sei es einstimmig, sei es gemäß § 66 in Verbindung mit § 71 FG durch die Mehrheit der Berechtigten, so wird über die Satzung und alle anderen Punkte, die der Kommissar für erforderlich hält, Beschluß gefaßt. Für diese Beschlußfassung können die Berechtigten Bevollmächtigte wählen. Im Falle des § 71 (Bildung einer Wirtschaftsgenossenschaft durch Mehrheitsbeschluß) ist auf Verlangen der Widersprechenden für die Beschlußfassung über die Satzung usw. (Abs. 1) die Wahl der Bevollmächtigten, getrennt nach Zustimmenden und Widersprechenden, d. h. in verschiedenen Wahlhandlungen, vorzunehmen, nachdem der Kommissar die Zahl der Bevollmächtigten bestimmt hat, deren Zahl annähernd dem Verhältnis der für und gegen die Genossenschaftsbildung abgegebenen Stimmen entsprechen muß. Wenn die Widersprechenden in der Minderheit geblieben sind, dann muß dafür gesorgt werden, daß nicht etwa die Zustimmenden aus ihren Kreisen sämtliche Bevollmächtigte wählen; daher die Zulässigkeit der getrennten Wahl der Bevollmächtigten durch die Zustimmenden und Widersprechenden, damit diese den ihnen zukommenden Einfluß bei der Beschlußfassung über die Satzung und bei den weiter von den Bevollmächtigten zu fassenden Beschlüssen ausüben können (vgl. § 254 Abs. 2 WG.). KomBer. d. AH. aaO. 1914/15.

Die in dem Verfahren zur Bildung einer Fischereigenossenschaft gemäß § 72 Abs. 2 FG. gewählten Bevollmächtigten sind ohne besondere Vollmacht nicht befugt, die Widersprechenden in dem Verfahrens vor der Beschlußbehörde zu vertreten. LWA. vom 20. Dezember 1923, PrVerwltgsbl., Jahrg. 45, S. 449. Für die Wahl derselben ist Mehrheitsbeschluß nach Abs. 3 erforderlich. Der Umfang der Vollmacht ist den Berechtigten anheimgestellt.

Für alle diese Beschlüsse (Abs. 1 und 2) genügt die Mehrheit im Sinne des Abs. 3 mit Ausnahme des Beschlusses nach § 54 Abs. 3 FG. Sobald die Bildung der Genossenschaft beschlossen ist, entscheidet bei allen weiteren Beschlüssen (über Satzungen usw.) lediglich der Wert der Fischereiberechtigung.

Nach § 54 FG. ist das Stimmrecht der Mitglieder, wie ihre Teilnahme an Nutzungen und Lasten, nach dem Werte des Fischereirechts zu regeln. § 72 Abs. 3 ist so aufzufassen, daß hiervon eine Abweichung erfolgen soll, nämlich, daß für Beschlüsse, durch die für die Teilnahme an den Nutzungen oder Lasten oder für das Stimmverhältnis ein anderer als der in § 54 festgestellte Maßstab gewählt wird, Einstimmigkeit erforderlich ist. KomBer. d. AH. aaO. 1914/15.

2. Über die Anwendung des Zwanges gemäß § 65 und § 67 FG., ebenso im Falle des § 66 Abs. 1 FG. braucht nicht verhandelt zu werden. Über die Voraussetzungen des Beitrittszwanges beschließt bei Streit der Bezirksausschuß gemäß § 80 FG. Weder den Berechtigten noch den Bevollmächtigten steht darüber Verhandlung oder Beschluß zu.

Die Entscheidung über die Bildung einer Zwangsgenossenschaft wird später getroffen. § 72 befaßt sich nur mit der Beschlußfassung über die Satzungen usw. der nach §§ 70, 71 FG. entweder einstimmig oder von einer Mehrheit der Fischereiberechtigten beschlossenen Genossenschaft (im Falle des § 71 FG. der von der Mehrheit beschlossenen Wirtschaftsgenossenschaft).

3. Über Beschwerden siehe § 77 Abs. 2 FG.

4. Siehe noch §§ 65, 67 in Verbindung mit § 75 FG.

§ 73. Steht ein Fischereirecht mehreren Personen gemeinschaftlich zu, so gilt ihre Stimme in dem Sinn abgegeben, wie die Mehrheit der im Verhandlungstermin erschienenen Mitberechtigten, berechnet nach der Kopfzahl, im Falle des § 71 Abs. 2 nach dem Wert ihrer Anteile, gestimmt hat.

Steht ein Fischereirecht mehreren Personen gemeinschaftlich zu, so wird das Für oder Wider der Stimme bei der Beschlußfassung nach der Mehrheit der zu demselben. Fischereirecht gemeinschaftlich Berechtigten festgestellt. Dabei wird die Mehrheit nach der Kopfzahl, im Falle des § 71 Abs. 2, wonach der Wert der Berechtigungen für die Feststellung der Mehrheit maßgebend ist, nach dem Wert der einzelnen Anteile der Mitberechtigten berechnet.

§ 74. Ergeben sich Zweifel über Bestehen oder Umfang eines Fischereirechts, so beschließt auf Antrag eines Beteiligten oder des Kommissars der Kreis- (Stadt-) Ausschuß endgültig darüber, wer im Verfahren als Berechtigter zuzuziehen oder in welchem Umfange das Fischereirecht im Verfahren zu berücksichtigen ist.

Die Entscheidung des Kreis- bzw. Stadtausschusses hat nur die Bedeutung einer allerdings endgültigen Feststellung für das Verfahren, jedoch unbeschadet des Rechtsweges der Beteiligten auf Berücksichtigung einer etwa abweichenden richterlichen Entscheidung nach Schluß des Verfahrens. Derjenige, den der Kreis- (Stadt-) Ausschuß für den Berechtigten erklärt, ist daher zu Beschlußfassung über die Bildung der Genossenschaft und über die Satzung sowie zu allen übrigen Verhandlungen bis zum Schluß des Verfahrens zuzuziehen und nach dem von dieser Behörde angenommenen Umfange seines Rechts zu berücksichtigen. Wird aber nach Bildung der Genossenschaft in einem Rechtsstreit oder anderweitig zweifelsfrei festgestellt, daß ein anderer Inhaber des Fischereirechts oder daß dieses in einem anderen als dem angenommenen Umfange zu recht besteht, so ist für die Zukunft diese Feststellung maßgebend, und die inzwischen begründete Genossenschaft hat die erforderliche Berichtigung vorzunehmen. RegBegr. aaO. 1914/15, aaO. 1916/18.

§ 75. (1) Wird gegen die Bildung einer Schutzgenossenschaft Widerspruch erhoben, so hat der Kommissar die Berechtigten über die Satzung zu hören.

(2) Ebenso verfährt er, wenn gegen die Bildung einer Wirtschaftsgenossenschaft Widerspruch erhoben wird und die Voraussetzung des § 67 vorliegt.

1. Wird gegen die Bildung einer Schutzgenossenschaft — § 65 — oder einer Wirtschaftsgenossenschaft — § 67 — keine Zustimmung der Mehrheit der Fischereiberechtigten — aber Einverständnis mit der Bildung der Wirtschaftsgenossenschaft wenigstens eines Berechtigten — Widerspruch erhoben, so findet keine Beschlußfassung über die Satzung statt; die Berechtigten sind nur über die Satzung zu hören Stimmt wenigstens ein Berechtigter zu, so kann gemäß § 67 eine Zwangsgenossenschaft gebildet werden. In diesem Falle muß der Kommissar die Berechtigten über die Satzung gemäß Abs. 2 in Verbindung mit Abs. 1 hören.

2. Siehe § 80 FG.

§ 76. Die nach den §§ 70 bis 75 erforderlichen Verhandlungen können in einem Termine vereinigt werden.

Über die Bildung, Satzung usw., kann in einem Termine Beschluß gefaßt werden; ebenso kann die Anhörung nach § 75 FG. über die Satzung mit der Beschlußfassung über die Bildung einer Genossenschaft in einem Termin vereinigt werden.

§ 77. (1) Der Kommissar leitet die Verhandlungen. Er kann gegen Beteiligte, Sachverständige oder andere Personen, die sich einer Ungebühr schuldig machen, vorbehaltlich strafgerichtlicher Verfolgung, eine Ordnungsstrafe bis zu zwanzig Reichsmark festsetzen.

(2) Über Beschwerden gegen Ordnungsstrafen beschließt der Bezirksausschuß endgültig. Im übrigen be-

schließt der Regierungspräsident endgültig über Beschwerden, welche die Leitung des Verfahrens durch den Kommissar betreffen. Die Beschwerdefrist beträgt zwei Wochen.

1. Es kommt nur die Zeit während der Verhandlungen in Betracht; während derselben muß die Ungebühr begangen worden sein.

Nach Rechtskraft wird die Strafe im Wege des Verwaltungszwangsverfahrens durch den Kommissar beigetrieben Ist sie nicht beizutreiben, tritt an ihre Stelle entsprechende Haft.

Die Strafe muß in die Niederschrift aufgenommen werden (§ 78 FG.). a) Beschwerden gegen Ordnungsstrafen entscheidet der Bezirksausschuß endgültig. b) Beschwerden gegen die Leitung des Verfahrens durch den Kommissar werden durch Beschluß des Regierungspräsidenten endgültig entschieden

Beschwerdefrist für beide Fälle: zwei Wochen.

§ 78. Über die Verhandlungen mit den Beteiligten und ihren Bevollmächtigten ist eine Niederschrift aufzunehmen. In diese muß auch die Festsetzung der Ordnungsstrafe (§ 77) und die Veranlassung dazu aufgenommen werden. Die Niederschrift ist vom Kommissar, dem etwa zugezogenen Schriftführer und, wenn Sachverständige vernommen sind, auch von diesen zu unterschreiben. Sind Bevollmächtigte gewählt, so sollen auch sie unterschreiben.

Das Fehlen der Unterschrift der Bevollmächtigten macht die Niederschrift nicht ungültig („sollen" in Satz 4).

§ 79. (1) Zu den Verhandlungen sind die dabei Beteiligten spätestens eine Woche, in dringenden Fällen

spätestens drei Tage vorher zu laden. In der Ladung sind die Verhandlungsgegenstände anzugeben.

(2) Bei Beschlußfassung über die Satzung ist der Entwurf acht Tage vorher offenzulegen und in der Ladung Ort und Zeit der Offenlegung mitzuteilen.

(3) Die Ladung enthält die Androhung, daß, wer nicht erscheint oder nicht abstimmt, als dem zustimmend gilt, wofür die Mehrheit der Stimmen abgegeben wird.

(4) Im übrigen gelten für das Verfahren entsprechend die §§ 264 bis 269 des Wassergesetzes.

1. Die im § 79 angegebene Ladungsfrist ist die kürzeste Ladungsfrist, die, weil zwingend vorgeschrieben, beobachtet werden muß. Die Frist beginnt mit der Zustellung der Ladung. Wird der Termin während der Verhandlung anberaumt und dies den Beteiligten gemäß § 268 WG. zu Protokoll eröffnet, beginnt die Ladungsfrist mit der Verkündung der Anberaumung des neuen Termins. Die Berechnung der Frist richtet sich nach §§ 187 ff. BGB.

In der Ladung ist die Tagesordnung anzugeben.

Die Vorschriften des Abs. 1 sind zwingend; im Falle ihrer Verletzung ist der Kommissar nicht berechtigt, die Ordnungsmäßigkeit der Handlungen zu bescheinigen (§ 269 WG.).

2. Die Offenlegung des Satzungsentwurfes hat den Zweck, den Interessenten die Möglichkeit zu geben, sich über den Inhalt der Satzung zu unterrichten. Der Entwurf muß mindestens acht Tage — nicht eine Woche — vorher, d. h. vor dem Verhandlungstermin, offengelegt werden. In der Ladung muß Ort und Zeit der Offenlegung mitgeteilt werden.

3. Die Androhung gemäß Abs. 3 muß in jeder einzelnen Ladung enthalten sein. Vgl. LWA. vom 17. November 1922, Bd. 4 S. 194, angeführt bei § 71 in Anm. 3.

4. Vgl. §§ 264—269 WG. vom 7. April 1913, welche die Zustellungsvorschriften enthalten.

§ 80. (1) Ist gegen die Bildung einer Schutzgenossenschaft Widerspruch erhoben (§ 75), so beschließt nach Abschluß der Verhandlungen der Bezirksausschuß, soweit darüber Streit ist, ob die Voraussetzungen des § 36 Abs. 1 Nr. 1 gegeben sind.

(2) Hat die Mehrheit der Beteiligten die Bildung einer Wirtschaftsgenossenschaft beschlossen (§ 66 Abs. 1), so beschließt der Bezirksausschuß, ob die Voraussetzungen für den Beitrittszwang (§ 66 Abs. 2) vorliegen.

(3) Hat die Mehrheit der Beteiligten die Bildung einer Wirtschaftsgenossenschaft abgelehnt, so beschließt der Bezirksausschuß, soweit darüber Streit besteht, ob die Voraussetzungen zur Bildung einer Zwangsgenossenschaft (§ 67) vorliegen.

(4) Gegen den Beschluß des Bezirksausschusses in den Fällen der Abs. 1 bis 3 steht auch dem Regierungspräsidenten die Beschwerde zu (§ 122).

(5) Die Satzung bedarf der Genehmigung des Regierungspräsidenten. In den Fällen der Abs. 1, 3 wird sie von ihm erlassen.

(6) Die Satzung ist auf Kosten der Genossenschaft in den Amtsblättern der beteiligten Regierungsbezirke bekanntzumachen. Die Veröffentlichung kann auf den Tag ihrer Vollziehung und die Festsetzungen nach § 43 Nr. 1, 2, 8, 9, 10, 11 beschränkt werden.

Sobald die Verhandlungen über die Bildung einer Genossenschaft, über die Satzungen usw., zum Abschluß gelangt sind, ist die Tätigkeit des Kommissars beendet. Der Regierungspräsident prüft nunmehr die Gesetz- und Ordnungsmäßigkeit des Verfahrens, veranlaßt die Abstellung festgestellter Mängel und Behebung etwaiger Bedenken und genehmigt sodann die beschlossenen Satzungen.

Ist Widerspruch erhoben, so prüft der Regierungspräsident ferner, ob die Bildung einer Zwangsgenossenschaft zulässig und angebracht ist oder nicht. Verneint er dies, so nimmt er Abstand von der Bildung einer Zwangsgenossenschaft. Hält er sie trotz der Widersprüche für zulässig und zweckmäßig oder notwendig, so erläßt er die Satzung für die zwangsweise ins Leben zu rufende Schutzgenossenschaft (§ 65) Abs. 1 — oder nach § 67 zu bildende Wirtschaftsgenossenschaft, aber immer nur dann, wenn die Widersprüche andere Gegenstände betreffen, als die Behauptung, daß die Voraussetzungen des Beitrittszwanges nicht vorliegen.

Besteht über diese Frage, sofern es sich um die Bildung einer Schutzgenossenschaft handelt, ein Streit, so geht das gesamte Verhandlungsmaterial an den Bezirksausschuß, der über die Streitfrage Entscheidung trifft. In dem Falle des Abs. 2 hat er auf jeden Fall, auch ohne Streit, falls eine Zwangsgenossenschaft gebildet werden soll, darüber zu beschließen, ob die Voraussetzungen für den Beitrittszwang zu der von der Mehrheit der Beteiligten beschlossenen Bildung einer Wirtschaftsgenossenschaft vorliegen. Vor der Entscheidung soll der Bezirksausschuß gemäß § 121 FG. einen Fischereisachverständigen hören. Gegen den Beschluß des Bezirksausschusses steht den Widersprechenden und dem Regierungspräsidenten die Beschwerde an das Oberverwaltungsgericht zu.

Ist das Vorliegen der Voraussetzungen zur Bildung einer Zwangsgenossenschaft endgültig festgestellt, so genehmigt (§ 66 FG.) oder erläßt (§§ 65 und 67 FG.) der Regierungspräsident die Satzung (Abs. 5) und veranlaßt die Bekanntmachung (Abs. 6).

Ist das Vorliegen der Voraussetzungen endgültig verneint (vom Bezirksausschuß bzw. Oberverwaltungsgericht), so ist von der Bildung einer Zwangsgenossenschaft abzusehen.

2. In dem Verfahren zur Bildung einer Fischerei-Wirtschaftsgenossenschaft handelt es sich bei der Beschlußfassung

darüber, ob die Voraussetzungen für die Anwendung des Beitrittszwanges vorliegen, um Angelegenheiten, die sich auf Grundstücke beziehen. LVA. vom 17. November 1922, Bd. 4 S. 194; siehe auch § 66 FG

Der Beschlußbehörde ist durch § 80 FG. nicht die Entscheidung darüber übertragen, ob und in welchem räumlichen Umfange eine Fischereigenossenschaft zu bilden sei; diese Entscheidung steht dem Regierungspräsidenten zu, der sie durch Genehmigung oder Erlaß der Satzung ausübt. Die Aufgabe der Beschlußbehörde beschränkt sich nach § 80 aaO. nur darauf, festzustellen, ob beim Widerspruch Beteiligter die gesetzlichen Voraussetzungen der im § 80 bezeichneten Art vorliegen. Die Beschlußfassung darf sich nur gegen diejenigen Beteiligten richten, die gegen die Genossenschaftsbildung gestimmt haben; es muß aber bezüglich jedes einzelnen der Widersprechenden das Vorhandensein der gesetzlichen Voraussetzungen für seine zwangsweise Heranziehung festgestellt werden. LVA. vom 20. Dezember 1923, PrVerwbl. Jahrg. 45, S. 449.

Siehe noch LVA. vom 20. Dezember 1923, bei § 72 angeführt.

3. Vgl. noch §§ 121, 122 FG. sowie im Anhang: Ausf.-Anw. zu § 80.

§ 81. (1) Alle Verhandlungen und Geschäfte im Verfahren, auch die vor Gerichten und anderen Behörden, namentlich auch die Anfertigung und Beglaubigung von Kataster- und Grundbuchauszügen sind [gebühren- und] stempelfrei.

(2) Bare Auslagen, die durch zurückgewiesene oder zurückgenommene Anträge oder Einwendungen entstehen, können dem Antragsteller oder dem, der die Einwendungen erhoben hat, auferlegt werden. Von den anderen baren Auslagen trägt die Staatskasse die Reisekosten, Reisezulagen und Tagegelder der im Ver-

fahren mitwirkenden Staatsbeamten, die übrigen die Genossenschaft.

1. § 81 kommt nur für die Verhandlungen und Geschäfte im Verfahren zur Bildung einer Genossenschaft in Anwendung; das ergibt sich auch aus seiner Stellung im dritten Titel, welcher vom „Verfahren zur Bildung von Genossenschaften" handelt, nicht aber für Verhandlungen und Geschäfte, welche die schon gebildete, also bestehende Genossenschaft vornimmt. Scheitern die Verhandlungen usw. zur Bildung einer Genossenschaft, so fallen die entstandenen Kosten der Staatskasse zur Last mit Ausnahme derjenigen Kosten, welche dem Antragsteller durch selbständig von ihm vorgenommene Vorarbeiten entstanden sind.

2. Die Verpflichtung zur Zahlung von Gebühren und Befreiung davon regelt jetzt die Verwaltungsgebührenordnung vom 30. Dezember 1926 (GS. S. 327).

Vierter Titel.

Änderung der Satzung.

§ 82. (1) Eine Änderung der Satzung, durch die für die Teilnahme an den Nutzungen oder Lasten oder für das Stimmverhältnis ein anderer Maßstab eingeführt werden soll, als in § 54 bestimmt ist, bedarf eines einstimmigen Beschlusses der Mitgliederversammlung.

(2) Dasselbe gilt von einer Satzungsänderung, durch die eine Schutzgenossenschaft in eine Wirtschaftsgenossenschaft umgewandelt werden soll, es sei denn, daß die Voraussetzung des § 67 oder des § 66 Abs. 1 und zugleich hinsichtlich aller widersprechenden Genossen auch die des § 66 Abs. 2 vorliegt. In diesem Falle genügt ein Mehrheitsbeschluß der Mitgliederversamm-

lung, berechnet nach der Zahl der Mitglieder und dem Wert ihrer Berechtigungen.

(3) Andere Satzungsänderungen kann, wenn die Satzung nichts anderes bestimmt, die Mitgliederversammlung (der Ausschuß) mit Stimmenmehrheit beschließen.

1. Vgl § 54 Abs. 3 FG. Es ist einstimmiger Beschluß aller in der Abstimmungsversammlung anwesenden bzw. vertretenen Genossen (Mitglieder v e r s a m m l u n g) vorgeschrieben. Die geladenen, aber nicht erschienenen Genossen gelten als zustimmende Nur die Mitgliederversammlung darf die Änderung der im Abs. 1 genannten Art beschließen, nicht ein nach § 41 Abs 4 gewählter Ausschuß.

Dasselbe gilt von einer Satzungsänderung der im Abs. 2 gedachten Art, wenn nicht die daselbst bezeichnete Ausnahme vorliegt; im letzteren Falle genügt ein Mehrheitsbeschluß, dessen Berechnung gemäß Abs 2 Satz 2 geschieht Siehe dazu auch Anm. 1.

2. Für jede andere Satzesänderung genügt nach Abs. 3 Stimmenmehrheit der Mitglieder v e r s a m m l u n g (also der versammelten, d. h. anwesenden Mitglieder), an deren Stelle auch der Ausschuß darüber Beschluß fassen kann.

§ 83. (1) Änderungen der Satzungen bedürfen der Genehmigung des Regierungspräsidenten.

(2) Die genehmigten Änderungen sind nach § 80 Abs. 6 bekanntzumachen.

1. Die vom Regierungspräsidenten vorzunehmende Prüfung der Satzesänderung erfolgt in derselben Weise wie die der erstmalig genehmigten Satzung; außerdem aber erstreckt sie sich noch darauf, ob die Änderung den Vorschriften des § 82 entsprechend beschlossen worden ist.

§ 83 gilt auch für Genossenschaften, die bereits beim Inkrafttreten des Fischereigesetzes bestanden haben.

2. Für die Bekanntmachung der genehmigten Änderungen gilt § 80 Abs. 6 FG. Da die Veröffentlichung für erstmalig genehmigte Satzungen u. a. auf die Festsetzungen nach § 43 Nr. 1, 2, 8, 9, 10, 11 beschränkt werden kann, kann sie für die genehmigten Änderungen ganz unterbleiben, wenn die Änderungen keine dieser Ziffern betrifft

Fünfter Titel.

Auflösung und Liquidation von Genossenschaften.

§ 84. (1) Der Regierungspräsident kann die Genossenschaft auflösen:

1. wenn es die Mitgliederversammlung mit einer Mehrheit von zwei Dritteln der Stimmen beschließt;
2. auf Antrag eines Mitgliedes, wenn die Genossenschaft nur noch aus zwei Mitgliedern besteht.

(2) Im übrigen gelten für Auflösung und Liquidation entsprechend die §§ 279 bis 282 des Wassergesetzes.

1. Nur wenn eine der beiden Voraussetzungen für die Auflösung vorliegt (Abs. 1 Ziff. 1 oder 2), kann diese erfolgen; anderweitige Auflösungsmöglichkeiten gibt es nicht. Die nach Ziff. 1 erforderliche Mehrheit berechnet sich nach dem Stimmrecht, wie es in der Satzung geregelt ist (siehe § 54 FG.).

2. Die Auflösung kann trotz des Vorliegens des auf Grund der Ziff. 1 oder 2 ergangenen Beschlusses vom Regierungspräsidenten abgelehnt werden, wenn es z. B. das öffentliche Interesse (aus wirtschaftlichen Gründen) erfordert. Fischereigenossenschaften sind öffentlich-rechtliche Körperschaften; sie verfolgen öffentliche Interessen, der Fortbestand der Genossenschaft kann daher im öffentlichen Interesse notwendig sein. Die Auflösungsbefugnis ist in das

pflichtmäßige Ermessen des Regierungspräsidenten gelegt; er hat daher alle für und gegen die Auflösung sprechenden Gesichtspunkte zu prüfen und nach dem Ausfall dieser Prüfung seine Entscheidung zu treffen.

3. Die Auflösung tritt in Kraft, sobald die entsprechende Verfügung des Regierungspräsidenten dem Vorstand der Genossenschaft zugestellt worden ist. Die Auflösung ist auf Kosten der Genossenschaft vom Regierungspräsidenten in dem für ihre amtlichen Bekanntmachungen bestimmten Blatte sofort zu veröffentlichen (§ 279 WG.). Nach Auflösung der Genossenschaft erfolgt die Liquidation durch den Vorstand oder die durch Satzung oder Beschluß der Genossenschaft dazu berufenen Personen. Auf das Liquidationsverfahren sind der § 48 Abs. 2, 3 und die §§ 49—53 BGB. entsprechend anzuwenden (§ 280 WG.). Bis zur Beendigung der Liquidation gelten für die staatliche Aufsicht und die Rechtsverhältnisse der bisherigen Genossen untereinander sowie zu dritten Personen die Bestimmungen des Fischereigesetzes und der Satzung, soweit sich nicht aus dem Wesen der Liquidation ein anderes ergibt (§ 281 WG.). Nach Beendigung der Liquidation werden die Bücher und Schriften der aufgelösten Genossenschaft von der Aufsichtsbehörde in Verwahrung genommen. Die Genossen und ihre Rechtsnachfolger haben das Recht, die Bücher und Schriften einzusehen und zu benutzen (§ 282 WG.)

Sechster Titel.

Genossenschaften, die vor dem Inkrafttreten dieses Gesetzes begründet sind.

§ 85. (1) Die Vorschriften dieses Gesetzes gelten auch für die Fischereigenossenschaften, die bei seinem Inkrafttreten bestehen.

(2) Doch bleiben abweichende Bestimmungen der bisherigen Satzungen über Zuständigkeit der Schieds-

gerichte (§ 44, § 55 Abs. 2 Satz 2) in Kraft, ebenso sonstige abweichende Bestimmungen so weit, als die Vorschriften dieses Gesetzes durch die Satzung geändert werden können oder auf sie verweisen.

Zwingenden Vorschriften des Gesetzes müssen die Satzungen solcher Genossenschaften, soweit sie mit ersterem im Widerspruch stehen, angepaßt und dementsprechend umgeändert werden bzw. sein, da sie insoweit ungültig sind.

Über Satzesänderungen siehe §§ 82, 83 FG.

Fünfter Abschnitt.

Fischereibezirke.

§ 86. Fischereirechte in offenen Gewässern können, wenn ihr geringer Umfang der Erhaltung oder Vermehrung des Fischbestandes oder einer vollen wirtschaftlichen Ausnutzung des Gewässers hinderlich ist und ein genossenschaftlicher Zusammenschluß unausführbar erscheint oder nicht den gleichen wirtschaftlichen Erfolg in Aussicht stellt, auf Antrag der Fischereibehörde oder eines Beteiligten durch Beschluß des Bezirksausschusses in der Weise vereinigt werden, daß aus zusammenhängenden Gewässerstrecken ein gemeinschaftlicher Fischereibezirk gebildet wird. Vorher ist den Beteiligten Gelegenheit zur Äußerung zu geben. Die §§ 62 bis 64 gelten entsprechend.

1. Der Abschnitt „Fischereibezirke" teilt diese in gemeinschaftliche und selbständige ein (§ 86 und § 89). Das Gesetz kennt solche nur in offenen Gewässern. Nach seinen Vorschriften können nur Fischereirechte in offenen Gewässern unter bestimmten Voraussetzungen zu einem gemeinschaftlichen Fischereibezirk zusammengefaßt werden, und anderseits ein Fischereirecht in offenen Gewässern unter den in

§ 89 angegebenen Voraussetzungen zu einem selbständigen Fischereibezirk erklärt werden.

Durch die Bildung eines gemeinschaftlichen Fischereibezirks wird die Ausübung der davon betroffenen Fischereirechte beschränkt, indem an Stelle der Berechtigten fortan der Gemeindevorsteher für deren Rechnung die Fischerei verwaltet, die er entweder verpachtet — Pächter kann auch einer der dem gemeinschaftlichen Bezirk angehörenden Berechtigten sein — oder durch angestellte Fischer ausüben läßt. Zweck des gemeinschaftlichen Bezirks: Beseitigung der Zersplitterung, der Einheitlichkeit der Bewirtschaftung und damit Erhöhung der Ertragsfähigkeit.

„Eine Ergänzung der Vorschriften über die Genossenschaften enthalten die Vorschriften über Fischereibezirke, die für offene Gewässer nach Art der Jagdbezirke gebildet werden sollen, wenn die Hindernisse einer wirtschaftlichen Ausnutzung der Fischerei mangels der Voraussetzungen der §§ 66, 67 nicht oder nicht ebenso zweckmäßig durch Bildung einer wirtschaftlichen Genossenschaft beseitigt werden können Fälle letzterer Art liegen z. B. vor, wenn zuviel Beteiligte vorhanden sind, wodurch die Verwaltung der Genossenschaft schwierig wird, ferner wenn Fischereiberechtigungen wegen Zusammenhangs mit anderen, für eine Einbeziehung nicht in Frage kommenden, der Genossenschaft nicht angeschlossen werden können, oder wenn die Bildung einer Genossenschaft nicht zweckmäßig erscheint, z. B. weil in dem betreffenden Gewässer, etwa einem See, zwei Fischereiberechtigte vorhanden sind, von denen der eine die eigene Fischereiberechtigung wegen ihrer räumlichen Unzulänglichkeit nicht wirtschaftlich ausnutzen kann, während der andere in der sachgemäßen Ausnutzung seiner Berechtigung wegen des Zusammenhangs der Gewässer behindert ist. Fischereibezirke und Genossenschaften berühren sich dabei insofern, als, wenn durch die Einrichtung eines Fischereibezirks die verschiedenartigen Berechtigungen zusammengefaßt sind, auch die Genossenschaftsbildung für größere Gewässerstrecken vonstatten gehen kann (§ 36 Abs. 2). Fischereibezirke bestehen in Preußen schon im Bereich der Sondergesetze für Westfalen, Rheinland, Hannover und dem Regierungsbezirk Kassel. RegBegr. aaO. 1916/18.

2. Voraussetzungen zur Bildung eines gemeinschaftlichen Fischereibezirks sind, abgesehen davon, daß es sich um mehrere Fischereirechte handeln muß, vgl. LWA. vom 21. März 1922, Bd. 4 S. 302: a) der geringe Umfang des einzelnen Fischereirechts und infolgedessen aa) eine Erhaltung oder bb) eine Vermehrung des Fischbestandes oder cc) eine volle wirtschaftliche Ausnutzung des Gewässers in fischereilicher Beziehung nicht erreicht werden kann; b) die Unausführbarkeit oder der geringere wirtschaftliche Erfolg eines genossenschaftlichen Zusammenschlusses der in Betracht kommenden Fischereirechte und c) Zusammenhang der Gewässerstrecken, in welchen die zusammenzuschließenden Fischereirechte bestehen.

Sind diese Voraussetzungen gegeben, so können auf Antrag der Fischereibehörde oder eines Beteiligten durch Beschluß des Bezirksausschusses die Fischereirechte zu einem gemeinschaftlichen Fischereibezirk vereinigt werden, weil erfahrungsgemäß die Fischerei dann besser lohnt, wenn sie in einem größeren Umfange betrieben wird, während der selbständige Betrieb der Einzelberechtigten wirtschaftlich zu schwach ist, eine Wirkung des geringen Umfanges des einzelnen Fischereirechts.

Die §§ 62—64 gelten sinngemäß. „Denn ähnlich wie bei den Genossenschaften, kann es auch vorkommen, daß ein verpachtetes Gebiet in einen gemeinschaftlichen Fischereibezirk einbezogen werden soll, und dann müssen die Bestimmungen dieser Paragraphen entsprechende Anwendung finden. Die Frage der Entschädigung kann allerdings nur in dem Falle praktisch werden, daß ein Pachtvertrag vor dem Inkrafttreten des Fischereigesetzes geschlossen ist.“ KomBer. d. HH. aaO. 1916/18.

3. Beteiligte nach § 87 FG. sind nur die Fischereiberechtigten. Dem Pächter eines Fischereirechts steht daher gegen die Einbeziehung des Rechts in einen gemeinschaftlichen Fischereibezirk kein Beschwerderecht zu; denn dieses Recht kann nur denjenigen zugestanden werden, die an dem Verfahren beteiligt sind. Das Gesetz hat mit dem Worte „Beteiligte“ nicht über den Kreis der Berechtigten hinausgehen wollen; auch die Vorschriften über die Bildung von Genossenschaften sprechen wiederholt von Beteiligten und verstehen trotzdem darunter nur die Berechtigten; vgl. § 70 Abs. 3, § 80, § 31 Abs. 2, § 33, § 91 FG. Vgl. auch LWA. vom 2. Juli 1918, Bd. 1 S. 207.

4. Die Bildung eines gemeinschaftlichen Fischereibezirks ist erst zulässig, sobald feststeht, daß ein genossenschaftlicher Zusammenschluß der Fischereiberechtigungen unausführbar erscheint oder nicht den gleichen wirtschaftlichen Erfolg in Aussicht stellt. Vgl. dazu LWA. vom 28. Juni 1921, Bd 3 S. 200 und vom 9. Januar 1923 Bd. 4 S. 197.

5. Der gemeinschaftliche Fischereibezirk kann sich über mehrere Gemeinden, Kreise, Regierungsbezirke, Provinzen erstrecken. Dann wird der zuständige Bezirksausschuß gemäß § 58 Abs. 1 LVG. bestimmt. Vgl. dazu LWA. vom 28. Juni 1921, Bd. 3 S. 202. Die Bildung eines gemeinschaftlichen Fischereibezirks muß von allen Fischereibehörden beantragt werden, deren Bezirke davon betroffen werden, nicht bloß von einem oder dem anderen derselben. LWA. vom 9. Januar 1923, Bd. 4 S. 197.

6. Die Bildung eines gemeinschaftlichen Fischereibezirks kommt nur dann in Frage, wenn nur unmittelbar örtlich zusammenhängende Gewässerstrecken zu einem solchen vereinigt werden können. Vgl. LWA., Bd. 3 S. 202.

7. Unter einem genossenschaftlichen Zusammenschluß im

Sinne des § 86 FG. ist auch der Zusammenschluß zu einer Schutzgenossenschaft zu verstehen. LWA. Bd. 3 S. 202.

8. Ein gemeinschaftlicher Fischereibezirk kann auch durch Vorbescheid des Vorsitzenden des Bezirksausschusses gebildet werden; vgl. § 117 LVG. LWA vom 21. Oktober 1921, Bd. 3 S. 207.

9. Satz 2 des § 86 ist zwingender Natur.

10. Ist für ein ganzes Gewässer die Bildung einer Fischerei-Wirtschaftsgenossenschaft in Aussicht genommen, so kann zwecks Vereinfachung der Verwaltung für eine einzelne Teilstrecke, in der wegen Bestehens zahlreicher kleiner Fischereiberechtigungen bei deren unmittelbarem genossenschaftlichen Zusammenschluß eine unnötige Erschwerung der Verwaltung und Vertretung eintreten würde, eine Unterorganisation durch Bildung eines gemeinschaftlichen Fischereibezirks vorgenommen werden, da die unmittelbare genossenschaftliche Vereinigung dieser zahlreichen kleinen Berechtigungen wegen der erschwerten Verwaltung nicht den gleichen wirtschaftlichen Erfolg in Aussicht stellen würde. LWA. vom 5. Februar 1924, Zeitschrift für Agrar- und Wasserrecht, Jahrg. 3 S 211, PrVerwbl. Jahrg. 45 S. 449. Vgl. § 36 Abs 2 FG.

11. Die §§ 86 ff. FG. finden auch bei der Änderung oder Aufhebung der auf Grund des Gesetzes, betr. die Fischerei der Ufereigentümer in den Privatflüssen der Rheinprovinz vom 25. Juni 1895 (GS S. 267) gebildeten Fischereibezirke Anwendung. Nach dem Inkrafttreten des FG. vom 11. Mai 1916 (15. April 1914) kann eine Änderung oder Aufhebung solcher Fischereibezirke nur auf Grund der §§ 86 ff. durch den Bezirksausschuß erfolgen. Beschlüsse des Kreisausschusses hierüber sind rechtsunwirksam. LWA. vom 21 März 1924, PrVerwbl. Jahrg. 45 S. 449.

12. Siehe auch §§ 88, 89 Abs. 3.

13. Der Beschluß des Bezirksausschusses kann durch Be-

schwerde beim Oberverwaltungsgericht angefochten werden (§ 122 FG.).

14. Siehe noch im Anhang Ausführungsanweisung zu § 86.

§ 87. (1) Die Fischerei in einem gemeinschaftlichen Fischereibezirke verwaltet für Rechnung der Beteiligten der Gemeinde- (Guts-) Vorsteher. Die Kassengeschäfte führt die Gemeinde- (Guts-) Kasse. Erstreckt sich der Fischereibezirk auf mehrere Gemeinde- (Guts-) Bezirke, so bestimmt die Gemeindeaufsichtsbehörde den Gemeinde- (Guts-) Vorsteher, dem die Verwaltung obliegt. In der Rheinprovinz kann die Gemeindeaufsichtsbehörde die Verwaltung des Fischereibezirks, wenn er mehrere Gemeindebezirke umfaßt, dem Bürgermeister übertragen; Satz 3 gilt sinngemäß.

(2) Der Kreisausschuß, in Stadtkreisen der Bezirksausschuß, kann beschließen, daß an Stelle des Gemeinde- (Guts-) Vorstehers (Bürgermeisters) ein Fischereivorsteher tritt, den die Mehrheit der Beteiligten, berechnet nach dem Wert ihrer Fischereirechte, gewählt hat. Die näheren Bestimmungen trifft der Kreis- (Bezirks-) Ausschuß.

(3) In der Verwaltung nach Abs. 1 vertritt der Gemeinde- (Guts-) Vorsteher (Bürgermeister, Fischereivorsteher) den Fischereibezirk gerichtlich und außergerichtlich.

(4) Die Aufsicht über die Verwaltung der Fischerei in dem gemeinschaftlichen Fischereibezirke führt die Gemeindeaufsichtsbehörde.

(5) Für die Verwaltung ist auf Verlangen eine angemessene Vergütung zu gewähren, die der Kreisausschuß, in Stadtkreisen der Bezirksausschuß festsetzt.

(6) Nach dem Verhältnis des Wertes der einzelnen Fischereirechte werden alljährlich die Reinerträge verteilt und die Zuschüsse umgelegt. Der Plan dafür mit Berechnung der Einnahmen und Ausgaben ist zur Einsicht der Beteiligten zwei Wochen lang auszulegen. Ort und Zeit der Auslegung sind vorher ortsüblich bekannt zu machen. Über Beschwerden gegen den Plan, die binnen zwei Wochen nach Beendigung der Auslegung erhoben werden können, beschließt der Gemeinde- (Guts-) Vorsteher (Bürgermeister, Fischereivorsteher). Gegen seinen Bescheid ist binnen zwei Wochen die Klage im Verwaltungsstreitverfahren beim Kreisausschuß, in Stadtkreisen beim Bezirksausschuß zulässig.

(7) Die Zuschüsse können im Verwaltungszwangsverfahren beigetrieben werden. Die Vollstreckungsbehörde wird durch die Gemeindeaufsichtsbehörde bestimmt.

1. „Die Übertragung der Verwaltung des gemeinschaftlichen Fischereibezirkes an die politischen Gemeinden hat ihr Vorbild in dem für die Rheinprovinz geltenden Gesetz vom 25. Juni 1895 (§ 9), während nach den Provinzialgesetzen für Westfalen, Hannover und den Regierungsbezirk Kassel die Verwaltung bisher durch Fischereiverwaltungen erfolgte, deren Leitung einem Fischereivorsteher obliegt." RegBegr. aaO 1916/18. Vgl. dazu § 131 FG Vgl. LWA. vom 2. Juli 1918, Bd. 1 S. 207.

2. Der Kreis- (Bezirks-) Ausschuß (Abs. 2) kann bestimmen, daß statt des Gemeindevorstehers ein Fischereivorsteher die Geschäfte des gemeinschaftlichen Fischereibezirks führt Auf diese Weise ist es möglich, die bestehenden Verhältnisse in den genannten Provinzen Westfalen usw. aufrecht zu erhalten.

Die Kasse der Gemeinde, deren Gemeindevorsteher usw. die Fischerei in dem gemeinschaftlichen Fischereibezirke verwaltet, führt die Kassengeschäfte des gemeinschaftlichen Bezirks. In der Rheinprovinz kann die Gemeindeaufsichtsbehörde die Verwaltung des Fischereibezirks, wenn er mehrere Gemeindebezirke umfaßt, dem (Land-) Bürgermeister, welcher mehrere Gemeindebezirke verwaltet, übertragen. Die Bürgermeistereikasse führt dann auch die Kassengeschäfte. Sofern mehrere Bürgermeister in Betracht kommen, findet Satz 3 sinngemäß Anwendung, d. h. die Gemeindeaufsichtsbehörde bestimmt den Bürgermeister, der die Verwaltung zu übernehmen hat.

3. Der Gemeindevorsteher usw. vertritt in der Verwaltung nach Abs. 1 den Fischereibezirk gerichtlich und außergerichtlich.

Der gemeinschaftliche Fischereibezirk als solcher hat keine Rechtsfähigkeit. Der Gemeindevorsteher hat die beschränkte Vertretungsmacht (gerichtlich und außergerichtlich), so daß z. B. eine Klage aus § 15 FG. sich gegen ihn zu richten hat. Es handelt sich nicht bloß um die rechtsgeschäftliche Vertretung im engeren Sinne, sondern auch um die vermögensrechtliche Vertretung. Deswegen sind von dem Gesetzgeber die Worte „gerichtlich und außergerichtlich" gewählt. Es ist für praktisch erachtet worden, daß der Gemeindevorsteher den gemeinschaftlichen Fischereibezirk in einem gewissen Umfange vertritt, nämlich in der Verwaltung nach Abs. 1, sonst aber nicht. Wenn z. B. die Berechtigten ein Grundstück kaufen oder verkaufen wollen, und ähnliches, müssen sie alle zusammentreten. Der Gemeindevorsteher kann nicht ohne weiteres über die gesamten Rechte und das gesamte Vermögen verfügen (juristische Person mit beschränkter Rechtsfähigkeit). KomBer. d. HH. aaO. 1916/18.

4. Die Gemeindeaufsichtsbehörde — Abs. 4 — ist in den Landgemeinden der Landrat, in den Städten der Regierungspräsident, in Berlin der Oberpräsident; die Beschwerdeinstanz

der Regierungspräsident, in Städten der Oberpräsident, in Berlin der Minister des Innern.

5. Die der Gemeinde für die Verwaltung zufließende Vergütung — Abs. 5 — ist im einzelnen Falle unter Würdigung aller Verhältnisse zu bestimmen und nicht ein für alle Mal gesetzlich festgelegt worden. RegBegr. aaO. 1916/18.

6. Als Maßstab für die Verteilung der Fischereieinnahmen und die Umlegung der Zuschüsse — Abs 6 — ist richtiger nicht die Uferlänge, sondern der Wert der einzelnen Fischereirechte bestimmt. Das Verfahren des Abs. 6 schließt sich dem § 25 der Jagdordnung vom 15. Juli 1907 an. RegBegr. aaO. 1916/18.

Der Plan muß zwei Wochen lang zur Einsicht der Beteiligten ausliegen. Die Ausgaben sind nachzuweisen durch Quittungen usw., sogenannte Belege. Die Beteiligten sind die dem gemeinschaftlichen Bezirk angehörenden Fischereiberechtigten.

Ortsüblich ist die Auslegung des Planes bekannt gemacht, wenn sie in der für die Bekanntmachungen in Gemeindeverwaltungssachen üblichen Weise erfolgt ist. Erstreckt sich der gemeinschaftliche Bezirk über mehrere Gemeinden, so ist die Ortsüblichkeit der den Bezirk verwaltenden Gemeinde maßgebend

Über Beschwerden gegen den Plan, die erst nach Beendigung der Auslegung binnen zwei Wochen erhoben werden können, nicht vorher, beschließt der Gemeindevorsteher usw Gegen seinen Bescheid steht die Klage im Verwaltungsstreitverfahren beim Kreisausschuß, in Stadtkreisen beim Bezirksausschuß offen. Die Klage kann nur gegen den Plan, d. h. die Richtigkeit der Verteilung der Einnahmen und der Umlegung der Zuschüsse erhoben werden, nicht gegen die Richtigkeit der Einnahmen und Ausgaben; letztere unterliegen nicht der Nachprüfung durch das Verwaltungsgericht.

7. Abs. 7. Die Beitreibung erfolgt nach Maßgabe der Verordnung über das Verwaltungszwangsverfahren.

8. Siehe auch § 88 sowie § 119 und § 131 FG., sowie im Anhang: Ausführungsanweisung zu § 87.

§ 88. Beschlüsse nach den §§ 86, 87 können bei einer Veränderung der Verhältnisse in der dort vorgesehenen Weise abgeändert oder aufgehoben werden.

Siehe auch § 89 Abs. 3 FG.

Die §§ 86 ff. FG. finden auch bei der Änderung oder Aufhebung der auf Grund des Gesetzes, betreffend die Fischerei der Ufereigentümer in den Privatflüssen der Rheinprovinz vom 25. Juni 1895 (GS. S. 267) gebildeten Fischereibezirke Anwendung. LWA. vom 21 März 1924, PrVerwbl. Jahrg. 45 S. 449 Dasselbe gilt für Westfalen, Hannover und den Regierungsbezirk Kassel (vgl § 131 FG.).

§ 89. (1) Erstreckt sich ein Fischereirecht in offenen Gewässern ununterbrochen auf mindestens 2 Kilometer Uferlänge in der ganzen Breite der Gewässer oder auf einen ganzen See, so kann der Fischereiberechtigte verlangen, daß aus diesen Gewässern ein selbständiger Fischereibezirk gebildet wird.

(2) Wenn keine fischereiwirtschaftlichen Rücksichten entgegenstehen, kann der Bezirksausschuß auf Antrag des Fischereiberechtigten genehmigen:

1. daß dem selbständigen Fischereibezirk auch solche Gewässerstrecken angeschlossen werden, auf denen der Fischereiberechtigte nicht in der ganzen Breite fischereiberechtigt ist;

2. daß auch aus kürzeren Strecken und auch, wenn das Fischereirecht nicht die ganze Breite des Ge-

(3) Für das Verfahren gelten die §§ 86, 88.

wässers oder die ganze Fläche des Sees umfaßt, ein selbständiger Fischereibezirk gebildet wird.

1. Selbständige Fischereibezirke. Siehe § 131 FG. Danach bleiben Fischereibezirke, die in den Provinzen Westfalen, Rheinprovinz, Hannover und dem Regierungsbezirks Kassel bis zum Inkrafttreten des FG. vom 11. Mai 1916 bereits gebildet sind, bestehen.

Siehe ferner § 36 Abs. 2 FG.

Den gemeinschaftlichen Fischereibezirken stellt das Gesetz die sogenannten selbständigen gegenüber. Ein selbständiger Fischereibezirk muß auf Verlangen eines Berechtigten gebildet werden, wenn dieser ein zusammenhängendes Fischgewässer von größerer Ausdehnung besitzt. Die Bildung ist im übrigen unabhängig davon, ob gleichzeitig ein gemeinschaftlicher Fischereibezirk gebildet wird, von welchen der Eigentümer einer größeren Gewässerstrecke etwa ausgeschlossen zu sein wünscht. RegBegr. aaO. 1916/18.

Die einzige Fischereiberechtigung kann einer oder mehreren natürlichen oder juristischen Personen zustehen.

Selbständige Fischereibezirke dürfen gemeinschaftlichen Fischereibezirken nicht angeschlossen werden. Wer aber von der Berechtigung nach Abs. 1, obwohl die Voraussetzungen dazu vorliegen, keinen Gebrauch macht, kann mit seinem Fischereirecht in einen gemeinschaftlichen Fischereibezirk einbezogen werden (§ 86 FG.).

2. Das Mindestmaß sind 2 Kilometer Uferlänge ununterbrochener Fischereiberechtigung in offenen Gewässern in der ganzen Breite der Gewässer oder auf einem ganzen See. Sind diese Voraussetzungen gegeben, so muß auf Verlangen des Fischereiberechtigten ein selbständiger Bezirk vom Bezirksausschuß gebildet werden, ohne Rücksicht darauf, ob fischereiwirtschaftliche Bedenken dagegen obwalten oder nicht. Die Beteiligten müssen vor der Beschlußfassung gehört werden, im übrigen siehe §§ 86, 88 FG. Der Beschluß des Bezirksausschusses kann auch geändert oder aufgehoben werden.

3. Ausnahmen von der Regel des Abs. 1 enthält Abs. 2. Der Gesetzgeber hat in Abs. 2 zwei Ausnahmen zugelassen

Abs. 2 Ziff. 1 betrifft den ausnahmsweisen Anschluß von Gewässerstrecken an einem bestehenden selbständigen Fischereibezirk; Ziff. 2 die ausnahmsweise Bildung eines selbständigen Fischereibezirks. Dabei ist vorausgesetzt, daß keine fischereiwirtschaftlichen Rücksichten der Bewilligung der Ausnahmen entgegenstehen. Ist diese Voraussetzung bejaht, dann ist der Bezirksausschuß befugt, die Ausnahmen nach Abs. 2 zuzulassen. Gegen den Beschluß des Bezirksausschusses steht die Beschwerde an das Oberverwaltungsgericht offen.

Diese Ausnahmebestimmung (Abs. 2) ist von Bedeutung einmal für solche große Flüsse, wo, wie beim Rhein, auf gegenüberliegenden Uferstrecken ganz verschiedene Fischereiverhältnisse vorliegen. Es ist nicht selten, daß die Fische auf der einen Seite des Rheins einen ganz anderen Geschmack haben als auf der anderen. Insbesondere ist eine solche Bestimmung aber auch zweckmäßig für solche Flußläufe, die die Grenze zwischen dem preußischen Staate und anderen Staaten bilden.

Ob Bezirke mit 500 m Uferlänge (Westfalen, Hannover, Rheinprovinz) unwirtschaftlich sind, muß der Bezirksausschuß im einzelnen Falle entscheiden.

KomBer. d. AH. aaO. 1916/17: Ob die Uferlänge von 2 km Länge richtig ist oder nicht, läßt sich nicht allgemein sagen. Deshalb muß jeder Fall besonders ins Auge gefaßt und von den Ausnahmen des § 89 Abs. 2 ausgiebiger Gebrauch gemacht werden, damit sowohl die Interessen der Fischerei geschont, als auch wohlerworbene Rechte der Anlieger auf eigene Ausübung der Fischerei nicht ohne Not geschädigt werden.

4. Im Falle der Nr. 2 des § 89 wie in demjenigen der Nr. 1 muß ein unmittelbarer Zusammenhang der zu dem selbständigen Fischereibezirke zusammenzuschließenden Gewässerstrecken gefordert werden. Das ergibt einmal der Begriff der Fischereibezirke nach § 86 und § 89 Abs. 1, anderseits der Umstand, daß das Gesetz sich an die Sondergesetze

für Westfalen, Rheinprovinz, Hannover anlehnt, die übereinstimmend einen solchen Zusammenhang voraussetzen. Das ist vom Gesetzgeber auch gewollt, wie aus den KomBerichten und den parlamentarischen Verhandlungen hervorgeht LWA vom 21. März 1922, Bd. 4 S. 203.

5. „Wenn gemäß § 89 Abs. 2 Nr 2 FG aus dem Hauptteil eines Sees ein selbständiger Fischereibezirk gebildet werden soll, so ist der Eigentümer eines daran stoßenden kleineren Seeteils auch dann nicht als „Beteiligter" in diesem Verfahren anzusehen, wenn die rechtliche und wirtschaftliche Möglichkeit besteht, daß er gemäß § 91 FG. verpflichtet werden könne, die Ausübung seines Fischereirechtes dem Inhaber des neugebildeten selbständigen Fischereibezirkes zu überlassen. Ihm steht deshalb auch nicht das Recht der Beschwerde gegen den Beschluß zu, durch den die Bildung des selbständigen Fischereibezirks ausgesprochen wird. Seinem Antrag auf Bildung eines eigenen selbständigen Fischereibezirks aus dem ihm gehörenden neuen Teile gemäß § 89 Abs. 2 Nr. 2 FG. können gesetzliche Gründe entgegenstehen, wenn dieser Seeteil mit dem Hauptteile des Sees zusammen eine biologische und fischereiwirtschaftliche Einheit bildet und die erwünschte einheitliche Fischereibewirtschaftung des ganzen Sees, die auf Grund des § 91 erreicht werden könnte, durch die Bildung des zweiten selbständigen Fischereibezirks verhindert werden würde." LWA. vom 2. Oktober 1923, PrVerwbl. Jahrg. 45 S 449. Vgl. dazu noch LWA vom 11. Juli 1922 (J. F. 10. 1922) angeführt in LWA vom 6. März 1923, Bd. 4 S. 201.

Siehe noch im Anhang: Ausführungsanweisung zu § 89.

§ 90. (1) Steht das Fischereirecht in einem selbständigen Fischereibezirke mehr als drei Personen zu, so dürfen es diese nur nach § 28 nutzen.

(2) Die Art der Ausübung ist der Fischereibehörde anzuzeigen. Bis zu dieser Anzeige ruht die Fischerei.

1. Im Falle des § 90 darf das Fischereirecht nur dadurch ausgeübt werden, daß es einem anderen durch Vertrag in vollem Umfange (§ 29) oder unter Beschränkung auf den Fischfang übertragen wird.

2. Die Art der Ausübung ist der Fischereibehörde anzuzeigen. Unterbleibt die Anzeige, ruht die Fischerei. Wer während des Ruhens trotzdem fischt, macht sich wegen unberechtigten Fischens strafbar. Vgl KomBer. d. HH. aaO. 1916/18.

§ 91. Fischereiberechtigte eines Gewässers, das an einen selbständigen Fischereibezirk angrenzt, sind verpflichtet, die Ausübung ihrer Fischereirechte dem Inhaber dieses Bezirkes gegen eine Geldrente zu überlassen, wenn sie durch eigene Ausübung ihrer Fischereirechte den wirtschaftlichen Betrieb desselben schädigen und der Wert des Fischereirechts in dem selbständigen Bezirke den ihrer Fischereirechte übersteigt. Sie können statt dessen die Fischerei ruhen lassen, wenn das Ruhen dem selbständigen Fischereibezirke nicht nachteilig ist. Die Verpflichtung fällt weg, wenn eine ihrer Voraussetzungen wegfällt. Der § 33 Abs. 3, 5 bis 7 und der § 34 Abs. 2 gelten entsprechend. Verpflichtungen nach § 33 Abs. 1 werden hierdurch nicht berührt.

1. § 91 enthält eine Ergänzung der §§ 33 und 34, zur Vermeidung von Härten aber die Bestimmung, daß der Angrenzer nur dann zur Verpachtung seines Fischgewässers verpflichtet ist, wenn er durch eigenen Betrieb den benachbarten selbständigen Fischereibezirk wirtschaftlich schädigt und der Wert des Fischereirechts in dem selbständigen Bezirk denjenigen seines eigenen übersteigt. Statt dessen kann der Angrenzer seine Fischerei ruhen lassen, wenn das dem selbständigen Fischereibezirke nicht nachteilig ist.

2. Der der Vorschrift zugrunde liegende Gedanke ist der, daß

es aus fischereiwirtschaftlichen Interessen erwünscht sein kann, kulturschädliche Einzelberechtigungen zugunsten eines selbständigen Fischereibezirks beseitigen zu können.

Wenn es auch von Bedeutung ist, daß solche Einzelberechtigungen möglichst genossenschaftlichen Fischereibezirken und Genossenschaften und erst in letzter Linie einem selbständigen Fischereibezirke angeschlossen würden, so ist doch keine Voraussetzung des Anpachtungsrechtes nach § 91, daß eine Vereinigung mit einer Genossenschaft usw. sich erst als nicht gangbar herausgestellt hat Vgl KomBer. d. AH. aaO. 1914/15.

3. Gehört die anzupachtende Fischereiberechtigung einer Wirtschaftsgenossenschaft oder einem Fischereibezirk an, so fällt das Anpachtungsrecht des selbständigen Fischereibezirks fort. Vgl. LWA. vom 21. März 1922, Bd. 4 S. 203.

4. Der Rechtsweg ist gemäß §§ 33 Abs. 5 FG. ausgeschlossen. Zuständig ist der Bezirksausschuß, gegen dessen Beschluß Beschwerde an das Oberverwaltungsgericht zusteht

5. Der Inhaber des selbständigen Fischereibezirks gilt im Falle der Anpachtung gemäß § 30 als Fischereiberechtigter im angepachteten Gewässer an Stelle des Inhabers des Fischereirechts daselbst

6. Da der Zwang der Überlassung der Fischerei nur die Stelle der freiwilligen Überlassung im Wege der Verpachtung zu vertreten bestimmt ist und für die letztere die Festsetzung einer bestimmten Pachtdauer die Regel bildet, ist es zweckmäßig, im Streitfalle die Zwangspachtung auch nur für eine bestimmte Dauer auszusprechen und diese entsprechend der Vorschrift des § 29 Abs. 1 FG. über die Mindestpachtzeit bei Fischereien auf 12 Jahre festzusetzen. Dies ermöglicht der Beschlußbehörde, nach Ablauf der Frist die Voraussetzungen des Anpachtungsrechtes nach § 91 erneut zu prüfen, wenn dasselbe für einen weiteren Zeitraum beansprucht und auf gütlichem Wege die Anpachtung nicht zu erreichen ist. Vgl. LWA. vom 10. April 1923, Bd. 4 S. 211.

7. Siehe noch die bei § 89 unter Anm 6 angeführte LWA vom 2. Oktober 1923, ferner noch im Anhang. Ausführungsanweisung zu § 91

Sechster Abschnitt.

Fischereischeine und Erlaubnisscheine.

§ 92. (1) Wer den Fischfang ausübt, muß einen auf seinen Namen lautenden Fischereischein bei sich führen.

(2) Ein Fischereischein ist nicht erforderlich:

1. für Gehilfen, die mit dem Fischereiberechtigten, Fischereipächter oder Inhaber eines Erlaubnisscheins zusammen den Fischfang ausüben;
2. zum freien Fischfang in der Nord- und Ostsee, einschließlich der offenen Meeresbuchten, soweit sie nicht im Eigentume stehen;
3. zum Fischfang in Gewässern, die dem Fischereiberechtigten gehören und vollständig von Grundstücken desselben begrenzt sind, sowie in künstlichen Fischteichen, die mit einem Wasserlaufe nur dadurch in Verbindung stehen, daß sie mittels künstlicher Vorrichtungen aus ihm gefüllt oder in ihn abgelassen werden.

I. 1. Das Fischereigesetz ordnet zwei Ausweis- (Legitimations-) scheine, den Fischereischein und den Erlaubnisschein, an. Nach dem Vorbilde des Jagdscheins und der bayerischen Fischerkarte ist der Fischereischein durch § 92 neu eingeführt, dessen jeder, also auch der Fischereiberechtigte und Fischereipächter, der den Fischfang selbst ausüben will, bedarf.

Der Fischereischein ist ein von der Fischereibehörde ausgestelltes Ausweispapier darüber, daß von Polizei wegen gegen eine Fischereiausübung des Inhabers nichts einzuwenden ist. Mit der privatrechtlichen Befugnis hat der Fischereischein nichts zu tun; er hat in dieser Beziehung keine Beweiskraft. KStG. vom 23. April 1926, PrVerwbl. Jahrg. 48 S. 114. Vgl. auch KGSt. vom 7. März 1926, Ring, Bd. 5 (neue Folge) S. 165.

Der Fischereischein muß auf den Namen einer natürlichen Person lauten, nicht einer juristischen. Vgl. dazu § 94 FG. Wer den Fischfang ausübt, ohne im Besitz eines Fischereischeins zu sein, macht sich nach § 126 FG. strafbar. Der Fischereischein ist nur erforderlich für die Ausübung des Fischfangs, nicht für die des Hegens.

2. Wer den Fischfang ausübt, muß den Fischereischein bei sich führen. Bei sich führen ist gleich „mit sich" führen; er muß ihn im Besitz — im juristischen Sinne — haben; daß er ihn zu Hause aufbewahrt hat, daß er sich einen Fischereischein hat ausstellen lassen, genügt nicht; er muß ihn, soll der Zweck des Scheins erfüllt und erreicht werden, jederzeit dem zuständigen Beamten vorzeigen können, der natürlich auch festzustellen hat, ob der Fischereischein ein ordnungsmäßiger ist, also der Zeit nach gültig, von der zuständigen Behörde ausgestellt (§ 93 FG.) ist, ob derjenige, der den Fischereischein mit sich führt, mit dem, auf welchen er ausgestellt ist, identisch ist, usw. Trägt den Fischereischein ein Gehilfe oder Begleiter bei sich, der sofort herangerufen werden kann, so genügt dies.

3. Nur dann, wenn jemand den Fischfang tatsächlich ausübt, ist er verpflichtet, den Schein bei sich zu führen, also bei Ausübung des Fischfanges. Es muß sich also auch um das Fangen von Fischen handeln, d. h. die Aneignung, also um alle solche Handlungen, die vorgenommen werden, um in den Besitz des oder der Fische zu gelangen. Die Ausübung des Fischfanges muß bereits durch entsprechende Handlungen ihren Anfang genommen und noch nicht beendet sein. Der Schein kann auf dem Gewässer, ebenso am Rande des Ufers, auch soweit das Uferbetretungsrecht dem Ausübenden zusteht, zur Einsicht verlangt werden. Die Befug-

nis hierzu steht allen Polizeibeamten (auch den Landjägern), den Fischereibeamten und den angestellten Aufsehern zu (§ 119 FG.); natürlich auch dem Fischereiberechtigten und -pächter. Die örtliche Zuständigkeit erstreckt sich auf das den Kontrollbeamten in der Beaufsichtigung unterstellte Gebiet, bei Polizeibeamten also auf ihren Polizeibezirk.

Der Fischereischein muß auch bei wiederholten Kontrollen während derselben Fanghandlung durch verschiedene zuständige Kontrollbeamten vorgezeigt werden.

Bei der Ausübung der Fischerei muß der vorgeschriebene Fischereischein von dem den Fischfang Ausübenden mit sich geführt werden. Bedeutungslos ist dabei, ob derselbe den Fischfang nur als Gehilfe ausgeübt hat; denn dieser Umstand würde ihn von der Verpflichtung zur Mitführung des Fischereischeins nur dann befreit haben, wenn er den Fischfang mit dem Fischereiberechtigten usw. (§ 92 Abs. 2 Ziff. 1) zusammen ausgeübt hätte KGSt. vom 16. Januar 1923, Ring, Bd. 1 (neue Folge) S. 155.

4. Wer den erforderlichen Schein nicht vorzeigen kann, macht sich nach § 125 Ziff. 1 FG. strafbar, ohne Rücksicht auf den Grund, weshalb die Vorzeigung nicht möglich ist. Wer die Vorzeigung verweigert, macht sich in gleicher Weise strafbar. Die Verweigerung steht der Nichtbeisichführung in diesem Falle gleich. Daß der kontrollierende Beamte in der Lage sein muß, wenn er die Vorzeigung des Scheins verlangt, sich als kontrollberechtigt auszuweisen, falls er nicht schon durch seine Uniform legitimiert ist, ist selbstverständlich. Auch wer einen ungültigen oder für ungültig erklärten Schein vorzeigt, macht sich strafbar.

Der Anforderung des Scheines zur Einsicht durch den kontrollberechtigten Beamten muß die sofortige Vorzeigung folgen, um der gesetzlichen Verpflichtung, den Schein bei sich zu führen, genügt zu haben. Weist der Verpflichtete später nach, daß er ihn bei sich geführt hat, so ist dies für die Straffälligkeit ohne Einfluß. Vgl. auch § 105 FG. Wer den

Fischereischein nicht bei sich führt, kann auch an der Fortsetzung des Fischfanges verhindert werden.

Wer überhaupt keinen Fischereischein besitzt, obwohl er dazu nach § 92 FG. verpflichtet ist, macht sich nach § 126 FG. strafbar.

Zuwiderhandlungen gegen §§ 125, 126 FG. sind Übertretungen. Anstiftung dazu ist strafbar.

Die Nichtlösung des Fischereischeins macht aber das Fischen nicht zu einem „unberechtigten" im Sinne des § 370 StGB. KGSt., Ring, Bd. 6 S. 311.

II. Ausnahmen vom Erfordernis des Fischereischeins.

1. Gehilfen bedürfen keines Fischereischeins, wenn sie mit dem Fischereiberechtigten usw. (Abs. 2 Ziff. 1) zusammen den Fischfang ausüben.

Unter Gehilfen im Sinne des § 92 Abs. 2 Ziff. 1 FG. sind nicht nur Personen zu verstehen, die von dem Fischereiberechtigten usw. wirtschaftlich abhängig sind, sondern alle, die ihn bei der Bedienung der Fahrzeuge, der Handhabung der Fischereigeräte, dem Transport der Fische u. dgl. unterstützen. RegBegr. aaO. 1914/15. Jedermann, der Hilfe leistet, kann unter Gehilfen verstanden werden.

Der Fischereiberechtigte usw. muß anwesend sein, was durch die Worte „zusammen den Fischfang ausüben" zum Ausdruck gelangt. Letzterer gewährt einen weiteren Spielraum, es genügt z. B. wenn der Inhaber des Fischereischeins in der Nähe ist, ab und zu herankommt, wenn seine Angehörigen etwa fischen; seine ständige Gegenwart ist nicht erforderlich. RegBegr. aaO 1914/15 und KomBer. d. AH. aaO. 1916/17. Ob letztere Erklärung eines Regierungsvertreters in der Kommission nicht zu weit geht in Anbetracht des Wortes „zusammen" in Ziff. 1, mag dahingestellt bleiben. Es muß aber nach der Fassung der Ziff. 1 immer noch ein „Zusammenhang" zwischen der Tätigkeit des Fischereiberechtigten und des Gehilfen bestehen; der Fischereiberechtigte muß an dem vom Gehilfen ausgeübten Fischfang beteiligt sein, so zwar, daß dieser den ersteren in der Ausübung des Fischfanges unterstützt.

Natürlich muß der Fischereiberechtigte usw. den Fischereischein bei sich führen, wenn er den Fischfang ausübt Tut er letzteres nicht, so braucht er den Schein nicht bei sich zu führen. Es kann immer noch ein „zusammen" in der Ausübung des Fischfanges gegeben sein, auch wenn der Fischereiberechtigte nicht selbst persönlich den Fang ausübt. Der Fischereipächter muß bei Ausübung des Fischfanges auch dann den Fischereischein besitzen und mit sich führen, wenn in seiner Anwesenheit und in seinem Auftrage ein anderer auf dem gepachteten Gewässer den Fischfang mit ausübt; er wird dadurch nicht Gehilfe des Beauftragten, und dieser steht nicht dem Inhaber eines Erlaubnisscheines gleich. KGSt. vom 18. Februar 1927, Ring, Bd. 6 S. 320.

Übt der Gehilfe mit dem Berechtigten nicht zusammen den Fischfang aus, bedarf er eines auf seinen, des Gehilfen, eigenen Namen lautenden Fischereischeins. Siehe KGSt., Ring, Bd. 1 S. 155, oben bei I Anm. 3 a. E. angeführt.

2. Ein Fischereischein ist nicht erforderlich zum freien Fischfang.

Über den freien Fischfang siehe §§ 1, 6, 7 FG. Wo die Grenzen des freien Fischfanges in den Küstengewässern nach dem Binnenland zu aufhören, da hört auch die Anwendbarkeit der Ausnahme der Ziff. 2 auf.

3. Ein Fischereischein ist nicht nötig für den Fischfang in Gewässern, die dem Fischereiberechtigten gehören und vollständig von Grundstücken desselben begrenzt sind, sowie in künstlichen Fischteichen mit künstlichen Vorrichtungen zum Füllen und Ablassen des Teiches aus bzw. in einen Wasserlauf.

Das Gewässer im Sinne des Abs. 2 Ziff. 3 ist kein geschlossenes im Sinne der §§ 2, 3 FG. Vgl. vielmehr § 176 I 9 ALR. Das Gewässer muß im Eigentum des daselbst Fischereiberechtigten stehen und vollständig von Grundstücken, d. h. von Grundstücken, die keine Gewässer, sondern Landgrundstücke sind, ringsum umgrenzt sein. Diese (Land-) Grundstücke müssen ebenfalls im Eigentum des Fischereiberechtigten stehen. Fischereirecht und Eigentum der das Gewässer umschließenden Grundstücke müssen in einer Hand liegen (physischen oder juristischen Person).

Im polizeilichen Interesse ist die Forderung des Fischereischeins in diesen Fällen auch überflüssig, da die Fischerei hier lediglich von dem Eigentümer oder dessen Beauftragten ausgeübt werden kann.

Gewässer, die einen Zufluß oder Abfluß haben, der nicht im Eigentum des Berechtigten steht, fallen nicht unter die Ausnahmen des Abs. 2 Ziff 3.

Durch die im Abs. 2 Ziff. 3 vorgesehene Befreiung von dem Fischereischein wird die Aufsichtspflicht der Polizeiorgane über die Ausführung des Fischfanges auf den geschlossenen Gewässern (Ziff. 3) in keiner Weise berührt. Der Eigentümer soll und darf durch diese Befreiung naturgemäß nicht des polizeilichen Schutzes beraubt werden. KomBer. d. AH. aaO. 1914/15.

III. Siehe noch §§ 97, 98, 123, 125, 126 FG.

IV. Betreffend Fischereischeine ist die MinVerf. vom 26. Mai 1923, LMBl. S. 511, ergangen; siehe ferner MinVerf. vom 23. Februar 1922, betr. Fischerei- und Erlaubnisscheine, LMBl. S. 224; vom 3. Juni 1922 (LMBl. S. 467); vom 5. Februar 1926, betr. Anschaffungskosten für Fischereischeine, LMBl. S. 164.

V. Siehe auch Anhang Nr. 5: AusfAnw. zu §§ 92 bis 97.

§ 93. Zuständig für die Erteilung des Fischereischeins ist die Fischereibehörde, in deren Bezirke der Antragsteller den Fischfang ausüben will. Der Fische-

reischein wird für das Kalenderjahr ausgestellt und gilt für das ganze Staatsgebiet.

1. Zuständig zur Erteilung des Fischereischeins ist die Fischereibehörde, und zwar diejenige, in deren Bezirke der Antragsteller den Fischfang ausüben will, nicht die, in deren Bezirk der Antragsteller seinen Wohnsitz hat, da die Ausstellung des Scheins auch von der materiellen Befugnis zur Ausübung der Fischerei abhängig ist und deren Beurteilung die Kenntnis der örtlichen Verhältnisse voraussetzt — § 96 Abs. 1 Ziff. 1 FG. — (RegBegr. aaO. 1914/15).

2. Der Fischereischein wird für das Kalenderjahr ausgestellt, d. h. immer nur bis zum Ablauf des Jahres (31. Dezember), innerhalb dessen der Schein beantragt wird. Der Fischereischein gilt innerhalb des gesamten preußischen Staatsgebietes.

Ein Fischereischein, der von einer anderen Behörde als der Fischereibehörde ausgestellt wird, ist ungültig, wenn ersterer die sachliche Zuständigkeit fehlt. Vgl. KG. vom 7. Mai 1826, Ring, Bd. 5 (neue Folge) S. 165.

3. Vgl. noch § 92 und § 125 Nr 1 FG., sowie im Anhang AusfAnw. zu §§ 92—97.

§ 94. Wird der Inhaber eines nach § 93 ausgestellten Fischereischeins plötzlich behindert, so kann der für den Ort der Fischereiausübung zuständige Gemeinde- (Guts-) Vorsteher einen auf höchstens zwei Wochen lautenden Fischereischein für den Vertreter ausstellen. Die Ausstellung des Vertretungsscheins hat er sogleich der Fischereibehörde anzuzeigen. Diese kann den Schein zurückziehen.

1. Der Fischereischein für den Vertreter des Inhabers eines nach § 93 ausgestellten Fischereischeines, zu dessen Ausstellung der für den Ort der Fischereiausübung zuständige Gemeindevorsteher befugt ist, ist höchstens zwei Wochen gültig.

Letzterer darf den Schein für keine längere Zeit ausstellen. Der sogenannte Vertreterschein muß den an einen Fischereischein zu stellenden Anforderungen entsprechen. Wer im Falle plötzlicher Erkrankung des zur Ausübung des Fischfanges Berechtigten für diesen den Fischfang ausüben will, muß sich zuvor einen vorläufigen Fischereischein (Vertreterschein) ausstellen lassen. KGSt. Ring, Bd. 6 S. 311.

2. Siehe auch §§ 92, 93 und § 125 Nr. 1 FG. sowie im Anhang: AusfAnw. zu §§ 92—97

§ 95. Fischereischeine sind [gebühren- und] stempelfrei.

1. Nach dem Fischereigesetz waren die Fischereischeine stempel- und gebührenfrei. Diese Gebührenfreiheit ist durch die Gebührenordnung vom 30. Dezember 1926 (GS. S. 327) aufgehoben. Nach Nr. 28 des Gebührentarifs derselben ist für die Ausstellung eines Fischereischeins eine Gebühr von 2 RM. zu entrichten, für einen Fischereischein für Ausländer eine Gebühr von 10 RM.

Für deutschstämmige Personen, die durch Gebietsabtretung die Reichsangehörigkeit verloren haben, kann der Regierungspräsident die Gebühr bis auf den Satz für Inländer ermäßigen. Für die doppelte Ausfertigung eines Fischereischeines ist dieselbe Gebühr zu entrichten, wie für das erste Exemplar des Fischereischeins. Zur Gebührenordnung ist der MinErl. vom 8. Januar 1927, LMBl. S. 73 ergangen, welcher auf die neue Gebührenordnung aufmerksam macht.

2. Siehe Anhang zu den „preußischen Jagdgesetzen" von A Born: die Gebührenordnung.

§ 96. (1) Der Fischereischein kann versagt werden:

1. Personen, die nicht glaubhaft machen können, daß sie als Fischereiberechtigte, Fischereipächter oder Inhaber eines Erlaubnisscheins zur Aus-

übung der Fischerei im Bezirke der Fischereibehörde befugt sind; für Fischereiberechtigte, deren Fischereirecht im Wasserbuch eingetragen ist (§ 11), gilt diese Vorschrift nicht;

2. Personen, die nicht Fischereiberechtigte sind, wenn sie in den letzten drei Jahren rechtskräftig verurteilt sind
   a) wegen Diebstahls, Unterschlagung, Hehlerei, Jagd- oder Fischereivergehens oder Widerstandes gegen einen Fischereibeamten oder amtlich verpflichteten Aufseher (§ 119 Abs. 7) aus § 113 des Reichsstrafgesetzbuchs oder aus den §§ 117 bis 119 daselbst,
   b) wegen einer Straftat, die zugleich mit Polizeiaufsicht, Ehrverlust oder Überweisung an die Landespolizeibehörde (§ 362 StGB.) bedroht ist;
3. Personen, die keinen Wohnsitz im Deutschen Reiche haben.

(2) Nach Abs. 1 Nr. 2 kann der Fischereischein nur wegen solcher Straftaten versagt werden, die nach Inkrafttreten dieses Gesetzes begangen sind.

(3) Wenn Tatsachen, welche die Versagung rechtfertigen, erst nach Erteilung des Fischereischeins eintreten oder zur Kenntnis der Behörde kommen, so kann der Fischereischein dem Empfänger entzogen und wieder abgenommen werden.

(4) Vor Ablauf von zwölf Monaten seit der rechtskräftigen Versagung, Entziehung oder Anordnung der Wiederabnahme des Scheines kann ein Antrag auf Neuerteilung nicht gestellt werden, es sei denn, daß

schon vorher der gesetzliche Grund für die frühere Entscheidung weggefallen ist.

1. § 96 regelt die Versagungsbefugnis und zählt die Fälle erschöpfend auf, bei deren Vorliegen jemandem der Fischereischein versagt werden kann. Eine Versagungs*pflicht* der Behörde ist in dem Gesetz nicht vorgeschrieben. An sich ist der Mangel der Fischereiberechtigung oder der des Erlaubnisscheines usw. kein Grund, den Fischereischein zu versagen, die Behörde ist aber berechtigt, mangels der Glaubhaftmachung, daß der Antragsteller als Fischereiberechtigter usw. zur Ausübung der Fischerei befugt ist, den Schein zu versagen; es ist dies in das pflichtgemäße Ermessen der Behörde gestellt. Vgl. KG. vom 23. April 1926, PrVerwbl. Jahrg. 48 S. 114 (siehe Anm. 9).

Die Gründe, aus denen der Fischereischein verweigert oder entzogen werden *kann*, sind, ähnlich den in §§ 34, 35 der Jagdordnung aufgezählten, solche offenkundiger Unzuverlässigkeit. Außerdem soll aber die Versagung des Fischereischeins auch zulässig sein, wenn der den Schein Nachsuchende seine Befugnis zur Ausübung der Fischerei nicht glaubhaft machen kann Bisher mußte die Polizeibehörde nach § 16 des früheren Fischereigesetzes von 1874 auch über solche Anzeigen eine Bescheinigung erteilen, denen offenbar kein Fischereirecht zugrunde lag, ebenso wie sie Erlaubnisscheine ohne materielle Prüfung des Sachverhalts zu beglaubigen hatte.

2. Der Fischereischein darf an sich *Fischereiberechtigten* überhaupt nicht versagt werden. Nur dann liegt die Versagungsbefugnis der Behörde vor, wenn die den Schein nachsuchenden Personen ihre Fischereiberechtigung in dem Bezirk der Behörde nicht glaubhaft machen können; für Fischereiberechtigte, deren Fischereirecht im Wasserbuch eingetragen ist, fällt die Versagungsmöglichkeit fort, da durch die Eintragung daselbst die Berechtigung keinem Zweifel unterzogen werden kann.

3. Aus demselben Grunde der mangelnden Glaubhaftmachung ihrer Berechtigung zur Ausübung der Fischerei im Bezirk der Fischereibehörde kann von dieser die Erteilung des Scheines versagt werden denjenigen Personen, welche behaupten, Fischereipächter oder Inhaber eines Erlaubnisscheins zu sein.

4. Für alle diese Fälle ist die Glaubhaftmachung genügend, ein Nachweis der Berechtigung ist nicht erforderlich. Da die Behörden zur Versagung des Scheins berechtigt sind, müssen sie in eine materielle Prüfung der Fischerei-Ausübungsberechtigung eintreten, ohne daß aber diese Prüfung sich zu einer Auslegung streitiger Verträge oder Verleihungsurkunden gestalten soll; auch soll die Behörde in der Regel nicht deren Vorlegung fordern (RegBegr. aaO. 1916/18).

5. Personen, die nicht Fischereiberechtigte sind, also Fischereipächtern oder Inhabern eines Erlaubnisscheines zur Ausübung der Fischerei im Bezirk der Fischereibehörde, kann von dieser Behörde der Fischereischein versagt werden:

a) als Folge der rechtskräftigen Verurteilung wegen der unter Abs. 2 Ziff. a u. b benannten Straftaten, sofern die Verurteilung innerhalb eines Zeitraumes von drei Jahren, vom Tage der Beantragung des Scheins angerechnet, erfolgt ist. Unter a sind die strafbaren Handlungen, für deren Begehen eine rechtskräftige Verurteilung erfolgt sein muß, einzeln aufgezählt; nach b kommt jede Straftat, ohne daß es einer Aufzählung bedarf, in Betracht, wegen deren Begehen eine rechtskräftige Verurteilung erfolgt ist, wenn die Straftat, derentwegen die rechtskräftige Verurteilung erfolgt ist, zugleich mit Polizeiaufsicht, Ehrverlust oder Überweisung an die Landesbehörde bedroht ist. Auf eine dieser Nebenstrafen braucht nicht erkannt zu sein, sie brauchen in dem Urteil nicht für zulässig erklärt worden zu sein, so daß daraus die entsprechenden Anordnungen getroffen werden könnten, wenn z. B. wegen Bettelns Verurteilung erfolgt ist (§ 361 Ziff 4 in Verbindung mit § 362 RStGB.

Nach dem Wortlaut der Ziff. a sind in diese nur Jagd- oder Fischerei**vergehen** einbezogen; die Jagd- oder Fischereiübertretungen sind danach ausgeschlossen; es kommen also nur die §§ 292—295 sowie §§ 296 und 296a des Reichsstrafgesetzbuches in Betracht, nicht aber § 361 Ziff. 9, § 368 Ziff. 11, § 369 Ziff. 10 und § 370 Ziff. 4 daselbst.

Die Straftaten müssen nach Inkrafttreten des Fischereigesetzes **begangen** sein (Abs 2),

c) wenn Personen keinen Wohnsitz im Deutschen Reiche haben; dies gilt auch für Reichsangehörige.

Die Behörde wird also zuerst zu prüfen haben, ob ein Versagungsgrund aus Abs. 1 Ziff. 2 vorliegt. Im Bejahungsfalle ist sie aus diesem Grunde schon berechtigt, den Schein zu versagen. Tut sie es nicht oder liegen diese Versagungsgründe nicht vor, dann tritt sie weiter in die Prüfung ein, ob Versagungsgründe aus Abs. 1 Ziff. 1, 2a oder b oder Ziff. 3 vorliegen. Andere Versagungsgründe als die im Abs. 1 aufgezählten stehen der Behörde nicht zu.

6. Die Versagung ist in das pflichtmäßige Ermessen der Behörde gestellt; sie wird also unter Berücksichtigung aller in Betracht kommenden Umstände nach objektiven polizeilichen Gesichtspunkten genau zu prüfen haben, ob sie den Schein versagt oder trotz des Vorliegens einer der zur Versagung berechtigenden Gründe erteilt.

Für den Strafrichter (§ 125 Abs. 1 FG.) kommt nur die Tatsache in Betracht, daß der Schein versagt oder entzogen ist, ohne daß er in eine Prüfung eintreten kann, ob die Versagung oder Entziehung zulässig oder angemessen oder zweckmäßig ist. Anders liegt die Sache, wenn der Verwaltungsrichter wegen der Versagung oder Entziehung angerufen wird; er hat die Frage nach der Richtung nachzuprüfen, ob die Versagung zulässig ist bzw. aus objektiven polizeilichen Gründen den Schein zu versagen, gerechtfertigt ist.

Die Versagung oder Entziehung des Scheins ist eine polizeiliche Verfügung, die mit den entsprechenden Rechtsmitteln angefochten werden kann (§§ 127 ff. LVG.).

Nach Abs. 3 ist die Fischereibehörde berechtigt, den Fischereischein dem Empfänger zu entziehen und wieder abzunehmen, wenn Tatsachen, welche die Versagung „rechtfertigen", erst nach Erteilung des Scheins eintreten oder zur Kenntnis der Behörde kommen. Hierzu ist nur die Behörde zuständig, die den Schein erteilt hat. Es muß sich um neue Tatsachen handeln, die die Versagung rechtfertigen, oder um schon vorhandene, welche erst nach Erteilung des Scheins zur Kenntnis der Behörde gekommen sind.

Erkennt die Behörde, daß sie für den erteilten Schein nicht zuständig ist, so kann sie ihn, nötigenfalls zwangsweise, zurückfordern.

Die Verfügung, durch welche der Schein entzogen wird, muß rechtskräftig geworden sein, um ihn im Wege des Verwaltungszwangsverfahrens abnehmen zu können, es sei denn, daß die Verfügung unter Hinweis auf § 53 LVG. erlassen worden ist, wonach die Ausführung der Verfügung ohne Nachteil für das Gemeinwesen nicht ausgesetzt bleiben kann.

8. Wer nach Abnahme des Scheins trotzdem den Fischfang ausübt, macht sich aus § 125 Abs. 1 FG. strafbar.

9. Die Rechtslage ist also folgende: Grundsätzlich muß jedermann, der einen Fischereischein bei der zuständigen Fischereibehörde nachsucht, der Schein erteilt werden. Zwingende Vorschriften zur Versagung des Scheins bestehen nicht. Dagegen ist die Fischereibehörde nach ihrem pflichtmäßigen Ermessen berechtigt, den Fischereischein zu versagen oder zu entziehen und wieder abzunehmen, wenn einer der zur Versagung berechtigenden bzw. diese rechtfertigenden Gründe vorliegt, u. a. wenn die den Fischereischein nachsuchende Person nicht glaubhaft machen kann, daß sie als Fischereiberechtigter usw. zur Ausübung der Fischerei befugt ist.

„Die Fischereibehörde kann nur unter Umständen den Fischereischein versagen, wenn der Antragsteller seine Fischereiberechtigung nicht glaubhaft machen kann (§ 96 Zif. 1 FG.). Die Fischereiberechtigung ist aber keine Vorbedingung für die Erteilung des Fischereischeins; er wird auch an Nichtfischereiberechtigte erteilt. Das ergibt schon die oben erwähnte Vorschrift und noch deutlicher Ziff. 2 des § 96 FG., wonach der Fischereischein versagt werden kann, Personen, die nicht fischereiberechtigt sind, wenn sie in den letzten drei Jahren wegen bestimmter Straftaten rechtskräftig verurteilt sind. Hierin gerade besteht der wesentliche Unterschied dieses Fischereischeins des neuen Gesetzes gegenüber der ‚Bescheinigung' des älteren Rechts (§ 16 FG. von 1874). Nach dem neuen Gesetz erhält auch der nicht Fischereiberechtigte regelmäßig den Fischereischein; er muß ihn bei sich führen bei Ausübung des Fischfangs; tut er dies nicht, so verfällt er der Bestrafung gemäß § 125 Ziff. 1 des Gesetzes; ist ein Fischereischein gar nicht gelöst, so tritt Bestrafung aus § 126 FG. ein. So wird schon der bloße Nichtbesitz unter Strafe gestellt." KGSt vom 23. April 1926, PrVerwbl., Bd. 48 S. 114.

§ 97. Personen, die nicht die Reichsangehörigkeit besitzen, kann nur der Regierungspräsident einen Fischereischein ausstellen. Er kann den Schein auch unter der Bedingung erteilen, daß eine Person, welche die preußische Staatsangehörigkeit besitzt und in Preußen ihren Wohnsitz hat, selbstschuldnerisch bürgt. Der Bürge haftet für den Schaden, den der Inhaber nach § 15 zu ersetzen, sowie für Unkosten und Geldstrafen, die er nach diesem Gesetz oder fischereipolizeilichen Vorschriften verwirkt hat. Gegen die Entscheidung des Regierungspräsidenten ist nur die Beschwerde an die Aufsichtsbehörde zulässig.

1. § 97 ist dem § 29 Abs. 2 JO. nachgebildet, ebenso wie § 29 Abs. 3 und Abs. 4 des Gesetzes dem § 22 JO.

Nur der Regierungspräsident kann einen Fischereischein an Ausländer ausstellen; er kann den Schein nicht bloß aus Gründen des § 96 FG., sondern auch aus sonstigen Gründen, versagen, auch wenn ein Bürge, der den Anforderungen des § 97 entspricht, gestellt wird. Der Regierungspräsident braucht auch keine Versagungsgründe anzugeben; seinem Ermessen ist freie Hand gegeben; auch politische Gründe (z. B. Spionageverdacht) können zur Versagung führen. Ein Rechtsmittelverfahren steht dem Ausländer nicht zu, nur die Beschwerde an die Aufsichtsbehörde, weil er im Verwaltungsstreitverfahren klagbare Rechte nicht hat (KomBer. d. AH aaO. 1914/15). Ob er im Deutschen Reiche seinen Wohnsitz hat oder nicht, ist dabei ohne Einfluß.

2. Der Bürge haftet selbstschuldnerisch (§ 773 BGB.), d. h. er kann sofort in Anspruch genommen werden, also nicht erst nach dem Ausländer (Vorausklage), sondern an Stelle desselben. Für die Bürgschaft kommen die Bestimmungen des Bürgerlichen Gesetzbuchs über Bürgschaft (18. Titel, §§ 765 ff) zur Anwendung. Der Bürge nach § 97 FG. haftet nur vermögensrechtlich. Zur Gültigkeit des Bürgschaftsvertrages muß nach § 766 BGB. die Bürgschaftserklärung schriftlich erteilt sein. Der Bürge, welcher nicht nur die preußische Staatsangehörigkeit besitzen, sondern auch in Preußen seinen Wohnsitz haben muß, haftet für den Schaden, den der Ausländer beim Fischen auf überschwemmten Grundstücken oder in Ausübung des Uferbetretungsrechts verursacht hat, nach Maßgabe der im § 15 FG. umgrenzten Entschädigungspflicht, ferner für Geldstrafen, die gegen den Ausländer auf Grund des Fischereigesetzes oder Fischerei-Polizeiverordnungen festgesetzt worden sind, z. B. auf Grund des § 296, 370 Ziff. 4 StGB. oder der auf Grund des § 106 FG. erlassenen Polizeiverordnung (FO.) und Unkosten, auch die Unkosten, die durch Vollstreckung der Geldstrafen entstanden sind. Die Schadenersatzansprüche gegen den Bürgen müssen im ordentlichen Rechtswege geltend gemacht werden.

§ 98. (1) Wer in einem Gewässer, in dem er nicht Fischereiberechtigter oder Fischereipächter ist, den Fischfang ausübt, muß einen Erlaubnisschein des Berechtigten oder Pächters bei sich führen.

(2) Der Fischereipächter darf Erlaubnisscheine außer an seine Gehilfen und angestellten Fischer nur mit Ermächtigung des Fischereiberechtigten ausstellen. Der Fischereiberechtigte, der die Ermächtigung an den Pächter erteilt, ist selbst nicht mehr zur Ausstellung solcher Scheine befugt. Fischereiberechtigte und Pächter können die Ausstellung an ihrer Statt einem Bevollmächtigten übertragen.

(3) Ein Erlaubnisschein ist nicht erforderlich:

1. zum Fischfang in Gegenwart des nach Abs. 2 zur Ausstellung befugten Fischereiberechtigten oder Fischereipächters,
2. zum Fischfang in Gewässern, für die es keines Fischereischeins nach § 92 Abs. 2 Nr. 3 bedarf.

(4) Wer nur berechtigt ist, zum häuslichen Gebrauche zu fischen, darf nur mit Genehmigung der Fischereibehörde Erlaubnisscheine zur Ausübung dieses Rechtes ausstellen. Stellt er einen Schein aus, so darf er während dessen Geltung nicht selbst Fische fangen.

(5) Erlaubnisscheine für Personen, die nicht die Reichsangehörigkeit besitzen, dürfen nur mit Genehmigung des Regierungspräsidenten ausgestellt werden.

(6) Der Erlaubnisschein muß auf die Person, auf ein oder mehrere bestimmt zu bezeichnende Gewässer und auf eine nicht länger als drei Jahre bemessene bestimmte Zeit lauten sowie genaue Angaben über die Fanggeräte und Fahrzeuge enthalten.

(7) Für offene Gewässer kann der Regierungspräsident die Zahl der Erlaubnisscheine festsetzen, auch zur Erhaltung des Fischbestandes die Ausstellung zeitweise verbieten oder auf bestimmte Fischarten oder Fangmittel beschränken. Für Gehilfen und angestellte Fischer des Fischereiberechtigten und Pächters gilt dies nicht.

(8) Erlaubnisscheine, die nicht von einer öffentlichen Behörde oder einem öffentlichen Beamten innerhalb seiner Amtsbefugnisse oder von dem Vorstand einer Wirtschaftsgenossenschaft ausgestellt sind, müssen von dem Gemeinde- (Guts-) Vorsteher einer der Gemeinden (Gutsbezirke), in deren Bezirke die Fischerei ausgeübt werden soll, beglaubigt werden. Dies geschieht [gebühren- und] stempelfrei[1]).

1. Der § 98 FG. ist an § 75 der JO. angelehnt („wer ohne die schriftlich erteilte Erlaubnis des Jagdberechtigten bei sich zu führen, die Jagd auf fremdem Jagdbezirke ausübt" usw.). Alle Personen, welche nicht Fischereiberechtigte oder Fischereipächter eines Gewässers sind, müssen bei Ausübung des Fischfanges in diesem Gewässer einen Erlaubnisschein des Berechtigten oder Pächters mit sich führen, auch Familienangehörige, Verwalter, Bevollmächtigte eines Grundbesitzes, Gehilfen, angestellte Fischer, usw. Über die rechtliche Natur des Erlaubnisscheins siehe § 28 Anm. 2. Im Gegensatz zum Fischereischein hat der Erlaubnisschein die

[1]) Die Gebührenfreiheit ist durch die Verwaltungsgebührenordnung vom 30. Dezember 1926 aufgehoben (s. § 95 FG.) Über die Gebühr für die Beglaubigung eines Erlaubnisscheines zum Fischfang, und für die doppelte Ausfertigung der Beglaubigung siehe die Gebührenordnung im Anhang zu den „preußischen Jagdgesetzen" von A. Born.

privatrechtliche Fischereibefugnis zum Inhalt, insofern durch seinen Besitz der Rechtsgrundsatz durchgeführt ist, daß derjenige den Fischfang ausüben darf, welcher privatrechtlich dazu befugt ist (Görcke, Preuß. Fischereigesetz § 98 Anm. 3). Wer selbst kein Fischereirecht hat, muß sich die Befugnis zur Ausübung der Fischerei von dem Befugten erwerben und sich von ihm den Erlaubnisschein ausstellen lassen. Vgl. KGSt. vom 7 Mai 1926, Ring, Bd. 5 S. 165. KGSt. vom 23. April 1926, PrVerwltgsbl., Jahrg. 48 S. 114. Vgl. auch KGSt. vom 7 März 1916, Jochow, Bd. 49 S. 114.

Über „bei sich führen" siehe § 92 Anm. 2 a. E.

Über „Ausübung des Fischfanges" siehe § 92 Anm. 1 a. E

2. Der Pächter darf Erlaubnisscheine nur mit Ermächtigung des Fischereiberechtigten ausstellen; ohne diese Ermächtigung ist er nur befugt, an seine Gehilfen und seine angestellten Fischer einen Erlaubnisschein zu erteilen (Abs. 2). Hat der Fischereiberechtigte an den Pächter die Ermächtigung erteilt, darf ersterer selbst solche Scheine nicht mehr ausstellen. Fischebeiberechtigte — wenn sie die Befugnis nicht dem Pächter übertragen haben —, ebenso der Pächter können die Ausstellung an ihrer Statt einem dazu Bevollmächtigten übertragen (Abs 2).

3. Ein Erlaubnisschein ist nicht erforderlich:

a) für Personen, die in Gegenwart des nach Abs. 2 zur Ausstellung befugten Fischereiberechtigten oder Fischereipächters den Fischfang ausüben.

Die Vorschrift „in Gegenwart", die ursprünglich auch in § 92 Abs. 2 Ziff. 1 statt „zusammen" enthalten war, ist einschränkenderer Art als letztere Der Berechtigte bzw. Pächter und die den Fischfang ausübende Person müssen sich zum mindesten noch verständigen können, nicht weiter als noch innerhalb der Seh- und Hörweite räumlich voneinander getrennt sein.

Jemand fischt in Gegenwart des Fischereiberechtigten als eine beim Fischen beschäftigte Hilfsperson, wenn der Fischereiberechtigte in der Lage ist, den Fischenden jederzeit zu beobachten, auf dessen Handlungen erforderlichenfalls sofort einzuwirken, ihn aber namentlich beim Erscheinen einer Kontrolle alsbald zu legitimieren. Ein Mitfischen des Fischereiberechtigten ist dabei nicht erforderlich. KGSt. vom 13. November 1913, Bd. 45 S. C. 440.

Sind mehrere Fischereiberechtigte vorhanden und haben sie die Ermächtigung nicht an den Pächter bzw. an einen Bevollmächtigten übertragen, so müssen sie sämtlich gegenwärtig sein, soll die Voraussetzung von Abs. 3 Ziff. 1 erfüllt sein.

Die den Abs 3 einleitenden Worte ergeben, daß im Falle der Ziff. 1 und 2 daselbst es gleichgültig ist, ob es sich um In- oder Ausländer handelt.

b) zum Fischfang in Gewässern für die es keines Fischereischeines nach § 92 Abs. 2 Nr. 3 bedarf.

4. Eingeschränkt ist die Erlaubniserteilung schon durch Abs. 2 für Fischereiberechtigte und Pächter (s. Anm. 2), da es fischereiwirtschaftlich unerwünscht ist, daß der Fischereiberechtigte und der Pächter für dieselbe Strecke Erlaubnisscheine ausstellen (RegBegr. aaO. 1916/18). Weitere Einschränkungen ergeben sich aus Abs. 4 und 5. Für das Fischereirecht zum häuslichen Gebrauch ergibt sich die Einschränkung aus dem Inhalt dieses Rechtes; sie enthält keinen Eingriff in erworbene Rechte, da der Berechtigte nach § 5 FG. nur für seinen Bedarf fischen und die gefangenen Fische weder verkaufen noch verschenken, noch sein Recht verpachten darf. Die Genehmigung der Fischereibehörde, die in diesem Falle zur Ausstellung von Erlaubnisscheinen nachzusuchen ist, wird nur zu erteilen sein, wenn der Berechtigte aus irgendeinem Grunde nicht in der Lage ist, sein Recht selbst auszuüben. Der Erlaubnisschein darf dann nur in dem Sinne erteilt werden, daß der Inhaber des Scheins die Fische an den Berechtigten abliefert und nicht in größerer Zahl fängt, als zu dessen Gebrauch notwendig ist. RegBegr. aaO. 1916/18. Der

Berechtigte darf während der Geltung des Erlaubnisscheins nicht selbst Fische fangen.

Der Berechtigte kann mit Genehmigung der Fischereibehörde auch mehrere Erlaubnisscheine ausstellen.

Nach Abs. 5 dürfen Erlaubnisscheine für Personen, die nicht die Reichsangehörigkeit besitzen, nur mit Genehmigung des Regierungspräsidenten ausgestellt werden.

Endlich ist die Ausstellung von Erlaubnisscheinen für die Ausübung des Fischfangs in offenen Gewässern insofern beschränkt, als der Regierungspräsident hierfür a) die Zahl der Erlaubnisscheine festsetzen, ferner b) zur Erhaltung des Fischbestandes die Ausstellung zeitweise verbieten oder auf bestimmte Fischarten oder Fangmittel beschränken kann, Beschränkungen, die für Gehilfen und angestellte Fischer des Fischereiberechtigten und Pächters nicht gelten und daher nicht zulässig sind.

Die Zahl der Scheine ist für geschlossene Gewässer nicht beschränkt.

5. Erfordernisse des Erlaubnisscheins ergeben sich aus Abs. 6 und Abs. 8. Der Erlaubnisschein muß a) auf eine bestimmte natürliche Person ausgestellt, d. h. von dem Berechtigten oder Pächter oder Bevollmächtigten (Abs. 2) eigenhändig unterschrieben sein; er muß ferner b) auf ein oder mehrere bestimmt zu bezeichnende Gewässer, c) auf eine nicht länger als drei Jahre bemessene bestimmte Zeit lauten und d) genaue Angaben über die Fanggeräte und Fahrzeuge enthalten. Einer Ausstellung auf das Kalenderjahr, wie im § 93 FG. für Fischereischeine vorgeschrieben ist, d. h. für das Ende eines Kalenderjahres, bedarf es nicht, weil das fischereiwirtschaftliche Jahr und dementsprechend auch die Verpachtungstermine in den einzelnen Landesteilen verschieden sind. Falls mehrere Fischereiberechtigte oder Pächter vorhanden sind, so müssen sie sämtlich unterschreiben.

6. Die Echtheit der Unterschrift des Erlaubnisscheinausstellers muß von dem Gemeinde-(Guts-)Vorsteher einer der Gemein-

den (Gutsbezirke) in deren Bezirke die Fischerei ausgeübt werden soll, beglaubigt sein, sofern nicht eine der im Abs. 8 vorgesehenen Ausnahmen zutrifft. Eine andere Behörde oder ein anderer Beamter als die in den Ausnahmen angegebenen dürfen die Beglaubigung nicht vornehmen. Erlaubnisscheine, auch wenn sie von dem Pfarrer oder Schullehrer ausgestellt sind, müssen durch die Ortsbehörde beglaubigt werden. KGSt. vom 27. April 1893, Bd. 14 S. 339. Gemeindevorsteher ist in den Städten der Bürgermeister. Die Ortspolizeibehörde ist nicht zuständig. Ein öffentlicher Beamter darf die Beglaubigung nur innerhalb seiner Amtsbefugnisse vornehmen. Der Gemeindevorsteher usw. muß nach Beglaubigung eines Erlaubnisscheines für offene Gewässer der Fischereibehörde davon Mitteilung machen, damit diese die Innehaltung der zulässigen Zahl der Scheine kontrollieren kann. KomBer. d AH. aaO. 1914/15.

7. Durch Zurücknahme des Erlaubnisscheines verliert er seine Gültigkeit, ohne Rücksicht auf den Grund und die Berechtigung oder Nichtberechtigung dazu. Letzteres ist eine innere Angelegenheit zwischen Aussteller und Inhaber des Scheines.

8. Vgl. zu Abs. 6 KGSt. vom 3. Dezember 1926, LWMBl. 1927 S. 171: Erlaubnisscheine dürfen nur an natürliche Personen, die den Fischfang ausüben, erteilt werden. Sind die Mitglieder eines Vereins, der eine Fischerei gepachtet hat, durch ihre Mitgliedschaft allein nicht zu Pächtern der Fischerei geworden (§ 29 Abs. 2 FG.), so müssen sie nach § 98 FG. bei Ausübung des Fischfanges einen Erlaubnisschein des Fischereiberechtigten oder des Fischereipächters bei sich führen. Nach Abs 2 § 98 darf der Fischereipächter Erlaubnisscheine außer an seine Gehilfen und angestellten Fischer nur mit Ermächtigung des Fischereiberechtigten ausstellen. Aus Abs. 5 und 6 des § 98 ergibt sich, daß der Erlaubnisschein nur an natürliche Personen die den Fischfang ausüben, erteilt werden darf. Der Verein (als juristische Person) kann deshalb den Erlaub-

nisschein für sich nicht erwirken. Das Uferbetretungsrecht hat nur der in einem Gewässer zur Fischerei Berechtigte oder angestellte Fischer (§ 13 Abs. 1 FG.). Nach Abs. 2 § 13 kann der Kreis-(Stadt-)Ausschuß nach Anhörung der Beteiligten widerruflich genehmigen, daß auch einzelne Inhaber von Erlaubnisscheinen (§ 98) fremde Grundstücke nach Abs. 1 betreten dürfen. Ein Mitglied eines (Angler-)Vereins, das nicht im Besitze eines Erlaubnisscheines ist, hat also den Fischfang ohne Erlaubnisschein ausgeübt und damit ist das in Tateinheit stehende unbefugte Betreten eines Grundstücks am Ufer des Fischgewässers festgestellt.

Einen privatrechtlichen begründeten Anspruch auf Ausstellung von Erlaubnisscheinen in bestimmter oder unbeschränkter Zahl gewährt das Fischereigesetz dem Fischereiberechtigten oder dem Pächter nicht. LWA. vom 27. Juni 1922 Bd. 4 S. 142.

9. Der zur Kontrolle des Fischereischeins berechtigte Beamte ist auch befugt, den Erlaubnisschein zur Einsicht und Kontrolle, ob er den gesetzlichen Anforderungen entspricht, überhaupt ob er ordnungsmäßig ausgestellt ist, auch hinsichtlich der Ausstellungsbefugnis des Ausstellers, von dem, der den Fischfang ausübt, anzufordern.

10. Strafbestimmungen: § 125 Abs. 1, Abs. 2; § 126 FG.

11. Siehe noch im Anhang Ausführungsanweisung zu § 98, sowie Anhang Nr. 9. Siehe auch Verwaltungsgebührenordnung im Anhang zu den „preußischen Jagdgesetzen" von A. Born

Siebenter Abschnitt.

Bezeichnung der zum Fischfange dienenden Fischerzeuge.

§ 99. Soweit nicht die gesetzlichen Vorschriften zur Verhütung des Zusammenstoßens der Schiffe auf See gelten, kann durch Polizeiverordnung bestimmt werden,

daß und wie die in offenen Gewässern ausliegenden Fahrzeuge, Fanggeräte und Fischbehälter als solche kenntlich zu machen sind.

1. Die Vorschriften und die Kennzeichnung der Fischerzeuge sollen wegen der Erleichterung der Handhabung und der Möglichkeit internationaler Verträge durch Polizeiverordnung getroffen werden. RegBegr. aaO. 1916/18. Der Zweck der Bestimmung ist auch die Erleichterung der Aufsicht über die Fischerzeuge seitens der dafür bestimmten Behörden und deren Beamte. Zur Kennzeichnung der Fanggeräte genügt für mehrere untereinander in Verbindung stehende, wie Netzreihen usw, je eine Tafel an dem ersten und letzten Geräte, bei Aalkörben je eine Tafel an den beiden Endkörben oder Endpfählen. KGSt. vom 28. September 1926, Ring, Bd. 5 S. 171.

Fischerfahrzeuge, die der Kennzeichnung bedürfen, sind nicht nur die Fahrzeuge der Berufsfischer, sondern alle Fahrzeuge, von denen aus öfters, nicht bloß gelegentlich einmal, Fischfang betrieben wird. KGSt. vom 11. März 1927, Ring, Bd. 6 S. 322.

2. Strafvorschrift: § 125 Ziff. 3 FG

3. Siehe Anhang Nr. 5: Ausführungsanweisung zu § 99.

Achter Abschnitt.

Schutz der Fischerei.

Erster Titel.

Allgemeine Vorschriften.

Vorbemerkung. Wassergesetz.

„Da alle in die Verhältnisse eines Gewässers eingreifenden Maßnahmen mehr oder weniger die Fischereiinteressen berühren, so sind zahlreiche Vorschriften des Wassergesetzes auch für den Schutz der Fischerei von wesentlicher Bedeutung. Im allgemeinen ist überall zu erkennen, daß die Fischerei im Wassergesetze diejenige Berücksichtigung gefunden hat, die sie nach ihrer wirtschaftlichen Bedeutung verdient. Die Vorschriften im einzelnen beziehen sich namentlich auf die Sicherstellung einer ungehinderten Benutzung der Gewässer zum Zweck der Fischzucht und Fischhaltung sowie auf einen Schutz der Fischereiberechtigungen gegen Beeinträchtigungen."

„Um die Ausnutzung der Gewässer zur Fischzucht und Fischhaltung nach Möglichkeit zu gewährleisten, gelten

1. Grundstücke, die zur Fischzucht oder Fischhaltung mit Wasser bespannt werden und mit einem Wasserlauf nur dadurch in Verbindung stehen, daß sie mittels künstlicher Vorrichtungen aus dem Wasserlauf gefüllt oder in einen solchen abgelassen werden (§ 1 Abs. 2 WG.), desgleichen der Regel nach auch solche Teiche und Seen, aus denen nur künstliche Wasserläufe abfließen (§ 1 Abs. 3 WG.), nicht als Wasserläufe, unterliegen somit weder dem Gemeingebrauch (§§ 25 ff. WG.) noch den Beschränkungen, denen der Eigentümer hinsichtlich ihrer Benutzung unterworfen ist (§§ 40 ff. WG.), auch können Benutzungsrechte an solchen Gewässern nicht durch Verleihung erworben werden."

2 „Ferner wird in Wasserläufen den Bedürfnissen der Fischereiwirtschaft Rechnung getragen, indem

a) Fischnahrung dem Verbot des Einbringens fremder Stoffe in alle Wasserläufe ausgenommen ist (§ 19 Abs. 2 WG.),

die bestehenden Rechte zum Ableiten von Wasser aus einem Wasserlaufe zur Füllung eines Fischteiches oder zur Entleerung eines Fischteiches in einen Wasserlauf aufrecht erhalten bleiben (§ 379 WG.), und zwar uneingeschränkt, soweit sie auf besonderem Titel beruhen, sonst, soweit am 1. Januar 1913 rechtmäßige Anlagen zu ihrer Ausübung vorhanden waren;

außerdem jede Veränderung des Wasserstandes eines Wasserlaufs in dem bisherigen Umfange gestattet bleibt, wenn sie durch Einleitung von Wasser aus Seen und Teichen, die der Fischerei dienen, geschieht, sofern diese zur Grundräumung, Ansamung oder Abfischung abgelassen werden (§ 379 Abs. 6 WG.), und schließlich

ein nicht bestehendes Recht, Wasser zur Füllung eines Fischteiches abzuleiten oder zu dessen Leerung in einen Wasserlauf einzuleiten, durch Verleihung (§§ 46 ff. WG.), beim Vorhandensein von Gründen des öffentlichen Wohles sogar gegen ein auf besonderem Titel beruhendes Recht zur Benutzung des Wasserlaufs (§ 50 Abs. 2 aaO.) unter Schadloshaltung eines etwa Benachteiligten (§ 51 Abs. 1 aaO) erworben werden kann;

b) bei künstlichen teichartigen Erweiterungen von Wasserläufen zweiter und dritter Ordnung der Gemeingebrauch ausgeschlossen (§ 25 Abs. 3 aaO.) und bei allen Wasserläufen, soweit sie der Fischzucht und Fischhaltung dienen, die Düngung zulässig ist (§ 19 Abs. 2 aaO.);

c) bei Seen, aus denen nur natürliche Wasserläufe (zweiter und dritter Ordnung) abfließen, eine Verleihung nicht erteilt werden darf, wenn der Eigentümer des Sees widerspricht (§ 49 Abs. 2 aaO.)."

„Dem Schutz der bestehenden Fischereirechte gegen Beeinträchtigungen kommen hauptsächlich die Bestimmungen zugute, die das Wassergesetz über die Reinhaltung der Gewässer enthält. In dieser Beziehung kann auf die Begründung zu § 102 FG. verwiesen werden." Siehe § 102 FG. Anm. 1.

„Daneben sind die Bestimmungen über den Wasserstand für die Fischerei von Bedeutung. Zunächst ist dem Eigentümer eines Wasserlaufs verboten, den Wasserstand derart zu verändern, daß andere in der Ausübung ihrer Rechte im

Wasserlauf beeinträchtigt werden (§ 41 Abs. 1 Nr. 2 WG.) Da Fischereirechte zu den Rechten am Wasserlaufe im Sinne dieser Bestimmung gehören, ist soviel Vorsorge getroffen, daß eine Schädigung von Fischereirechten durch das Ablassen von Wasserläufen nicht stattfinden kann, es sei denn, daß ein Recht zu der schädigenden Ableitung besteht. Die Fischereiberechtigten können zur Durchführung ihrer Ansprüche auch die Wasserpolizeibehörde in Anspruch nehmen (§ 21 WG.) Beantragt ferner der Eigentümer eine Wasserstandsveränderung im Verleihungsverfahren, so gehört eine Benachteiligung der Fischerei unter Umständen zu den Rücksichten des öffentlichen Wohles (Begr. z. WG. S. 93), aus denen die Verleihung zu versagen ist (§ 49, Abs. 1 WG.), und im Falle der Verleihung muß der Unternehmer jedenfalls die zum Schutz der Fischereirechte erforderlichen Einrichtungen treffen und für nachteilige Wirkungen, die sich nicht verhüten lassen, Schadenersatz leisten (§§ 50, 51 aaO.). Für den Ausbau von Wasserläufen gelten ähnliche Vorschriften (§§ 156, 157 WG.)."

„Da nach § 196 aaO. der Eigentümer eines nicht zu den Wasserläufen gehörenden Gewässers nur insoweit über das Gewässer verfügen kann, als nicht Rechte dritter entgegenstehen, ist dafür gesorgt, daß auch bei diesen Gewässern die Rechte des Fischereiberechtigten nicht verletzt werden."

„Endlich sei noch darauf hingewiesen, daß in Abweichung vom bisherigen Rechte Fischereiverbände Mitglieder einer Wassergenossenschaft (§ 210 WG.) werden können, wenn sie an dem genossenschaftlichen Unternehmen ein Interesse haben. Dies wird namentlich bei Genossenschaften der Fall sein, welche die Reinhaltung eines Gewässers zum Gegenstand haben." Begr. d. G. aaO. 1914/16.

Zu vgl. noch Ministerialverfügung vom 11 Oktober 1924, LMBl. S. 600, beteffend Schädigung der Fischerei durch Wasserbenutzungsrechte:

Zur Behebung von Zweifeln weise ich darauf hin, daß hinsichtlich der Geltendmachung von Schadenersatzansprüchen wegen Schädigung der Fischerei durch die Benutzung der Wasserläufe auseinanderzuhalten ist, ob es sich um nachteilige Wirkungen handelt, die a) trotz Einhaltung der durch den Verleihungsbeschluß für ein Wasserbenutzungsrecht gezogenen Schranken, b) durch Überschreitung eines verliehenen Wasserbenutzungsrechts oder c) durch unberechtigte Benutzung eines Wasserlaufs z. B. durch Einleitung von Abwässern hervorgerufen werden.

Im Falle zu a) ergibt § 82 WG. unter bestimmten Voraussetzungen die Möglichkeit, daß die Verleihungsbehörde auch nachträglich über Entschädigungsansprüche befindet; ganz allgemein werden die Entschädigungsansprüche nur dann gewährt, wenn bereits im Verleihungsverfahren rechtzeitig Widerspruch erhoben ist, einerlei, ob der Verleihungsbeschluß selbst einen diesbezüglichen Vorbehalt enthält oder nicht.

In den Fällen zu b) und c) liegt eine über die Grenzen des verliehenen Rechts oder den zulässigen Gemeingebrauch des Wassers hinausgehende Benutzung vor, gegen die seitens der Wasserpolizeibehörde gemäß § 21 WG. eingeschritten, und von dem Geschädigten nur im ordentlichen Rechtswege die Klage — abweichend von § 82 WG. — auch auf Unterlassung — erhoben werden kann. Um einem Mangel an einem leistungsfähigen Träger der Schadenersatzklage entgegenzuwirken, bietet die Bildung von Fischereischutzgenossenschaften die beste Handhabe.

Vgl. noch Runderlaß des Landwirtschaftsministers vom 2. November 1925 (LMBl. S. 561), betreffend Berücksichtigung der Fischerei bei Ausbau landwirtschaftlicher Wasserbauten.

§ 100. Beim Fischfang ist die Anwendung schädlicher oder explodierender Stoffe (giftiger Köder, Mittel zur Betäubung oder Vernichtung der Fische, Sprengpatronen oder anderer Sprengmittel usw.) verboten. Für geschlossene Gewässer kann der Regierungspräsident Ausnahmen zulassen.

1. § 100 ist dem bisherigen Fischereigesetz von 1874 (§ 21) entnommen, gibt also bereits geltendes Recht wieder.

2. Das Schießen auf Fische ist dem Fischereiberechtigten, welcher nicht zugleich auf derselben Gewässerstrecke jagdberechtigt ist, verboten.

3. Satz 1 des § 100 gilt für offene und geschlossene Gewässer. Ausnahmen kann der Regierungs-Präsident nur für geschlossene Gewässer zulassen, z. B. um schädliche Fische mit Erfolg auszurotten.

4. Strafvorschriften: Wer unberechtigt fischt und dabei noch sich der Explosionsstoffe usw. bedient, verfällt der Bestrafung nach § 296 StGB. § 100 FG. verbietet den Gebrauch den zum Fischfang Berechtigten. Wer gegen das Verbot des § 100 FG. verstößt, unterliegt der Strafbestimmung aus § 127 Ziff. 3 FG.

KGSt. vom 23. September 1927 — siehe LMBl. 1927 S. 832 —, betreffend Ausdehnung des Verbots des § 100 FG. auf den Fischfang mittels Elektrizität: Wenn das Abfischen in der Weise geschieht, daß zwei Stromdrähte in das Wasser eingeführt werden, der eine am Grunde des Wassers entlang, der andere 10 cm unter der Wasseroberfläche, und diese Drähte mit Hilfe von Booten von einem Ende des Gewässers zum anderen bewegt werden und so Fische durch den Strom betäubt werden und an die Wasseroberfläche gelangen und gefangen werden, so ist darin eine Zuwiderhandlung gegen §§ 100, 127 Ziff. 3 FG. zu erblicken. Die beiden Stromdrähte, die in das Gewässer eingelegt wurden, sind infolge ihrer Ladung mit Elektrizität und der im Wasser zu erwartenden Einwirkung auf die Fische als betäubendes Mittel zu den schädlichen Stoffen zu rechnen. Hier sind die Stromdrähte selbst beim Fischfang benutzt worden, sie stellen in sich selbst und in ihrer Auswirkung den schädlichen Stoff dar.

§ 101. Den Eigentümern von Turbinen kann die Herstellung und Unterhaltung von Vorrichtungen, die das Eindringen der Fische in die Turbinen verhindern,

auf ihre Kosten auferlegt werden, soweit solche Vorrichtungen mit dem Unternehmen vereinbar und wirtschaftlich gerechtfertigt sind. Für Turbinen, die Bestandteile einer nach § 16 der Gewerbeordnung genehmigungspflichtigen Stauanlage sind, trifft die Genehmigungsbehörde bei Erteilung der Genehmigung, für andere der Regierungspräsident die Anordnungen.

1. Die Vorschrift ist an die Stelle des Art. V des zur Ergänzung des Fischereigesetzes von 1874 bestimmt gewesenen Gesetzes vom 30. März 1880 getreten. Vor Inkrafttreten des Art. V war für Turbinen überhaupt nur eine polizeiliche Erlaubnis erforderlich.

Turbinen sind als Einrichtungen, welche die Stauanlagen beeinflussen, und daher als Bestandteile der Stauanlagen im Sinne des § 16 GO. anzusehen, die in das Genehmigungsverfahren (§§ 16 ff. GO.) einzuschließen sind. Danach hat die Verwaltungsbehörde, deren Befugnisse im übrigen auf den Regierungspräsidenten übertragen sind, die erforderlichen Anordnungen nur für solche Turbinen zutreffen, die einer gewerbepolizeilichen Konzession nicht unterliegen. Die mit den Stauanlagen, zu denen sie gehören, nach § 16 GO. genehmigungspflichtigen Turbinen können nach den Grundsätzen des Gewerberechts nicht daneben oder nachträglich noch mit besonderen Auflagen belastet werden, bei ihnen ist daher für die Herstellung der im Fischereiinteresse notwendigen Einrichtungen (§ 101 FG) lediglich im Genehmigungsverfahren Vorsorge zu treffen.

Die bereits vor Inkrafttreten des Fischereigesetzes nach § 16 GO. genehmigten Anlagen können mit einer dem § 101 entsprechenden Einrichtung nur dann belastet werden, wenn in der Genehmigung allgemein ein Vorbehalt für weitere Auflagen vorgesehen ist, sonst nicht. Reichsgesetz geht vor Landesgesetz, welch letzteres daher reichsgesetzliche Bestimmungen nicht abändern kann Ist aber eine Änderung einer bestehenden Turbinenanlage genehmigungspflichtig, so können in dem dadurch bedingten Genehmigungsverfahren die im fischereilichen Interesse nach § 102 FG. erforderlichen Auflagen vorgeschrieben werden.

2. Für die nicht genehmigungspflichtigen Turbinenanlagen trifft der Regierungspräsident die nach § 101 FG. erforderlichen Anordnungen; die in diesem Falle auch auf vor dem Inkrafttreten des Fischereigesetzes und ebenso auf bereits vor dem Gesetze vom 30. März 1880 errichtete Anlagen maßgebend sind.

Gegen die Anordnungen des Regierungspräsidenten ist die Beschwerde an die zuständigen Minister, den Handels- und Landwirtschaftsminister, zulässig.

3. Für die Anordnung der Herstellung und Unterhaltung der Vorrichtungen, die das Eindringen der Fische in die Turbinen verhindern, auf Kosten des Eigentümers der Turbinen ist, mögen sie genehmigungspflichtig sein oder nicht, Voraussetzung, daß sie mit dem Unternehmen vereinbar und wirtschaftlich gerechtfertigt sind, d. h. u. a. die Kosten für das Unternehmen ertragbar, und die durch die Vorrichtungen für die Fischereiwirtschaft erzielbaren Vorteile größer sind als die mit der Herstellung der verlangten Vorrichtungen damit für das Unternehmen verbundenen Nachteile.

4. Siehe noch Anhang Nr. 5: Ausführungsanweisung zu § 101.

§ 102. (1) Werden auf Grund eines nach den §§ 379, 380 des Wassergesetzes aufrechterhaltenen Rechtes in ein Gewässer flüssige Stoffe eingeleitet, welche die Fischerei wesentlich beeinträchtigen, so können die Fischereiberechtigten verlangen, daß der Unternehmer der Anlage Einrichtungen trifft, die geeignet sind, die nachteiligen Wirkungen zu beseitigen oder zu verringern, soweit solche Einrichtungen wirtschaftlich gerechtfertigt sind und den Betrieb des Unternehmens

nicht wesentlich beeinträchtigen. Über solche Einrichtungen beschließt der Bezirksausschuß.

(2) Abs. 1 gilt nicht für die Einleitung von flüssigen Stoffen, die in einem Genehmigungsverfahren nach den §§ 16 ff. der Gewerbeordnung gestattet worden ist. In Zukunft trifft die Genehmigungsbehörde die Anordnungen, wenn sie die Genehmigung erteilt.

(3) Abs. 1 gilt sinngemäß auch für Fischereiberechtigte in Gewässern, auf die das Wassergesetz keine Anwendung findet. Für Küstengewässer, in denen keine Fischereirechte bestehen, können durch Polizeiverordnung Bestimmungen getroffen werden.

1. Von den Vorschriften des § 43 des früheren Fischereigesetzes von 1874 über die Verunreinigung der Fischgewässer sind die Abs. 1 und 2 durch § 399, Abs. 2 Nr 10 WG. aufgehoben worden, weil diese in den Bestimmungen des Wassergesetzes über die Reinhaltung der Gewässer einen ausreichenden Ersatz gefunden haben.

„Das Wassergesetz gestattet zwar (unter dem Gesichtspunkt des Gemeingebrauchs) jedermann, in die natürlichen Wasserläufe Wasser und die in der Haushaltung und Wirtschaft entstehenden Abwässer einzuleiten (§ 25, Abs. 1 und 2). Diese Berechtigung ist aber, abgesehen davon, daß sie sich nicht auf künstliche teichartige Erweiterungen von Wasserläufen bezieht (§ 25, Abs. 3), an die Beschränkung geknüpft, daß dadurch andere nicht geschädigt werden. Da zudem die Einleitung von Abwässern mittels gemeinsamer Anlagen nicht unter den Gemeingebrauch fällt (§ 25, Abs. 1 Satz 3), ferner der Gemeingebrauch nicht die Befugnis zur Benutzung fremder Grundstücke oder zur Errichtung von Anlagen im Wasserlauf enthält (§ 38) und außerdem seine Ausübung von der Wasserpolizeibehörde geregelt, beschränkt oder ganz verboten werden kann (§ 39), ist ein Mißbrauch nicht zu befürchten."

16*

„Auch dem Eigentümer eines Gewässers sind hinsichtlich der Verunreinigung durch das Wassergesetz Schranken gesetzt. In einem nicht zu den Wasserläufen gehörigen See darf er zum Nachteil des Fischereiberechtigten keine verunreinigende Flüssigkeit, schlammige oder feste Stoffe einführen (§ 199 Abs. 2), abgesehen von der ihm obliegenden Anzeigepflicht an die Wasserpolizeibehörde (§ 23 Abs 1). Einen in seinem Eigentum stehenden Wasserlauf darf er zur Einleitung von Wasser und anderen flüssigen Stoffen nur unter der Voraussetzung benutzen, daß das Wasser nicht zum Nachteil anderer verunreinigt wird (§ 40 Abs. 2 Nr 2, § 41 Abs. 1 Nr. 1)."

„Will der Eigentümer über diese Grenze bei Wasserläufen hinausgehen oder will ein anderer als der Eigentümer bei Einleitung von flüssigen Stoffen in einen Wasserlauf weiter gehen, als es ihm die Vorschriften über den Gemeingebrauch oder ein ihm etwa zustehendes besonderes Recht gestatten, so kann er das Recht dazu nur durch Verleihung erwerben (§ 46). Bei Erteilung der Verleihung ist dafür Sorge zu tragen, daß alle Vorkehrungen, die mit dem Unternehmen vereinbar und wirtschaftlich gerechtfertigt sind (mechanische Kläranlage, biologische Reinigung, Rieselbetriebe u. dgl.), getroffen werden, um nachteilige Wirkungen für andere zu verhüten (§§ 50 bis 52). Andernfalls ist Entschädigung zu gewähren. Um von vornherein etwaigen Schädigungen durch Verunreinigung der Wasserläufe nach Möglichkeit vorzubeugen, verpflichtet schließlich § 23 des WG. jeden, der über den Gemeingebrauch hinaus Wasser oder andere flüssige Stoffe einleiten will, zu einer vorherigen Anzeige an die Wasserpolizeibehörde und stellt die Unterlassung dieser Anzeige unter Strafe (§ 375)."

Das Röten von Hanf und Flachs in einem Wasserlauf ist verboten (§ 20 WG.).

„Soweit das Wassergesetz gilt, ist neben dessen Vorschriften für besondere Bestimmungen zum Schutz der Fischerei gegen Verunreinigung kein Raum mehr "

„Nach dem Wassergesetz (§§ 50 ff.) kann dem Unternehmer einer ein Fischgewässer verunreinigenden Anlage die Verpflichtung zur Herstellung von Einrichtungen im Interesse der Fischerei nur auferlegt werden, wenn die Anlage auf Grund einer Verleihung nach Maßgabe dieses Gesetzes ausgeführt wird, während die Bestimmungen des § 102 FG. hierzu auch bei solchen Anlagen die Möglichkeit bieten, die bereits vor dem Erlaß des Fischereigesetzes vorhanden waren oder auf Grund des § 43 Abs. 2 des alten Fischereigesetzes, das denselben Zweck verfolgte, wie § 102 FG., gestattet worden sind.“ RegBegr. aaO. 1916/18. § 102 FG. ersetzt den § 43 Abs. 3—6 des früheren Fischereigesetzes von 1874 wirkungsvoller, indem er die Kosten der Vorkehrungen nach § 102 nicht mehr dem Fischereiberechtigten, sondern dem Unternehmer auferlegt.

2. Was die Einleitung von Flüssigkeiten in ein Gewässer anlangt, so ist zwischen gewerblichen Anlagen, die genehmigungspflichtig nach §§ 16 ff. der GO. sind, und solchen, die es nicht sind, zu unterscheiden. Auch die bergwerklichen Anlagen gehören zu den gewerblichen Anlagen. Durch das Berggesetz sind dem Unternehmer zwar weitgehende Rechte eingeräumt, aber nur gegen volle Entschädigung der davon Betroffenen, und diese Bestimmung greift auch Platz, falls ein Fischwasser durch eine bergwerkliche Anlage verunreinigt wird Vgl. § 101 Anm.

Handelt es sich um nicht genehmigungspflichtige Anlagen, so kann der Fischereiberechtigte jederzeit Vorkehrungen der im § 102 gedachten Art verlangen, wenn von der Anlage flüssige Stoffe in sein Fischgewässer eingeleitet werden, welche die Fischerei wesentlich beeinträchtigen. Ob die Verunreinigung das Gemeinübliche überschreitet oder nicht, ist für die Vorschrift des § 102 unerheblich. Der Begriff des „Gemeinüblichen“ ist kein feststehender, sondern von Fall zu Fall zu entscheiden. Das Wassergesetz hat den Begriff des Gemeinüblichen aufrechterhalten, aber nur in dem Sinne, daß die

Rechte der Verunreinigung von Wasserläufen, die nicht auf besonderem Titel beruhen, aufrechterhalten werden. Vgl. Born, Das preuß. Wassergesetz, zu § 379 WG. S. 353, 354 über Gemeinüblichkeit. Anderseits ist es nicht die Absicht des Gesetzgebers, den Fischereiberechtigten in Gewässer, deren Fischbestand auf Grund des bisherigen Rechtes durch Einleitung schädlicher Stoffe vernichtet worden ist, durch § 102 FG. ein Recht zu geben, die Wiederherstellung des früheren Zustandes zu verlangen; der Gesetzgeber bezweckt damit nicht, auf Grund des veränderten Rechtszustandes den Besitzern längst verdorbener Gewässer ein Wiederbelebungsrecht auf Kosten der Industriellen zu geben. KomBer. d. HH. aaO 1916/18.

3. Für das Verlangen des Fischereiberechtigten und seine Erfüllung auf Grund des § 102 FG. ist die erste Voraussetzung, daß die eingeleiteten flüssigen Stoffe die Fischerei wesentlich, d. h. erheblich beeinträchtigen und die zweite ist, sobald die erste bejaht ist, die, daß die Einrichtungen, welche geeignet sind, die nachteiligen Wirkungen zu beseitigen oder zu verringern, sowohl wirtschaftlich gerechtfertigt sind als auch den Betrieb des Unternehmens nicht wesentlich beeinträchtigen.

4. Über solche Einrichtungen beschließt der Bezirksausschuß. Gegen dessen Entscheidung: Beschwerde an das Oberverwaltungsgericht

Hierdurch wird aber die Frage nicht berührt und nicht entschieden, inwieweit durch die Verunreinigung eines Fischgewässers ein privatrechtlicher Entschädigungsanspruch des Fischereiberechtigten begründet ist oder nicht. Die Schadenersatzpflicht bzw. der Schadenersatzanspruch gehört als eine Sache des bürgerlichen Rechts vor das ordentliche Gericht im Streitfalle.

5. Abs. 1 gilt sinngemäß auch für Fischereiberechtigte in Gewässern, die außerhalb der Schutzvorschriften des Wassergesetzes stehen. Für Küstengewässer, in denen keine Fischerei-

rechte bestehen, können entsprechende Bestimmungen durch Polizeiverordnung getroffen werden.

6. Siehe noch § 104 FG.; wenn sich Einrichtungen nach § 102 zur Beseitigung der Fischereischädigung nicht treffen lassen, muß diese Beseitigung oder Milderung der Schädigung auf dem Wege des Ausgleichsverfahrens ermöglicht werden.

7. Siehe § 121 FG.

8. Strafvorschrift: § 128 Abs. 1 FG.

9. Betreffend Fischsterben sind Minist.-Verfügungen ergangen am 12. September 1919, LMBl. S. 261 und am 22. September 1927 (LMBl. S. 746). Siehe § 106 Ziff. 6 Anm. 6.

§ 103. Durch Polizeiverordnung kann bestimmt werden, daß Fischgewässer nur zu einer bestimmten Zeit oder bis zu einem bestimmten Maß abgeleitet werden dürfen und daß der zur Ableitung Berechtigte dem Fischereiberechtigten den Beginn und die voraussichtliche Dauer einer beabsichtigten Ableitung bestimmte Zeit vorher anzuzeigen hat. Besondere Rechte werden hierdurch nicht berührt.

1. Durch die Bestimmung des § 103 soll eine Schädigung des Fischereiberechtigten, z. B. wenn das Wasser gänzlich abgeleitet wird, auch da möglichst vermieden werden, wo ein Recht zum Ablassen eines Fischwassers besteht; sie stellt ein den Schutz anderer bezweckendes Gesetz dar, so daß Zuwiderhandlungen die Schadenersatzpflicht nach § 823 Abs. 2 BGB. zur Folge haben.

2. Steht einer Person ein Recht zur Ableitung, sei es zu einer bestimmten Zeit oder jederzeit, sei es in einem bestimmten Maße oder zur gänzlichen Ableitung zu, so daß der Fischereiberechtigte die Ableitung zu verhindern nicht in der Lage ist, so kann trotzdem durch Polizeiverordnung angeordnet werden, daß der Ableitungsberechtigte dem Fischereiberechtig-

ten den Beginn und die voraussichtliche Dauer einer beabsichtigten Ableitung eine bestimmte Zeit vorher anzeigt. An den Pächter ist die Anzeige nicht erforderlich. Sind mehrere Fischereiberechtigte vorhanden, so ist jedem derselben die beabsichtigte Ableitung anzuzeigen. Besteht ein Recht zur Ableitung nicht, so kann Zeit und Maß der Ableitung durch Polizeiverordnung bestimmt werden. In ihr kann auch die Anzeigepflicht in derselben Weise wie für den zur Ableitung Berechtigten vorgeschrieben werden. Mit Rücksicht auf die Verschiedenartigkeit der Verhältnisse ist die Bestimmung der Frist für die Anzeige an den Fischereiberechtigten vor der Ablassung des Wassers ebenfalls der Polizeiverordnung überlassen.

Wiesenberieselungen sind nicht als Ableitungen im Sinne des § 103 anzusehen. KomBer. d. AH. aaO. 1915. Vgl dazu § 41 Abs. 1 Ziff. 2 WG.: Durch die Benutzung des Wasserlaufs (d. i. auch des Wassers) darf der Wasserstand nicht derart verändert werden, daß andere in der Ausübung ihrer Rechte am Wasserlaufe — z. B Fischereirechte — beeinträchtigt werden.

3. Siehe auch §§ 379, 380 WG. Werden durch die Ausübung bestehengebliebener Rechte Fischereirechte beeinträchtigt, und läßt sich durch die Bestimmungen des § 103 FG. ein Ausgleich nicht herbeiführen, dann muß dieser nach § 104 FG. herbeigeführt werden im Wege des Ausgleichverfahrens. Siehe auch noch §§ 46 ff. des Wassergesetzes sowie § 196 daselbst. Letzterer bestimmt für Gewässer, die nicht zu den Wasserläufen gehören, daß der Eigentümer eines Grundstücks über das auf oder unter der Oberfläche befindliche Wasser nur insoweit verfügen kann, als Rechte Dritter nicht entgegenstehen. Darin liegt auch ein Schutz von Fischereirechten.

4. Strafvorschrift: § 128 FG., dessen Strafmaß in der Polizeiverordnung anzudrohen ist.

5. Siehe im Anhang: Ausführungsanweisung zu § 103.

§ 104. Wenn Fischereirechte und Rechte zur Benutzung des Fischgewässers nach § 46 Abs. 1 des

Wassergesetzes einander beeinträchtigen oder ausschließen, so kann der Fischereiberechtigte sowie jeder zur Benutzung des Wassers Berechtigte verlangen, daß Maß, Zeit und Art der Ausübung der Rechte im Ausgleichungsverfahren geregelt werden. Für Stauanlagen in Abzweigungen bleibt es bei § 32. Sonst gelten entsprechend der § 87 Abs. 1 Satz 2, Abs. 2, 3 und die §§ 80 bis 90 des Wassergesetzes.

1. Rechte zur Benutzung des Fischwassers nach § 46 Abs. 1 WG. sind insbesondere: durch Verleihung erworbene Rechte auf Gebrauch, Verbrauch, Ableitung von Wasser, sowie auf Einleitung von Wasser und anderen flüssigen Stoffen in das Fischgewässer, auf Heben und Senken des Wasserspiegels — vgl. § 40 WG. —, ferner durch Verleihung erworbene Rechte zur Anlage von Häfen und Stichkanälen, zur Herstellung von Anlegestellen mit baulichen Vorrichtungen von größerer Bedeutung, sowie zur Anlage von kommunalen und gemeinnützigen Badeanstalten, vgl. § 46 WG. Wenn solche Rechte und Fischereirechte sich gegenseitig beeinträchtigen oder ausschließen, kann das Ausgleichungsverfahren in Anspruch genommen werden. Die hierfür in Betracht kommenden Wasserbenutzungsrechte (§ 46 Abs. 1 WG.) — siehe § 87 WG. — werden durch ihren Inhalt umgrenzt. Das Ausgleichungsverfahren betrifft nur b e s t e h e n d e Rechte am Gewässer, aber dann auch a l l e solche Rechet, ohne Rücksicht darauf, ob es sich um Rechte des Eigentümers oder verliehene oder durch § 379 des Wassergesetzes aufrechterhaltene Rechte handelt. Ein durch Enteignung begründetes Recht kann gemäß § 87 Abs. 3 WG. nur mit Zustimmung des Berechtigten zur Ausgleichung herangezogen werden, während das Ausgleichsverfahren alle anderen bestehenden Rechte am Wasserlaufe (§ 46 Abs. 1 WG.), sobald es eingeleitet ist, umfaßt, also auch die von dem Eigentümer des Wasserlaufs schon durch Ausübung

geltend gemachten, gegen andere schon in Wirkung getretenen Rechte des Eigentümers. Vgl. Born, Das preuß. Wassergesetz, S. 108. Nach § 16 ff. der Gewerbeordnung, also durch Reichsgesetz, genehmigte Anlagen können zu dem Verfahren nicht herangezogen werden, da Änderungen in der Benutzung des Wasserlaufs auf Grund der Ausgleichung als eine Änderung der Genehmigung anzusehen wären, für welche nur die Bestimmungen der Reichsgewerbeordnung maßgebend sind. Zu einem Eingriff in das Reichsrecht hat das landesgesetzliche Ausgleichungsverfahren aber keine Befugnis.

2. Für Stauanlagen in Abzweigungen sind nur die Bestimmungen des § 32 FG. maßgebend; sie unterliegen nicht den Vorschriften des § 104, wohl aber Stauanlagen im Hauptwasserlaufe.

3. Die Regelung mittels Ausgleichungsverfahrens kann abgelehnt werden, wenn der davon insgesamt zu erwartende Nutzen den insgesamt zu besorgenden Schaden nicht erheblich übersteigt (§ 87 Abs. 1 Satz 2 WG.)

§ 105. (1) **Der Fischereiberechtigte oder Fischereipächter darf, wenn er einen Fischereischein besitzt, in seinen Fischgewässern Fischottern und Reiher mit den zur Jagd erlaubten Mitteln, ausgenommen Schußwaffen, töten oder fangen und für sich behalten. Eines Jagdscheines bedarf er nicht.**

(2) Soweit durch Gesetze den Fischereiberechtigten oder Fischereipächtern der Fang jagdbarer, der Fischerei schädlicher Tiere in weiterem Umfange gestattet ist, bleibt es dabei.

§ 105 gibt dem Fischereiberechtigten oder Fischereipächter die Berechtigung, sich gegen jagdbare Tiere, welche der Fischerei schädlich sind, zu schützen und greift zu diesem Zwecke in Abs. 1 als spezieller Vorschrift die Fischotter und die Reiher aus den im § 1 der Jagdordnung als jagdbar benannten Tieren heraus, welche der Fischereiberechtigte oder Fischereipächter, wenn er einen Fischereischein besitzt, in seinem Fischgewässer mit den zur Jagd erlaubten Mitteln, ausgenommen Schußwaffen, töten oder fangen und für sich behalten kann. Außerdem hält Abs. 2 allgemein alle bestehenden gesetzlichen Bestimmungen ausdrücklich aufrecht, welche den Fischereiberechtigten oder Fischereipächtern in weiterem Umfange (also nicht bloß hinsichtlich Fischotter und Reiher) die Befugnis zubilligt, jagdbare Tiere, welche der Fischerei schädlich sind, zu fangen. Nur der Fischereiberechtigte oder der Fischereipächter haben das Recht, d. h im letzteren Falle muß das Fischereirecht verpachtet sein. Beiden zugleich steht dieses Recht nicht zu. Der Fischereiberechtigte kann sich dies Recht bei der Verpachtung nicht vorbehalten; denn es steht im Falle der Anpachtung eines Fischereirechts dem Pächter an Stelle des Fischereiberechtigten kraft Gesetzes zu („oder").

Alle Tiere, die dem freien Tierfang unterliegen, ohne daß letzterer dem Jagdberechtigten vorbehalten ist (§ 1 der Jagdordnung) ist der Fischereiberechtigte usw., wie jedermann, zu fangen oder zu töten berechtigt, auch innerhalb des Uferbetretungsrechts (§ 13 FG.); zum Hegen der Fische (§ 4 FG.) ist auch das Fangen, Töten solcher der Fischerei schädlicher Tiere zu rechnen. Dazu gehören von der Fischerei schädlichen Tieren der graue Reiher, der Taucher, der Säger, der Kormoran und das Bleßhuhn, die von den als jagdbare Tiere bezeichneten Sumpf- und Wasservögeln ausgenommen sind (§ 1b der Jagdordnung). Auch der Storch gehört nicht zu den jagdbaren Tieren; auch er ist von diesen ausgenommen; seine Tötung oder Fang ist aber in der Regel durch Polizeiverordnung verboten; solche Polizeiverordnungen sind rechtsgültig. Eine solche Polizeiverordnung verpflichtet auch den Jagd- und Fischereiberechtigten (vgl. KG. vom 26. Juni 1902, Bd. 24 S. C. 66). Ebenso dürfen von den dem freien Tierfang unterliegenden, nicht zu den jagdbaren Tieren gehörenden Tieren diejenigen nicht getötet oder gefangen werden, welche und soweit sie durch das Reichsvogelschutzgesetz vom 30. Mai 1908 (RGBl. S. 314) geschützt sind, z. B. der Storch, der Eisvogel. Auch das Ausnehmen und Zerstören von Eiern oder Jungen, das Ausheben und Zerstören von Nestern (Brutstätten) nicht jagdbarer, dem freien Tierfange unterliegender Tiere ist zulässig, sofern nicht das Vogelschutzgesetz darin Beschränkungen auferlegt oder es verbietet.

Das Recht zum Fangen und Töten von Tieren, die dem freien Tierfang unterliegen, kann nicht auf fremden Grundstücken ausgeübt werden (siehe Feld- und Forstpolizeigesetz vom 1. April 1880 in der Fassung der Bekanntmachung vom 21. Januar 1926, GS. S. 83, §§ 29, 30), wohl aber vom Ufer aus, vorausgesetzt, daß die Tiere sich in oder auf dem Fischgewässer aufhalten.

Dem Jagdrecht unterstellte Tiere darf der Fischereiberechtigte usw. nach § 105 nicht töten oder fangen, ausgenommen die Fischottern und die Reiher, also Reiher aller Art. Der Fischereiberechtigte darf daher der Fischerei schädliche Tiere, die zu den jagdbaren gehören, nicht töten oder fangen, z. B. Seeadler, Fischadler, wilde Enten, Möven, überhaupt alle jagdbaren Sumpf- und Wasservögel, sofern nicht Abs. 2 Platz greift (vgl. § 67 der Jagdordnung).

Das Fangen mittels Schlingen ist überhaupt verboten, ohne Unterschied, ob es sich um jagdbare oder nicht jagdbare Tiere handelt.

Das in Abs. 1 dem Fischereiberechtigten oder Fischereipächter beigelegte Recht steht nur diesen zu, sonst niemandem, weder deren Hausangehörigen, noch Gehilfen, Bevollmächtigten oder dgl.; es ist nicht übertragbar.

Der Fischereiberechtigte usw., welcher Fischottern oder Reiher entsprechend Abs. 1 erlegt hat, wird ohne Verpflichtung zur Entschädigung des Jagdberechtigten Eigentümer derselben; vgl. LWA. vom 25. Juni 1920, Bd. 1 S. 202.

Schußwaffen darf der Fischereiberechtigte usw. nur anwenden, wenn er auf dem Fischgewässer selbst der Jagdberechtigte ist. Mit Schußwaffen erlegte Fischottern oder Reiher müssen von dem Fischereiberechtigten usw. an den Jagdberechtigten abgegeben werden.

Der Fischereiberechtigte usw. bedarf zur Ausübung der Berechtigung (Abs. 1) keines Jagdscheines; er muß aber einen Fischereischein besitzen. Nach dem genauen Wortlaut in Abs. 1 („wenn er einen Fischereischein besitzt") ist es nicht notwendig, daß er ihn bei sich führt, zumal er auch bei Ausübung des Hegerechts Fischottern und Reiher töten usw. darf, bei dieser aber den Fischereischein bei sich zu führen nicht verpflichtet ist.

Der Fischereiberechtigte usw. darf von der Berechtigung nach Abs. 1 nur „in" seinem Fischgewässer Gebrauch machen; über dessen Grenzen hinaus steht sie ihm nicht zu, auch nicht auf Grund des Uferbetretungsrechts, wohl aber in dem freien Raum über dem Fischwasser. Um Fischottern oder jagdbare Reiher in seinem Fischgewässer zu töten usw. (Abs. 1), darf der Fischereiberechtigte usw. das ihm nach § 13 zustehende Uferbetretungsrecht nicht ausüben; hierfür steht es ihm nicht zu, wie sich aus § 105 Abs. 1 ergibt.

„Durch die Worte „in seinem Fischgewässer" soll klargestellt werden, daß der Fischereiberechtigte das Ufer nur zur Ausübung seines Fischereirechts, nicht aber zum Zwecke der Tötung von Fischottern und jagdbaren Reihern daselbst betreten darf."

„Der Fischereiberechtigte darf auch alle diejenigen der Fischerei schädlichen Tiere verfolgen, welche dem freien Tierfange unterliegen, namentlich auch den grauen Reiher, d. h. den Fischräuber. Auch die Bisamratte ist kein jagdbares Tier und kann von jedermann vertilgt werden."

„Das Fangrecht soll nur auf den wirklich Fischereiberechtigten beschränkt bleiben, nicht aber auch auf seine Angehörigen und Gehilfen ausgedehnt werden."

„Der Fischereipächter ist noch eingefügt worden, weil Fischereiberechtigter und Fischereipächter auch sonst im Gesetze immer nebeneinander gestellt worden sind und der Pächter auch im § 67 der Jagdordnung genannt wird." KomBer. d HH aaO. 1916/18.

„Der Gebrauch der Schußwaffe ist dem Fischereiberechtigten, usw., wenn er nicht zugleich jagdberechtigt ist, untersagt; sein Recht zur Verfolgung erstreckt sich ferner nur auf das Fischgewässer, also den Bereich des Wassers, so daß er z. B Fangeisen nur im Gewässer selbst aufstellen darf. Das Aufstellen von Schlingen zum Fangen des Fischotters ist endlich durch § 41 der Jagdordnung vom 15. Juli 1907 (GS. S. 207) überhaupt verboten." LWA. vom 25. Juni 1920, Bd. 1 S. 202. Vgl. noch RGSt. Bd. 45 S. 260 und Bd. 60 S. 326. Ist auf Grund des § 30 des Feld, und Forstpolizeigesetzes in der durch das Gesetz vom 15. Januar 1926 (GS. S. 9) gegebenen Fassung eine Polizeiverordnung zum Schutze von Tieren erlassen, so ist gegen die Rechtsgültigkeit der Polizeiverordnung (etwa als Eingriff in das Recht des Jagd- oder Fischereiberechtigten, § 105 FG.) nichts einzuwenden. Schadenersatzansprüche können die Jagd- und Fischereiberechtigten nicht geltend machen, denn der Eingriff ist auf Grund einer Polizeiverordnung, die unmittelbar auf einem Gesetze beruht, ergangen und der Gesetzgeber hat es nicht für angemessen erachtet, im Gesetz selbst eine Entschädigung zuzubilligen. Delius in PrVerwltgsbl 1926, Jahrg. 48. Siehe noch Anhang Nr 10.

4. Weitergehende Rechte des Fischereiberechtigten usw (Abs. 2) siehe § 67 der Jagdordnung.

5. Vgl. auch § 5 des Vogelschutzgesetzes vom 30 Mai 1908.

106. (1) Vorbehaltlich der §§ 100, 107 bis 114 können durch Polizeiverordnung Bestimmungen über folgende Gegenstände getroffen werden:

1. das Mindestmaß der Fische;
2. die Schonzeiten der Fische, die Verbote und Beschränkungen des Fischens während der Schonzeiten und die Behandlung der während der Schonzeiten gefangenen Fische;
3. weitergehende Verbote und Beschränkungen hinsichtlich der Aussetzung, des Fanges und der Versendung von Fischen sowie hinsichtlich der Art und Beschaffenheit der Fanggeräte;
4. die aus Rücksichten auf den öffentlichen Verkehr und die Schiffahrt sowie zur Vermeidung gegenseitiger Störung der Fischer und zur Erleichterung der Aufsichtsführung beim Fischfange zu beobachtende Ordnung;
5. die Abfischung von Gewässern;
6. die Bekämpfung von Fischkrankheiten;
7. das Aussetzen ausländischer Fische;
8. die Art und Zeit der Werbung von Wasserpflanzen (Rohr, Schilf, Binsen usw.);
9. den Schutz der Fischfuttertiere;
10. den Schutz des Fischlaichs;
11. das Einlassen von Enten in Fischgewässer;
12. den Schutz von Fischteichen und Fischzuchtanstalten mit zugehörigen Anlagen.

(2) Nicht berührt werden durch Abs. 1 Nr. 3 Rechte auf die Benutzung ständiger Fischereivorrichtungen sowie auf den Gebrauch eines anderen bestimmten Fangmittels, wenn der Fischereiberechtigte nur mit diesem die Fischerei ausüben darf.

(3) Angeln außerhalb geschlossener Ortschaften darf durch Polizeiverordnung für Sonn- und Feiertage nicht weiter beschränkt werden als für Wochentage.

(4) Für geschlossene Gewässer gelten die Nr. 2 bis 7 nicht, die Nr. 8 bis 12 nicht dem gegenüber, dem die Ausübung des Fischereirechts zusteht. Nr. 1 gilt nicht für Fischbrut und Besatzfische, die aus Fischzuchtanstalten oder geschlossenen Gewässern stammen und zur Besetzung anderer Gewässer bestimmt sind.

(5) Vor Erlaß einer Polizeiverordnung nach Abs. 1, 3 sollen Beteiligte gehört werden.

1. Seinem Sachverhalt nach deckt sich § 106 im wesentlichen mit § 22 des alten Fischereigesetzes von 1874 und Vorschriften, die in den bisherigen Ausführungsverordnungen enthalten sind. Er ist der Sammelparagraph für Polizeiverordnungen; wo außerdem Polizeiverordnungen auf Grund des § 124 erlassen werden können, ist dies immer gesagt. Jeder Fall der Möglichkeit einer Regelung durch Polizeiverordnung ist genau bestimmt. Dies ist notwendig gewesen. Denn § 10 II 17 ALR. kann nicht der Ausgangspunkt für das fischereiliche Polizeirecht sein, da er hierzu nicht ausreicht, andere allgemeine Anhaltspunkte sind nicht vorhanden. § 106 gilt auch für Küstengewässer. RegBegr. aaO. 1916/18

2. Abs. 1 Ziff. 1. Es ist ein Mindestmaß, nicht Mindestgewicht für den Erlaß von Polizeiverordnungen bestimmt worden, weil ein Mindestgewicht nicht gebräuchlich, auch für den Zweck, den die Vorschrift eines Mindestmaßes beabsichtigt, unpraktisch ist. Ebenso ist es undurchführbar, für das ganze Staatsgebiet ein einheitliches Maß festzusetzen. Ziff. 1, die besonders auch den Anglern einzuschärfen ist, gilt nicht für die Fischbrut und Besatzfische, die aus Fischzuchtanstalten oder geschlossenen Gewässern — die letzteren unterliegen im übrigen den Vorschritfen, welche auf Grund der Ziff. 1 erlassen werden — stammen und zur Besetzung anderer Gewässer bestimmt sind (Abs. 4). Hierfür können keine polizeilichen Vorschriften über ein bestimmtes Maß getroffen werden.

3. Ziff. 2 gilt nur für offene Gewässer (Abs. 4). Die Fische soll man nicht zu alt und zu groß werden lassen. Die Schonzeit war früher zu lang; vier Wochen ungefähr genügen Die Schonzeit muß ähnlich wie bei der Jagd durch Polizeiverordnung für die einzelnen Landesteile geregelt werden und solle man sich dabei nach der Laichzeit der in Betracht kommenden Fischarten richten; übrigens ist das Laichen der Fische absolut zeitlich nicht feststehend. Die Schonzeiten müssen in jedem Jahre besonders bestimmt werden. Als Schonzeit kommt die Frühjahrsschonzeit und die Winterschonzeit in Betracht. Die Schonzeiten erstrecken sich u. a. auf große Bezirke, die eine große Anzahl von Gewässern in sich begreifen. Zu unterscheiden ist auch zwischen Schonzeiten und Schonrevieren. Es gibt verschiedene Schonreviere, Laichschonreviere und Fischschonreviere, in letzteren darf überhaupt nicht gefischt werden. Zu Fischschonrevieren macht man gewöhnlich Gewässer, von denen man annimmt, daß dort ein Wechsel der Fische zwischen verschiedenen Gewässern stattfindet. Laichschonreviere sind die Stellen, wo die Fische laichen, und zwar zu der Zeit, wo das Laichen vor sich geht. KomBer. d. AH. aaO. 1916/17.

4. Ziff. 3 gilt nur für offene Gewässer (Abs. 4).

In Rechte auf die Benutzung ständiger Fischereieinrichtungen (vgl. § 35 FG.) darf die Polizeiverordnung nicht eingreifen; ebensowenig darf sie den Gebrauch eines anderen bestimmten Fangmittels verbieten, wenn der Fischereiberechtigte nur mit diesem Fangmittel die Fischerei ausüben darf.

Über die Zweckmäßigkeit der zum Fange von Aalen angewandten Fangmittel sind die Ansichten verschieden. Es gibt zwei Arten von Aalspeeren, mit denen Aale gefangen werden, den sog. Stettiner und den Stralsunder Aalspeer. Während der erstere ein einwandfreies Fangmittel ist, wird der Stralsunder nicht als solcher angesehen, da durch diesen die Aale häufig nur verletzt, aber nicht gefangen werden, so daß sie ohne jeden wirtschaftlichen Nutzen verloren gehen. Der Danziger Aalsack wird als nützliches Fangzeug angesehen, obwohl auch darüber die Ansichten verschieden sind. Das gilt auch vom Aalhamen, obwohl dieses Fanggerät für die großen Ströme sehr gut wirke, wie in der Kommission des Abgeordnetenhauses (KomBer. d. AH. aaO. 1915) hervorgehoben wurde. Von anderer Seite wurde in dieser Kommission die Ansicht zum Ausdruck gebracht, man solle die Aale mit allen Fangmitteln fangen, wo man sie finde, weil sie bei ihrer Wanderung sonst leicht dem Fange entgehen.

Die Frage, ob enge oder weite Maschen im Netze zu verwenden sind, ist zugunsten der engen Maschen zu entscheiden, weil durch die weiten Maschen viele Fische ruiniert werden können.

5. Auch Ziffer 4 betrifft nur offene Gewässer (Abs. 4). Nach Ziff. 4 handelt es sich nur um den öffentlichen Verkehr und die darin bezeichnete Ordnung, die zu beobachten ist, auf dem Fischgewässer selbst.

6. Ziffer 5, 6 und 7 gelten ebenfalls nur für offene Gewässer. Diese Ziffern sind in der zweiten Lesung in der Kommission des Abgeordnetenhauses 1914/15 (siehe KomBer d. AH. aaO. 1914/15) in das Gesetz eingefügt worden, damit die Möglichkeit gegeben ist, nicht nur im Hinblick auf etwaige Fischkrankheiten (Ziff. 6), sondern überhaupt Vorschriften zu treffen, wonach unter Umständen ein Gewässer einmal ganz abgefischt werden kann, wenn die wirtschaftliche Notwendigkeit dazu vorliegt. Es ist ferner erwünscht, daß nötigenfalls gegen das Aussetzen exotischer Fische vorgegangen werden kann, z. B. gegen das Aussetzen der portugiesischen Auster in der Nordsee. Vgl. RdErl. des Landwirtschaftsministers vom 22. September 1927 (LMBl. S. 746), betreffend Fischsterben. In diesem Erlaß ist unter Aufhebung des Erlasses vom 15. November 1921 (LMBl. S. 397) bestimmt, daß für die Ausführung von Untersuchungen über die Ursachen von Fischsterben (vgl. den Erlaß vom 12. September 1919, LMBl.

S. 261) zuständig sind: a) in den Küstengewässern, außer Kurisches Haff: die Oberfischmeister für die Küstengewässer, b) im Kurischen Haff der Oberfischmeister für die Binnengewässer der Provinz Ostpreußen; c) in den Binnengewässern der Provinz Ostpreußen, Pommern, Grenzmark Posen-Westpreußen, Niederschlesien, Brandenburg, Sachsen, Hannover, Schleswig-Holstein, Hessen-Nassau und in der Rheinprovinz die Oberfischmeister für die Binnengewässer; d) in der Provinz Westfalen der nebenamtliche Oberfischmeister (z. B. Dr. Lehmann), Vorsteher des fischerei-biologischen Instituts der Landwirtschaftskammer in Münster; e) in der Provinz Oberschlesien und im Regierungsbezirk Sigmaringen gemäß der Ausführungsanweisung zum Fischereigesetz vom 16. März 1918 in §§ 113—129 Ziff. 3 der Direktor der Landesanstalt für Fischerei in Berlin-Friedrichshagen.

7. Die Ziffern 8 bis 12 gelten nicht demjenigen gegenüber, dem die Ausübung des Fischereirechts zusteht (Abs. 4). In den Flußläufen der Ebene steht den Anliegern vielfach das Recht zur Gewinnung der Binsen usw. zu; ein Eingriff in dieses Recht muß vermieden werden. Das Polizeiverordnungsrecht umfaßt allgemein die Wasserpflanzen einschließlich Rohr, nicht bloß die Seegewächse. Schilf, Binsen sind einzelne Arten von Wasserpflanzen.

Durch die Worte „Art und Zeit der Werbung" soll zum Ausdruck gebracht werden, daß die Werbung von Wasserpflanzen lediglich polizeilich beaufsichtigt, nicht aber ganz verboten werden kann. KomBer. d. AH. aaO. 1914/15.

Die Befugnis zum Erlaß von Vorschriften über das Einlassen von Enten (Ziff. 11) ist im landrechtlichen Gebiet durch die §§ 188, 189 I 9 ALR., in den übrigen Landesteilen dagegen nicht gesetzlich geordnet.

Nach dem gemeinen und französischen Recht ist das Einlassen von (zahmen) Enten dem Fischereiberechtigten gegenüber zulässig, während nach den Vorschriften des ALR. das Einlassen von Enten nicht gestattet war (Letztere Bestimmungen sind durch § 133 Abs 2 Ziff. 2 aufgehoben.) Der § 106 in Verbindung mit § 133 Abs. 2 Ziff. 2 FG. stellt die Entenbesitzer im Gebiete des ALR. insofern günstiger, als der Eigentümer des Wasserlaufs seine Enten bei geschlossenen Gewässern auch ohne Zustimmung des Fischereiberechtigten einlassen und auch anderen das Einlassen von Enten gestatten kann. Ohne Einwilligung des Eigentümers des Wasserlaufs darf aber niemand Enten einlassen, denn das Einlassen von Enten gehört nach dem Wassergesetz nicht zum Gemeingebrauch an einem Wasserlauf. Das Recht des Eigentümers, Enten auf dem Fischgewässer schwimmen zu lassen, und das auch anderen zu gestatten, kann durch Polizeiverordnung auf Grund des § 106 FG. im Interesse der Fischerei eingeschränkt werden Da letztere Bestimmung auch für das Gebiet des gemeinen und französischen Rechts Geltung hat, so kann also auch hier durch Polizeiverordnung eine Einschränkung der bisher den Entenbesitzern zustehenden Rechte zugunsten des Fischereiberechtigten vorgenommen werden. Die zahmen Enten jagen und fressen mit Vorliebe Fische; sie sind daher besonders in kleinen Gewässern sehr fischereischädlich. Selbst in Forellenbächen sind sie sehr schädlich, da sie sogar große Forellen in Wasserlöchern aufstöbern und herunterwürgen. KomBer. d. AH. aaO. 1914/15. Vgl. auch § 112 FG

Das Einlassen von Gänsen usw. kann nicht verboten werden; vgl. dazu aber § 25 WG.

Zu Ziff. 10. Siehe Anm. 3.

8. Das durch § 106 gegebene Polizeiverordnungsrecht beruht lediglich auf fischereipolizeilichen Gesichtspunkten, und nur dann, wenn keine anderen, seien es rechtliche oder andere polizeiliche Gesichtspunkte einer Polizeiverordnung zugrunde liegen, gilt die gesetzliche Ausschließung der geschlossenen Gewässer (Abs. 4), sonst nicht. Hinsichtlich der Nr. 8 bis 12 ist das Polizeiverordnungsrecht insofern eingeschränkt, als die danach erlassene Polizeiverordnung auf diejenigen, denen die Ausübung des Fischereirechts zusteht, keine Anwendung

findet. Hierzu gehört u. a. auch der Inhaber eines Erlaubnisscheines gemäß § 28 FG., der in dem dritten Abschnitt „Ausübung des Fischereirechts" seinen Platz erhalten hat.

9. Durch Abs. 2 soll verhindert werden, daß durch Polizeiverordnung in wohlerworbene Rechte auf Benutzung ständiger Fischereivorrichtungen und Gebrauch eines bestimmten Fangmittels eingegriffen werden dürfe.

10. Abs. 3. Die gebotene Rücksicht auf die Heilighaltung des Sonntags wird dadurch gewährleistet, daß das Angeln an Sonntagen nur außerhalb der geschlossenen Ortschaft durch Polizeiverordnung nicht beengt werden darf

Zur geschlossenen Ortschaft gehören die Teile einer Ortschaft, die von Gebäuden oder nicht landwirtschaftlich genutzten — meist eingefriedigten — Grundstücken eines Gemeinde- oder Gutsbezirks gebildet werden. Für Angeln im geschlossenen Teil einer Ortschaft gelten die Vorschriften über Sonn- und Feiertagsheilighaltung. Der Zweck der Bestimmung des Abs. 3 ist der, den Anglern ihr Sonntagsvergnügen zu belassen, an Werktagen haben sie meistens keine Zeit zum Angeln. Dagegen fällt der gewerbsmäßige Fischfang an einem gesetzlichen Feiertage unter das Verbot der öffentlich bemerkbaren Arbeiten. KGSt. vom 18. November 1895, Bd. 17 S. 436.

11. Vor Erlaß einer Polizeiverordnung nach Abs. 1 und Abs. 3 sollen Beteiligte gehört werden. Dazu gehören Fischereiberechtigte, Fischereipächter, Inhaber von Erlaubnisscheinen, Fischereisachverständige, an ein Fischgewässer angrenzende Grundstückseigentümer, Eigentümer von industriellen Anlagen usw. Aus ihnen kann die zum Erlaß der Polizeiverordnung zuständige Behörde sich geeignete Personen auswählen; sie braucht nicht sämtliche Interessenten zu hören, sie ist dazu überhaupt nicht insofern verpflichtet, als die Bestimmung in Abs 5 keine zwingender Natur ist („soll"),

so daß, wenn die Behörde sie nicht beobachtet hat, dadurch die Polizeiverordnung nicht ungültig ist.

12. Strafvorschrift: § 128, Abs. 1 und 2 FG. Nach letzterem Absatz kann neben der Strafe auf Einziehung der mitgeführten Fanggeräte erkannt werden, ohne Unterschied, ob sie dem Verurteilten gehören oder nicht.

13. Siehe im Anhang: Ausführungsanweisung zu §§ 106, 107, Nr. 6 und Fischereiordnung vom 29. März 1917 (unter Berücksichtigung der in den späteren Jahren ergangenen Änderungen), sowie Polizeiverordnung, betreffend Schleppnetzfischerei im Stettiner Haff vom 2. November 1925.

§ 107. (1) Ist der Fang von Fischen unter einem bestimmten Maße verboten (§ 106 Abs. 1 Nr. 1), so dürfen solche Fische im Geltungsbereiche des Verbots unter diesem Maße weder feilgeboten, noch verkauft, noch zur Beförderung gebracht werden. Durch Polizeiverordnung können für offene Gewässer Bestimmungen getroffen werden, daß die Fische auch nicht an Land gebracht, aufbewahrt oder zu bestimmten Zwecken verwandt werden dürfen und wie nach der Anlandung mit ihnen zu verfahren ist.

(2) Dasselbe gilt, wenn der Fang einzelner Fischarten verboten ist, für die Fische dieser Arten während der Verbotszeit sowie für Fische, die ausschließlich mit besonders eingerichteten Fanggeräten gefangen werden, während der Verbotszeit dieser Fanggeräte.

(3) Der Regierungspräsident kann zu wissenschaftlichen, gemeinnützigen und wirtschaftlichen Zwecken Ausnahmen von Abs. 1, 2 gestatten.

1. „Die Vorschrift stimmt im wesentlichen mit der gleichen Schonvorschrift der Jagdordnung (§ 43) überein, nur verbietet sie nicht den Ankauf untermaßiger Fische und die Ver-

kaufsvermittelung. Sie ist zur Durchführung der fischereigesetzlichen Überwachung unbedingt nötig und bezieht sich auf im Inland wie im Ausland gefangene Fische, auf solche aus geschlossenen und offenen Gewässern. Die Jagdordnung verbietet ausdrücklich auch das Herumtragen und Ausstellen zum Verkauf. Da beides aber zweifellos eine Art des Feilbietens darstellt, spricht das Gesetz dieses Verbot nicht besonders aus."

„Zur Versendung gehört auch die von dem Fänger selbst ausgeführte Beförderung von einem Ort zum anderen. Durch die Fassung des Gesetzes ist dies klar ausgesprochen und gleichzeitig zum Ausdruck gebracht, daß sich die Bestimmung nur auf denjenigen bezieht, der die Fische innerhalb des Geltungsbereichs des Verbots zur Beförderung bringt."

„Für untermaßige Fische aus offenen Gewässern (nicht aus geschlossenen) können weitere Beschränkungen, z. B. das Verbot der Verwendung zum Trankochen, Viehfüttern, Düngen, durch Polizeiverordnung angeordnet werden. Diese Beschränkungen sind zweckmäßig dem Verordnungswege vorbehalten, da nicht nur die Verschiedenartigkeit der Fischerfahrzeuge, Netz- und lokaler Verhältnisse, sondern auch die Rücksicht auf die Verhältnisse benachbarter Länder und internationale Verträge einen gewissen Spielraum verlangt." RegBegr. aaO. 1916/18.

2. Nach Abs. 1 ist jede Veräußerung gegen Entgelt verboten.

Das Verbot ist aus polizeilichen Gründen erlassen.; zivilrechtliche Gesichtspunkte kommen nicht zur Berücksichtigung. Ebenso ist es ohne Einfluß, ob der Verkäufer selbst die Fische veräußert oder durch einen anderen.

Die Fische dürfen nicht veräußert, wohl aber verschenkt oder im Eigenverbrauch verwendet, auch aufbewahrt werden, sofern dies nicht durch Polizeiverordnung, soweit die Fische aus offenen Gewässern stammen, verboten ist (Abs. 1 letzter Satz). Unter „zur Beförderung bringen" ist die Übergabe an eine Person oder Anstalt (Post, Eisenbahn usw.) zu verstehen

Beförderung innerhalb desselben Ortes ist ebenfalls unzulässig.

3. Das Verbot durch Polizeiverordnung ist, wenn der Fang einzelner Fisch a r t e n verboten ist, in Abs. 2 für die Fische dieser Arten für die Dauer der Verbotszeit, ebenso für Fische, die ausschließlich mit besonders eingerichteten Fanggeräten gefangen werden, für die Dauer der Verbotszeit dieser Fanggeräte, vorgesehen. Der Abs. 2 — durch die Kommission des Abgeordnetenhauses neu eingefügt — trifft die Fälle, in denen für eine bestimmte Fischart die Individualschonzeit eingeführt ist oder in Zukunft eingeführt werden soll, und hat u. a. die Verhältnisse in den Hohenzollernschen Landen im Auge, wo wegen der Grenzbeziehungen zu dem Württembergischen Staate, in dem die Schonzeit nach dem relativen System — Schonzeit für die einzelnen Fischarten verschieden, je nach ihrer tatsächlichen Laichzeit, auch Individualschonzeit genannt — eingeführt ist, die ausgiebigere Berücksichtigung dieses Systems zweckmäßig sein wird. RegBegr. aaO. 1916/18.

4. Abs. 3. Die in Abs. 3 zugunsten der Teichwirtschaft und gemeinnütziger Untersuchungen zugelassene Ausnahmen können nötigenfalls an Bedingungen geknüpft werden Reg.-Begr. aaO. 1916/18. Vgl. auch §§ 111, 112, 118 FG.

5. Strafbestimmung: § 128 Abs. 1 FG. Die verbotswidrig feilgebotenen, verkauften oder zur Beförderung gebrachten Fische sind einzuziehen, auch wenn keine bestimmte Person verfolgt oder verurteilt wird (§ 128 Abs. 3 FG.).

6. Siehe § 119 Abs. 4 FG., sowie im Anhang: Ausführungsanweisung zu §§ 106, 107.

§ 108. Während der Dauer der Schonzeiten (§ 106 Abs. 1 Nr. 2) müssen ständige Fischereivorrichtungen (§ 35 Abs. 5) in offenen Gewässern beseitigt oder abgestellt sein. Soweit die Rücksicht auf die Erhaltung des Fischbestandes es gestattet, kann der Regierungspräsident Ausnahmen zulassen.

1. Von der aus § 28 des Fischereigesetzes von 1874 übernommenen Vorschrift in Satz 1, die grundsätzlich gerechtfertigt ist, weil sich eine Ausnahmestellung für die sogenannten Selbstfänge während der Schonzeit allgemein nicht begründen läßt, sollen aus volkswirtschaftlichen Rücksichten zugunsten des Aalfanges, wie schon seither auf Grund des durch Art. III der Novelle vom 30. März 1880 eingeführten Zusatzes zu § 28 des alten Fischereigesetzes von 1874 weitgehende Befreiungen im Sinne des zweiten Satzes des Gesetzes zugelassen werden. Was ständige Fischereivorrichtungen sind, ist im einzelnen festzustellen. Aalreusen und Aalfänge können hin und wieder nach ihrer Aufstellung ständige Fischereivorrichtungen sein.

2. Strafvorschrift: § 127 Ziff 4 FG.

3. Vgl. § 35 Abs. 5.

§ 109. Außerhalb der Grenzen des freien Fischfanges darf niemand auf Wasserfahrzeugen unverpackte oder nicht als Frachtgut oder Reisegepäck beförderte Fischereigeräte mit sich führen, es sei denn, daß er in dem Gewässer fischereiberechtigt ist oder sich auf dem Wege zwischen seinem Wohnort und einem Gewässer befindet, in dem er den Fischfang ausüben darf.

1. § 109 enthält den Gedanken, der der Strafbestimmung des § 368 Nr. 10 RStGB. hinsichtlich der Jagd zugrunde liegt. Es soll dadurch verhindert werden, daß auf Wasserfahrzeugen Fischereigeräte mitgeführt werden, um sich ihrer widerrechtlich zu bedienen. Das Verbot des § 109 gilt nicht innerhalb der Gebiete der Küstengewässer, in denen der freie Fischfang besteht (§ 6 FG.); es gilt daher nur für das Gebiet der Binnengewässer und derjenigen Küstengewässer, die im Eigentum stehen (§ 7 FG.) oder an denen nach § 8 FG. aufrechterhaltene Fischereirechte bestehen.

2. Nicht verpackt sind die Geräte dann, wenn der Inhaber sie jederzeit ohne besondere Tätigkeit zur Gebrauchsmöglichkeit, zwecks Ausübung des Fischfangs benutzen kann. Ebenso trifft das Verbot Fischereigeräte, die nicht als Frachtgut oder Reisegepäck befördert werden. Ohne Rücksicht darauf, ob jemand die Absicht des Ingebrauchnehmens zum Fischfange hat oder nicht, ist das Mitsichführen verboten.

Von diesem Verbot befreit ist nur a) derjenige, welcher in dem Gewässer, in dem sich das Wasserfahrzeug befindet, fischereiberechtigt ist und b) derjenige, der sich auf dem Wege zwischen seinem Wohnort und einem Gewässer (Hin- und Rückfahrt) befindet, in dem er den Fischfang auszuüben befugt ist.

Nach dem Zusammenhang und dem Zwecke der Vorschrift des § 109 kann unter „daß er in dem Gewässer fischereiberechtigt ist" nur die Ausübung des Fischfanges vom Gesetzgeber gemeint sein; das ergibt sich insbesondere aus den letzten Worten des Paragraphen: „in dem er den Fischfang ausüben darf".

3. Die Fischereigeräte müssen sich „auf" Wasserfahrzeugen befinden, damit die Ausnahmen zu a und b Platz greifen können. Wasserfahrzeuge sind solche aller Art.

Strafbestimmung: § 127 Ziffer 5 FG.; außerdem findet § 128 Abs. 2 FG. Anwendung, wonach neben der Strafe auf Einziehung der mitgeführten Fischereigeräte, d. i. Geräte zum Fischfang, erkannt werden kann, nicht muß.

4. Siehe im Anhang: Ausführungsanweisung zu § 110.

Zweiter Titel.

Schonbezirke.

§ 110. (1) Der Regierungspräsident kann nach Anhörung der Fischereiberechtigten oder Fischereipächter zu Schonbezirken erklären:

1. Gewässerstrecken, die vorzugsweise den Wechsel der Fische beherrschen (Fischschonbezirke);
2. Gewässerstrecken, die vorzugsweise geeignete Laichplätze für die Fische bieten (Laichschonbezirke).

(2) Die Schonbezirke sind öffentlich bekanntzumachen und, soweit möglich, örtlich zu bezeichnen. Ist die Beibehaltung eines Schonbezirks nicht mehr erforderlich, so kann er mit Zustimmung des Ministers für Landwirtschaft, Domänen und Forsten wieder aufgehoben werden. Die Wiederaufhebung ist öffentlich bekanntzumachen.

1. Die Bestimmungen über die Schonbezirke entsprechen im allgemeinen den bisherigen Bestimmungen darüber (§§ 29 bis 34 FG. vom 30. Mai 1874). § 110 Abs. 1 enthält unter Ziff. 1 eine Einschränkung, unter Ziff. 2 eine Erweiterung der bisherigen Bestimmungen für die Schonbezirke. Nach Abs. 1 sind Fischschonbezirke und Laichschonbezirke zu unterscheiden.

„Bei der Festlegung von Schonbezirken hat die praktische Erkenntnis schon seit längerer Zeit zu einer unterscheidenden Behandlung der Laich- und der Fischschonbezirke geführt. Letztere haben den Zweck, den Zug der Fische aus den größeren Gewässern hinaus in die mehr landeinwärts gelegenen zu sichern. Da der Zug, wenn auch in den einzelnen Jahreszeiten in wechselnder Stärke, das ganze Jahr über stattfindet, müssen diese Schonbezirke ununterbrochen aufrechterhalten werden."

„Im Gegensatz hierzu soll die Schonung in den Laichschonbezirken nur die Laichzeit der in einem Gewässergebiet hauptsächlich zu schonenden Fische umfassen, braucht also nur eine zeitweilige zu sein, natürlich mit der Bedeutung, daß während der Sperrzeit der gesamte Fischfang in dem Laichschonbezirk unterbleibt RegBegr aaO 1916/18.

Unter Laichzeit ist die Zeit zu verstehen, die der Fisch gebraucht, um sich nach dem Laichrevier zu begeben und dort seinen Laich abzusetzen. Diese Zeit erstreckt sich bei den einzelnen Fischen und den einzelnen Gewässern auf eine lange Zeitperiode; für die Forelle beträgt sie viele Monate, von Oktober bis Februar. Bei der Forelle deckt sich die Laichzeit mit der Schonzeit. Es gibt Fische, die ihren Laich absetzen, wenn die für sie angeordnete Schonzeit längst vorbei ist, z. B. die Schleie; anderseits laichen die Hechte im Februar, zu einer Zeit, die keine Schonzeit ist. Laichzeit und Schonzeit decken sich also nicht immer. Die betreffenden Zeiten werden durch Polizeiverordnung festgesetzt. Die Laichschonzeit ist zugleich auch Schonzeit, und unter Schonzeit ist auch die Laichschonzeit gemeint."

„Es kommt die Frühjahrsschonzeit und die Herbstschonzeit in Betracht." KomBer. d. AH. aaO. 1916/17.

2. Zuständig für die Einrichtung von Schonbezirken ist der Regierungspräsident. Ihre Aufhebung steht aber nur dem Landwirtschaftsminister zu.

3. Die Fischereiberechtigten usw. sollen angehört werden. Erfolgt die Anordnung von Schonbezirken ohne diese Anhörung, so verliert sie ihre Rechtsgültigkeit trotzdem nicht

4. Die örtliche Bezeichnung hat nach Möglichkeit zu geschehen, sie ist also nicht immer notwendig. Die Möglichkeit wird sich in der Regel aus den vorliegenden Verhältnissen im einzelnen Falle ergeben. Die örtliche Bezeichnung ist also in das pflichtmäßige Ermessen des Regierungspräsidenten gelegt.

5. Vgl. § 106 Abs. 1 Ziff. 2 und 10 FG. Die Festsetzung von Schonbezirken in geschlossenen Gewässern kann nur mit Einwilligung des Eigentümers eingerichtet werden (§ 113 Abs. 3 FG.). Werden Schonbezirke in geschlossenen Gewässern eingerichtet, so gelten §§ 110 ff. FG

6. Siehe Ausführungsanweisung zu §§ 110 bis 114 (Anhang).

§ 111. **In Fischschonbezirken ist jede Art des Fischfangs verboten, die der Regierungspräsident nicht aus den Gründen des § 107 Abs. 3 anordnet oder gestattet. In Laichschonbezirken gilt dies nur für die Laichzeit der Fischarten, für die der Schonbezirk angeordnet ist.**

1. Vgl. § 110 Anm. 1.

2. Das Verbot gilt für jedermann, also auch für den Eigentümer des Fischgewässers.

3. „Das Verbot des Fischfanges in Laichschonbezirken ist nur so zu verstehen, daß es für die Laichzeit derjenigen Fischarten gilt, für die der Laichschonbezirk angeordnet ist."

„Der Gedanke im letzten Satz — wohl von Professor Schiemenz ausgegangen — ist der, daß im allgemeinen den Schonbezirken und den Schonungen überhaupt kein so erheblicher Wert beizumessen sei, daß in diesem Bezirk gar nichts mehr gefangen werden solle, und daß man ruhig den Fang der Fische zulassen könne, deren Laichzeit nicht gerade in Frage kommt." KomBer. d. AH. aaO. 1914/15.

Fische, die nicht zu den Fischarten gehören, für welche ein Laichschonbezirk angeordnet worden ist, dürfen also gefangen werden.

4. Strafbestimmung: § 127 Ziff. 6 und § 128 Abs. 2 FG. (Nebenstrafe) Vgl KGSt. vom 16. Januar 1923, Ring Bd. 1 S. 155.

5. Siehe Ausführungsanweisung zu §§ 110 bis 114 (Anhang).

§ 112. **In Laichschonbezirken muß während der Laichzeit der zu schonenden Fischarten die Räumung, das Mähen von Schilf und Gras, die Entnahme von Pflanzen, Schlamm, Erde, Sand, Kies und Steinen sowie jede andere der Fortpflanzung der Fische gefähr-**

liche Störung unterbleiben, soweit nicht der Regierungspräsident aus den Gründen des § 107 Abs. 3 Ausnahmen zuläßt. Enten dürfen während der Laichzeit nicht in Laichschonbezirke eingelassen werden.

1. Der gefährlichen Störungen gibt es mannigfache, nicht bloß die im § 112 aufgezählten; z. B. durch Bauten, durch Motorboote usw. Ruder-, Segler-, Fischerboote stören in der Regel die laichenden Fische nicht, vernichten auch den Laich nicht. KomBer. d. AH. aaO. 1914/15.

2. Ausnahme: § 107 Abs. 3 FG.

3. Das Einlassen von Enten in Laichschonbezirke während der Laichzeit ist verboten. Vgl. § 106 Ziffer 11 FG. und Anm. 7. Gänse usw. braucht der Eigentümer eines Wasserlaufs auf diesem nicht zu dulden (§ 25 WG.).

4. Strafvorschrift: § 127 Ziff. 6 FG. Nebenstrafe (Einziehung der mitgeführten Fanggeräte zulässig): § 128 Abs. 2 FG.

5. Siehe im Anhang: Ausführungsanweisung zu §§ 110 bis 114

§ 113. **(1) Zu Schonbezirken sollen vorzugsweise solche Strecken erklärt werden, die dem freien Fischfong unterliegen oder in denen dem Staate das ausschließliche Fischereirecht zusteht oder den Gemeinden durch § 7 des Fischereigesetzes vom 30. Mai 1874 das Fischereirecht übertragen ist.**

(2) Ist zur Erhaltung oder Verbesserung des Fischbestandes notwendig, in die Schonbezirke auch andere Gewässer aufzunehmen, so ruht in diesen das Fischereirecht für die Zeit, in welcher der Fischfang in dem Schonbezirke verboten ist. Für die entzogene Nutzung hat der Staat den Berechtigten durch wiederkehrende Leistungen zu entschädigen.

(3) In geschlossenen Gewässern können wider den Willen des Eigentümers keine Schonbezirke eingerichtet werden.

1. Der Abs. 1 ist hinweisender Art.

2. Der Abs. 2 entspricht im allgemeinen dem § 32 Abs. 3 des alten Fischereigesetzes vom 30. Mai 1874. Der Betrag der aus Staatsmitteln zu gewährenden Entschädigung ist mangels gütlicher Einigung im Rechtswege festzustellen.

3. Zu Abs. 3 vgl. § 110 FG. sowie im Anhang: Ausführungsanweisung zu §§ 110 bis 114.

§ 114. Die zur Zeit des Inkrafttretens dieses Gesetzes vorhandenen Schonbezirke bleiben als Schonbezirke im Sinne der §§ 110 ff. bestehen.

Siehe im Anhang: Ausführungsanweisung zu §§ 110 bis 114; sowie § 7 des bisherigen alten Fischereigesetzes im Anhang unter Nr 14.

Dritter Titel.

Fischwege.

§ 115. (1) Wer in einem offenen Gewässer Wehre, Schleusen, Dämme oder andere Anlagen herstellt, muß, wenn dadurch der Wechsel der Fische verhindert wird, auf seine Kosten Fischwege anlegen und unterhalten.

(2) Ausnahmen können zugelassen werden:

1. wenn zur Zeit der Wechsel der Fische durch bestehende Anlagen oder aus anderen Gründen ausgeschlossen ist;
2. wenn die neue Anlage nur einen vorübergehenden Zweck hat und ihre spätere Beseitigung gesichert ist;

3. für Anlagen zum Schutze oder zur Förderung der Landeskultur;
4. wenn die Anlegung oder Unterhaltung des Fischweges Kosten oder Nachteile verursachen würde, die größer sind als die Vorteile für die Fischerei.

(3) Über die Art der Einrichtungen und ihre Benutzung sowie über die Zulässigkeit von Ausnahmen beschließt, wenn die Anlagen auf Grund eines gesetzlich geordneten Verfahrens ausgeführt werden, die das Verfahren leitende Behörde, sonst der Bezirksausschuß. Im Falle des Abs. 2 Nr. 4 kann dem Unternehmer die Verpflichtung zur Beschaffung von Fischbesatz auferlegt werden, wenn durch die Verhinderung des Fischwechsels eine Verminderung des Fischbestandes zu erwarten ist.

(4) Soweit der Unternehmer die nach Abs. 3 angeordnete Anlegung eines Fischweges nicht ausführen kann, ohne fremdes Grundeigentum in Anspruch zu nehmen, muß ihm der Eigentümer den erforderlichen Grund und Boden gegen Entschädigung abtreten. Der § 27 Abs. 4 ist entsprechend anzuwenden. Mit der Rechtskraft des Teiles des Beschlusses, der über die Verpflichtung zur Abtretung entscheidet, geht das Eigentum auf den Unternehmer über. Im übrigen sind die §§ 7 bis 14, 16, 17, 33, 36 bis 39, 45 bis 49 des Enteignungsgesetzes vom 11. Juni 1874 (GS. S. 221) entsprechend anzuwenden.

1. Die Vorschriften über Fischwege entsprechen ihrem wesentlichen Inhalte nach den in den §§ 35 bis 42 des alten Fischereigesetzes von 1874 über die Fischpässe gegebenen, haben aber im Vergleich zu diesen eine Erweiterung erfahren.

„Durch die Anlegung von Wehren usw. wird nicht nur der Zug der Wanderfische, wie Lachs, Aal, sondern ebenso der Wechsel der Standfische von einem Gewässer zum anderen gehemmt."

„Hinsichtlich des Verfahrens bieten die Vorschriften des Wassergesetzes über das Verleihungsverfahren einen geeigneten Anhalt."

„In Abs. 1 ist das Grundsätzliche festgelegt, Abs. 2 enthält die Ausnahmen. An sich wird man davon ausgehen können, daß ein Fischweg immer angelegt werden kann, wenn ein Gewässer durch ein Wehr, eine Schleuse oder einen Damm geschlossen wird; jedem anderen berechtigten wirtschaftlichen Interesse wird durch die Ziffer 4 in Abs. 2 Rechnung getragen. Die Fischpässe ermöglichen auch den Aufstieg der Fische."

„An und für sich sollen fließende Gewässer nicht gesperrt werden, weil an der fließenden Welle nicht nur einer beteiligt ist, sondern die Gesamtheit der Fischereiberechtigten. Wo die Sperrung zugelassen werden soll, muß sie besonders begründet werden. Es fragt sich nun, wie weit dieses Prinzip bei den Fischwegen durchbrochen werden soll, wobei hervorgehoben werden muß, daß § 115 sich zunächst nur auf neue Anlagen bezieht, durch die in einem Gewässer der bisher ganz ungehinderte Fischwechsel beseitigt wird. An sich muß derjenige, der einen Fluß sperren will, zur Vermeidung von Schäden Dritter dafür sorgen, daß der Wechsel der Fische in keiner Weise gehindert wird; ist dies nicht möglich, so muß in diesem Falle die Sperre unterbleiben; eine Ausnahme wird nur in den in Abs. 2 aufgeführten Fällen gemacht. Seitens der Regierung wird für eine Sperrung des Fischwechsels nur ein Notstand als ausschlaggebend anerkannt, wie in Abs. 2 Nr. 4. Im allgemeinen muß die Fischerei als das bestehende Recht vorgehen und die Fischerei bei neuen Anlagen durch Anlegung eines Fischpasses geschützt werden. Bestehende Anlagen unterliegen dieser Vorschrift nicht."

„Maßgebend wird immer sein, ob bisher der freie Fischwechsel in dem Wasserlauf bestanden hat. Auch wenn es sich um Anstauung (Wehre) zu Berieselungszwecken von Wiesen handelt, die nur zu gewissen Zeiten, etwa im Frühjahr und Herbst, in Benutzung genommen werden, in den übrigen Jahreszeiten aber offen sind, so ist darauf hinzuweisen, daß gerade zur Herbstzeit die Forellen zum Laichen stromauf wandern." KomBer. d. AH. aaO. 1914/15.

2. Ausnahmen von Abs. 1 gibt Abs. 2 an.

„Bei Anlagen zu Landeskulturzwecken, hauptsächlich bei Bewässerungsanlagen, ist es unbedingt erforderlich, über die ganze Breite des Wasserlaufs eine Sperrschleuse einzubauen, um das Wasser aufzuhalten, in die Höhe zu drücken und auf den anliegenden grünen Flächen zu Bewässerungszwecken zu benutzen. Da können Fischwege nicht eingebaut werden, sonst würde das Wasser nicht zur Seite gedrückt werden können, sondern abfließen, und die ganze Anlage würde illusorisch gemacht." KomBer. d. AH. aaO. 1914/15.

In Ziffer 4 des Abs. 2 soll der Ausdruck „Kosten oder Nachteile" bedeuten, daß, wenn die Kosten der Herstellung des Fischweges vielleicht auch verhältnismäßig gering seien, die Wirkungen auf den Wasserstand, auf die Benutzbarkeit für industrielle Zweck usw. doch ein solches Maß erreichen können, daß ihnen gegenüber der Wert der Fischerei nicht in Betracht kommt. KomBer. d. HH. aaO. 1916/18.

3. Abs. 3. Wenn von Anlagen in Abs. 3 die Rede ist, die auf Grund eines gesetzlichen Verfahrens ausgeführt werden, so ist dabei hauptsächlich an das gewerbepolizeiliche Genehmigungsverfahren (§§ 16 ff. der GO.) und an das Verleihungs- und Ausbauverfahren (§§ 46 ff., §§ 152 ff. WG.) des Wassergesetzes gedacht; doch kann die Anwendung des § 115 z. B. auch in einem Enteignungsverfahren oder in einem Verfahren zur Bildung von Wassergenossenschaften oder Deichverbänden in Frage kommen. RegBegr. aaO. 1916/18.

In den Fällen des Abs. 3 soll vor der Entscheidung ein Fischereisachverständiger gehört werden.

Gegen die Entscheidung des Bezirksausschusses steht die Beschwerde an das Oberverwaltungsgericht offen.

4. Zu Abs. 4. Über Anspruch und Entschädigung beschließt im Falle der Enteignung der Bezirksausschuß (§ 27 Abs. 4 FG.). Gegen die Entscheidung des Bezirksausschuß über den Anspruch ist die Beschwerde beim Oberverwaltungsgericht zulässig (§ 122 FG.), dagegen nicht gegen die vom Bezirksausschuß über die Entschädigung ergangene Entscheidung. Hiergegen steht binnen drei Monaten der Rechtsweg offen. Die Frist beginnt mit dem Tage, an dem die Entscheidung über den Anspruch endgültig geworden ist.

5. Siehe im Anhang: Ausführungsanweisung zu §§ 115 bis 118.

§ 116. (1) **Die Eigentümer von Anlagen (§ 115 Abs. 1), die beim Inkrafttreten des Gesetzes bestehen, müssen die Anlegung und Unterhaltung eines Fischweges gegen Entschädigung dulden, wenn der Staat aus öffentlichen Rücksichten oder die Fischereiberechtigten im oberen oder unteren Teile des Gewässers ihn anlegen wollen.**

(2) Über die Verpflichtung und Entschädigung beschließt bei Streit der Bezirksausschuß. Entschädigung, ihre Auszahlung und Hinterlegung richten sich nach den Vorschriften bei der Enteignung. Doch wird kein Ersatz geleistet für den Minderwert der Fischerei, der durch Anlegung des Fischweges entsteht.

(3) Für das Verfahren gelten im übrigen sinngemäß der § 65 Abs. 1, 2, § 69 Abs. 1, 2 die §§ 71, 75, 76 und § 340 Abs. 7 Satz 1 bis 3 des Wassergesetzes.

1. § 116 trifft Bestimmungen für bestehende Anlagen (Wehre, Schleusen usw.), sofern die Herstellung eines Fischweges verlangt wird. Da es sich um bestehende Anlagen handelt, ist es selbstverständlich, daß die Entschädigung derjenige leistet, der den Anspruch geltend macht, in der Regel also derjenige, der den Fischweg anlegt oder später unterhält. RegBegr. aaO. 1916/18. Aus der Entschädigungsfrage scheidet der Fall aus, daß durch Anlegung des beanspruchten Fischweges ein Minderwert der Fischerei entstanden ist. Dafür wird kein Ersatz geleistet.

2. Über die Verpflichtung und die Entschädigung beschließt bei Streit der Bezirksausschuß. Vor der Beschlußfassung — Abs. 2 — soll ein Fischereisachverständiger gehört werden (§ 121 FG.).

3. Für das Verfahren gelten sinngemäß die Vorschriften des Wassergesetzes über die Einreichung eines Verleihungsantrags, die Prüfung und den Beschluß über den Antrag und die Vorschrift aus § 340 Abs. 7 Satz 1 bis 3 des Wassergesetzes aus dem fünften Abschnitte „Zwangsrechte": Mit der Rechtskraft desjenigen Teiles des Beschlusses, durch den ein Benutzungsrecht — nach § 116 FG. das Recht, einen Fischweg anzulegen und zu unterhalten — festgestellt wird, entsteht das Benutzungsrecht. Es bedarf zur Erhaltung der Wirksamkeit gegenüber dem öffentlichen Glauben des Grundbuches nicht der Eintragung. Doch hat die Beschlußbehörde das Grundbuchamt unverzüglich um die Eintragung zu ersuchen.

4. Siehe im Anhang Nr. 5: Ausführungsanweisung zu §§ 115 bis 118.

§ 117. Der Bezirksausschuß beschließt unter Abwägung aller Umstände, in welchen Zeiten des Jahres der Fischweg offengehalten werden muß.

1. Vor dem Beschluß soll ein Fischereisachverständiger gehört werden (§ 121 FG.)

2. Siehe Anhang Nr. 5: Ausführungsanweisung zu §§ 115 bis 118.

§ 118. **(1) In den Fischwegen ist jede Art Fischfang verboten.**

(2) Auch ober- und unterhalb des Fischweges muß für die Zeit, während welcher er geöffnet ist, der Fischfang in einer den örtlichen Verhältnissen angemessenen Ausdehnung verboten werden. Der Regierungspräsident bestimmt die Strecken. Er kann aus den Gründen des § 107 Abs. 3 Ausnahmen zulassen. Werden durch das Verbot Fischereirechte beeinträchtigt, so hat Entschädigung der zu leisten, der den Fischweg unterhält.

1. Mit „für die Zeit, während welcher er geöffnet ist", ist die Zeit gemeint, welche vom Bezirksausschuß für die Offenhaltung des Fischweges nach § 117 FG. festgesetzt ist, nicht jede Zeit nach Belieben. Nachdem §§ 115 und 116 FG. Vorschriften gegeben haben über Anlage und Unterhaltung von Fischwegen, befassen sich §§ 117 und 118 FG. mit der zweckdienlichen Behandlung der Fischwege insofern als sie die Zulässigkeit der Offenhaltung und die daran geknüpfte gesetzliche Wirkung — Verbot des Fischfanges in und ober- und unterhalb desselben — regeln. Die Bestimmungen der beiden Paragraphen hängen auf das engste zusammen. Darum können die Worte im § 118 FG. „für die Zeit, während welcher er geöffnet ist", nur im Sinne des § 117 verstanden werden, d. h. als die Zeiten eines Jahres, welche der Bezirksausschuß für die Offenhaltung der Fischwege angeordnet hat.

2. Um etwaigen Zweifeln über die Person des Entschädigungspflichtigen vorzubeugen, ist im letzten Satz des Abs. 2 ausdrücklich bestimmt, daß die Entschädigung im Falle der Beeinträchtigung von Fischereirechten derjenige zu leisten hat,

welcher den Fischweg unterhält, nicht derjenige, der ihn angelegt hat.

3. Die Zeiten, in welchen der Fischweg offengehalten werden muß, beschließt der Bezirksausschuß; die Strecken oberhalb und unterhalb des Fischweges aber, in denen der Fischfang für die Zeit, während welcher er geöffnet ist, in einer den örtlichen Verhältnissen angemessenen Ausdehnung verboten ist, bestimmt der Regierungspräsident

4. Strafbestimmung: § 127 Ziff. 7 FG. Der § 118 verbietet den Fischfang nicht in den Schleusen, sondern in den zur Überwindung der Schleusen angelegten Fischwegen. Er ermächtigt die Regierungspräsidenten auch nur, den Fischfang innerhalb angemessener Strecken ober- und unterhalb der Fischwege für die Zeit zu verbieten, während deren der Fischweg geöffnet ist. Die Zeit, während deren der Fischweg offen gehalten werden muß, bestimmt nicht der Regierungspräsident, sondern der Bezirksausschuß. Eine der Ermächtigung nicht entsprechende Anordnung des Regierungspräsidenten ist jedenfalls dann nicht rechtswirksam, wenn sie nicht als Polizeiverordnung erlassen ist. KGSt. vom 7. Januar 1927, Ring, Bd. 6 S. 325.

5. Siehe im Anhang Ausführungsanweisung zu §§ 115 bis 118

Neunter Abschnitt.

Fischereiverwaltung.

§ 119. (1) Die Aufsicht über die Fischerei in den Küstengewässern führen Oberfischmeister als besondere Staatsbeamte ohne Mitwirkung der Ortspolizeibehörden.

(2) Die Aufsicht über die Fischerei in den Binnengewässern führen die Ortspolizeibehörden. Sie kann jedoch ganz oder hinsichtlich einzelner Befugnisse an

Oberfischmeister übertragen werden, die insoweit an Stelle der Ortspolizeibehörde treten. Diese Oberfischmeister werden nebenamtlich oder als besondere Staatsbeamte angestellt.

(3) Oberfischmeister und Ortspolizeibehörden sind die örtlichen Fischereibehörden. Zur Unterstützung der Oberfischmeister dienen Fischmeister und Fischereiaufseher. Die Dienstaufsicht über die Fischereibeamten und deren sonstige dienstliche Verhältnisse regelt der Minister für Landwirtschaft, Domänen und Forsten.

(4) Den Fischereibeamten der Küstengewässer kann die Befugnis übertragen werden, die Befolgung der Vorschriften des § 107 auch außerhalb ihres Dienstbezirks und auf dem Lande zu überwachen. Die Zuständigkeit der Ortspolizeibehörden wird hierdurch nicht berührt.

(5) Für die Anordnungen der Oberfischmeister gelten bei Abs. 1 sinngemäß die Vorschriften des Landesverwaltungsgesetzes für die Kreispolizeibehörden, bei Abs. 2 die für die Ortspolizeibehörden.

(6) Unberührt von Abs. 1, 2 bleibt die besondere Staatsaufsicht über die genossenschaftlichen Angelegenheiten (§ 45) und die Verwaltung der gemeinschaftlichen Fischereibezirke (§ 87).

(7) Die von Fischereiberechtigten und Fischereipächtern bestellten Aufseher haben den Anordnungen der Fischereibeamten Folge zu leisten. Sie werden auf Antrag amtlich verpflichtet, wenn gegen ihre Zuverlässigkeit keine Bedenken bestehen.

1. In den Küstengewässern übt grundsätzlich der Oberfischmeister und zwar ohne Mitwirkung der Ortspolizei

behörde, die Fischereiaufsicht aus und ist als örtliche Fischereibehörde anzusehen (Abs. 1). Ebenso grundsätzlich bildet bei der Binnenfischerei die Ortspolizeibehörde die Fischereibehörde, soweit nicht auch in Binnengewässern besondere Oberfischmeister angestellt sind, die ganz oder teilweise an die Stelle der Ortspolizeibehörden als Fischereibehörden getreten sind. Der Ausdruck „Fischereibehörde" ist statt „Fischereipolizeibehörde" gewählt worden, weil die Behörde nicht nur polizeiliche, sondern auch wirtschaftliche Aufgaben hat.

2. Ortspolizeibehörden sind in Städten mit staatlicher Polizeiverwaltung der Polizeipräsident, in den übrigen Städten der Bürgermeister, in Hannover der Magistrat; in den Landgemeinden der Amtsvorsteher, in Hannover der Landrat, in der Rheinprovinz der (Land-) Bürgermeister, ebenso in Hessen-Nassau, in Westfalen der Amtmann.

3. Die Dienstaufsicht regelt sich nicht bloß nach den Vorschriften des Fischereigesetzes, sondern nach den allgemeinen gesetzlichen Vorschriften; zu vgl. § 92 Anm. II 3 a. E. Zur Anstellung staatlicher Fischereiaufseher ist der Regierungspräsident zuständig.

4. Die örtliche und sachliche Zuständigkeit richtet sich für die mit polizeilichen Befugnissen ausgestatteten Beamten (Ortspolizeiverwaltung, Fischereibehörden), nach den allgemeinen gesetzlichen Bestimmungen, Polizeiverwaltungsgesetz, Städteordnungen, Kreisordnungen, Strafprozeßordnung, Gerichtsverfassungsgesetz. Durch besondere Verordnungen und ministerielle Verfügungen wird ihre Aufsichtsbefugnis, sowie auch ihre Eigenschaft als Hilfsbeamte der Staatsanwaltschaft geregelt. Als solche Hilfsbeamte werden benannt Fischmeister, Fischereiaufseher, Fischpaßaufseher usw Sie kommen als solche Hilfsbeamte nur innerhalb des ihrer Kontrolle überwiesenen Bezirkes in Frage: sie sind aber befugt, bei Verfolgung des Täters einer strafbaren Handlung, wenn Gefahr im Verzuge ist, auch außerhalb ihres Bezirks ihre Amtstätigkeit auszuüben. Siehe a) allg. Verfügung vom

15. September 1879, vom 27. Dezember 1886 — MBl. f. d. i. Verw. S. 265 bzw. 49; b) Min.-Verfügung, betreffend Fischereiaufsichtsbeamte vom 4. Februar 1919, LMBl. S. 104. Letztere bespricht die Verpflichtung der Oberfischmeister, Fischmeister und Fischereiaufseher im äußeren Dienst, wenn sie nicht die vorgeschriebene Uniform tragen, ein ihr Amt bezeichnendes, metallenes Schild bei sich zu führen. Bei Ausführung dieser Maßnahmen soll in sämtlichen Bezirken nach einheitlichen Gesichtspunkten verfahren werden, zu welchem Zwecke vom Landwirtschaftsminister ein entsprechendes Muster vorgeschrieben wird. — Fischmeister und Fischereiaufseher sind Organe des Oberfischmeisters. Ihre polizeilichen Amtshandlungen sind als solche des Oberfischmeisters anzusehen, die in dessen Auftrage vorgenommen sind, sofern er sie nicht rückgängig macht. Gegen solche Amtshandlungen stehen dem davon Betroffenen daher die gegen polizeiliche Amtshandlungen des Oberfischmeisters zulässigen Rechtsmittel zu. Vgl. noch RdErl. vom 2. August 1927, betreffend Fischereiaufsicht, LMBl. S. 609. c) Min.-Verfügung, betreffend Bestellung von Beamten der Fischereiverwaltung zu Hilfsbeamten der Staatsanwaltschaft, vom 25. Juli 1925 (GV. vom 27. Februar 1886, AV. vom 26. März 1886 — JMBl. S. 78), LMBl. 1925 S. 484. „Die nachstehend aufgeführten Beamten der Fischereiverwaltung werden für den sachlichen und örtlichen Bereich ihrer Zuständigkeit als Beamte der Fischereipolizei zu Hilfsbeamten der Staatsanwaltschaft bestellt: 1. die hauptamtlichen Fischmeister, Fischereiaufseher und Fischereihilfsaufseher; 2. die übrigen Fischereiaufseher, soweit sie mit der Fischereiaufsicht staatlich beauftragt und in ihrer Hauptstellung als Beamte des Reiches, des preußischen Staates oder eines preußischen Kommunalverbandes vereidigt sind. Die gemeinschaftl. Verfügung vom 27. Februar 1886/AV vom 26. März 1886 wird aufgehoben. d) Min.-Verfüg. des Ministers f. Landwirtschaft usw. und des Ministers d. Innern

vom 21. Februar 1922, betreff. Heranziehung der Landjäger zur Fischereiaufsicht, LMBl. S. 193. e) Min.-Verf. des Ministers f. Landwirtschaft usw. und des Ministers d. Innern, betreff. den Schutz der Fischerei, vom 10. April 1923, LMBl. S. 467. f) Min.-Verf. vom 3. Juli 1923, betreff. Fischereiaufsicht durch die zur Fischereiaufsicht heranzuziehenden Außenbeamte der Wasserbauverwaltung, LMBl. S. 619. (Dieser Erlaß hat sich einweilen auch auf die für die Reichswasserstraßen tätigen Beamten zu erstrecken.)

Siehe auch Min.-Erlaß vom 29. Oktober 1923 über den Waffengebrauch durch Fischereibeamte, LMBl. S. 971 (s. Anhang). Die Bestimmungen dieser ministeriellen Verfügung sind an die Stelle der Instruktion über den Waffengebrauch im Dienste für die Fischereiaufsichtsbeamten vom 29. Mai 1879 getreten.

Den Beamten der Fischereibehörden und der Polizeiverwaltung, welche Hilfsbeamte der Staatsanwaltschaft sind, steht das Recht der Haussuchungen und der Beschlagnahme zu, den anderen nicht; siehe Min.-Erl. vom 16. Februar 1923, betr. Beschlagnahme von Fischereigeräten und deren Verwertung nach rechtskräftig gewordener Einziehung, LMBl. S. 203 (s. Anhang); im übrigen stehen den Beamten der Fischereibehörden und Ortspolizeibehörden örtlich und sachlich die gleichen polizeilichen Befugnisse zu. Polizeibeamte (Fischereiaufsichtsbeamte) machen sich durch das Betreten bestellter Äcker und Wiesen nicht strafbar, wenn dasselbe bei der Verfolgung von Übertretungen zwecks Feststellung der Person des Kontravenienten oder der hierbei der Beschlagnahme und Pfändung verfallenden Gegenstände erforderlich wird. Die Polizeibeamten befinden sich hierbei in rechtmäßiger Ausübung ihres Amtes, und wenn sie hierbei genötigt sind, fremde Grundstücke, Wiesen und bestellte Äcker zu betreten, tun sie das behufs Erfüllung ihrer Amtspflichten. Das Betreten ist nicht ein „unbefugtes" im Sinne des § 10 des

Feld- und Forstpolizeigesetzes und des § 368 Nr 9 StGB. OG. vom 28. November 1885, Bd. 12 S. 421.

Durchsuchung einer Person nach Fischereigeräten, die sie verbotswidrig mit sich zu führen hinreichend verdächtig ist, kann von den Beamten, auch wenn sie nicht Hilfsbeamte der Staatsanwaltschaft sind, vorgenommen werden. Ebenso kann ohne Beschlagnahmerecht im Sinne der Strafprozeßordnung die Wegnahme von Fischereigeräten als Präventivmaßnahme auf Grund des § 10 II 17 ALR. erfolgen, um die Fortsetzung einer strafbaren Handlung zu verhindern, wenn zur Erreichung dieses Zweckes die Wegnahme die geeignete Maßnahme ist.

Sämtliche Fischereibeamte und amtlich verpflichteten Aufseher (Abs. 7) sind zur Durchsuchung der beim Fischfange gebrauchten Fanggeräte usw. nach Maßgabe des § 123 FG. berechtigt. Der Widerstand gegen die Fischereibeamten usw. wird aus § 113 des RStGBs. geahndet, anderseits unterliegen sie den schärferen Bestimmungen bei Überschreitung ihrer Amtsbefugnisse. Vgl. auch § 92, Anm. 2, 3.

Siehe auch Min.-Erlaß vom 3. Juli 1920 über die amtliche Verpflichtung privater Fischereiaufseher, LMBl. S. 230. Danach sind für deren amtliche Verpflichtung die Regierungspräsidenten zuständig, welche mit ihr die Landräte, Bürgermeister, Amtsvorsteher betrauen können. Sie erfolgt wie bei Staatsbeamten. Vgl. KG. vom 7 Mai 1926, Ring, Bd. 5 S. 165.

Private Aufseher, die nicht amtlich verpflichtet (vereidet) sind, sind nur innerhalb ihres Schutzbezirks zuständig, haben dieselben Aufsichtsrechte wie der Fischereiberechtigte, Fischereipächter usw. Vgl dazu § 227 BGB. und § 127 StPO.

Zu Abs. 7 besagt der RdErl. des Landwirtschaftsministers vom 2. März 1927, betr. Fischereiaufsicht der amtlich verpflichteten Privatfischereiaufseher: „Nach § 119 Abs. 7 FG. vom 11. Mai 1916 sind die von Fischereiberechtigten und Fischereipächtern bestellten Aufseher zu verpflichten, wenn gegen ihre Zuverlässigkeit keine Bedenken bestehen. Von dieser Maßnahme wird in weitestgehendem Umfange Gebrauch zu machen sein, um einerseits das Interesse der Fischereiberechtigten und Fischereipächter an dem Selbstschutz ihrer Gewässer zu heben und anderseits die Fischereibehörden von der unmittelbaren Beaufsichtigung der Fischerei, insbesondere in den Binnengewässern, bis auf ein erträgliches Maß zu entlasten. Auf diese Weise dürfte auch eine allmähliche weitere Einschränkung der gegen Vergütung bestellten staatlichen Fischereiaufseher möglich sein." pp. (Für die amtliche Verpflichtung sind in dem MinErl. Richtlinien gegeben.)

5. Der Oberfischmeister ist an und für sich nur auf dem Wasser zuständig; seine Zuständigkeit endet in dem Augenblick, wo er das Land betritt. Soweit es sich um die Überwachung der Befolgung der Vorschriften über mindermaßige Fische handelt, kann den Fischereibeamten der Küstengewässer die Befugnis übertragen werden, auch außerhalb ihres Dienstbezirkes und auf dem Lande polizeiliche Handlungen vorzunehmen, allerdings nur rein mechanischer Art als Exekutivorgan. Damit ist aber die Zuständigkeit der Polizeibehörden zur weiteren Verfolgung der Angelegenheit nicht ausgeschaltet; im Gegenteil diese bleibt nach wie vor Sache der Ortspolizeibehörde.

6. Abs. 7 hat die Fassung „die von Fischereiberechtigten und Fischereipächtern angestellten Aufseher" erhalten, da die Gemeinden und Genossenschaften unter den Fischereiberechtigten eingeschlossen sind, und die Aufseher eines gemeinschaftlichen Fischereibezirks nach § 87 Abs. 4 FG. unter behördlicher Aufsicht stehen und aus diesem Grunde den Anordnungen der Fischereibeamten Folge zu leisten haben. KomBer d. HH. aaO. 1916/18. Siehe im Anhang: Ausführungsanweisung zu §§ 119 bis 123 und Anhang Nr 12.

§ 120. Soweit nach diesem Gesetze der Bezirksausschuß im Beschlußverfahren zuständig ist, gilt dies auch für den Stadtkreis Berlin.

Diese Bestimmung ist notwendig, da andernfalls der Oberpräsident der Provinz Brandenburg im Beschlußverfahren zuständig sein würde. Dieser ist nicht als die geeignete Behörde für die Entscheidung in Fischereiangelegenheiten anzusehen. KomBer. d. AH. aaO. 1914/15.

Siehe noch Anhang: Ausführungsanweisung zu §§ 119 bis 123.

§ 121. In den Fällen des § 3, § 10 Abs. 4, § 33 Abs. 5, der §§ 34, 80, § 102 Abs. 1, § 115 Abs. 3, § 116 Abs. 2 und § 117 des Gesetzes soll vor der Entscheidung ein Fischereisachverständiger gehört werden.

Die Anhörung des Fischereisachverständigen ist nur für die erste Instanz (Kreis-, Stadt-Bezirks-Ausschuß) vorgeschrieben; sie ist nicht zwingender Art, so daß ihre Außerachtlassung das Verfahren nicht rechtsungültig macht.

Siehe Anhang Nr. 5: Ausführungsanweisung zu §§ 119 bis 123.

§ 122. Gegen die Beschlüsse des Bezirksausschusses in erster Instanz ist, soweit sie nicht im Rechtsweg angefochten werden können, binnen zwei Wochen die Beschwerde an das [Landeswasseramt] Oberverwaltungsgericht zulässig.

1. Durch die Verordnung, betreffend die Eingliederung des Landeswasseramtes in das Oberverwaltungsgericht vom 12. Mai 1924 (GS. S. 130) ist das Landeswasseramt aufgehoben und (Art. I § 1 Abs. 1 d. Verordn.) die durch das Wassergesetz, das Fischereigesetz und das Gesetz über die Sicherung der Bewirtschaftung von Fischgewässern vom 18. Juli 1919 (GS. S. 140) begründete Zuständigkeit des Landeswasseramts auf das Oberverwaltungsgericht übergegangen. Zur Entscheidung in diesen Angelegenheiten ist ein

Senat bestellt, der hierbei die Bezeichnung „wasserwirtschaftlicher Senat“ führt.

In den im § 1 Abs. 1 bezeichneten Angelegenheiten verfährt der wasserwirtschaftliche Senat unbeschadet besonderer gesetzlicher Vorschriften im Beschlußverfahren unter sinngemäßer Beachtung der §§ 52, 60, 115, 118, 119, 120, 122, 124 und 125 des Gesetzes über die allgemeine Landesverwaltung vom 30. Juli 1883 (GS. S. 195)

Nur gegen die Beschlüsse des Bezirksausschusses in erster Instanz, nicht in zweiter Instanz, steht die Beschwerde zu, soweit sie nicht im Rechtswege angefochten werden können, z. B. in den Fällen des § 27, § 115 FG. Jeder Beschluß des Bezirksausschusses muß mit Gründen versehen sein, damit derjenige, dem die Beschwerde zusteht, in der Lage ist, die Richtigkeit der Entscheidung zu widerlegen. Vgl. dazu LWA vom 21. März 1922 Bd. 4 S. 203.

2. Siehe im Anhang. Ausführungsanweisung zu §§ 119 bis 123.

§ 123. Die Fischereibeamten und die amtlich verpflichteten Aufseher (§ 119 Abs. 7) sind, um eine strafbare Handlung nach den §§ 125 bis 128 zu verhüten, befugt, jederzeit die beim Fischfange gebrauchten Fanggeräte, die Fanggeräte und Fische in Fischereifahrzeugen sowie Fischbehälter in offenen Gewässern zu untersuchen.

1. Die im Gesetze im wesentlichen beibehaltenen Vorschriften des alten Fischereigesetzes enthalten polizeiliche Maßnahmen vorbeugender Art, mittels deren geprüft werden soll, ob der Fischereibetrieb den gesetzlichen und polizeilichen Anforderungen entsprechend stattfindet. Zur Vermeidung von Zweifeln ist dies durch die Fassung klar zum Ausdruck gebracht worden RegBegr aaO 1916/18

Den Fischereibeamten ist die Revision auch ohne Beisein des Eigentümers gestattet; sonst würde jede Revision illusorisch sein. KomBer. aaO. 1914/15. Ein Amtsvorsteher befindet sich in rechtmäßiger Ausübung seines Amtes, wenn er einem Angler das Anglergerät deshalb beschlagnahmt, weil dieser ihm die Vorzeigung seines Fischereischeins verweigert, wie letztinstanzlich entschieden ist.

2. In geschlossenen Gewässern steht den Fischereibeamten usw. die Untersuchung der Fanggeräte usw. nicht zu.

3. Siehe Anhang: Ausführungsanweisung zu §§ 119 bis 123.

§ 124. **(1) Polizeiverordnungen auf Grund dieses Gesetzes können nur erlassen der Minister für Landwirtschaft, Domänen und Forsten, die Oberpräsidenten und die Regierungspräsidenten nach den §§ 136, 137, 139, 140 des Landesverwaltungsgesetzes. Dabei haben die Regierungspräsidenten das Polizeiverordnungsrecht auch für einzelne Kreise und Teile von Kreisen.**

(2) Die Befugnis der Wasser-, Schiffahrts- und Hafenpolizeibehörden zum Erlaß von Polizeiverordnungen (§§ 348 bis 352 des Wassergesetzes, §§ 136 bis 138 des Landesverwaltungsgesetzes) wird durch Abs. 1 nicht berührt.

1. Das Fischereigesetz enthält in der Regel nur Bestimmungen allgemeiner Natur; die Regelung im einzelnen soll durch Polizeiverordnungen erfolgen, zumal vielfach die Verhältnisse sich ändern und dadurch auch eine Änderung der Vorschriften erforderlich wird, ferner die Verhältnisse in den einzelnen Landesteilen verschieden geartet sind und daher einer verschiedenartigen Regelung bedürfen, namentlich auch was den Fischereibetrieb betrifft. Vgl. § 106 Anmerk., insbesondere Anmerk 11 Da diese Regelung vielfach in fischerei-

wirtschaftliche Verhältnisse eingreift, also über den Rahmen der Befugnis, wie er zum Erlaß von Polizeiverordnungen durch das Gesetz vom 11. März 1850, betreffend die Polizeiverwaltung gegeben ist, hinausgeht, bedurfte es zum Erlaß von Polizeiverordnungen einer Ermächtigung durch den Gesetzgeber. Sie ist im § 124 FG. den genannten Behörden in den § 2 Abs. 2, § 13 Abs. 3, § 35 Abs. 2, §§ 99, 102 Abs. 3, §§ 103, 106 und 107 FG. erteilt. Siehe auch § 118 und Anm. 4 dazu.

2. Solange und soweit der Minister oder der Oberpräsident von seinem Polizeiverordnungsrecht keinen Gebrauch gemacht hat, ist der Regierungspräsident ohne Einschränkung zum Erlaß von Polizeiverordnungen berechtigt. Der Erlaß einer Polizeiverordnung ist in das Ermessen der dafür zuständigen Behörden gestellt („können" in Abs. 1). Die formelle Seite des Polizeiverordnungsrechts richtet sich nach den allgemeinen Bestimmungen (§§ 136, 137, 139, 140 LVG.). Vgl. dazu § 106 Abs. 5 FG., wonach vor Erlaß einer Polizeiverordnung nach Abs. 1, 3 daselbst Beteiligte gehört werden sollen (nicht müssen).

3. Für die Verkündung, Bekanntmachung gelten ebenfalls die allgemeinen Bestimmungen (Bekanntmachung in den für die Bekanntmachung von Polizeiverordnungen bestimmten amtlichen Blättern (Kreisblatt, Amtsblatt, Ministerialblatt, Staatsanzeiger).

4. Für die Aufhebung einer Polizeiverordnung ist die Form der Polizeiverordnung nicht vorgeschrieben.

5. Was den Inhalt der Polizeiverordnungen, deren materielle Seite anlangt, so ist im Fischereigesetz bestimmt, welche Gegenstände durch Polizeiverordnung geregelt werden können; sie sind im einzelnen aufgezählt, so daß verallgemeinert ein fischereiliches Polizeiverordnungsrecht vom Gesetzgeber den zuständigen Behörden nicht verliehen worden ist. Siehe auch § 106 und Anmerkungen dazu. Allgemeine Polizeiverordnungen müssen sich auf § 10 II 17 ALR. und das Polizeiverordnungs-

recht auf Grund des Polizeiverwaltungsgesetzes vom 11. März 1850 stützen; dies ist für die auf die Bestimmungen des Fischereigesetzes sich stützenden Polizeiverordnungen nicht notwendig. Im öffentlichen Interesse zum Schutz der Flußufer erlassene Polizeiverordnungen sind auch dann rechtsgültig, wenn sie in bestehende Fischereiberechtigungen eingreifen, KGSt. vom 7 Juli 1910, Bd. 39 S. C. 51.

Zehnter Abschnitt.

Strafvorschriften.

Vorbemerkungen.

1. Was unter Verbrechen, Vergehen und Übertretung zu verstehen ist, ferner über Strafen — Strafarten, Nebenstrafen, Versuch, Teilnahme, Strafausschließungs- (Verjährung) oder Strafmilderungsgründe, Zusammentreffen mehrerer strafbarer Handlungen usw.), siehe die einleitenden Bestimmungen sowie den I. Teil des Reichsstrafgesetzbuchs und die Verordnung über Vermögensstrafen und Bußen vom 6. Februar 1924 (RGBl. I S. 44).

2. § 296 RStGB.: „Wer zur Nachtzeit, bei Fackellicht oder unter Anwendung schädlicher oder explodierender Stoffe unberechtigt fischt oder krebst, wird mit Geldstrafe oder mit Gefängnis bis zu sechs Monaten bestraft."

Zu vgl. § 100 FG.; hier wird die Berechtigung des Fischfanges vorausgesetzt, während § 296 das unberechtigte Fischen oder Krebsen, und zwar zur Nachtzeit usw. (als erschwerender Umstand, der das unberechtigte Fischen zum Vergehen macht) mit Strafe bedroht.

Wer unbefugt fischt, kann nicht gleichzeitig wegen Übertretung polizeilicher Vorschriften bestraft werden, da diese immer nur für den Befugten gelten. Eine verbotene Tätigkeit kann niemals Gegenstand einer polizeilichen Regelung sein. Die Polizeibehörde kann nur anordnen, daß die Ausübung eines an sich zulässigen Betriebes bestimmten Voraussetzungen und Beschränkungen unterliege; für eine unerlaubte Tätigkeit sind solche Vorschriften undenkbar. Dem steht nicht entgegen, daß Ausübungsarten, welche dem Berechtigten verboten sind (z. B. § 100 FG.), bei der Bestrafung des Unberechtigten nach gesetzlicher Vorschrift als Strafverschärfungsgründe (§§ 293, 296 StGB.) oder ohne solche Vorschrift als Straferhöhungsgrund innerhalb des gesetzlichen Rahmens in Betracht kommen können. RGSt. vom 7. März 1916, Bd. 49 S. 361.

3. Fischen bei Nachtzeit liegt vor, wenn die bei Tage eingesetzten Netze zwecks Fischfanges über Nacht im Wasser gelassen werden. In dem Liegenlassen der Netze liegt eine Fortsetzung des unbefugten Fischens. Es liegt darin ein Handeln, insoweit das Liegenlassen der Netze auf dem Willen dessen, der sie gelegt hat, beruht. Erstreckt sich das Liegenlassen der Netze gewollterweise auch auf die Nachtzeit, so ist auch in dieser Zeit gefischt. RGSt. vom 15. April 1904, Bd. 37 S. 117.

4. Unter Fischen in den §§ 296, 370 Ziff. 4 RGStB. ist nicht bloß der Fang von Fischen zu verstehen. Der Ausdruck umfaßt den Fang aller Tiere, welche Gegenstand einer Fischereigerechtigkeit sind. Der Ausdruck umfaßt neben dem Fange von Fischen auch andere Wassertiere. RGSt. vom 21. Februar 1888, Bd. 17 S. 161.

§ 296 bezweckt mit den §§ 292 ff. den Schutz des Berechtigten in seinem Okkupationsrecht gegen unbefugte Aneignung. Das Vergehen richtet sich gegen fremdes Vermögensrecht aus Eigennutz. RGSt. vom 22. Januar 1886, Bd. 13 S. 305.

5. § 296a StGB.: „Ausländer, welche in deutschen Küstengewässern unbefugt fischen, werden mit Geldstrafe oder mit Gefängnis bis zu sechs Monaten bestraft."

„Neben der Geld- oder Gefängnisstrafe ist auf Einziehung der Fanggeräte, welche der Täter bei dem unbefugten Fischen bei sich geführt hat, zu erkennen, ohne Unterschied, ob die Fanggeräte und Fische dem Verurteilten gehören oder nicht."

§ 296a bestraft Ausländer. Der Ausländer, welcher in Küstengewässern vorsätzlich unbefugt fischt, verletzt das Staatshoheitsrecht; das Fischen daselbst ist nur Inländern gestattet (es handelt sich hierbei um den freien Fischfang). Ein Ausländer, welcher im Auftrage oder im Dienste eines Deutschen den freien Fischfang in Küstengewässern ausübt, ist nicht strafbar, dagegen ein Deutscher, der im Auftrage oder im Dienste eines unbefugt fischenden Ausländers, dieses wissend, fischt. Vgl. oben bei § 1 Anm. II 2.

Die Fanggeräte usw. (Abs. 2) müssen eingezogen werden, deren sich der Täter bei der Straftat bedient hat

6. § 370 Ziffer 4 StGB.: „Mit Geldstrafe oder mit Haft wird bestraft, wer unberechtigt fischt oder krebst."

Vgl. RGSt. Bd. 49 S. 361, in Anm. 4 erwähnt.

Eine Verurteilung wegen unbefugten Fischens auf Grund des § 370 Ziff. 4 StGB. schließt ein tateinheitliches Zusammentreffen mit dem Fischen ohne Besitz des Erlaubnisscheines (§§ 98, 126 FG.) schon deshalb aus, weil der Nichtbesitz des Erlaubnisscheines eine begriffliche Voraussetzung des § 370 Ziff. 4 StGB. bildet. Wer unbefugt fischt, kann nicht gleichzeitig wegen Nichtbesitzes des Erlaubnisscheins bestraft werden. (Vgl. RGSt., Bd. 49 S. 361). Der Tatbestand dieser Übertretung ist ohne das Vorliegen der Voraussetzungen der §§ 98, 126 FG. nicht denkbar. Der Tatbestand der letztgenannten Übertretung geht daher in dem Tatbestande des unberechtigten Fischens auf; zwischen beiden Übertretungen besteht Gesetzeseinheit. RGSt. vom 7. Mai 1926, Ring, Bd. 5 S. 165. Unberechtigt im Sinne des § 370 Nr. 4 StGB. fischt, wer den Fischfang ausübt, obwohl er weder ein ursprüngliches Recht (Fischereiberechtigung im Sinne des Fischereigesetzes) noch ein abgeleitetes Recht (Fischereipachtrecht, Fischereierlaubnis) zum Fischfange hat und sich dessen bewußt ist oder mindestens mit der Möglichkeit rechnet, daß ihm ein derartiges Recht nicht zur Seite steht. RGSt, Ring, Bd. 6

S. 311. Vgl. auch KGSt vom 1 März 1927, Ring, Bd. 6 S. 329.

7. § 361 Ziff. 9 StGB.: „Mit Haft wird bestraft, wer Kinder oder andere unter seiner Gewalt stehende Personen, welche seiner Aufsicht untergeben sind und zu seiner Hausgenossenschaft gehören, von der Begehung von Diebstählen, sowie von der Begehung strafbarer Verletzungen der Zoll- oder Steuergesetze, oder der Gesetze zum Schutze der Forsten, der Feldfrüchte, der Jagd oder der Fischerei abzuhalten unterläßt. Die Vorschriften dieser Gesetze über die Haftbarkeit für die den Täter treffenden Geldstrafen oder andere Geldleistungen werden hierdurch nicht berührt."

„Statt der Haft kann auf Geldstrafe erkannt werden." (Vgl. § 129 FG.)

§ 125. Mit Geldstrafe bis zu dreißig Reichsmark oder Haft bis zu einer Woche wird bestraft:

1. **wer entgegen den Vorschriften dieses Gesetzes (§§ 92 bis 98) den Fischereischein oder Erlaubnisschein nicht bei sich führt;**
2. **wer verbotswidrig (§ 98 Abs. 2, Abs. 4 bis 7) Erlaubnisscheine ausstellt;**
3. **wer Fischerzeuge ohne die vorgeschriebenen Kennzeichen (§ 99) ausgelegt.**

1. Es sei vorerst auf die Verordnung vom 2. Juli 1926 (GS. S. 192), betreffend die Überleitung preußischen Landesrechts aus den bisherigen Währungsverhältnissen in die neuen Währungsverhältnisse hingewiesen (vgl. Reichsmünzgesetz vom 30. August 1924, RGBl. II S. 254). Vgl. auch Verordnung über Vermögensstrafen und Bußen vom 6. Februar 1924 (RGBl. I S. 44), insbesondere Art. II in Verbindung mit Art. VIII daselbst

2. Vgl. KGBSt. vom 7. März 1916, Bd. 49 S. 361 und KGSt vom 7 Mai 1926, Ring, Bd 5 S 165, oben in

den Vorbemerkungen Anm 2 und 6. Letztere Entscheidung führt u. a. aus: Das Gebot, sich mit einem Erlaubnisschein (§ 98 FG.) des Fischereiberechtigten zu versehen, kann sich naturgemäß nur an denjenigen richten, der vom Berechtigten die Erlaubnis zum Fischfang erhalten und deshalb berechtigt den Fischfang ausübt. Wer die Fischerei in einem fremden Fischereibezirk ohne Erlaubnis und damit unberechtigt betreibt, kann einen Erlaubnisschein nicht erwirkt haben.

3. Fischen darf nur derjenige, welcher privatrechtlich dazu befugt ist. Hat er selbst kein Fischereirecht, so muß er sich die Befugnis zur Ausübung des Fischfanges von dem Befugten erwerben. Hat er sich diese Befugnis erworben, so muß er sich darüber einen Schein (Erlaubnisschein, § 98 FG.) ausstellen lassen. Tut er dies nicht, oder führt er ihn nicht bei sich, macht er sich strafbar; im letzteren Fall nach § 125 Ziff. 1 FG.

4. Vgl. noch die im § 125 angezogenen Paragraphen und die Erläuterungen dazu

§ 126. **Mit Geldstrafe bis zu sechzig Reichsmark oder Haft bis zu zwei Wochen wird bestraft:**

wer den Fischfang ausübt, ohne den vorgeschriebenen Fischereischein (§ 92) oder Erlaubnisschein (§ 98) zu besitzen.

§ 126 entspricht den §§ 73 und 75 FO

Siehe auch Anmerkungen zu § 125.

§ 127. **Mit Geldstrafe bis zu einhundertundfünfzig Reichsmark oder Haft wird bestraft:**

1. **wer Maßnahmen trifft, die den Zweck haben, die Rückkehr der Fische in ein über seine Ufer getretenes Gewässer oder das Fischen auf den überfluteten Grundstücken zu hindern (§ 12 Abs. 3);**

2. wer entgegen den Vorschriften dieses Gesetzes den Wechsel der Fische verhindert oder ein Gewässer über die Hälfte der Breite versperrt (§ 35);
3. wer beim Fischen verbotene Stoffe anwendet (§ 100);
4. wer entgegen den Vorschriften dieses Gesetzes ständige Fischereivorrichtungen nicht rechtzeitig beseitigt oder abstellt (§ 108);
5. wer verbotswidrig auf Wasserfahrzeugen Fischereigeräte mitführt (§ 109);
6. wer in Schonbezirken verbotswidrig die Fischerei ausübt (§ 111) oder den besonderen Schutzvorschriften für Laichschonbezirke (§ 112) zuwiderhandelt;
7. wer in Fischwegen sowie in den Teilen darunter und darüber, die dem Fischfang entzogen sind, fischt (§ 118).

In den Fällen der Nr. 5 und 6 kann neben der Strafe auf Einziehung der mitgeführten Fanggeräte erkannt werden (s. § 128 Abs. 2).

§ 128. (1) Mit Geldstrafe bis zu einhundertundfünfzig Reichsmark oder Haft wird ferner bestraft:

wer den Bestimmungen auf Grund des § 102 Abs. 3, der §§ 103, 106 oder dem § 107 zuwiderhandelt.

(2) Bei Zuwiderhandlungen gegen die Bestimmungen auf Grund des § 106 und des § 127 Nr. 5, 6 kann neben der Strafe auf Einziehung der mitgeführten Fanggeräte erkannt werden, ohne Unterschied, ob sie dem Verurteilten gehören oder nicht.

(3) Die entgegen dem § 107 feilgebotenen, verkauften oder zur Beförderung gebrachten Fische sind einzuziehen, auch wenn keine bestimmte Person verfolgt oder verurteilt wird.

Die Einziehung nach Abs. 2 ist fakultativ, nach Abs. 3 obligatorisch. Die Einziehung nach Abs. 3 ermöglicht das objektive Strafverfahren, die ferner in ihrer Wirkung erreicht, daß verbotswidrig gefangene Fische, wo sie auch gefunden werden, mit Beschlag belegt und eingezogen werden können.

§ 129. Wer sich bei einer Fischereiübertretung einer Person, die zu seinem Haushalt gehört, oder in einem Dienstverhältnis zu ihm steht, als Teilnehmers bedient, haftet, wenn diese Person nicht zahlungsfähig ist, für die über sie verhängte Geldstrafe und die ihr auferlegten Kosten neben der Strafe, die er selbst verwirkt hat.

1. Unter Teilnahme ist die Beteiligung an der von einem anderen begangenen Straftat zu verstehen. Die Teilnahme ist entweder Anstiftung oder Beihilfe. Ebenso wie bei Übertretungen der Versuch nicht strafbar ist, ist auch die Beihilfe (wissentliche Hilfeleistung zur Begehung einer Übertretung mit Rat und Tat) zu einer Übertretung nicht strafbar, wohl aber die Mittäterschaft und die Anstiftung (§§ 43, 47, 48, 49 StGB.). Dagegen ist die Beihilfe zur Begehung eines Vergehens — z. B. im Falle des § 296 StGB. — strafbar.

2. Haushalt. Einen Haushalt bilden alle diejenigen Personen, welche einer gemeinschaftlichen Hauswirtschaft (einer oder mehrerer Personen) unterstehen. Es ist nicht notwendig, daß erstere in demselben Hause wohnen und schlafen; es gehört dazu auch derjenige, welcher z. B. auf dem Lande auf einem zu derselben Hauswirtschaft gehörenden Grundstücke wohnt. In einem Dienstverhältnis steht derjenige, welcher einem anderen zur Leistung bestimmter Dienste, der

andere dem ersteren zur Gewährung der vereinbarten Vergütung verpflichtet ist. Nach § 129 kommt das dauernde wie das vorübergehende Dienstverhältnis in Frage. Es ist dabei an Hausangestellte, Gehilfen, Lehrlinge, Arbeiter und sonstige Privatangestellte gedacht.

3. Die Voraussetzungen für die Haftung sind, daß a) der Haftpflichtige eine Fischereiübertretung begangen hat und dafür rechtskräftig bestraft ist („Strafe, die er selbst verwirkt hat"); b) eine Person, die zum Haushalt der unter a genannten Person gehört oder in einem Dienstverhältnis zu ihr steht, wegen derselben Zuwiderhandlung zu einer Geldstrafe und zu den sonst ihr auferlegten Kosten rechtskräftig verurteilt worden ist und c) die Feststellung durch die Strafbehörde, daß sich der Haftpflichtige der nach b bestraften Person als Teilnehmers bedient, d. h. sie zu der Zuwiderhandlung angestiftet oder sich der betreffenden Person als Mittäters bedient hat (§§ 48, 47 StGB), wobei noch § 50 StGB. in Betracht kommt, daß nämlich, wenn das Gesetz die Strafbarkeit einer Handlung nach den persönlichen Eigenschaften oder Verhältnissen desjenigen, welcher dieselbe begangen hat, erhöht oder vermindert, diese besonderen Tatumstände dem Täter oder demjenigen Teilnehmer (Mittäter, Anstifter) zuzurechnen sind, bei welchem sie vorliegen.

4. § 129 spricht von Fischerei-„Übertretungen". Darunter fallen nicht bloß die Übertretungen im Sinne des Strafgesetzbuches, sondern alle Zuwiderhandlungen gegen fischereiliche Vorschriften, also auch gegen §§ 296, 296a StGB. (Vergehen im Sinne des Strafgesetzbuches), ferner gegen § 370 Ziffer 4 daselbst, sowie die Strafbestimmungen des Fischereigesetzes und die auf Grund desselben erlassenen Polizeiverordnungen und deren Strafvorschriften.

5. Der § 129 lehnt sich inhaltlich an § 80 der JO. an. Vgl. noch § 361 Ziff. 9 RStGB.

§ 130. Durch die §§ 125 bis 129 werden die Fischereibehörden nicht gehindert, nach § 132 Nr. 2 des

Landesverwaltungsgesetzes Geldstrafen zur Erzwingung einer Handlung oder Unterlassung anzudrohen und festzusetzen.

Durch § 130 ist die vom Oberverwaltungsgericht wiederholt verneinte Zulässigkeit, neben der kriminellen Strafe (polizeiliche) Exekutivstrafen zur Erzwingung einer Handlung zu erlassen, ausdrücklich ausgesprochen

Elfter Abschnitt.

Übergangs- und Schlußvorschriften.

§ 131. Fischereibezirke, die bis zum Inkrafttreten dieses Gesetzes auf Grund der Gesetze, betreffend die Fischerei der Ufereigentümer in den Privatflüssen der Provinz Westfalen, vom 30. Juni 1894 (GS. S.135) und der Rheinprovinz, vom 25. Juni 1895 (GS. S. 267), des Gesetzes, betreffend die Fischerei der Ufereigentümer und die Koppelfischerei in der Provinz Hannover, vom 26. Juni 1897 (GS. S. 196) und des Gesetzes, betreffend die Koppelfischerei im Regierungsbezirk Kassel, vom 19. Mai 1908 (GS. S. 133) gebildet sind, bleiben bestehen. In ihnen steht auch den Fischereipächtern und Inhabern von Erlaubnisscheinen das Recht nach den §§ 13 bis 15 zu. Für den Schaden haften Inhaber von Erlaubnisscheinen wie Fischereipächter (§ 15 Abs. 1). Die Verwaltung der gemeinschaftlichen Fischereibezirke erfolgt nach § 87. Die gegenwärtigen Fischereivorsteher bleiben bis zum Ablauf ihrer Wahlzeit im Amte.

1. Die Gesetze für Westfalen und die Rheinprovinz betreffen nur die Ausübung der Anlieger-Fischerei in Fischereibezirken, die Gesetze für Hannover und den Regierungsbezirk Kassel auch die sogenannte Koppelfischerei.

2. § 131 betrifft nur die bereits beim Inkrafttreten des Gesetzes bestehenden Fischereibezirke; in den genannten Provinzen und im Regierungsbezirk Kassel neu zu bildende Bezirke unterliegen den Vorschriften des Fischereigesetzes. Vgl. dazu LWA. vom 21. März 1922, Bd. 4 S. 203.

Das Uferbetretungsrecht in den nach den Sondergesetzen bestehenden Fischereibezirken regelt sich aber nach den Bestimmungen des Fischereigesetzes (§§ 13 bis 15 FG.) und ist in diesem Umfange auch auf die Fischereipächter und Inhaber von Erlaubnisscheinen ohne Einschränkung — vgl. § 13 Abs. 1 und 2 FG. — ausgedehnt, da nach den Sondergesetzen Fischereipächtern und Erlaubnisscheininhabern dieses Recht nach Maßgabe dieser Sonderrechte zustand, anderseits es sich dabei nur um Adjazentenfischerei handelte. Für späterhin auf Grund des Fischereigesetzes zu bildende Fischereibezirke ist das Uferbetretungsrecht nur im Umfange des § 13 FG. zu gestatten, also dem Pächter nur mit Ermächtigung des Fischereiberechtigten und dem Inhaber eines Erlaubnisscheines nur mit Genehmigung des Kreis- (Stadt-) Ausschusses nach Maßgabe des Abs. 2 des § 13 FG. Für den Schaden haften Inhaber von Erlaubnisscheinen wie Fischereipächter, denen in bestehenden Fischereibezirken das Uferbetretungsrecht selbständig, ohne Einschränkung, zusteht, nach Maßgabe des § 15 Abs. 1 FG.

3. Die Verwaltung der bestehenden gemeinschaftlichen Fischereibezirke erfolgt nicht nach den Vorschriften der Sondergesetze, sondern nach den Vorschriften des Fischereigesetzes (§ 87).

4. Siehe die im § 131 benannten Gesetze im Anhang.

§ 132. Unberührt bleiben die auf Staatsverträgen beruhenden besonderen Vorschriften über die Fischerei.

Von wichtigeren Verträgen, die seitens des Deutschen Reichs bzw. Preußens zur Regelung der Fischereiausübung geschlossen sind, sind folgende zu erwähnen:

1. Übereinkunft zwischen Preußen, Sachsen-Weimar, Oldenburg, Braunschweig, Sachsen-Meiningen, Sachsen-Altenburg, Sachsen-Koburg-Gotha, Anhalt, Schwarzburg-Sondershausen, Schwarzburg-Rudolstadt, Reuß älterer Linie, Reuß jüngere Linie, Lübeck, Bremen und Hamburg, wegen Herbeiführung übereinstimmender Maßregeln zum Schutz und zur Hebung der Fischerei vom 3. Dezember 1877, abgeändert durch Nachtragsvertrag vom 28. April 1917;

2. Übereinkommen zwischen Preußen und dem Großherzogtum Hessen wegen Herbeiführung übereinstimmender Maßregeln zum Schutz und zur Hebung der Fischerei vom 19. Januar 1880, abgeändert durch Nachtragsvertrag vom 30. März 1917;

3. Übereinkommen zwischen Preußen, Mecklenburg-Schwerin und Mecklenburg-Strelitz wegen Einleitung von Maßregeln zum Schutz und zur Hebung der Binnenfischerei vom 3. März 1881.

4. Internationaler Vertrag zwischen Deutschland, Belgien, Dänemark, Frankreich, Großbritannien und den Niederlanden, betreffend die polizeiliche Regelung der Fischerei in der Nordsee außerhalb der Küstengewässer vom 6. Mai 1882 (RGBl. 1884 S. 25) und Gesetz zur Ausführung dieses Vertrages vom 30. April 1884 (RGBl. 1884 S. 48);

5. Vertrag zwischen Deutschland, den Niederlanden und der Schweiz betreffend die Regelung der Lachsfischerei im Stromgebiet des Rheins, vom 30. Juni 1885 (RGBl. 1886 S. 192);

6. Staatsvertrag zwischen Preußen und Luxemburg, betreffend den Beitritt Luxemburgs zum Vertrage wegen Regelung der Lachsfischerei im Stromgebiet des Rheins, vom 30. Juni 1885, und zur Regelung der Fischereiverhältnisse der unter der gemeinschaftlichen Hoheit beider Staaten stehenden Gewässer vom 5./15. November 1892 (GS. 1895 S. 157) und Gesetz zur Ausführung dieses Vertrages vom 17 April 1895 (GS. 1895 S 165)

7 Staatsvertrag zwischen Preußen und Mecklenburg-Schwerin, betreffend Regelung der Fischereiverhältnisse in den beiderseitigen Teilen des Saaler Boddems einschließlich des Ribnitzer Binnensees vom 18. März 1898.

Außerdem kommen noch Staatsverträge wegen Bestrafung der Fischereifrevel in den beiderseitigen Gebieten in Betracht, so der Vertrag zwischen Preußen und Luxemburg vom 9. Februar/12. März 1849 (GS. S. 131), Vertrag zwischen Deutschland und Belgien vom 29. April 1885 (RGBl S. 251), u. a. m.

§ 133. (1) Abgesehen von den im § 132 bezeichneten Vorschriften treten alle diesem Gesetz entgegenstehenden Vorschriften des bisherigen Rechtes außer Kraft.

(2) Namentlich werden, soweit sie noch gelten, aufgehoben:

1. das Fischereigesetz vom 30. Mai 1874 (GS. S. 197), das Gesetz vom 30. März 1880 (GS. S. 228) und die auf Grund des Fischereigesetzes erlassenen Ausführungsverordnungen;
2. die Vorschriften des Allgemeinen Landrechts, Teil I Titel 9 §§ 170 bis 192, Teil II Titel 15 §§ 72 bis 78;
3. die Bestimmungen im § 25 des revidierten Entwurfs des Provinzialrechts des Herzogtums Magdeburg von 1841;
4. die Vorschriften des § 134 Abs. 1 des Gesetzes über die allgemeine Landesverwaltung vom 30. Juli 1883 (GS. S. 195) und der §§ 98 bis 102 des Gesetzes über die Zuständigkeit der Verwaltungs- und Verwaltungsgerichtsbehörden vom 1. August 1883 (GS. S. 237);

5. die Fischereiordnung für die Binnengewässer der Provinz Preußen vom 7. März 1845 (GS. S. 114) mit Ausnahme des § 17 Abs. 1 bis 3;
6. die Fischereiverordnung für das Frische Haff vom 7. März 1845 (GS. S. 121) mit Ausnahme der §§ 1 bis 6 und des § 12, soweit er örtliche Grenzen für die Berechtigungen festsetzt;
7. die Fischereiordnung für das Kurische Haff vom 7. März 1845 (GS. S. 139) mit Ausnahme der §§ 1, 2, des § 3 Abs. 1, der §§ 4, 13, des § 18 Abs. 3 und des § 20 Abs. 4 bis 6, soweit diese die örtlichen Grenzen für den Betrieb der Keitel- und Kurrenfischerei durch die Berechtigten festsetzen;
8. die Fischereiordnung für die in der Provinz Pommern belegenen Teile der Oder, das Haff und dessen Ausflüsse vom 2. Juli 1859 (GS. S. 453) und die Fischereiordnung für den Regierungsbezirk Stralsund vom 30. August 1865 (GS. S. 941);
9. die Hessische Fischereiordnung vom 18. April 1777, die Hessische Mühlenordnung vom 29. Dezember 1820 (Kurhessische GS. S. 118) und der Hessische Fisch-Straftarif vom 30. Dezember 1822 (Kurhessische Gesetzsammlung S. 108);
10. das Gesetz, betreffend die Fischerei der Ufereigentümer in den Privatflüssen der Provinz Westfalen, vom 30. Juni 1894 (GS. S. 135);
11. das Gesetz, betreffend die Fischerei der Ufereigentümer in den Privatflüssen der Rheinprovinz, vom 25. Juni 1895 (GS. S. 267);

12. **das Gesetz, betreffend die Fischerei der Ufereigentümer und die Koppelfischerei in der Provinz Hannover, vom 26. Juni 1897 (GS. S. 196), mit Ausnahme der §§ 19 bis 24, soweit sie nach § 31 Abs. 3 dieses Fischereigesetzes noch anzuwenden sind;**
13. **das Gesetz, betreffend die Koppelfischerei im Regierungsbezirk Kassel, vom 19. Mai 1908 (GS. S. 133) mit Ausnahme der §§ 1 bis 6, soweit sie nach § 31 Abs. 3 dieses Fischereigesetzes noch anzuwenden sind;**
14. **der § 391 des Wassergesetzes vom 7. April 1913 (GS. S. 53).**

§ 133 führt die hauptsächlichsten gesetzlichen Bestimmungen des bisherigen Rechts auf, die durch das Gesetz außer Kraft gesetzt werden Der § 134 Abs. 1 des LVG. ist durch den § 119 FG. ersetzt. Der XIV. Titel (§§ 98 bis 102) des ZG ist aufgehoben, nachdem die darin geordneten Zuständigkeiten teils in das Gesetz übernommen, teils abweichend geregelt worden sind. Die aufrecht erhaltenen, mit dem Gesetze nicht in Widerspruch stehenden Vorschriften der drei ostpreußischen Fischereiordnungen (Ziff. 5—7 des § 133) beziehen sich hauptsächlich auf das Eigentum der Gewässer und die Grenzen der Fischereiberechtigungen. RegBegr. aaO. 1916/18.

„Nach dem Inkrafttreten des Fischereigesetzes ist die nach § 4 Abs. 2 des früheren Fischereigesetzes vom 30. Mai 1874 und § 102 des ZG. zugelassen gewesene Klage im Verwaltungsstreitverfahren auf Feststellung, ob ein Gewässer als ein geschlossenes anzusehen ist, nicht mehr angängig. Das Fischereigesetz hat im § 133 Abs. 2 Ziff. 1 das Fischereigesetz vom 30. Mai 1874 und in Ziff 4 den § 102 des ZG. ohne jeden Vorbehalt aufgehoben. Da das Verwaltungsstreitverfahren nach den § 7 Abs 2, § 54 Abs 2 LVG nur in solchen An=

gelegenheiten zugelassen ist, in denen die Gesetze es anordnen, ist unter der Herrschaft des Fischereigesetzes vom 11. Mai 1916 im Verwaltungsstreitverfahren eine Feststellungsklage für die Entscheidung von Streitigkeiten der genannten Art nicht mehr gegeben."

„Das Fischereigesetz vom 11. Mai 1916 enthält eine erschöpfende Regelung des Fischereirechts und läßt daher für die Anwendung fischereirechtlicher Bestimmungen des älteren Rechts nur insoweit Raum, als das Gesetz sie ausdrücklich aufrechterhält. Das Fischereigesetz vom 30. Mai 1874 ist ohne jede Einschränkung aufgehoben und kann in einzelnen Teilen keine Anwendung mehr finden, ebensowenig wie es nach Aufhebung des § 102 ZG. noch eine Vorschrift gibt, die die Zuständigkeit des Bezirksausschusses begründet." OG vom 27. Oktober 1921, Bd. 77 S. 387.

Vgl. auch LWA. vom 21 März 1922, Bd. 4 S. 203 (siehe § 131 FG., Anm. 2), sowie im Anhang: Ausführungsanweisung zu § 133.

§ 134. Soweit in Gesetzen oder Verordnungen auf Vorschriften verwiesen ist, die durch dieses Gesetz außer Kraft gesetzt werden, treten an deren Stelle die entsprechenden Vorschriften dieses Gesetzes.

§ 135. Der Zeitpunkt des Inkrafttretens dieses Gesetzes wird durch Königliche Verordnung bestimmt.

Durch Verordnung vom 27. März 1917 (GS. S. 50) ist bestimmt worden, daß das Fischereigesetz vom 11 Mai 1916 am 15. April 1917 in Kraft tritt.

§ 136. Die zur Ausführung des Gesetzes erforderlichen Bestimmungen erläßt der Minister für Landwirtschaft, Domänen und Forsten.

Ob einer auf Grund einer gesetzlichen Vorschrift ergangenen Ausführungsanweisung gesetzliche Kraft beizumessen ist oder nicht, ist streitig. Soweit die Ausführungsanweisung sich nicht mit den gesetzlichen Bestimmungen in Widerspruch setzt, darf die ministerielle Ausführungsanweisung als eine sehr wichtige den Gedankengang und das Ziel des Gesetzes darlegende Behandlung und Auslegung seiner einzelnen Bestimmungen angesehen werden, welche der Feststellung des gesetzgeberischen Willens dient und sie wesentlich erleichtert. Eine dem Gesetze gleichgestellte, der Ausführungsanweisung innewohnende Kraft und demgemäß rechtliche Wirkung kann der ministeriellen Anweisung nicht beigemessen werden, da nicht anzunehmen ist, daß der Gesetzgeber dem Minister mit § 136 eine solche Blankett-Vollmacht ausstellen wollte. Auf diesem Rechtsstandpunkt steht das Oberverwaltungsgericht, während das Kammergericht den Standpunkt vertritt, daß der Ausführungsanweisung bindende Kraft innewohnt, soweit sie sich nicht mit den Vorschriften des Gesetzes selbst, dessen Erläuterung sie dient, in Widerspruch setzt

II. Anhang.

1. Gesetz, betreffend die Fischerei der Ufereigentümer und die Koppelfischerei in der Provinz Hannover, vom 26. Juni 1897 (GS. S. 196).

B. Koppelfischerei.

§ 19. (1) Koppelfischerei im Sinne dieses Gesetzes ist sowohl die Ausübung mehrerer Fischereiberechtigungen an derselben Gewässerstrecke als auch die Ausübung einer mehreren Personen an derselben Gewässerstrecke gemeinschaftlich zustehenden Fischereiberechtigung.

§ 20. (1) Die Teilnehmungsrechte von Koppelfischereiberechtigten können, so lange nicht auf Grund von § 7*) ein Verfahren beim Kreisausschuß anhängig ist, von der Auseinandersetzungsbehörde im Falle des Bedürfnisses auf ein bestimmtes, dem rechtmäßigen Besitzstande entsprechendes Maß festgesetzt und bezüglich der Ausübung des Betriebs näher geregelt werden. Dabei sind namentlich die örtlichen Grenzen der Berechtigung, die Zahl der zur Ausübung der Koppelfischerei berechtigten Personen, die zulässigen Fangarten, sowie die Zahl und Beschaffenheit der Fanggeräte, die Fangzeiten und bei etwaiger Beschränkung der Berechtigung auf gewisse Fischgattungen auch die letzteren näher zu bestimmen.

(2) Fischereipolizeiliche Vorschriften werden durch eine derartige Regelung nicht berührt.

§ 21. Einigen die Beteiligten sich in diesem Verfahren darüber, daß die ihnen zustehende Koppelfischerei, und zwar im ganzen künftig durch einen besonders angestellten Fischer oder durch Verpachtung genutzt werden soll,

---

*) jetzt gilt § 31 des Fischereigesetzes vom 11. Mai 1916.

so hat die Auseinandersetzungsbehörde eine solche Regelung, deren Ausführung die Ortspolizeibehörde zu überwachen und nötigenfalls zu erzwingen hat, zu beurkunden.

Die Dauer der Pachtverträge darf in der Regel nicht unter sechs Jahren bestimmt werden. Ausnahmen von dieser Bestimmung können unter besonderen Umständen von der Ortspolizeibehörde zugelassen werden. Die Trennung des Koppelfischereibezirkes in einzelne Pachtbezirke bedarf der Genehmigung der Ortspolizeibehörde, welche darauf zu sehen hat, daß einer unwirtschaftlichen Zerstückelung der Fischerei vorgebeugt wird. Die Ortspolizeibehörde ist befugt, zu bestimmen, welche Zahl der zulässigen Fanggeräte in jedem Pachtbezirke nicht überschritten werden darf.

§ 22. Erfolgt keine Einigung der Beteiligten über die Nutzung durch einen besonders angestellten Fischer oder Verpachtung, so kann, wenn solches nach dem Ermessen der Auseinandersetzungsbehörde im Interesse einer pfleglichen Nutzung der Fischerei erforderlich ist, für jeden einzelnen Berechtigten nach Analogie der Gemeinheitsteilung ein bestimmtes Revier gebildet werden. Geschieht dies, so finden bezüglich dieser Reviere die für die Ausübung der Fischerei der Ufereigentümer in den §§ 3ff. getroffenen Bestimmungen sinngemäße Anwendung.

§ 23. Das Verfahren vor der Generalkommission erfolgt auf Antrag eines oder mehrerer Beteiligten, welche an der Regelung der Koppelfischerei ein privatrechtliches Interesse haben, oder im öffentlichen Interesse auf Antrag des Landrats desjenigen Kreises, welchem die der Koppelfischerei unterliegende Gewässerstrecke ganz oder teilweise angehört.

Für diejenigen Koppelfischereien, deren Gebiet ausschließlich im Gemeindebezirke einer oder mehrerer Städte belegen ist, tritt an die Stelle des Landrats der Magistrat.

§ 24. Rücksichtlich der Behörden und des Verfahrens, sowie des Kostenwesens gelten dieselben Vorschriften, welche in Gemäßheit der §§ 24, 26 ff. des Gesetzes vom 13. Juni 1873, betreffend die Abstellung von Forstberechtigungen usw. (GS. S. 357), sowie des Gesetzes vom 17. Januar 1883, betreffend Abänderung des Hannoverschen Gesetzes vom 30. Juni 1842 (GS. S. 7), auf die Fixation von Teilnehmungsrechten an Forsten Anwendung finden.

Erfolgt die Regelung der Koppelfischerei auf den Antrag des nach § 23 zuständigen Landrats oder Magistrats oder wird deren Antrag zurückgewiesen, so bleiben die entstandenen Kosten außer Ansatz.

Vgl. noch § 31 Abs. 3 FG.

2. Gesetz, betreffend die Koppelfischerei im Regierungsbezirke Kassel, vom 19. Mai 1908 (GS. S. 133).

A. Koppelfischerei.

§ 1 ist gleichlautend mit § 19 des Gesetzes für Hannover.

§ 2 gleich § 20 des Gesetzes für Hannover mit dem Zusatze: „Fischereipolizeiliche Vorschriften werden durch eine derartige Regelung nicht berührt."

§ 3 gleich § 21 des Gesetzes für Hannover; nur ist statt „die Ortspolizeibehörde": „der Landrat" zu setzen.

§ 4 gleich § 22 des Gesetzes für Hannover. An Stelle des letzten Satzes daselbst tritt nachstehender Satz: „Geschieht dies, so finden wegen der Ausübung der Fischerei die Vorschriften der §§ 8 ff. dieses Gesetzes Anwendung."

§ 5 gleich § 23 des Gesetzes für Hannover; statt „Generalkommission ist „Auseinandersetzungsbehörde" zu setzen.

§ 6. Hinsichtlich der Behörden und des Verfahrens sowie des Kostenwesens kommen die in dem Regierungsbezirk Kassel für Gemeinheitsteilungen geltenden Vorschriften zur Anwendung.

Erfolgt die Regelung der Koppelfischerei auf den Antrag des nach § 5 zuständigen Landrats oder Magistrats, oder wird deren Antrag zurückgewiesen, so bleiben die entstandenen Kosten außer Ansatz.

3. Staatsvertrag, betreffend den Übergang der Wasserstraße von den Ländern auf das Reich, vom 31. März/26. September 1921 (GS. S. 520).

§ 1 Abs. 1. Am 1. April 1921 gehen auf das Reich über: a) die in dem anliegenden, einen Bestandteil des Vertrages bildenden Verzeichnis — Anlage A — aufgeführten Binnen-Wasserstraßen sowie die See-Wasserstraßen der Länder; b) die zur Erhaltung des Fahrwassers dienenden Anlagen der Länder an den Seeküsten und auf den Meeresinseln; c) die Seezeichen der Länder und das Lotsenwesen, mit Ausnahme des Hafenlotsenwesens.

Abs. 2. Der Übergang erfolgt mit allen Bestandteilen und allem für die Verwaltung erforderlichen Zubehör, insbesondere an Grundstücken, Dienstgebäuden, Bauhöfen, Werften, Schiffen, Baggern und sonstigen Baugeräten, ferner mit den an den künstlichen Wasserstraßen vorhandenen staatlichen Brücken und Fähren, die durch die Herstellung der Wasserstraßen notwendig geworden sind. Schutz- und Sicherheitshäfen sind in den Übergang auf das Reich einbegriffen. Brücken und Fähren an den natürlichen Wasserstraßen, sowie Jagdberechtigungen und das Fährregal sind von dem Übergang auf das Reich ausgeschlossen . . . .

§ 2. Das dem Reiche zustehende Eigentum unterliegt folgenden Einschränkungen: a) An den Haffen, Seen und seeartigen Erweiterungen von Wasserstraßen verbleiben den Ländern alle Nutzungen, soweit deren Ausübung nicht der Erfüllung der dem Reiche an den Wasserstraßen obliegenden Aufgaben und der Fürsorge für einen guten Uferschutz widerstreitet. Ohne diese Einschränkungen verbleibt den Ländern das Recht der Rohr-, Schilf- und Weidennutzung an den bezeichneten Gewässern. Zu den Nutzungen im Sinne dieser Vorschrift gehört auch das Recht der Landgewinnung und der Wasserentnahme. b) Die staatlichen Fischereien an den natürlichen Wasserstraßen verbleiben den Ländern; das gleiche gilt auch für die kanalisierten Strecken natürlicher Wasserstraßen. An den künstlichen Wasserstraßen gehen sie auf das Reich über. c) Soweit die auf Grund dieses Vertrages auf das Reich übergehenden Gegenstände im Eigentum Dritter stehen, behalten diese die ihnen zustehenden Nutzungen. Das Reich ist berechtigt, die Nutzungen gegen Entschädigung in Anspruch zu nehmen. Umfang und Verfahren der Entschädigung richten sich nach den landesrechtlichen Enteignungsvorschriften ....

4. Gesetz über die Sicherung der Bewirtschaftung von Fischgewässern vom 18. Juli 1919 (GS. S. 140).

§ 1. Jeder zur Nutzung der Fischerei in einem Binnengewässer Berechtigte ist im Interesse der Volksernährung verpflichtet, dieses Gewässer zu Fischereizwecken ausgiebig auszunutzen.

§ 2. Die Fischereibehörde ist nach näherer Anordnung des Ministers für Landwirtschaft, Domänen und Forsten befugt, zur Nutzung der Fischerei in Binnengewässern Berechtigte mit bestimmter Frist zu einer Erklärung darüber aufzufordern, wie sie ihre Berechtigung ausüben wollen, insbesondere inwieweit und warum ihre Gewässer unbewirtschaftet bleiben sollen. Die Möglichkeit der in Aussicht genommenen Bewirtschaftung ist auf Erfordern glaubhaft zu machen. Das Eingreifen der Fischereibehörde ist jedoch unzulässig bei geschlossenen Gewässern bis zu einem Hektar, die als zu Gehöften, Gärten oder Parkanlagen gehörig anzusehen sind.

§ 3. Können die Nutzungsberechtigten nicht erreicht werden, oder beantworten sie die Aufforderung nicht, oder wollen sie eine ordnungsmäßige Bewirtschaftung nicht übernehmen, oder können sie die Möglichkeit einer solchen nicht glaubhaft machen, oder verzögern sie die Ausführung in unwirtschaftlicher Weise, so ist die Fischereibehörde nach Anhörung des Provinzial-(Bezirks-)Fischereivereins oder einer sonstigen von dem Minister für Landwirtschaft, Domänen und Forsten zu bestimmenden Fischerorganisation sowie der Gemeindevertretung befugt, die Nutzung der Fischgewässer mit Zubehör ganz oder zum Teil den Berechtigten zu entziehen und als deren Vertreter Dritten im Wege des öffentlichen Aufgebots gegen angemessenen Entgelt zu übertragen. Sie kann auch namens der Fischereiberechtigten die Bildung selbständiger Fischereibezirke betreiben (§§ 89 bis 91 des Preußischen Fischereigesetzes vom 11. Mai 1916, GS. S. 55).

§ 4. (1) Gegen die Verfügung der Fischereibehörde ist binnen einer vom Tage der Zustellung laufenden Frist von zwei Wochen die Beschwerde bei dem Bezirksausschusse zulässig.

(2) Zuständig ist der Bezirksausschuß der Regierung, in deren Bezirk das Fischereirecht auszuüben ist. Kommen mehrere Regierungsbezirke in Betracht, so bestimmt der Minister für Landwirtschaft, Domänen und Forsten den Bezirksausschuß.

(3) Gegen die Entscheidung des Bezirksausschusses ist in derselben Frist die weitere Beschwerde beim [Landeswasseramte] Oberverwaltungsgericht zulässig.

(4) Die weitere Beschwerde steht auch der Fischereibehörde zu.

§ 5. Die Kosten des Verfahrens fallen der Staatskasse zur Last; der Nutzungsberechtigte hat jedoch die Kosten der Beschwerde und der weiteren Beschwerde zu tragen, soweit er unterliegt.

§ 6. Der Minister für Landwirtschaft, Domänen und Forsten erläßt die erforderlichen Ausführungsbestimmungen.

Hierzu ist die Anweisung des Ministers für Landwirtschaft usw. zur Ausführung des Gesetzes über die Sicherung der Bewirtschaftung von Fischgewässern vom 18. Juli 1919, vom 11. August 1919, LMBl. S. 257, ergangen.

Fischereibehörde im Sinne des Gesetzes ist der Oberfischmeister.

„Unter den zur Nutzung der Fischerei Berechtigten im Sinne des Gesetzes vom 18. Juli 1919 sind neben den Fischereiberechtigten auch die Fischereipächter zu verstehen."

„Die Befugnis der Fischereibehörde zur Entziehung der Fischerei gemäß § 3 Abs. 1 des Gesetzes vom 18. Juli 1919 setzt, soweit der Nutzungsberechtigte erreicht werden kann, dessen vorher erfolgte Aufforderung zur Erklärung gemäß § 2 Satz 1 voraus. Ohne eine solche entbehrt die Entziehung der gesetzlichen Grundlage. Ungültig ist in jedem Falle die Anordnung der Fischereibehörde, daß vom Tage der Behändigung der nach § 3 Abs. 1 erlassenen Verfügung die Fischereinutzung in dem betreffenden Gewässer nicht mehr ausgeübt werden dürfe. Diese Anordnung kann auch nicht auf § 29 Abs. 4 FG. gestützt werden."

„Das Gesetz vom 18. Juli 1919 ist zum Schutze der Volksernährung erlassen und begreift darunter im wesentlichen die Versorgung der breiten Massen der deutschen Bevölkerung mit Nahrungsmitteln; es darf jedenfalls nicht dazu angewandt werden, um dem Besitzer einer Forellenzuchtanstalt zwangsweise die Nutzung einer für die Züchtung wertvollen Bachstrecke zu ermöglichen. Die Verpachtung eines Forellengewässers an einen Sportfischer braucht nicht ohne weiteres als eine ordnungswidrige Bewirtschaftung im Sinne des Gesetzes vom 18. Juli 1919 angesehen zu werden. LMA. vom 20. Dezember 1923, II F. 6. 1923, Preuß. Verwltgsbl. Jahrg. 45 S. 449.

5. Ausführungsanweisung zum Fischereigesetz vom 16. März 1918 (LMBl. S. 52)

in der durch die Ergänzung zu der Ausführungsanweisung zum Fischereigesetz vom 3. Juni 1922, LMBl. S. 467, und die Änderung der Ausführungsanweisung zum Fischereigesetz vom 16. Februar 1927, LMBl. S. 182, gegebenen Fassung.

Auf Grund des § 136 des Fischereigesetzes vom 11. Mai 1916 (GS. S. 55) wird hierdurch folgendes bestimmt:

Vorbemerkung.

Bei der Handhabung des Fischereigesetzes ist an erster Stelle die Begründung des dem Herrenhause im Jahre 1916 vorgelegten Gesetzentwurfes (Drucksache Nr. 12 des Herrenhauses, Session 1916), mit dem der Inhalt des Gesetzes im wesentlichen übereinstimmt, zur Richtschnur zu nehmen. Sachliche Abweichungen enthalten nur die folgenden Gesetzesparagraphen: § 13 (Einräumung des Uferbetretungsrechtes an Fischereiberechtigte nach § 20 und an Erlaubnisscheininhaber), § 29 (Festsetzung der Pachtzeit auf mindestens 12 Jahre), § 92 (Befreiung vom Fischereischein nur für Gehilfen, die mit dem Berechtigten zusammen fischen), § 96 (Beschränkung des Abs. 1 Nr. 2 auf die Fischereiberechtigten), § 102 (Anwendung des Abs. 1 auf Gewässer, für die das Wassergesetz nicht gilt, und Polizeiverordnungsrecht für Küstengewässer), § 103 (Beschränkungen der Ableitungsrechte durch Polizeiverordnung), § 105 (Einräumung des Fangrechts auch bei jagdbaren Reihern), § 106 (Anhörung von Beteiligten nach Abs. 5). Die Begründung des Gesetzentwurfs wird, abgesehen von § 105, bei dem sich die Bemerkungen hinsichtlich der Reiher erledigt haben, durch diese Änderungen nicht berührt. Dagegen trifft sie bei § 132 insofern nicht mehr zu, als die in Nr. 1 und 2 daselbst erwähnten Übereinkommen zwischen Preußen und den thüringischen Staaten usw., sowie dem Großherzogtum

Hessen inzwischen durch Nachträge vom 28. April und 30. März 1917 abgeändert worden sind.

Erster Abschnitt.

§ 1.

Die genauen Grenzen zwischen den Küsten- und Binnengewässern sind in einer amtlichen Karte dargestellt, die den beteiligten Fischereiaufsichtsbehörden überwiesen wird. Offene Meeresbuchten im Sinne der Nr. 1 sind solche Buchten, die ohne dazwischenliegende Wasserläufe unmittelbar mit dem Meer in Verbindung stehen.

§§ 2, 3.

1. Die neuen Vorschriften über die Bildung geschlossener Gewässer sind hauptsächlich von Bedeutung für die Seenwirtschaft. Sie sollen, ebenso wie die Vorschriften über die Zwangs-Anpachtung- und Befischungsrechte der §§ 33, 34, 91 zur Förderung der Einzelwirtschaften dienen, während die §§ 66, 67 über Wirtschaftsgenossenschaften, §§ 86 bis 88 über gemeinschaftliche Fischereibezirke und § 31 über Koppelfischerei zur Hebung des gemeinsamen Fischereibetriebes bestimmt sind.

2. Die Beurteilung der Frage, ob ein Gewässer nach § 3 zum geschlossenen zu erklären ist, muß sich nach der Art des betreffenden Gewässers richten. Seen, die im Zuge von Wasserläufen erster oder zweiter Ordnung liegen, können, auch abgesehen von der Rücksicht auf die Schiffahrt, für die Fischereiwirtschaft regelmäßig nicht vorbehalten werden, weil in ihnen Wanderfische (z. B. Aale, Aland, Quappen) in so großer Zahl verkehren, daß deren Ausschaltung den angrenzenden Fischereiberechtigten mehr Nachteile brächte als der Seebesitzer von der Seebewirtschaftung Vorteile hätte. Die Oberlieger würden die aufwärts ziehenden Laichfische nicht mehr erhalten, während die Unterlieger der Gefahr ausgesetzt wären, daß infolge der

Verhinderung des Zuges die ganze Fischart zurückginge. Daher eignen sich im allgemeinen nur Seen, durch die keine Wasserläufe hindurchgehen oder die nur von Wasserläufen dritter Ordnung durchzogen werden, wie sie vornehmlich an den Rändern der Seen- und Flußgebiete anzutreffen sind, zur Schließung. Ferner dürfen Seen, die mit anderen zusammen wirtschaftliche Einheiten bilden, nicht für sich allein zu geschlossenen erklärt werden, während anderseits für eine Schließung besonders diejenigen in Betracht kommen, deren Zu- und Abflüsse durch Stauanlagen bereits derart verbaut sind, daß ihnen keine Fische zuwandern können. Um ihren Zweck nicht zu verfehlen, wird die Schließung gleich für mehrere, und zwar mindestens 5 Jahre, bei verpachteten Gewässern für die ganze Pachtzeit ausgesprochen werden müssen. Dabei wird aber von vornherein zu prüfen sein, ob sie nicht in jedem Jahre für einige Monate zu unterbrechen ist. Eine solche Unterbrechung erscheint notwendig, wenn etwa im Winter Wander- oder Zugfische in nennenswertem Umfange in dem zu schließenden Gewässer verkehren, weil diesen die Möglichkeit bleiben muß, durch den See durchzukommen oder ihn zur Vermeidung des Grundeises als Winteraufenthalt aufzusuchen. Hiernach werden im allgemeinen die Monate Dezember und Januar von der Sperrung auszunehmen sein. Nur in Ostpreußen wird die ununterbrochene Schließung als Regel gelten können, weil die Flüsse, welche dort durch die Seen gehen meist klein sind und erst auf dem Umwege über die Haffe in die Ostsee einmünden, aus der nicht im entferntesten so viel Wanderfische aufsteigen wie in den der Nordsee zuströmenden großen Flüssen und ihren Nebenflüssen. Auf die Frühjahrszugfische (z. B. Plötzen, Bleie) kann bei der Frage der Seesperrung keine besondere Rücksicht genommen werden, weil diese nicht im See zu laichen brauchen und erforderlichenfalls auch andere Laichplätze für sie hergestellt werden können.

3. Ob eine Absperrung derart ist, daß Fische mit dem verschiedensten Mindestmaß nicht wechseln können, ist nach den tatsächlichen Verhältnissen zu beurteilen. Wo Gitter und Maschen verwendet werden, dürfen sie nach § 30 FO. einen Abstand von nicht über 2 cm haben. Es genügt aber auch jede andere mechanische Absperrung z. B. durch Mühlen- und andere Wehre oder Fanggeräte. Zur Vermeidung von Verstopfungen durch Laub, Äste usw. wird die Verwendung von Winkelrechen mit Horizontalstäben und -Gittern oder von Horizontalgittern je nach den Umständen für erforderlich zu erachten sein. Im Falle eines allgemeinen Bedürfnisses bleibt vorbehalten, hierüber durch eine Ergänzung des § 30 FO. im Wege der polizeilichen Verordnung nähere Bestimmungen zu treffen. Auch der Ort der Anbringung der Sperrvorrichtung, den der Fischereiberechtigte in seinem Gewässer an sich auswählen kann, wird zu prüfen sein, wenn dagegen Widersprüche von Beteiligten, z. B. von angrenzenden Grundbesitzern wegen Hebung des Grundwasserstandes erhoben werden.

4. Für den Begriff des Fischteiches kommt es darauf an, ob die Hauptbestimmung eines Teiches die Fischzucht ist (vgl. OG. Bd. 26 S. 260). Danach sind Mühlenteiche in der Regel keine geschlossenen Gewässer. Bei der Anlegung künstlicher Fischteiche bedarf es keines Verfahrens nach § 3. Diese werden mit jeder, auch künstlicher Sperrung, von selbst geschlossene Gewässer. Im übrigen wird bei Fischteichen, die nach dem bisherigen Recht auch ohne Sperrung als geschlossene Gewässer gelten, dem Eigentümer eine angemessene Übergangsfrist zur Anbringung der jetzt notwendigen Sperrvorrichtungen zu gewähren sein. Dabei handelt es sich unter Umständen um kostspielige Anlagen, um die durch die Absperrung eintretende Verzögerung des In- und Abflusses nach Möglichkeit zu verhindern.

5. Als Schaden im Sinne des § 3 Abs. 2 ist die Unterbindung des Zuges derjenigen Fische (Wander-, Zugfische)

anzusehen, die das zu schließende Gewässer im Winter aufsuchen müssen. Vergütet wird also nicht das Ausbleiben der Fische, die aus dem Gewässer selbst stammen und zur Ablage des Laichs in angrenzende Gewässer ziehen, ohne auf die Wanderung in diese Gewässer angewiesen zu sein (z. B. Hechte, Plötzen). Das Anrecht auf solche Fische muß allein dem zuerkannt werden, in dessen Gewässer sie groß und marktfähig geworden sind. Nur ausnahmsweise werden auch aus der Zurückhaltung der in dem geschlossenen Gewässer aufgewachsenen Fische (Frühjahrs-Zugfische) Schadenersatzansprüche hergeleitet werden können, wenn es sehr tief ist und nicht die nötige Scharbildung zum Laichen besitzt, so daß die Fische dieserhalb zur Abwanderung gezwungen sind. Da die Fische beim Aufstieg gefangen werden, ist zunächst der Oberlieger derjenige, der Ersatzansprüche hat, weil er die geschlechtsreifen Tiere nicht mehr fangen kann. Seine Mindererträge wird er buchmäßig nachweisen müssen. Aber auch der Unterlieger kann insofern Schaden erleiden, als durch die Verhinderung des Fischwechsels nach den oberen Laichplätzen die Vermehrung der betreffenden Fischarten beeinträchtigt wird und weniger Fische demnächst zurückkehren. Der Nachweis dieses Schadens wird oft schwer zu erbringen sein. Vielfach wird es sich nur um eine Beurteilung nach billigem Ermessen handeln können.

6. Dem Antrage nach § 3 ist ein Lageplan und ein Erläuterungsbericht beizufügen, der nähere Angaben über die Größe und die wirtschaftlichen Verhältnisse des Sees (bei Verpachtung: Pachtdauer, Pachtsumme, Mitpacht angrenzender Fischgewässer), Zu- und Abflüsse, die Fischereiberechtigungen in den Zu- und Abflüssen bis auf 5 km Entfernung, Art, Ort und Dauer der Absperrung, sowie über die in Frage kommenden Wander- und Zugfische enthalten muß. Auch hat der Antragsteller auf Verlangen des Bezirksausschusses ein Verzeichnis der ihm bekannten Per-

sonen vorzulegen, die von den Wirkungen der Schließung des Gewässers betroffen werden können. Wie die öffentliche Bekanntmachung bewirkt werden soll, bleibt dem Bezirksausschuß überlassen. Sie muß aber, schon weil der Lauf der vierwöchigen Widerspruchsfrist von ihr abhängt, mindestens in einem öffentlichen Blatt, und zwar im Hinblick auf Abs. 1 Satz 3 zweckmäßigerweise im Amtsblatt erfolgen. Daneben sollen alle bekannten Personen, die von der Schließung des Gewässers betroffen werden können, auf die Bekanntmachung hingewiesen werden. Ob stattdessen oder außerdem eine ortsübliche Bekanntmachung des Antrages angezeigt ist, hängt von den Umständen ab. Sie wird sich empfehlen, wenn eine große Zahl von Beteiligten in Betracht kommt. Vor der Entscheidung ist neben dem Fischereisachverständigen (§ 121) auch der Fischereibehörde und dem Regierungspräsidenten als solchem Gelegenheit zur Stellungnahme zu geben.

7. Hinsichtlich des Begriffs des geschlossenen Gewässers nach § 2 ist zu bemerken, daß ein Gewässer ebenso wie nach dem früheren Recht dann kein geschlossenes nach Nr. 2 ist, wenn die Fische auch nur nach einer Richtung hinauskommen können, und daß sich im allgemeinen jede Wasserverbindung für den Zug der Fische eignet. Ferner ist Voraussetzung der Geschlossenheit, daß die Ausübung des Fischereirechts, abgesehen von wirtschaftlichen Genossenschaften und gemeinschaftlichen Fischereibezirken, in der Hand eines einzigen Fischereiberechtigten, Fischpächters oder nach § 28 Abs. 2 zur Ausübung Ermächtigten liegt, da nur diesen die Ausübung des Fischereirechts in vollem Umfange zustehen kann.

8. Die zur Zeit bestehenden Absperrungen von Gewässern sind im Hinblick auf die §§ 2, 3 auf ihre Rechtsbeständigkeit zu prüfen und gegebenenfalls nachträglich nach § 3 zu genehmigen. Über grundsätzliche Fragen ist nach Möglichkeit die Entscheidung des Oberverwaltungsgerichts (§ 122) herbeizuführen.

Zweiter Abschnitt.

§ 4.

1. Das Hegerecht umfaßt außer dem Einsetzen von Fischbrut und der Fütterung und Schonung der Fische auch die Düngung des Gewässers, das Herausfangen der die zweckmäßige Wirtschaft störenden Fische, die Beschränkung des übermäßigen Wuchses von Gelege und Kraut, die Reinigung des Gewässers von Bütten und Dreff (Anspülung abgestorbener Pflanzen), die Schaffung von Laichstellen, die Vertilgung der Fischereischädlinge, sowie Schutzmaßnahmen gegen Diebstahl und andere schädliche Einwirkungen (Uferbauten, Abwässer). Zum Gebrauch von Schießwaffen beim Fischfange ist die Genehmigung des Jagdberechtigten erforderlich (§ 368 Nr. 10 StGB.).

2. Soweit der Muschelfang bisher in fiskalischen Gewässern ortsüblicherweise gestattet worden ist, soll er auch in Zukunft nicht gehindert werden.

§ 5.

Für das Fischereirecht zum häuslichen Gebrauch ist wesentlich, daß der Fischereiberechtigte Fische weder verkaufen noch vertauschen noch verschenken darf. Daß unter Umständen der Bedarf für einen ganzen Hof gestattet wird, ist nach Satz 2 nicht ausgeschlossen. Das in die häusliche Gemeinschaft aufgenommene, im Haushalt verpflegte Gesinde ist zu den Familienangehörigen zu rechnen. Auch vorübergehend zu Besuch anwesende Verwandte gehören dazu. Neben § 5 sind die in § 133 Abs. 2 Nr. 5 bis 7 bezeichneten provinziellen Vorschriften in Geltung geblieben.

§§ 7, 8.

Außer dem Eigentum sind auch alle nach § 8 Abs. 1 aufrecht erhaltenen Fischereirechte dingliche Rechte (§ 18), ebenso die nach dem Gesetze vom 2. September 1911 für den Staat begründeten selbständigen Fischereigerechtigkeiten, die nach § 25 des Fischereigesetzes unberührt geblieben sind. Allen diesen Rechten stehen die obligatorischen Rechte der Pächter und Erlaubnisscheininhaber zur Ausübung der Fischerei (§ 28) und die Befugnis zum freien Fischfang (§ 6) gegenüber. Der Unterschied ist, ausgenommen bei § 109, überall im Gesetz durchgeführt.

§ 11.

1. Für die Wasserläufe erster und zweiter Ordnung sind auf Grund des Wassergesetzes Wasserbücher angelegt. Die Wasserläufe erster Ordnung sind durch das dem Wassergesetz als Anlage beigefügte Verzeichnis, die Wasserläufe zweiter Ordnung durch die nach den §§ 4, 5 des Wassergesetzes aufgestellten Verzeichnisse bestimmt. Für die Wasserläufe dritter Ordnung, d. h. alle nicht zur ersten oder zweiten Ordnung gehörenden Strecken von Wasserläufen, ist sowohl nach dem Wassergesetz als auch nach dem Fischereigesetz die Anlegung eines Wasserbuches erst notwendig, wenn eine Eintragung vorzunehmen ist. Für Gewässer, die keine Wasserläufe sind, wird nach dem Wassergesetz kein Wasserbuch angelegt. Es muß aber in Zukunft für sie auf Grund des § 11 Abs. 1 Satz 2 FG. angelegt werden, wenn ein Fischereirecht nach Satz 1 daselbst einzutragen ist. Hierzu gehören alle nicht in der Beilage zu § 111 FG. aufgeführten Küstengewässer und alle Binnengewässer, die nicht in natürlichen oder künstlichen Betten beständig oder zeitweilig oberirdisch abfließen (vgl. § 196 WG.).

2. Für Wasserläufe werden die Wasserbücher nach dem Muster eingerichtet, das in der Anlage zu § 2 der unter dem 29. April 1914 erlassenen IV. Ausführungsanweisung zum WG. (LMBl. 1914 S. 162) angegeben ist. Diesen Wasserbüchern ist eine neue Abteilung D anzufügen, die zur Eintragung der Fischereirechte bestimmt ist (Muster s. Anl. 1 zu a).

3. Die Wasserbücher für diejenigen Gewässer, die keine Wasserläufe sind, haben neben der Aufschrift nur ein Blatt nachzuweisen, das inhaltlich mit der im vorstehenden Absatz bezeichneten Abteilung D übereinstimmt. Die Aufschrift (Muster s. Anlage 1 zu b) enthält den Namen des Gewässers, und zwar unter genauer Bezeichnung des Teiles des Gewässers, für welches das Wasserbuch angelegt wird, falls das Gewässer in den Bezirken mehrerer Wasserbuchbehörden liegt. In der Aufschrift ist ferner der Bezirksausschuß, der das Wasserbuch führt, anzugeben. Im Falle des § 183 Abs. 2 des WG. ist durch einen Zusatz auf die Übertragung der Wasserbuchführung für den Teil des Gewässers, der in einem anderen Bezirk gelegen ist, unter Angabe des die Übertragung aussprechenden Ministerialerlasses hinzuweisen. Die Überschrift lautet: Wasserbuch (Fischereibuch).

4. Eintragungsfähig sind nicht nur die vollen Fischereirechte (§ 4), sondern auch die beschränkten (§§ 5, 20) und zwar ohne Rücksicht darauf, ob sie bereits beim Inkrafttreten des Gesetzes bestanden haben (§ 8) oder erst später entstanden sind (§§ 9, 10). Nicht eintragungsfähig sind die dem Eigentümer des Gewässers zustehenden Fischereirechte (§ 7). Auch die Befugnis zum freien Fischfang (§ 6) kann nicht ins Wasserbuch eingetragen werden. Unter den im Grundbuch eingetragenen Rechten, die nicht nach § 11 Abs. 2 erlöschen können, sind nur solche zu verstehen, die im Grundbuch des belasteten Wassergrundstücks eingetragen sind.

5. Im übrigen gelten die in der IV. Ausführungsanweisung zum Wassergesetz erlassenen Bestimmungen sinngemäß.

§ 12.

1. Für das Fischen auf überfluteten Grundstücken kommt ein Uferbetretungsrecht nicht in Frage, weil überflutete Grundstücke nicht als Gewässer im Sinne des § 13 gelten können.

2. Bei vorliegendem Bedürfnis werden über die Ausübung des Befischungsrechts durch mehrere Fischereiberechtigte allgemeine Bestimmungen nach Abs. 2 zu treffen sein.

3. Die Zurücksetzung nach Abs. 4 bezieht sich nur auf die durch Mindestmaß geschützten untermaßigen Fische. Sie ist so schleunig wie möglich zu bewirken.

§ 13.

1. Das Uferbetretungsrecht setzt mangels anderer betretbarer Anlagen ein Ufer voraus, woran es z. B. bei dem sogenannten Schar in Neuvorpommern und Rügen nach der Seeseite hin fehlt, abgesehen davon, daß das Recht nach Abs. 1 für den freien Fischfang nicht besteht. Es ist ferner auf die Ausübung des Fischereirechts beschränkt, daher nicht für den § 105 oder den Fall, daß jemand nach § 109 zu seinem Fischgewässer gelangen will, gegeben. Zu den betreffenden Anlagen gehören nicht solche Wehre und sonstigen Wasserbauwerke, die nicht zum Betreten eingerichtet sind, wie z. B. Stauvorrichtungen, die zur Regelung des Wasserabflusses dienen. Fremde Flüsse dürfen überhaupt nicht betreten werden; Fischereiberechtigte, angestellte Fischer und gegebenenfalls sonstige Inhaber von Erlaubnisscheinen müssen sich dem Eigentümer gegenüber über die ihnen erteilte Ermächtigung, namentlich auch zum Betreten der betreffenden Strecke eines Ufers ausweisen können.

2. Verbote nach § 13 Abs. 3, betreffend das Betreten von Schiffahrtsanlagen, Wasserbauwerken und Anlandungen, bleiben, auch wenn sie vor Inkrafttreten des Fischereigesetzes erlassen sind, in Geltung.

3. Nach § 13 Abs. 4 braucht das Ufer selbst nicht eingefriedigt zu sein; insoweit vertritt das Wasser die Stelle der Einfriedigung.

§ 15.

Die Anmeldung des Schadens nach Abs. 2 hat bei der für den Ort der Schädigung zuständigen Behörde zu erfolgen.

Neue Fischereirechte sind solche, die das Gewässer bisher nicht belasteten. Unwesentliche Veränderungen, die den gesamten Inhalt eines Fischereirechts nicht berühren und jedenfalls dem Fischereiberechtigten nicht mehr Befugnisse geben, als er bis dahin hatte, z. B. die Ersetzung unzeitgemäßer Fanggeräte durch andere, sind als neue Belastung nicht anzusehen.

§ 19.

1. Die Vorschrift betrifft die dauernde Übertragung des dinglichen Rechts (§ 18) auf einen neuen Berechtigten, nicht aber die Begründung eines neuen Fischereirechts im Sinne des § 17.

2. Das Recht, auf überschwemmten Wiesen zu fischen, ist nach § 12 an sich mit dem Fischereirecht verbunden. Die Erwähnung im Abs. 3 hat daher nur für den Fall des § 16 praktische Bedeutung.

§ 20.

Beschränkte Fischereirechte kommen u. a. vor als Krebs-, Lachs-, Aalfischerei (Aalfänge, -Körbe, -Speere, -Hamen), Wehre, Reusenfischerei, Rechte zum Gebrauch von Stoßhamen, Streichwaden (Steckladen), Wurfnetze sowie zum Angeln.

Dritter Abschnitt.

§§ 28, 29.

1. Soll einem anderen die Ausübung des Fischereirechts nur für eine bestimmte Fischart (z. B. den Krebs) oder einzelne der in § 4 aufgeführten Fischarten übertragen

werden, so kann dies nur in der Form der Erteilung eines Erlaubnisscheines geschehen, wenn sich der Fischereiberechtigte die Fischerei im übrigen selbst vorbehält. Eine Teilverpachtung ist im Gesetz nicht vorgesehen. Sie hätte eine besondere Regelung der Rechtsstellung des Teilpächters bedingt, für die kein genügendes praktisches Bedürfnis vorlag. Will der Fischereiberechtigte daneben auch die übrige Fischerei einem anderen übertragen, so kann er mehrere nach außen gleichberechtigte Pächter bestellen und es diesen überlassen, ihre Befugnisse gegeneinander abzugrenzen.

2. Die Zulassung von Ausnahmen von der Mindestpachtdauer nach § 29 Abs. 1 rechtfertigt sich z. B. bei Forellengewässern, die nicht zum Lebensunterhalt, sondern als Sport verpachtet werden und deren Pächter einem häufigeren Ortswechsel unterworfen sind. Die nach Abs. 2 nötigen Feststellungen sind sogleich zu treffen. Die Bestimmung kann auch von Bedingungen abhängig gemacht werden. Die festgesetzte Pächterzahl gilt, ebenso wie die Mindestpachtdauer, zugleich für die Unterpacht. An einen Verein als solchen kann nur verpachtet werden, wenn er nicht mehr Mitglieder zählt als Pächter zulässig sind.

3. Eine dem § 84 der Jagdordnung entsprechende Vorschrift hinsichtlich der bestehenden Fischereipachtverträge ist mit Absicht nicht in das Gesetz aufgenommen worden. Bei § 29 Abs. 1, 2 liegt es in der Hand der Beschlußbehörde Härten zu vermeiden, während der Pächter im Fall des Abs. 3 keine Rücksicht verdient, wenn der Regierungspräsident die nachträgliche Genehmigung seines Nachtrages verweigert. Auf mündlich geschlossene Pachtverträge sind Fischereischeine nach § 96 Abs. 1 Nr. 1 nicht zu erteilen.

4. Als Anhalt für einen Fischereipachtvertrag kann das vom Deutschen Fischereiverein bearbeitete Muster nebst Erläuterung und Anleitung dienen.

§ 31.

1. Juristische Personen müssen ihre Fischereirechte entweder verpachten oder Erlaubnisscheine zum Fischfang ausgeben. Hinsichtlich der zulässigen Zahl der Pächter gilt § 29 Abs. 2.

2. Die Vorschriften in Abs. 2 und 3 sind anzuwenden wenn die Bildung von Genossenschaften oder gemeinschaftlichen Fischereibezirken wegen der nur örtlichen Bedeutung der Fischerei nicht angezeigt erscheint.

§ 33.

1. Welche gemeinschaftlichen Maßnahmen nach Abs. 1 notwendig sind, bestimmt der Bezirksausschuß (Abs. 5). Abgesehen von Verwaltungsmaßnahmen (Beschaffung von Netzen und Geräten, Abfischung, Zurücksetzung untermaßiger oder zur Schonzeit gefangener Fische in den Hauptwasserlauf, Verwertung der Fische, Verpachtung) ist namentlich das Hegerecht nach § 4 gemeinschaftlich auszuüben. Ferner wird dem Fischereiberechtigten in der Abzweigung die Verpflichtung aufzuerlegen sein, von einer beabsichtigten Stauung oder Ablassung des Wassers den Fischereiberechtigten im Hauptwasserlauf (wie in § 31 der Fischordnung) zu benachrichtigen.

2. Die zu zahlende Geldrente wird mangels zuverlässiger Unterlagen nur nach billigem Ermessen festgesetzt werden können.

3. Durch § 33 wird die Frage, wem das Fischereirecht in Abzweigungen, namentlich in den Mühlgräben zusteht, nicht berührt. Hierfür sind die Rechtsverhältnisse maßgebend, die bei Inkrafttreten des Fischereigesetzes bestanden haben und worüber zahlreiche gerichtliche Entscheidungen vorhanden sind. Danach nehmen Mühlgräben unter Umständen auch dann, wenn sie im Eigentum des Mühlenbesitzers stehen, an den Rechtsverhältnissen des Hauptwasser-

laufs teil. Die Frage kann aber nur nach den Verhältnissen eines jeden Falles beurteilt werden.

§ 35.

1. Der Abs. 2 bezieht sich nur auf Fanggeräte. Sperrnetze bei Fischzügen mit dem Zugnetz fallen unter Abs. 1. Während der Dauer eines Fischzuges ist ihre Verwendung allgemein zu gestatten.

2. Ständige Fischereivorrichtungen können entweder in Anlehnung an ein Ufer angebracht werden oder auf beiden Ufern (z. B. bei Abflüssen von Seen), wobei die Mitte des Gewässers frei bleibt. Zur Vermeidung einer Beeinträchtigung des Fischwechsels werden sie im allgemeinen nicht unter einer Entfernung ihrer doppelten oder dreifachen Länge angelegt werden dürfen.

3. Zu § 35 Abs. 2 sind durch die §§ 20, 22 der Fischereiordnung nähere Bestimmungen getroffen. Ferner sind die Vorschriften über die ständigen Fischereivorrichtungen durch § 21 der Fischereiordnung im wesentlichen auf andere still liegende Fanggeräte ausgedehnt worden.

Vierter und fünfter Abschnitt.

Allgemeine Bemerkungen.

1. Die §§ 66, 67 über Wirtschaftsgenossenschaften und die §§ 86 bis 88 über gemeinschaftliche Fischereibezirke sind die vom Standpunkt der Fischereiwirtschaft wichtigsten Gesetzesvorschriften. Wo die Fischerei zersplittert ist, haben die Fischereibehörden, namentlich auch die Fischmeister, überall auf die Bildung von Wirtschaftsgenossenschaften (§ 69 Abs. 2) und gemeinschaftlichen Fischereibezirken hinzuwirken. Der Umfang des gemeinsamen wirtschaftlichen Gebiets wird sich nach der Natur des Gewässers und den örtlichen und Besitzverhältnissen zu richten haben. Dabei ist zu beachten, daß die in jedem großen Wasserlauf vor-

handenen verschiedenen Regionen (Forellen-Äschen-, Barben-, Bleiregion, Brackwasser) jede für sich ein mehr oder weniger abgeschlossenes Gebiet bilden. Im allgemeinen ist das wirtschaftliche Gebiet tunlich mit zu fassen und wenn möglich auf ganze Flußsysteme (aber nicht verschiedene Flußgebiete) zu erstrecken.

2. In das gemeinsame Wirtschaftsgebiet einer Wirtschaftsgenossenschaft oder eines gemeinschaftlichen Fischereibezirks dürfen auch Küstengewässer, an denen Fischereirechte bestehen, einbezogen werden. Ebenso ist die Einbeziehung von Koppelfischereien zulässig. Teichwirte können nicht mit ihren geschlossenen Teichen, sondern nur insoweit herangezogen werden, als sie zugleich in einem offenen Gewässer fischereiberechtigt sind.

3. Das Verhältnis der Genossenschaft und Fischereibezirke zu einander wird durch § 36 Abs. 2 und § 86 geregelt. Danach können Fischereibezirke als solche in Genossenschaften einbezogen werden. Es wird sich deshalb zur Erleichterung des Verfahrens in vielen Fällen empfehlen, zunächst Fischereibezirke zu bilden und diese später zu Wirtschaftsgenossenschaften zu vereinigen. Abgesehen von den sich hieraus ergebenden Verwaltungsbeschränkungen wird die besondere Stellung der Fischereibezirke dadurch nicht berührt. Die Verteilung der Fischereierträge erfolgt dann in gemeinschaftlichen Fischereibezirken in der Weise, daß der Fischereibezirk als Mitglied der Genossenschaft den auf ihn entfallenden Anteil erhält und diesen nach § 87 Abs. 6 unterverteilt. Wirtschaftsgenossenschaften als solche in gemeinschaftliche Fischereibezirke einzubeziehen, ist nach der Fassung des § 86 Abs. 1 Satz 1 nicht möglich.

4. Die §§ 69 bis 85 lehnen sich eng an die entsprechenden Vorschriften des Wassergesetzes über Wassergenossenschaften an. Die zum Wassergesetz erlassene V. Ausführungsanweisung vom 24. April 1914 (LMBl. 1914 S. 174) ist daher sinngemäß zu beachten. Wegen der Mustersatzung für

Fischereigenossenschaften wird auf den Ministerialerlaß vom 14. Juni 1919 — I B IIb 2740 — (LMBl. S. 203) verwiesen.

§ 36.

1. Als Zweck einer Wirtschaftsgenossenschaft ist neben der gemeinschaftlichen Bewirtschaftung und Nutzung der Fischgewässer auch die Fangverwertung zugelassen. Genossenschaften mit dem ausschließlichen Zwecke der Fangverwertung können dagegen nicht auf Grund des Fischereigesetzes als öffentlich-rechtliche Körperschaften, sondern nur als privatrechtliche Vereinigung nach dem Reichsgenossenschaftsgesetz gebildet werden.

2. Genossen können nur die Fischereiberechtigten selbst sein, nicht auch Pächter eines Fischgewässers. Die Pächter sollen aber bei Bildung einer Genossenschaft gehört werden (§ 70 Abs. 3).

3. Nach § 210 des Wassergesetzes dürfen Fischereigenossenschaften einer Wassergenossenschaft als Genossen angehören, z. B. einer Genossenschaft zur Reinhaltung eines Gewässers oder zum Ausbau eines Wasserlaufs.

§ 70

Als Kommissar zur Leitung des Verfahrens ist ein dem Regierungspräsidenten unterstellter Beamter zu ernennen. Mit Zustimmung des Landeskulturamtspräsidenten kann der Regierungspräsident auch einen Kulturamtsvorsteher zum Kommissar bestellen. Dem Kommissar ist unter Umständen ein mit den in Betracht kommenden Fischereiverhältnissen vertrauter sachverständiger Berater beizugeben, der auch bei den nach § 80 zu treffenden Entscheidungen zu hören ist (§ 121). Zur Beschaffung der für das Verfahren erforderlichen Unterlagen ist nötigenfalls die Mitwirkung der Katasterämter, Kulturbeamten und Kreiswiesenbaumeister in Anspruch zu nehmen.

§ 71.

1. Auch in den Fällen, in denen ein Zwang gegen die Mehrheit zulässig ist, also bei Schutzgenossenschaften (§ 65 und bei Wirtschaftsgenossenschaften, bei denen die Voraussetzungen des § 67 vorliegen, hat der Kommissar zunächst den Versuch zu machen, die Bildung der Genossenschaft mit Zustimmung aller oder wenigstens der Mehrheit der Beteiligten herbeizuführen. Gelingt das nicht und muß Zwang gegen die Mehrheit angewendet werden, so sind die Beteiligten nur über die Satzung zu hören (§ 75), ohne daß sie darüber abstimmen, während der Regierungspräsident die Satzungen zu erlassen hat (§ 80 Abs. 5).

2. Der Wert der Fischereiberechtigungen braucht für die Abstimmung über die Genossenschaftsbildung nur dann besonders festgestellt zu werden, wenn die dafür stimmenden Berechtigten nach der Kopfzahl in der Minderheit bleiben und deshalb ermittelt werden muß, ob sie dem Werte der Berechtigungen nach die Mehrheit bilden. Hinsichtlich der Wertermittelungen überhaupt ist darauf hinzuweisen, daß von einigen Landschaften (z. B. in Ostpreußen und Sachsen) allgemeine Grundsätze zur Abschätzung von Wassergrundstücken aufgestellt sind, die auch für § 87 Abs. 6 Bedeutung haben.

§ 80.

1. Der Bezirksausschuß hat nicht nur über das Vorhandensein der Voraussetzungen des § 66 Abs. 2, sondern in erster Linie auch des § 66 Abs. 1 zu beschließen.

2. Im Falle des § 80 Abs. 2 ist stets ein Beschluß des Bezirksausschusses erforderlich, auch wenn kein Streit über die Voraussetzungen des Beitrittzwanges besteht, während in den Fällen des Abs. 1 und 3 der Bezirksausschuß nur bei Streit zu beschließen hat.

§ 86.

Beteiligter ist jeder, der von der Erhaltung oder Vermehrung des Fischbestandes oder von der vollen wirtschaftlichen Ausnutzung des Gewässers Vorteile zu erwarten hat.

§ 87.

Für die Verwaltung der gemeinschaftlichen Fischereibezirke empfiehlt sich zur möglichsten Steigerung der Erträge die Verpachtung der Fischerei, soweit dem Gemeindevorsteher kein geeigneter Sachverständiger für den Fischereibetrieb zur Verfügung steht.

§ 89.

Ausnahmen von der Regel des Abs. 1 werden zuzulassen sein, wo nach dem bisherigen Recht (vgl. § 131) selbständige Fischereibezirke auch in den Fällen des Abs. 2 gebildet werden konnten.

§ 91.

Das Anpachtungsrecht geht insofern über § 33 hinaus, als es nicht auf Abzweigungen beschränkt ist.

Sechster Abschnitt.

§§ 92 bis 97.

Das Verfahren bei der Erteilung der Fischereischeine ist durch besonderen Ministerialerlaß vom 16. März 1917 I B IIb 916 geregelt. Dazu wird ergänzend bestimmt, daß die Fischereischeininhaber tunlich in jedem Jahre dieselbe Nummer erhalten. Der Fischereischein ist vor der Aushändigung mit der eigenhändigen Unterschrift des Inhabers zu versehen; jedoch kann von dieser Forderung in den Küstengewässern nach dem Ermessen des Regierungspräsidenten Abstand genommen werden.

§ 98.

1. Zu den Erlaubnisscheinen zum Fischfang sind Vordrucke von gelber Farbe nach dem nachstehend abgedruckten Muster — vgl. S. 465 des LMBl. 1922 — zu benutzen. Etwa vorhandene Vordrucke anderer Art können bis zum 1. April 1923 gebraucht werden. Die in einzelnen Regierungsbezirken bisher geübte Form der für die Ausübung des Fischfanges auf staatlichen Fischgewässern ausgestellten Erlaubnisscheine kann mit meiner Zustimmung beibehalten werden. Im übrigen können öffentliche Behörden oder Beamten sowie die Vorstände von Wirtschaftsgenossenschaften Erlaubnisscheine in anderer Form als der vorgeschriebenen nicht ausstellen.

2. Erlaubnisscheine, welche von Fischereiberechtigten oder Fischereipächtern in anderer Form als der vorgeschriebenen ausgestellt sind, dürfen von den betreffenden Gemeinde-(Guts-)Vorstehern nicht beglaubigt werden.

3. Wo es bisher üblich war, in Erlaubnisscheinen neben dem Inhaber einen ständigen Vertreter für ihn namhaft zu machen, besteht kein Bedenken, dies beizubehalten. Es ist aber darauf zu achten, daß die Bestimmungen über die zulässig höchste Zahl der Erlaubnisscheine (Abs. 7) dadurch nicht umgangen werden.

4. Die zur Ausstellung oder Beglaubigung von Erlaubnisscheinen nach Abs. 8 zuständigen Stellen haben den Fischereibehörden in deren Bezirk der Antragsteller fischen will, die Namen der Erlaubnisscheininhaber und die etwaigen Bedingungen der Erlaubnis mitzuteilen.

(Ergänzung zur Ausführungsanweisung vom 3. März 1922, LMBl. S. 467.)

Siebenter Abschnitt.

§ 99.

1. Die Kennzeichnung der Fischerzeuge ist durch die §§ 41 bis 43 der Fischereiordnung näher geregelt. Fischer-

fahrzeuge sind nicht nur die Fahrzeuge der Berufsfischer, sondern alle Fahrzeuge, von denen aus Fischfang betrieben wird. Jedoch sind Fahrzeuge, die einem besonderen Zwecke dienen, wie Sportfahrzeuge (Motorboote, Rennjachten) und Tourenboote, nicht schon deshalb als Fischerfahrzeuge anzusehen, weil sie gelegentlich einmal zum Angeln benutzt werden. Zur Kennzeichnung der Fanggeräte genügt für mehrere untereinander in Verbindung stehende Geräte, wie Netzreihen, Aalschnüre, Aal-, Dorsch-Schellfischangeln (Langleinen), eine Tafel an dem ersten und letzten Gerät oder, wenn diese durch Bojen oder Baken bezeichnet sind, an der ersten und letzten Boje oder Bake, bei Aalkörben je eine Tafel an den beiden Endpfählen oder Endkörben, bei Herings- und sonstigen Garnreusen mit Flügeln (Aalwehren, Fischsäcken), Fischbuhnen (Garden, Argen) und ähnlichen großen Geräten, eine einzige Tafel am Endpfahl.

2. Die besonderen Vorschriften über die Kennzeichnung der Fischerfahrzeuge in der Nordsee außerhalb der Küstengewässer gelten für die betreffenden Fahrzeuge auch während ihres Aufenthalts in den Teilen der Nordsee, auf die sich die preußische Staatshoheit erstreckt. Hiervon abgesehen, erhalten alle Fischerfahrzeuge, deren Inhaber keinen Fischereischein zu besitzen brauchen, von dem Oberfischmeister Erkennungsnummern. Abweichende Bestimmungen früherer Polizeiverordnungen sind als aufgehoben zu betrachten. Über die Erteilung der Erkennungsnummern die fortlaufend in eine Liste einzutragen sind, ist den Beteiligten eine Bescheinigung auszustellen, vgl. Min.-Erlaß vom 29. 8. 1921, I B IIb 7907/20 (nicht veröffentlicht). Die Bestimmungen über die Kennzeichnung der Fischerfahrzeuge gelten auch neben den noch üblichen örtlichen Kennzeichen, deren Beibehaltung der Regierungspräsident vorschreiben kann.

Achter Abschnitt.

§ 101.

Um ein Eindringen der Fische in die Turbinen zu verhindern, sind in der Regel Schutzgitter notwendig, deren Stäbe im Durchschnitt rechtwinklig sein und eine Stärke von mindestens 40/7 Millimeter haben müssen. Die Stäbe müssen mindestens in einem Abstande von 75 Zentimeter durch Querriegel verbunden sein und ihr Abstand voneinander darf nicht über 2 Zentimeter (vgl. § 30 FO.) betragen. Ausnahmsweise werden auch andere zweckdienliche Einrichtungen genügen.

§ 103.

Die Ableitung von Fischgewässern ist durch § 31 der Fischereiordnung geregelt. Darunter fällt auch die Ableitung von Wasser zu Berieselungen. Wenn die örtliche Fischereibehörde ausnahmsweise die Ableitung vor Ablauf der drei Tage gestattet, hat sie den Fischereiberechtigten zu benachrichtigen. Bei den Forellenbächen ist darauf hinzuwirken, daß sie nur in der Zeit vom 1. Mai bis 30. September abgeleitet werden. Für den Fall des Bedürfnisses bleibt eine Bestimmung hierüber durch Polizeiverordnung vorbehalten.

§§ 106, 107.

1. Durch die in der Fischereiordnung zusammengefaßten polizeilichen Vorschriften sind die Mindestmaße der Fische neu bestimmt, zum Teil namentlich für Lachs, Blei, Bachforelle, Schlei und Flußkrebs, herabgesetzt (§ 1 FO.). Die Möglichkeit der Herabsetzung des Mindestmaßes für den Aal (§ 3 FO.) ist im Hinblick auf die Elbe vorgesehen, wo überwiegend männliche Aale mit geringem Wachstum sind und auch die Besatzaale gefangen werden. Der Herabsetzung einiger Mindestmaße steht die schärfere Durchführung des Marktverbotes nach § 107 FG. und die Zulässigkeit von Versendungsverboten (§ 33 FO.) gegenüber. Das

Anlande- und Aufbewahrungsverbot (§ 10 FO.) findet sich bereits im schwedisch-dänischen Fischereiabkommen (Mitteilung des Deutschen Seefischereivereins vom April 1908, 24. Jahrg., S. 250) und im Dänischen Seefischereigesetz vom 2. Juni 1917 (aaO., 33. Jahrg. S. 312). Danach können die Fischereibeamten in jedem Fall einschreiten, wenn die Fänge jemandem zur demnächstigen Beförderung oder zum Feilbieten übergeben werden. Die Bestimmung über die Verwendung untermaßiger Fische zu gemeinnützigen Zwecken wird vom Oberfischmeister nicht für jeden einzelnen Fall, sondern entsprechend den örtlichen Verhältnissen nach Anhörung beteiligter Fischer ein für allemal zu treffen sein. Der Ortspolizeibehörde ist davon Mitteilung zu machen. Abbildungen der durch Mindestmaß geschützten Fischarten in der Reihenfolge der Fischereiordnung sind in einem Anhange enthalten.*)

2. Durch die neuen Schonvorschriften ist die Möglichkeit zur Einführung beweglicher Arten-Schonzeiten (§§ 13, 14, 17 FO.) gegeben. Im übrigen enthalten sie erhebliche Erleichterungen gegen das bisherige Recht. Nur Sonntags (§ 11 FO.) ist das Angeln freigegeben, wozu außer dem Fischfang mit der Handangel auch die Verwendung von Schleppangeln, Spinnangeln, Legeangeln, Grundangeln und Puppen gehört. Ferner beschränkt sich die Sonntags-Schonzeit auf den Fischfang (d. h. auf die Aufnahme der stillen Geräte), während die Fischer nach 9 Uhr mit ihren Geräten nach Hause fahren können. In der frühen Jahresschonzeit ist die stille Fischerei (d. h. außer den in § 11 Satz 3 FO. erwähnten Geräten auch der Gebrauch der Legeangeln, Grundangeln und Puppen, nicht aber der Schleppangeln und Spinnangeln) sowie der Fischfang mit der Handangel allgemein gestattet. Weitere Ausnahmen z. B. zum Fange von Köderfischen mit Zugnetzen sind auf

*) Der Anhang ist hier nicht wiedergegeben.

Grund von § 18 FO. zulässig. Fischarten, die plötzlich in größeren Zügen zu erscheinen und rasch wieder zu verschwinden pflegen (Stint, Maifisch, Aland, Blei und Karpfen), können wie bisher vorübergehend von der Frühjahrs-Schonzeit ausgenommen werden. Die Frühjahrs-Schonzeit gilt nach § 15 FO. nicht für die Tiefen der Haffe, weil sich dort keine Frühjahrslaicher fortpflanzen. Soweit in Küstengewässern der Fischfang ganz verboten ist, erstreckt sich das Verbot auch auf den Aal, der dort bis zum Eintritt der Geschlechtsreife bleibt. Über den Zeitpunkt für den Beginn der Winter- und Frühjahrs-Schonzeit kann erst zwei bis drei Wochen vor dem Laichen der Fische endgültig entschieden werden. Vorher sind praktische Fischer zu hören (§ 52 FO.). Die Festsetzungen sind mindestens eine Woche vor ihrem Inkrafttreten im Amtsblatt und möglichst auch durch Mitteilung an Kreis-, Orts- und Fachblätter öffentlich bekannt zu machen.

3. Bei den Fanggeräten ist die wesentliche Erleichterung gegen das bisherige Recht der Wegfall der Mindestmaschenweite für Reusen (also auch für Garnreusen) in den Binnengewässern. Auch sind die alleinberechtigten Fischer in Seen sowie die Genossenschaftsbetriebe und Fischereibezirke von den Bestimmungen über Maschenweite befreit worden (§ 24 FO.). Für geschlossene Gewässer gelten die Vorschriften über Fanggeräte ebensowenig, wie die über Schonzeiten und die Kennzeichnung der Fischerzeuge (§ 106 Abs. 4 FG.). Die Zegen-Schonzeit (§ 27 FO.) erstreckt sich im Gegensatz zum Ankerkuilenverbot (§ 26 FO.) nicht auf die Altwässer des Rheins. Von den gebräuchlichen Fanggeräten sind in den einzelnen Regierungsbezirken amtliche Zusammenstellungen anzufertigen.

4. Auf die Verhütung von Kabelbeschädigungen durch die Fischerei (§§ 45 bis 47 FO.) ist besonders zu achten. Um die Kabel auch auf solchen Gewässerstrecken, auf denen keine Bezeichnung des Kabelverlaufs vorhanden ist, gegen die

am häufigsten vorkommenden Beschädigungen durch Grundschleppnetze wirksam zu schützen, sind alle über den Grund zu schleppenden Fanggeräte (Scherbretter, Netzbäume u. dgl.) allgemein so einzurichten und dauernd sorgfältig so zu unterhalten, daß bei ihrer Benutzung Kabel nicht erfaßt oder beschädigt werden können. Anhaltspunkte für eine den Anforderungen des Kabelschutzes entsprechende Bauart der Scherbretter enthalten die Regeln, die in der Anweisung des Reichspostamtes vom September 1917 zum Schutz der Unterwasser-Telegraphen- und Fernsprech-Kabel gegen Gefährdung durch Schiffahrt und Fischerei zusammengestellt und in Fischereikreisen bekannt gemacht sind. Die Beobachtung dieser Regeln ist für die Fischerei schon zur Vermeidung von Schadenersatz und strafrechtlicher Verfolgung geboten. Bei Nichtbeachtung würde außerdem die Notwendigkeit eintreten, für die Einrichtung der Scherbretter eine bestimmte Form durch Polizeiverordnung vorzuschreiben.

5. Bevor ausländische Fische in offenen Gewässern neu ausgesetzt werden, ist ein Gutachten der Landesanstalt für Fischerei in Berlin-Friedrichshagen einzuholen.

§ 109.

Nach der Absicht des Gesetzes soll das Recht zum Mitführen von Fischereigeräten nicht nur dem Fischereiberechtigten, sondern jedem zur Ausübung der Fischerei Befugten, also auch dem Fischereipächter und Erlaubnisscheininhaber zustehen (vgl. Verhandlungen des Herrenhauses, Vierte Sitzung vom 25. Februar 1916 S. 58).

§§ 110 bis 114.

1. Die vor dem Inkrafttreten des Fischereigesetzes eingerichteten Schonbezirke sind auf ihre Notwendigkeit überhaupt und auf ihren Umfang nachzuprüfen und nur da beizubehalten, wo erhebliche Fischereiinteressen liegen, zu

deren Schutz die Bestimmungen der Fischereiordnung nicht ausreichen.

2. In den zur Zeit bestehenden Laichschonbezirken soll die der Fortpflanzung der Fische ungefährliche stille Fischerei auf nicht laichende Fische, soweit sie nicht nach § 112 in einzelnen Regierungsbezirken schon allgemein freigegeben ist, allmählich in erweitertem Umfange bis zur völligen Freigabe gestattet werden. In Laichschonbezirken, die neu eingerichtet werden, ist sie ohne weiteres zulässig.

3. Über die Frage, ob auch andere als die in § 113 Abs. 1 bezeichneten Gewässerstrecken zu Schonbezirken zu erklären sind, und über die für die entzogene Nutzung dem Berechtigten nach Abs. 2 zu gewährende Entschädigung ist ein Fischereisachverständiger zu hören. Bei Streit kann über die Höhe der Entschädigung nur im Rechtswege entschieden werden.

4. Die nach § 110 Abs. 2 zu erlassenden Bekanntmachungen sind im Amtsblatt zu veröffentlichen. Außerdem wird häufig eine ortsübliche Bekanntmachung in denjenigen Gemeinden zweckmäßig sein, in deren Gebiet der Schonbezirk liegt.

§§ 115 bis 118.

1. Der Fischweg muß während der Zeit offengehalten werden, in der die Fische, für die er bestimmt ist, wandern (§ 117). Eine dauernde Offenhaltung ist nach der Absicht des Gesetzes nicht zulässig.

2. Die Vorschriften gelten auch für bestehende Fischwege.

Neunter Abschnitt.

§§ 119 bis 123.

1. Von den Aufsichtsbefugnissen der Ortspolizeibehörden werden nach § 119 Abs. 2 die folgenden auf die Oberfischmeister übertragen:

a) die vorläufige Regelung der Fischereiverhältnisse bei Veränderung von Wasserläufen (§ 10 Abs. 5);

b) die Zurücksetzung mindermaßiger Fische bei überfluteten Grundstücken in das Fischgewässer (§ 12 Abs. 4);
c) die Bestimmung über das Fischereirecht bei einer Teilung von Fischereigrundstücken (§ 23);
d) der Antrag auf Festsetzung einer Höchstzahl von Pächtern für ein Fischgewässer (§ 29 Abs. 2);
e) die vorläufige Regelung der Fischereiverhältnisse während eines Verwaltungsstreitverfahrens über die Gültigkeit eines Pachtvertrages (§ 29 Abs. 4);
f) der Antrag auf Beseitigung der Koppelfischerei (§ 31 Abs. 2);
g) der Antrag auf Bildung eines gemeinschaftlichen Fischereibezirks (§§ 86, 88);
h) die Bestimmung über die Verwendung untermaßiger Fische zu gemeinnützigen Zwecken (§ 10 FO.).

2. Es untersteht der Fischereiaufsicht

A. des Regierungspräsidenten in Königsberg:

I. der zum Regierungsbezirk Gumbinnen gehörige Teil des Kurischen Haffs;

II folgende zum Regierungsbezirk Westpreußen gehörigen Gewässer:

a) die Küstengewässer der Ostsee vorlängs der zum Kreise Elbing gehörenden Ortschaften Pröbbernau, Liep, Kahlberg, Böglers, Neukrug und Narmehn auf der Frischen Nehrung;
b) das Frische Haff südwestlich der Linie vom Grenzhaus auf der Frischen Nehrung nach dem Festlande an der Grenze zwischen den Kreisen Braunsberg und Elbing bei Louisenthal bis zur Landesgrenze gegenüber dem Gebiet der Freien Stadt Danzig (den Nogatmündungen, namentlich der Westrinne, der Mittelrinne, der Breitfahrt des West-, Mittel- und Ost-Landgrabens, der

Fährten nebst Hundsrinne gegenüber reicht die Zuständigkeit nur bis zu den natürlichen Ausmündungen ins Haff);

c) der Elbingfluß vom Ostloch abwärts;

B. des Regierungspräsidenten in Koblenz:

die Rheinstrecke auf der zum Regierungsbezirk Wiesbaden gehörigen Stromhälfte von Aßmannshausen bis Niederlahnstein.

3. Der Direktor der Landesanstalt für Fischerei in Berlin-Friedrichshagen ist als Beauftragter des Ministers für Landwirtschaft, Domänen und Forsten zur Anstellung amtlicher Untersuchungen in den Fischgewässern und zur Wahrnehmung fischereipolizeilicher Aufsichtsbefugnisse ermächtigt. Fischereibeamte und amtlich verpflichtete Aufseher haben gegebenenfalls seinen Weisungen zu folgen.

4. Den Fischereibeamten der Küstengewässer wird nach § 119 Abs. 4 die Befugnis übertragen, die Befolgung der Vorschriften des § 107 auch außerhalb ihres Dienstbezirkes und auf dem Lande zu überwachen.

5. Oberfischmeister, Fischmeister und Fischereiaufseher, die im äußeren Dienst nicht die mit Genehmigung des preußischen Staatsministeriums durch Ministerialerlaß vom 19. Dezember 1922 — I B II b 10478, II 13652 — (LMBl 1923 S. 55) vorgeschriebene Dienstkleidung tragen, sowie amtlich verpflichtete Aufseher, führen ein ihr Amt bezeichnendes metallenes Ausweisschild nach den durch den Ministerialerlaß vom 24. Januar 1924 — VI 31042, II 408 — (nicht veröffentlicht) bestimmten Mustern bei sich. Die Fischereiaufsichtsfahrzeuge führen die durch Beschluß des Preußischen Staatsministeriums vom 24. Februar 1922 (vgl. Ministerialerlaß vom 26. Mai 1922 — I A I e 842, I B II b, Abw. W. 6340, nicht veröffentlicht) für preußische Staatsfahrzeuge vorgeschriebene Flagge, die weiß ist und sowohl an der oberen als auch an der unteren Seite von einem

schwarzen Streifen eingefaßt wird, dessen Breite 1/6 der Flaggenhöhe beträgt; sie zeigt in der Mitte des weißen Streifens den einfachen preußischen fliegenden Adler ohne weiteres Abzeichen. Neben der Flagge führen die Fahrzeuge der Oberfischmeister noch einen Doppelstander, die Fahrzeuge der Fischmeister und Fischereiaufseher einen dreieckigen Stander am Masttop, beide in weißer Farbe und mit dem roten Buchstaben F. A. versehen. Bei Nacht tritt an die Stelle der Flagge eine rote Signallaterne.

6. Als Fischereisachverständige kommen nach § 121 je nach den Fragen, die zu beurteilen sind, in der Regel Fischereibiologen und praktische Fischer in Betracht.

7. Die Beschlagnahme der in § 123 bezeichneten Gegenstände erfolgt auf Grund der Vorschriften der Strafprozeßordnung. Dabei sind die Ministerialerlasse vom 16. Februar 1923 — I B II b 375 — und vom 23. Oktober 1924 — VI 32226 II, III —, LMBl. 1923 S. 203 und 1924 S. 603) zu beachten.

8. Eine Übersicht über die Zuständigkeit der Behörden in Fischereiangelegenheiten enthält die Anlage 2

Vgl. zu 1 bis 5 RdErl. vom 2. August 1927, LMBl. S. 609, betreffend Fischereiaufsicht. Er enthält „Richtlinien für die Regelung der Fischereiaufsicht in den Binnengewässern".

„Die gleichzeitig von mir (dem Landwirtschaftsminister) auf Grund des § 119 Abs. 3 FG. erlassene ‚Dienstanweisung für staatliche Fischereiaufseher in den Binnengewässern' (Abschn. VII Ziff. 4 der Richtlinien) sowie eine Anleitung zur Beaufsichtigung der Fischerei in den Binnengewässern durch die Beamten der Ortspolizei, der Landjägerei und des Reichswasserschutzes (Abschn. I Ziff. 2 Abs. 2 der Richtlinien) werden je für sich in handlicher Form im Druck hergestellt."

Die Richtlinien enthalten Ausführungen über I. Aufsichtsbehörden und Aufsichtspersonal; II. über Art der

Fischereiaufseher; III. Bestellung und Vereidigung; IV. Hilfsbeamte der Staatsanwaltschaft (Erlaß vom 25. Juli 1925, LMBl. S. 484); V. über Vergütungen; VI. über Verzeichnisse der Fischereiaufsichtsbezirke; VII. über ergänzende Bestimmungen zur Dienstanweisung für staatliche Fischereiaufseher.

Die Bewaffnung der Fischereiaufseher ist durch den Erlaß vom 18. Oktober 1919 (nicht veröffentlicht) geregelt.

§ 133.

Außer den in Abs. 2 erwähnten Vorschriften sind auch als aufgehoben anzusehen:

1. Die Bestimmungen des Edikts für das Herzogtum Jülich-Cleve-Berg von 1554 über die Verwüstung der Fischerei;
2. § 3 Abs. 2, 3 der Fischereiordnung für das Frische Haff vom 7. März 1845 (GS. S. 121);
3. die Fischereiordnung für die Provinz Posen vom 7. März 1845 (GS. S. 107).
4. das Gesetz, betreffend die Abänderung der Fischereiordnung für die in der Provinz Pommern gelegenen Teile der Oder, das Haff und dessen Ausflüsse vom 2. Juli 1859, vom 30. März 1863 (GS. S. 125).
5. das Gesetz, betreffend die Abänderung und Ergänzung einiger Bestimmungen der Fischereiordnung für den Regierungsbezirk Stralsund, vom 30. August 1865 vom 22. April 1869 (GS. S. 649).

Anlage 1 zu a . Muster.

Abteilung D

Fischereirechte.

Laufende Nummer der Eintragung	Das Recht unter näherer Angabe des Inhalts und der Beschränkungen sowie des Berechtigten	Die gegen das Recht erhobenen Widersprüche unter Angabe der Person des Widersprechenden und des Grundes des Widerspruchs		Berichtigungen, insbesondere Löschungen	
		Laufende Nummer der Eintragung	Eintragungen	Laufende Nummer der Eintragung	
1	2	3	4	5	6

Anlage 1 zu b. Muster.

Bezirksausschuß.

Wasserbuch (Fischereibuch).

für

Band I*

[für den Teil von bis

[Die Wasserbuchführung für diesen Teil ist dem Bezirksausschuß .. durch Erlaß des Herrn Ministers vom übertragen worden.**)]

* Die Angabe des Bandes ist erforderlich, wenn das Gewässer die Bezirke mehrerer Wasserbuchbehörden berührt oder für einzelne Teile besondere Bände angelegt sind.

** Dieser Zusatz ist erforderlich, wenn die Wasserbuchführung dem Bezirksausschuß in entsprechender Anwendung des § 183 Abs. 2 des Wassergesetzes für einen Teil des Gewässers, der in einem anderen Bezirke gelegen ist, übertragen worden ist.

Übersicht über die Zuständigkeit der Behörden in Fischereiangelegenheiten.

	Fischereigesetz	Gegenstand	Zuständige Behörde	Rechtsmittel
1	§ 3	Erklärung eines Gewässers zum geschlossenen und Beschlußfassung über Schadensersatzansprüche	Bezirksausschuß	Beschwerde an das Oberverwaltungsgericht binnen 2 Wochen (§ 122 FG.)
2		Streitigkeiten über Fischereirechte bei Veränderungen von Wasserläufen	Bezirksausschuß	Beschwerde an das Oberverwaltungsgericht binnen 2 Wochen (§ 122 FG.); hinsichtlich der Entschädigung Rechtsweg binnen 3 Monaten
		Vorläufige Regelung	Oberfischmeister (Ausführungsanweisung zu § 119 Nr. 1 zu a)	Beschwerde an die Aufsichtsbehörde
3	§ 11 Abs. 1 in Verbindung	Anlegung und Führung des Wasserbuchs, auch für Gewässer, die keine Wasserläufe sind (Aus-	Bezirksausschuß, endgültiger Beschluß mit Ausnahme der Fälle des § 186 Abs. 2, des § 188	

mit § 183 des WG.	führungsanweisung zu § 11)	Abs. 3 und des § 192 Abs. 3 des Wassergesetzes (§ 121 Abs. 1 Nr. 1 des LVG.)	
§ 186 Abs. 2 WG.	Offenbar unbegründete Anträge auf Eintragung eines Fischereirechts ins Wasserbuch	Vorsitzender des Bezirksausschusses (nach der Rechtsprechung des Landeswasseramtes [Oberverwaltungsgerichts] auch Kollegialbeschluß des Bezirksausschusses mit nachfolgender Beschwerde an das Oberverwaltungsgericht zulässig)	Antrag auf Beschlußfassung durch das Kollegium des Bezirksausschusses und gegen dessen Beschluß oder unmittelbare Beschwerde an das Oberverwaltungsgericht binnen 2 Wochen
§ 188 Abs. 3 WG.	Offenbar unbegründete Widersprüche gegen die Eintragung eines Fischereirechts ins Wasserbuch	Desgl. (wie vorstehend)	Desgl. (wie vorstehend)
§ 192 WG.	Berichtigung des Wasserbuchs	Bezirksausschuß	Beschwerde an das Oberverwaltungsgericht binnen 2 Wochen

	Fischereigesetz	Gegenstand	Zuständige Behörde	Rechtsmittel
4	§ 12 Abs. 2	Ausübung der Rechte mehrerer Fischereiberechtigter auf überfluteten Grundstücken	Kreis- (Stadt-) Ausschuß	Beschwerde an den Bezirksausschuß binnen 2 Wochen, endgültiger Beschluß (§ 121 Abs. 1, 2 LVG.)
	Abs. 4	Zurücksetzung untermaßiger Fische von überfluteten Grundstücken ins Gewässer	Oberfischmeister (Ausführungsanweisung zu § 119 Nr. 1 zu b)	Beschwerde an die Aufsichtsbehörde
5	§ 13 Abs. 2, 5	Uferbetretungsrecht	Kreis-(Stadt-)Ausschuß	Beschwerde an den Bezirksausschuß binnen 2 Wochen, endgültiger Beschluß (§ 121 Abs. 1, 2 LVG.)
6	§ 15 Abs. 2	Schadenersatz wegen Fischens auf überfluteten Grundstücken und Uferbetretung. Anmeldung	Bei hauptamtlichen Oberfischmeistern, sonst der Ortspolizeibehörde, oder dem Gemeinde-(Guts-) Vorsteher binnen einer Woche	

	§ 15 Abs. 3	Entscheidung	Hauptamtlicher Oberfischmeister, sonst Ortspolizeibehörde; dagegen Klage im Verwaltungsstreitverfahren beim Kreis-(Stadt-)Ausschuß binnen 2 Wochen	Berufung an den Bezirksausschuß binnen zwei Wochen, endgültige Entscheidung (§ 85 LVG.)
7	§ 23	Bestimmungen über das Fischereirecht bei Teilung eines Grundstücks in gleiche Teile	Oberfischmeister (Ausführungsanweisung zu § 119 Nr. 1 zu c)	Beschwerde an die Aufsichtsbehörde
8	§ 27 Abs. 4	Beschränkung oder Aufhebung von eingeschränkten (§ 20) Fischereirechten	Bezirksausschuß	Beschwerde an das Oberverwaltungsgericht binnen 2 Wochen (§ 122 FG.). Hinsichtlich der Entschädigung Rechtsweg binnen 3 Monaten
9	§ 28 Abs. 2	Anzeige von der Ermächtigung zur Ausübung des Fischereirechts	Hauptamtlicher Oberfischmeister; sonst Ortspolizeibehörde	

	Fischereigesetz	Gegenstand	Zuständige Behörde	Rechtsmittel
10	§ 29 Abs. 1	Ausnahmen von der Mindestpachtdauer	Kreis-(Stadt-)Ausschuß	Beschwerde an den Bezirksausschuß binnen 2 Wochen, endgültiger Beschluß (§ 121 Abs. 1, 2 LVG.)
	Abs. 2	Bestimmung einer Höchstzahl von Fischereipächtern für ein Gewässer	Bezirksausschuß (auf Antrag des Oberfischmeisters; Ausführungsanweisung zu § 119 Nr. 1 zu d)	Beschwerde an das Oberverwaltungsgericht binnen 2 Wochen (§ 122 FG.)
	Abs. 3	Verpachtung an Ausländer	Regierungspräsident	Beschwerde an den Minister für Landwirtschaft, Domänen und Forsten
	Abs. 4	Streitigkeiten über Gültigkeit der Pachtverträge nach § 29 Abs. 1 bis 3	a) in Landkreisen: Kreisausschuß im Verwaltungsstreitverfahren	Berufung an den Bezirksausschuß (§ 82 LVG.) und Revision an das Oberverwaltungsgericht (§ 93 LVG.), je binnen 2 Wochen (§§ 85, 95 LVG.)

			b) in Stadtkreisen: Bezirksausschuß im Verwaltungsstreitverfahren	Berufung an das Oberverwaltungsgericht (§ 83 LVG.) binnen 2 Wochen (§ 85 LVG.)
		Vorläufige Regelung	Oberfischmeister (Ausführungsanweisung zu § 119 Nr. 1 zu e)	Beschwerde an die Aufsichtsbehörde
11	§ 31 Abs. 2	Regelung der Koppelfischerei	Bezirksausschuß (auf Antrag des Oberfischmeisters, Ausführungsanweisung zu § 119 Nr. 1 zu f)	Beschwerde an das Oberverwaltungsgericht binnen 2 Wochen (§ 122 FG.)
12	§ 33 Abs. 5, 6	Ausübung der Fischereirechte in Abzweigungen	Bezirksausschuß	Desgl. (wie zu 11)
13	§ 34 Abs. 2	Ausübung der Fischereirechte in Häfen und Stichkanälen	Bezirksausschuß (§ 33 Abs. 5, 6 FG.)	Desgl. (wie zu 11)
	§ 34 Abs. 3	Ruhenlassen der Fischerei in Bewässerungs- oder Entwässerungsgräben oder in Altarmen	Kreis-(Stadt-)Ausschuß	Beschwerde an den Bezirksausschuß binnen 2 Wochen, endgültiger Beschluß (§ 121 Abs. 1, 2 LVG.)

	Fischereigesetz	Gegenstand	Zuständige Behörde	Rechtsmittel
14	§ 35 Abs. 1	Vorübergehende Verhinderung des Fischwechsels in offenen Gewässern	Regierungspräsident	Beschwerde an den Minister für Landwirtschaft usw
15	§ 45 Abs. 2, § 49	Aufsicht über die Genossenschaft	Landrat als Vorsitzender des Kreisausschusses, in Stadtkreisen Ortspolizeibehörde	Beschwerde an den Regierungspräsidenten (endgültige Entscheidung)
16	§ 46	Bestellung von Vorstandsmitgliedern	Desgl.	Desgl. (wie zu 15)
17	§ 47	Zwangsetatisierung gegenüber der Genossenschaft	Landrat als Vorsitzender des Kreisausschusses, in Stadtkreisen: Ortspolizeibehörde; dagegen Klage im Verwaltungsstreitverfahren beim Bezirksausschuß binnen zwei Wochen	Berufung an das Oberverwaltungsgericht (§ 83 (LVG.) binnen 2 Wochen (§ 85 LVG.)

18	§ 48	Genehmigung zur Veräußerung von Grundstücken und zur Aufnahme von Anleihen der Genossenschaft	Kreis-(Stadt-)Ausschuß	Beschwerde an den Bezirksausschuß binnen 2 Wochen, endgültiger Beschluß (§ 121 Abs. 1, 2 LVG.)
19	§ 50	Herstellung von Genossenschaftsanlagen in Gewässern und auf Ufergrundstücken von Mitgliedern	Landrat als Vorsitzender des Kreisausschusses, in Stadtkreisen die Ortspolizeibehörde	Beschwerden an den Regierungspräsidenten binnen 2 Wochen (endgültige Entscheidung)
20	§ 51	Genehmigung zum Ein- und Austritt von Mitgliedern der Genossenschaft	Landrat als Vorsitzender des Kreisausschusses, in Stadtkreisen. Ortspolizeibehörde	Desgl. (wie zu 19)
21	§ 52 Abs. 3	Streitigkeiten über die Aufnahme angrenzender Fischereiberechtigter in die Genossenschaft und über ihre Beteiligung an den bisherigen Aufwendungen	Kreis-(Stadt-)Ausschuß	Beschwerde an den Bezirksausschuß binnen 2 Wochen, endgültiger Beschluß (§ 121 Abs. 1, 2 LVG.)

	Fischereigesetz	Gegenstand	Zuständige Behörde	Rechtsmittel
22	§ 55 Abs. 1, 3	Streitigkeiten über die Zugehörigkeit zur Genossenschaft	a) in Landkreisen: Kreisausschuß im Verwaltungsstreitverfahren	Berufung an den Bezirksausschuß (§ 82 LVG.) und Revision an das Oberverwaltungsgericht (§ 93 LVG.) je binnen 2 Wochen (§§ 85, 95 LVG.)
			b) in Stadtkreisen: Bezirksausschuß im Verwaltungsstreitverfahren	Berufung an das Oberverwaltungsgericht (§ 83 LVG.) binnen 2 Wochen (§ 85 LVG.)
	Abs. 2, 3	Heranziehung zu den Genossenschaftslasten und Verteilung der Nutzungen	Genossenschaftsvorstand, dagegen Einspruch binnen 4 Wochen und gegen dessen Zurückweisung binnen 2 Wochen Klage im Verwaltungsstreitverfahren a) in Landkreisen beim Kreisausschuß, b) in Stadtkreisen beim Bezrksausschuß	Desgl. (wie vorstehend zu Nr. 22)

23	§ 57	Beschwerde über Anordnungen des Vorstandes und Androhung von Zwangsmitteln gegen Genossen	Landrat als Vorsitzender des Kreisausschusses, in Stadtkreisen: Ortspolizeibehörde (Beschwerdefrist: 2 Wochen)	Beschwerde an den Regierungspräsidenten und gegen dessen Bescheid Klage beim Oberverwaltungsgericht, je binnen 2 Wochen
24	§ 58	Bestimmung der Vollstreckungsbehörde. Verwaltungszwangsverfahren zur Beitreibung von Genossenschaftsbeiträgen	Landrat als Vorsitzender des Kreisausschusses, in Stadtkreisen: Ortspolizeibehörde	Beschwerde an den Regierungspräsidenten (endgültige Entscheidung)
25	§ 59 Abs. 2	Einberufung der Mitgliederversammlung einer Genossenschaft	Desgl. (wie zu Nr. 24)	Desgl. (wie zu Nr 24)
26	§ 60	Amtsentsetzung von Vorstandsmitgliedern der Genossenschaft	Desgl. (wie zu Nr. 24)	Klage beim Oberverwaltungsgericht binnen 2 Wochen
27	§§ 69, 70	Leitung des Genossenschaftbildungsverfahrens	Regierungspräsident	Beschwerde an den Minister für Landwirtschaft usw.

	Fischereigesetz	Gegenstand	Zuständige Behörde	Rechtsmittel
28	§ 71 Abs. 2	Beschlußfassung über den Wert von Fischereiberechtigungen bei Bildung einer Wirtschaftsgenossenschaft	Kreis-(Stadt-)Ausschuß	Beschwerde an den Bezirksausschuß binnen 2 Wochen, endgültiger Beschluß (§ 121 Abs. 1, 2 LVG.)
29	§ 74	Berücksichtigung zweifelhafter Fischereirechte im Verfahren zur Genossenschaftsbildung	Kreis-(Stadt-)Ausschuß (endgültige Entscheidung)	
30	§ 77 Abs. 1, 2	Ordnungsstrafen wegen Ungebühr bei Genossenschaftsverhandlungen	Verhandlungskommissar	Beschwerde an den Bezirksausschuß binnen 2 Wochen (endgültige Entscheidung)
	Abs. 2	Beschwerde über die Leitung des Verfahrens durch den Kommissar	Regierungspräsident (endgültige Entscheidung, Beschwerdefrist: 2 Wochen)	

31	§ 80 Abs. 1 bis 4	Widersprüche gegen die Bildung von Genossenschaften und gegen den Beitrittszwang	Bezirksausschuß	Beschwerde an das Oberverwaltungsgericht binnen 2 Wochen (§ 122 FG.)
	Abs. 5	Genehmigung oder Erlaß der Satzung	Regierungspräsident (endgültige Entscheidung)	
32	§ 83 Abs. 1	Genehmigung v. Satzungsänderungen	Desgl. (wie zu Nr. 31 Abs. 5)	
33	§ 84	Auflösung der Genossenschaft	Desgl. (wie zu Nr. 31 Abs 5)	
34	§ 86	Bildung gemeinschaftlicher Fischereibezirke	Bezirksausschuß (auf Antrag d. Oberfischmeisters, Ausführungsanweisung zu § 119 Nr. 1 zu g), oder eines Beteiligten	Beschwerde an das Oberverwaltungsgericht binnen 2 Wochen (§ 122 FG.)
35	§ 87 Abs. 2	Übertragung der Verwaltung des gemeinschaftlichen Fischereibezirks	a) in Landkreisen: Kreisausschuß	Beschwerde an den Bezirksausschuß binnen 2 Wochen, endgültiger Beschluß (§ 121 Abs. 1, 2 LVG.)
			b) in Stadtkreisen: der Bezirksausschuß	Beschwerde an das Oberverwaltungsgericht binnen 2 Wochen (§ 122 FG.)

Fischereigesetz	Gegenstand	Zuständige Behörde	Rechtsmittel
Abs. 3	Aufsicht über die Fischerei in gemeinschaftlichen Fischereibezirken	Gemeindeaufsichtsbehörde	Beschwerde an die höhere Gemeindeaufsichtsbehörde
Abs. 5	Festsetzung der Vergütung für die Verwaltung des gemeinschaftlichen Fischereibezirks	a) in Landkreisen: Kreisausschuß	Beschwerde an den Bezirksausschuß binnen 2 Wochen endgültiger Beschluß (§ 121 Abs. 1, 2 LVG.)
		b) in Stadtkreisen: Bezirksausschuß	Beschwerde an das Oberverwaltungsgericht (§ 122 FG.)
Abs. 6	Beschwerde gegen den Plan zur Verteilung der Reinerträge und Umlegung der Zuschüsse in gemeinschaftlichen Fischereibezirken	Gemeinde- (Guts-) Vorsteher (Bürgermeister, Fischereivorsteher), dagegen binnen 2 Wochen Klage im Verwaltungsstreitverfahren a) in Landkreisen beim Kreisausschuß, b) in Stadtkreisen beim Bezirksausschuß	Berufung an den Bezirksausschuß (§ 82 LVG.) und Revision an das Oberverwaltungsgericht (§ 93 LVG.), je binnen 2 Wochen (§§ 85, 95 LVG.) Berufung an das Oberverwaltungsgericht (§ 83 LVG.) binnen 2 Wochen (§ 85 LVG.)

36	§ 89	Bildung selbständiger Fischereibezirke	Bezirksausschuß (auf Antrag des Fischereiberechtigten)	Beschwerde an das Oberverwaltungsgericht binnen 2 Wochen (§ 122 FG.)
37	§ 91	Überlassung der Ausübung von Rechten an Inhaber benachbarter selbständiger Fischereibezirke	Bezirksausschuß (§ 33 Absatz 5 FG.)	Beschwerde wie vorstehend zu Nr. 36
38	§§ 93, 96	Ausstellung und Entziehung des Fischereischeins bei Inländern	Hauptamtlicher Oberfischmeister, sonst Ortspolizeibehörde, in deren Bezirk der Antragsteller den Fischfang ausüben will	Bei Versagung und Entziehung Rechtsmittel gegen polizeiliche Verfügungen der Kreis- oder Ortspolizeibehörden (§§ 127 bis 129 LVG., § 119 Abs. 5 FG.)
39	§ 94	Ausstellung eines vorläufigen Vertretungsscheines	Gemeinde- (Guts-) Vorsteher	
40	§ 97	Ausstellung des Fischereischeins für Ausländer	Regierungspräsident	Beschwerde an den Minister für Landwirtschaft usw.
41	§ 98 Abs. 5	Genehmigung zur Ausstellung von Erlaubnisscheinen für Ausländer	Desgl. (wie zu Nr. 40)	Desgl. (wie zu Nr. 40)

	Fischereigesetz	Gegenstand	Zuständige Behörde	Rechtsmittel
	Abs. 7	Beschränkungen bei Erteilung von Erlaubnisscheinen für offene Gewässer	Desgl. (wie zu Nr. 40)	Desgl. (wie zu Nr. 40)
	Abs. 8	Beglaubigung von Erlaubnisscheinen	Gemeinde- (Guts-) Vorsteher	
42	§ 100	Ausnahmen von dem Verbote der Verwendung schädlicher Stoffe beim Fischfange in offenen Gewässern	Regierungspräsident	Beschwerde an den Minister für Landwirtschaft usw.
43	§ 101	Herstellung und Unterhaltung von Schutzvorrichtungen bei Turbinen außerhalb eines Genehmigungsverfahrens nach der Reichsgewerbeordnung	Regierungspräsident	Beschwerde an den Minister für Landwirtschaft usw.

44	§ 102	Einrichtungen gegen nachteilige Wirkungen der Einleitung flüssiger Stoffe in ein Fischgewässer außerhalb eines Genehmigungsverfahrens nach der Reichsgewerbeordnung	Bezirksausschuß	Beschwerde an das Oberverwaltungsgericht binnen 2 Wochen (§ 122 FG.)
45	§ 104	Ausgleichungsverfahren	Bezirksausschuß (§§ 89, 64 des WG.)	Beschwerde an das Oberverwaltungsgericht binnen 2 Wochen, hinsichtlich der Entschädigung: Rechtsweg binnen 3 Monaten (§§ 89, 76 WG.)
46	§ 107 Abs. 3	Ausnahmen vom Versendungs- und Marktverbote für untermaßige Fische	Regierungspräsident	Beschwerde an den Minister für Landwirtschaft usw.
47	§ 108	Ausnahmen von der Verpflichtung zur Beseitigung ständiger Fischereivorrichtungen in der Schonzeit	Desgl.	Desgl.

	Fischereigesetz	Gegenstand	Zuständige Behörde	Rechtsmittel
48	§ 110 Abs. 1,	Einrichtung von Schonbezirken	Desgl.	Desgl.
	Abs. 2	Aufhebung von Schonbezirken	Regierungspräsident mit Zustimmung des Ministers für Landwirtschaft usw.	Beschwerde an den Minister für Landwirtschaft usw.
49	§§ 111, 112	Ausnahmen von den für Schonbezirke geltenden Beschränkungen	Regierungspräsident	Beschwerde an den Minister für Landwirtschaft usw.
50	§ 115 Abs. 3	Anlegung und Unterhaltung von Fischwegen außerhalb eines gesetzlich geordneten Verfahrens	Bezirksausschuß	Beschwerde an das Oberverwaltungsgericht binnen 2 Wochen (§ 122 FG.). Hinsichtlich der Entschädigung: Rechtsweg binnen 3 Monaten (§ 27 Abs. 4 FG.)
51	§ 116 Abs. 2, 3	Verpflichtung, die Anlegung und Unterhaltung	Bezirksausschuß	Beschwerde an das Oberverwaltungsgericht bin-

		eines Fischweges in bestehenden Anlagen zu dulden		nen 2 Wochen (§ 122 FG.)
52	§ 117	Bestimmung der Zeit für Offenhaltung der Fischwege	Desgl.	Beschwerde an den Minister für Landwirtschaft usw.
53	§ 118	Verbot des Fischfanges oberhalb und unterhalb geöffneter Fischwege und Ausnahmen davon	Regierungspräsident	Gegen polizeiliche Verfügungen Rechtsmittel wie gegen solche der Kreis- und Ortspolizeibehörden nach den §§ 127 bis 129 LVG.
54	§ 119	Fischereiaufsicht	Oberfischmeister, Ortspolizeibehörde, Fischmeister, Fischereiaufseher	Beschwerde an die Aufsichtsbehörden
55	§ 123	Untersuchung der Fanggeräte und Fischbehälter	Desgl. (wie zu Nr 54)	
56	§ 124	Polizeiverordnungsrecht	Minister für Landwirtschaft usw., Oberpräsident, Regierungspräsident	

6. Polizeiverordnung zum Fischereigesetz (Fischereiordnung) vom 29. März 1917, LMBl. S 153,

in der durch die Polizeiverordnungen vom 16. März 1918 (LMBl. S. 51), vom 8. März 1920 (LMBl. S. 95), vom 27. April und 12. Mai 1923 (LMBl. S. 438 und 440) vom 14. Februar 1925 (LMBl. S. 95), vom 27. Dezember 1926 (LMBl. 1927 S. 27) und vom 28. Dezember 1927 (LMBl. S. 918) gegebenen Fassung.

Auf Grund der §§ 2, 35, 99, 103, 106, 124 des Fischereigesetzes vom 11. Mai 1916 (GS. S. 55) und der §§ 136, 140 des Gesetzes über die allgemeine Landesverwaltung vom 30. Juli 1883 (GS. S. 195) wird hierdurch für das ganze Staatsgebiet folgende Polizeiverordnung erlassen:

Erster Abschnitt.

Mindestmaß:

§ 1.

Auf Fische der nachbenannten Arten darf der Fischfang nur ausgeübt werden, wenn sie, von der Kopfspitze bis zum Ende des längsten Teiles der Schwanzflosse gemessen, mindestens folgende Längen haben:

Stör (Acipenser sturio L.)	100 cm
Aal (Anquilla vulgaris L.) .	35 „
Lachs (Trutta salar L.) . . .	35 „
Meerforelle (Trutta trutta L.) . .	35 „
Zander (Lusioperca sandra Cuv.)	35 „
Barbe (Barbus fluviatilis Ag.)	28 „
Hecht (Esox lucius L.) . . .	28 „
Maifisch (Alosa vulgaris Cuv.) . .	28 „
Finte — Perpel — (Alosa finta Cuv.) .	28 „
Nordseeschnäpel (Coregomus Oxyrhynchus L.) .	28 „
Blei — Brachsen — (Abramis brama L.)	25 „
Scholle (Pleuronectes platessa L.) und	

Flunder (Pleuronectes flesus L.) der Ostsee:		
1. in der westlichen Ostsee:		
a) westlich der Linie Hyllekrog—Haber Huk		22 cm
b) östlich dieser Linie bis zur Linie Habser—Ahrenshoop		21 „
2. in der übrigen Ostsee		18 „
Flunder — Butt — der Nordsee		15 „
Äsche (Thymallus vulgaris Nils.)		20 „
Aland (Idus melanotus Heck.)		20 „
Döbel (Squalius cephalus L.)		20 „
Bachforelle (Trutta fario L.)		18 „
Schlei (Tinca vulgaris Cuv.)		18 „
Barsch (Perca fluviatilis L.) Plötze (Leuciscus rutilus L.) Rotfeder (Scardinius crytrophtalinus L.)	in Binnenseen sonst	13 „ 15 „
Hummer (Homarus vulgaris L.) gemessen von der Spitze des Stirnhorns bis zum Hinterende des Brustpanzers (carapax)		9 „
Flußkrebs (Potamobius astacus L.) gemessen von der Kopfspitze bis zum Schwanzende.		8 „

Hierzu Runderlaß des Landwirtschaftsministers vom 27. Dezember 1926 (LMBl. 1927 S. 27):

In der heute von mir erlassenen Polizeiverordnung bestehen die wesentlichen Veränderungen in der Festsetzung eines Mindestmaßes für die Finte (Alosa finta Cuv. — auch Perpel genannt — zum Unterschiede gegen den Maifisch (Alosa vulgaris Cuv.) — vgl. § 3 — und für den Hummer, in der Zulassung einer Artenschonzeit für den letzteren (§ 17), sowie in der Ermächtigung zur Festsetzung einer Maschenweite für Reusen und Säcke in den Küstengewässern (§ 24). Entsprechend der der Fachabteilung für Fischerei der preußischen Hauptlandwirtschaftskammer gegebenen Zusage kommt die Festsetzung einer Maschenweite einstweilen lediglich für Bollwerksreusen in den Küstengewässern des Regierungsbezirks Stettin in Frage, während in den übrigen Küstenbezirken von der Ermächtigung im Bedarfsfalle nur mit meiner Zustimmung Gebrauch zu machen ist.

§ 2.

In der westlichen Ostsee können die Mindestmaße für Scholle und Flunder auch nach der Entfernung der Kopfspitze bis zur Wurzel der Schwanzflosse bestimmt werden. In diesem Falle erniedrigen sich die Maße für den westlichen und östlichen Teil auf 18 und 17 Zentimeter.

§ 3.

Für Küstengewässer kann der Regierungspräsident das Mindestmaß für den Stör bis auf 150 Zentimeter erhöhen, das für den Zander bis auf 28, den Aal bis auf 25, den Maifisch und die Finte (Perpel) bis auf 20, die Flunder in den Haffen bis auf 15 Zentimeter herabsetzen.

§ 4.

In den thüringischen Grenzgewässern und in Gewässerstrecken, die mit thüringischen Gewässern in Verbindung stehen, kann der Regierungspräsident das Mindestmaß für den Blei bis auf 28, die Schlei bis auf 20, den Krebs bis auf 10 Zentimeter erhöhen, sowie ein Mindestmaß für den Karpfen bis zu 28 Zentimeter vorschreiben.

§ 5.

Im Regierungsbezirk Sigmaringen kann der Regierungspräsident das Mindestmaß für den Hecht bis auf 35 Zentimeter, die Asche bis auf 25 Zentimeter, die Bachforelle und Schlei bis auf 20 Zentimeter erhöhen, das für die Barbe bis auf 25 Zentimeter herabsetzen. Er kann auch ein Mindestmaß für den Huchen bis zu 50, für die Regenbogenforelle bis zu 20 Zentimeter vorschreiben.

§ 6.

Der Regierungspräsident kann zu wissenschaftlichen, gemeinnützigen und wirtschaftlichen Zwecken für einzelne Personen Ausnahmen von den §§ 1 bis 5 gestatten.

§ 7.

Für Fische, die aus Fischzuchtanstalten oder geschlossenen Gewässern stammen und zur Besetzung anderer Gewässer bestimmt sind, gilt kein Mindestmaß.

§ 8.

Auch abgesehen von § 7 können in geschlossenen Gewässern untermaßige Fische gefangen werden. Dann unterliegen sie aber dem Marktverbot nach § 107 Abs. 1 Satz 1 FG., soweit nicht der Regierungspräsident nach Abs. 3 daselbst Ausnahmen gestattet.

§ 9.

In den Binnengewässern dürfen untermaßige Aland, Döbel, Nasen, Barsche, Plötzen und Rotfedern als Köderfische für den eigenen Bedarf des Fischers gefangen werden. Der Regierungspräsident kann die gleiche Erlaubnis für Küstengewässer erteilen.

§ 10.

Widerrechtlich gefangene untermaßige Fische, die lebend in die Gewalt des Fischers fallen, sind sofort, oder wenn sie nicht gleich aus dem Fanggerät entfernt werden können, spätestens nach Rückkehr des Fischereifahrzeuges ans Land, mit der zu ihrer Erhaltung erforderlichen Vorsicht ins Wasser zurückzusetzen. Von den toten Fischen dürfen die mit Aalhamen, Ankerkuilen und Steerthamen gefangenen sämtlich, die mit Zug- und Grundschleppnetzen gefangenen bis zu einer Gesamtmenge von 1 Kilogramm für den Tag und die Besatzung eines Fahrzeuges im Haushalt der Fischer verwertet werden, während alle übrigen zu gemeinnützigen Zwecken nach näherer Bestimmung der örtlichen Fischereibehörde zu verwenden sind.

Zweiter Abschnitt.

Schonzeiten für offene Gewässer.

§ 11.

Am Sonntag ist der Fischfang von vormittags 9 bis nachmittags 6 Uhr verboten (Sonntagsschonzeit). Die Fanggeräte der sogenannten stillen Fischerei, d. h. solche, die weder gezogen noch gestoßen werden, dürfen zum Fang im Wasser bleiben. Dazu gehören namentlich Stellnetze, Aalhamen, Ankerkuilen, Steerthamen, Garn-, Draht-, Korbreusen, sowie Treib- (Schwimm-)Netze ohne Begleitung von Fahrzeugen. Angeln ist zulässig, soweit nicht nach den §§ 13, 15 der Fischfang ganz verboten ist.

Im Regierungsbezirk Sigmaringen kann der Regierungspräsident für Grenzgewässer und Gewässerstrecken, die mit außerpreußischen Gewässern in Verbindung stehen, die Sonntagsschonzeit aufheben.

§ 12.

Die Sonntagsschonzeit (§ 11) gilt nicht für die Nord- und Ostsee, für die Elbe bis zum Köhlbrand, die Weser bis Brinkamahof und die Ems bis Leerort aufwärts.

§ 13.

In den Gewässern, in denen sich vorzugsweise Winterlaicher (Lachse, Forellen- und Saiblingsarten, Ostseeschnäpel u. a.) fortpflanzen, ist der Fischfang in den Monaten Oktober bis Januar während acht aufeinanderfolgenden Wochen, die der Regierungspräsident bestimmt, verboten (Winterschonzeit). Der Regierungspräsident bestimmt auch die Gewässer. Er kann die Schonzeit für die einzelnen Gewässer und Gewässerstrecken verschieden festsetzen, auf bestimmte Fischarten beschränken oder bestimmte Fischarten davon ausnehmen.

§ 14.

In den nicht der Winterschonzeit unterliegenden Binnengewässern ist der Fischfang in den Monaten März bis Juni während sechs aufeinderfolgenden Wochen, die der Regierungspräsident bestimmt, mit Ausnahme der stillen Fischerei und des Fischfangs mit der Handangel, verboten (Frühjahrsschonzeit). Der Regierungspräsident kann die Schonzeit für die einzelnen Gewässer und Gewässerstrecken verschieden festsetzen, auf bestimmte Fischarten beschränken oder bestimmte Fischarten davon ausnehmen. Er darf sie auch verkürzen oder ganz aufheben.

Hierzu:

Ist die Geltung der Frühjahrsschonzeit auf bestimmt bezeichnete Gewässer beschränkt, so haben auch Beschränkungen der Fanggeräte, die an die Frühjahrsschonzeit gebunden sind, nur im gleichen Umfange Wirksamkeit. Kg. vom 27. Juni 1924, Ring, Bd. 4 S. 319.

§ 15.

Für Küstengewässer gilt die Frühjahrsschonzeit nur insoweit, als sich in ihnen vorzugsweise Frühjahrslaicher fortpflanzen. Der Regierungspräsident bestimmt die Gewässer oder Gewässerstrecken. Er kann darin den Fischfang auch ganz verbieten

§ 16.

Im Regierungsbezirk Sigmaringen kann der Regierungspräsident für Grenzgewässer und Gewässerstrecken, die mit außerpreußischen Gewässern in Verbindung stehen, die

Frühjahrsschonzeiten bis auf zwei Monate, die Winter schonzeiten bis auf drei Monate verlängern

§ 17.

Der Regierungspräsident kann besondere Arten-Schonzeiten festsetzen:

a) für Störe vom 1. Juli bis 31. August,
b) für Lachse, Saiblinge, Meer- und Bachforellen, sowie Schnäpel, wenn diese Fischarten keiner Winterschonzeit unterliegen, höchstens acht Wochen in den Monaten Oktober bis Februar,
c) für Maränen höchstens acht Wochen in den Monaten November und Dezember,
d) für Äschen und Nasen, sowie im Regierungsbezirk Sigmaringen für Huchen und Regenbogenforellen, wenn diese Fischarten keiner Frühjahrsschonzeit unterliegen, höchstens acht Wochen in den Monaten März bis Mai,
e) für Döbel, die keiner Frühjahrsschonzeit unterliegen, höchstens sechs Wochen in den Monaten Mai und Juni,
f) für Flußkrebse vom 1. November bis 31. Mai,
g) für Hummer in den Monaten Juli bis September,
h) für Seemoos und Korallenmoos vom 1. April bis 31. August.

§ 18.

Von allen Schonzeiten kann der Regierungspräsident zu wissenschaftlichen, gemeinnützigen und wirtschaftlichen Zwecken für einzelne Personen Ausnahmen gestatten.

Dritter Abschnitt.

Fanggeräte für offene Gewässer.

§ 19.

Der Gebrauch von Aalharken sowie von Speeren und anderen Stecheisen ist verboten. Die Verwendung von

Speeren und anderen Stecheisen für den Aalfang kann der Regierungspräsident gestatten.

§ 20.

Ständige Fischereivorrichtungen müssen eine Lattenweite von mindestens zwei Zentimeter haben. Sind sie mit Stauanlagen baulich verbunden, so ist die nach § 35 Abs. 2 FG. für den Wechsel der Fische frei zu lassende halbe Breite der Wasserfläche nach der Abfluß-(Licht-)Weite des einzelnen Stauwehres zu berechnen.

§ 21.

Auf den Gebrauch von Stellnetzen, Aalhamen, Ankerkuilen, Steerthamen und Reusen, die im Flußbett oder am Ufer befestigt oder verankert werden, ist § 35 Abs. 2 FG. anzuwenden. Bei Seen, die im Zuge von Wasserläufen liegen, genügt jedoch die Freilassung der halben Breite des durchströmenden Gewässers. Der Regierungspräsident kann den Abstand bestimmen, den mehrere derartige Fanggeräte von einander einzuhalten haben.

§ 22.

Fischereivorrichtungen und Reusen, die so tief unter Wasser liegen, daß die Hälfte der Wassertiefe frei bleibt, gelten nicht als Versperrung des Gewässers im Sinne des § 35 Abs. 2 FG

§ 23.

Bei gleichzeitigem Betrieb der Fischerei mit mehreren Treibnetzen muß, mit Ausnahme in der Nord- und Ostsee, der Abstand der Netze voneinander mindestens das Doppelte der Länge des größten Netzes betragen.

§ 24.

Die Maschen von Stellnetzen, Staaknetzen, Stoßhamen (Steckladen), Treibnetzen, Wurfnetzen, Zugnetzen (Garnen)

und Grundschleppnetzen müssen in nassem Zustande von der Mitte des einen bis zur Mitte des anderen Knotens gemessen, eine Weite von mindestens 2,5 Zentimeter haben. In Küstengewässern kann der Regierungspräsident für den Fang von Lachsen, Meerforellen, Zandern, Schollen und Flundern größere Maschenweite vorschreiben. Bei Fanggeräten für Heringe, Sprotten, Stinte, Uklei, Ellritzen, Kaulbarsche, kleine Maränen, Garnelen und Schmerlen kann er engere Maschen zulassen und für Reusen und Säcke in den Küstengewässern eine Maschenweite festsetzen. Unbeschadet der Verwendung von Netzen mit der zulässigen Maschenweite kann der Regierungspräsident bei diesen kleinen Fischarten auch über die Beschaffenheit der Fanggeräte sowie den Ort und die Zeit ihrer Benutzung besondere Bestimmungen treffen. In Seen, in denen die Ausübung des Fischereirechts einem einzelnen Fischereiberechtigten oder Fischereipächter allein oder nur neben Fischereirechten nach § 20 FG. zusteht, unterliegt dieser keinen Beschränkungen hinsichtlich der Maschenweite seiner Netze. Dasselbe gilt bei Gewässern, die einer Wirtschaftsgenossenschaft oder einem gemeinschaftlichen Fischereibezirk angehören.

(Vgl. Ministerialerlaß vom 27. Dezember 1926, LMBl. 1927 S. 27, bei § 1 angeführt).

§ 25.

§ 24 gilt nicht für die Kehlen von Netzen, den hinteren Sackteil (Schlußnetz, Stoß) von Zug- und Grundschleppnetzen, sowie nicht für Netze zum Fangen von Aalen, Bach- und Regenbogenforellen, Stichlingen und Köderfischen. Für den hinteren Sackteil bei Grundschleppnetzen, Aalhamen und, vorbehaltlich § 26, auch bei Ankerkuilen, kann der Regierungspräsident jedoch bestimmte Maschenweite oder Vorrichtungen zum Schutz der gefangenen Fische vorschreiben.

§ 26.

In den Nebenflüssen und Altwässern des Rheins ist der Fischfang mit Ankerkuilen verboten. Im Rhein selbst ist er vom 1. April bis 31. Mai verboten. Vom 15. Mai ab darf aber mit Kontrollschokkern zwecks Feststellung der Abwanderung von Junglachsen im Rhein gefischt werden. Werden an drei aufeinanderfolgenden Tagen an einer Fangstelle mit zwei nebeneinander liegenden Kontrollschokkern je Nacht mehr als zwanzig Junglachse gefangen, so hat der Regierungspräsident den Fischfang mit Ankerkuilen für den Rest des Monats Mai allgemein zu gestatten. Als Nacht gilt die Zeit von 21 Uhr bis 4 Uhr. Die Kontrollschokker dürfen erstmals in der Nacht vom 15. zum 16. Mai ausfahren.

Der Fischfang mit Ankerkuilen darf während der Zeit, in der er nach Abs. 1 gestattet ist, nur unter folgenden Bedingungen ausgeübt werden:

1. Jeder Schocker muß mit zwei Mann zur Bedienung besetzt sein.
2. Die Maschenweite des Ankerkuilenschlußnetzes darf nicht weniger als 1,5 Zentimeter betragen. Das Schlußnetz muß durch eingespannte Reifen, die nicht mehr als ein Meter Abstand voneinander haben dürfen, in einer solchen Stellung im Wasser gehalten werden, daß ein Zerdrücken der Fische vermieden wird. Unmittelbar hinter dem letzten Reifen ist das Schlußnetz so abzubinden, daß die Bildung eines Sackes unmöglich ist.

§ 27.

Im Rhein und seinen Nebenflüssen darf die Lachsfischerei in der Zeit vom 27. August bis 26. Oktober nicht mit Zegen betrieben werden. Als ein Zegen gilt jedes einwandige Zugnetz oder ein Flugnetz mit einem einwandigen Mittelstück und zwei dreiwandigen Seitenstücken, wenn

1. das Zug- oder Flugnetz nach seiner Aufholung wieder in dieselbe Zegentrift ausgeworfen oder mit einem oder mehreren anderen Netzen abwechselnd in derselben Zegentrift derart verwendet wird, daß auf das Einholen des einen Netzes das Auswerfen des anderen erfolgt und
2. das Schutznetz auf der Rheinstrecke oberhalb Köln länger als 100 Meter, unterhalb Köln länger als 150 Meter oder das Flußnetz ein Mittelstück von mehr als 100 Meter und Seitenstücke von zusammen mehr als 40 Meter Länge hat.

§ 28.

Der Regierungspräsident kann zum Schutz von Fischen, die zur Fortpflanzung in andere Gewässer ziehen, oder sich dazu sammeln, bestimmen, daß einzelne Gewässerstrecken vorübergehend nicht mit Zug- und Grundschleppnetzen befischt werden und Reusen nicht so ausgelegt werden dürfen, daß dadurch den Fischen der Zugang zu Laichstellen versperrt wird.

§ 29.

In den Küstengewässern kann der Regierungspräsident die Anwendung von Grundschleppnetzen auch zum Schutze des Fischlaichs und der Jungfische verbieten.

Vierter Abschnitt.

Besondere Schutzbestimmungen für die Fischerei.

§ 30.

Bei Absperrungsvorrichtungen für geschlossene Gewässer (§ 2 Abs. 1 Nr. 1 FG.) dürfen die Stäbe von Gittern einen Abstand von nicht über 2 Zentimeter, Maschen eine lichte Weite von nicht über 2 Zentimeter haben.

§ 31.

Der zur Ableitung eines Fischgewässers Berechtigte hat dem Fischereiberechtigten den Beginn und die Dauer einer Ableitung mindestens drei Tage vorher anzuzeigen. In Notfällen (z. B. Hochwasser, Eisgang, Ausbesserungen des Triebwerkes) kann die örtliche Fischereibehörde die Ableitung schon vor Ablauf der drei Tage gestatten. Geschlossene Gewässer, ausgenommen künstliche Fischteiche, dürfen in der Zeit vom 1. April bis 15. Mai, offene Gewässer während der Schonzeiten nur mit Genehmigung des Regierungspräsidenten abgeleitet werden.

§ 32.

Der Regierungspräsident kann das Zusammentreiben von Fischen mit Fackeln und anderen Leuchtmitteln sowie, ausgenommen bei der Zugnetzfischerei, das Pulschen, Pumpen, Jagen, Klappern und Schlagen in offenen Gewässern verbieten.

§ 33.

Wer ohne einen Fischereischein zu besitzen, Fische aus offenen Gewässern versendet oder, abgesehen von den öffentlichen Verkehrsanstalten, bei deren Versendung mitwirkt, muß der örtlichen Fischereibehörde auf Verlangen die Herkunft der Fische nachweisen. Der Regierungspräsident kann bestimmen, daß der Nachweis durch einen Ursprungsschein zu führen ist, der von dem zur Ausübung der Fischerei Berechtigten ausgestellt und von dem Gemeinde-(Guts-) Vorsteher beglaubigt sein muß. Zur Beförderung der Fische am Bestimmungsort bedarf es nur dann eines Ursprungsscheins, wenn sie zum Verkauf herumgetragen werden.

§ 34.

Fische, die in einer an den Regierungsbezirk Sigmaringen angrenzenden, außerpreußischen Gemeinde während einer daselbst bestehenden Arten-Schonzeit gefangen sind, dürfen nicht in den Regierungsbezirk Sigmaringen gesandt und dort nicht weiter gesandt werden. Besteht aber für dieselben Fische eine abweichende Artenschonzeit im Regierungsbezirk Sigmaringen, so gilt das Versendungsverbot auch für die nicht in Preußen gefangenen Fische nur während dieser Zeit.

§ 35.

Bachsaiblinge, Regenbogenforellen, Forellen-, Schwarz- und Steinbarsche, Sonnenfische, Zwergwelse, amerikanische Krebse, galizische Sumpfkrebse und fremdländische Austern, sowie andere Fischarten, die in Zukunft aus dem Auslande eingeführt werden, dürfen in offene Gewässer nur mit Zustimmung des Regierungspräsidenten neu ausgesetzt werden.

§ 36.

Soweit die Frühjahrsschonzeit von Gewässern in die Monate Mai und Juni fällt, ist in ihnen die Werbung von Wasserpflanzen, einschließlich der Unterwasserpflanzen (Wasserpest, Laichkräuter), mit Ausnahme des an den Strand getriebenen Seegrases und Seetanks, sowie die Entnahme von Schlamm, Erde, Sand, Kies und Steinen nur mit Erlaubnis des Fischereiberechtigten zulässig. Arbeiten, die zur Erfüllung der gesetzlichen Unterhaltungspflicht in Wasserläufen ausgeführt werden, werden hiervon nicht betroffen. Auch kann der Regierungspräsident aus den Gründen des § 18 für einzelne Personen Ausnahmen gestatten.

§ 37.

Fischlaich darf ohne Erlaubnis des Fischereiberechtigten nicht aus dem Wasser genommen oder beschädigt werden. Aus den Gründen des § 18 kann der Regierungspräsident für einzelne Personen Ausnahmen gestatten.

§ 38.

Entenbesitzer müssen ihre Enten von fremden Fischgewässern fernhalten, wenn ihnen der Fischereiberechtigte nicht deren Einlassung gestattet hat. Bei Zuwiderhandlungen setzen sie sich, abgesehen von der Bestrafung (§ 53), der Gefahr der Beschädigung oder Tötung der Enten nach § 228 BGB. aus. Der Regierungspräsident kann vorbehaltlich § 112 Satz 2 FG. bestimmte Fischgewässer von dem Verbote des Enteneinlassens ausnehmen. Er kann das Enteneinlassen auch gegen den Willen des Fischereiberechtigten verbieten.

§ 39.

Die zu künstlichen Fischteichen gehörigen Anlagen dürfen nicht beschädigt, Ufer und Dämme nicht betreten werden. Hunde dürfen in die Teiche nicht eingelassen werden.

§ 40.

Für geschlossene Gewässer gelten die §§ 36 bis 39 nicht dem gegenüber, dem die Ausübung des Fischereirechts zusteht.

Fünfter Abschnitt.

Kennzeichnung der Fahrzeuge in offenen Gewässern.

§ 41.

Die in Binnengewässern liegenden Fischerfahrzeuge müssen an den Außenseiten, am vorderen Ende links, am hinteren Ende rechts, den Vornamen, Zunamen und Wohnort des Fischers oder Eigentümers sowie die Nummer des dem Fischer erteilten Fischereischeins in deutlicher, auch im Wasser haltbarer Schrift enthalten. Für sonstige Fischerzeuge (Fanggeräte, Fischbehälter) genügen deutliche, der örtlichen Fischereibehörde bekannt zu gebende Zeichen, die entweder in festen Teilen des Fischerzeuges eingeschnitten oder eingebrannt oder auf dauerhaften Tafeln (z. B. auch Bleiplomben) an oder neben ihm angebracht sind. Fanggeräte, die im Beisein des Fischers ausliegen, bedürfen keiner Kennzeichnung.

Hierzu:

§ 41 FO. ist nach der Eingangsformel zur FO. auf Grund des § 99 FG. erlassen worden und findet auch in diesem seine Stütze. In der gemäß § 136 FG. erlassenen Ausführungsanweisung ist zu § 99 FG. weiter bestimmt, daß zur Kennzeichnung der Fanggeräte, wie Netzreihen usw., eine Tafel an dem ersten und letzten Geräte, bei Aalkörben je eine Tafel an den beiden Endpfählen oder Endkörben genügt. Kg. vom 28. September 1926, Ring, Bd. 5 S. 171.

§ 42.

Fischerfahrzeuge in Küstengewässern müssen, vorbehaltlich der besonderen Vorschriften für die Seefischereifahrzeuge der Nordsee (Reichsgesetz vom 30. April 1884, RGBl. S. 48) als Unterscheidungsbuchstaben die drei ersten Buchstaben des Wohnortes des Fischers führen. Für Orte deren drei erste Buchstaben gleich sind, setzt der Oberfischmeister Unterscheidungsbuchstaben fest. Hinter den Buchstaben ist die Nummer des Fischereischeins oder, wenn ein solcher nicht erforderlich ist, eine für das Fahrzeug vom Oberfischmeister erteilte andere Erkennungsnummer zu führen. Die über die Erteilung der Erkennungsnummer ausgestellte Bescheinigung ist nicht übertragbar und während des Betriebes der Fischerei stets an Bord zu führen. Jede auf die Bescheinigung bezügliche Veränderung im Fahrzeuge (Verkauf oder sonstiger Besitzwechsel, andere Verwendung, Einbau neuer Motore u. dgl.) ist dem Oberfischmeister unter Rückgabe der Bescheinigung anzuzeigen. Die Kennzeichen sind auf jeder Seite am Bug des Fahrzeuges, aber mindestens $1\frac{1}{2}$ Meter vom Steven entfernt, und auf jeder Seite des Großsegels in der Mitte oberhalb des obersten Reffbandes anzubringen. Buchstaben und Zahlen müssen mit Ölfarbe am Schiffskörper weiß auf schwarzem Grunde, auf weißen und grauen Segeln schwarz, auf roten und dunklen Segeln weiß hergestellt sein. Die Buchstaben und Zahlen müssen am Fahrzeuge mindestens 20 Zentimeter, am Segel 30 Zentimeter hoch, sowie mindestens $^1/_5$ im Grundstrich und im Haarstrich $^1/_{20}$ ihrer Höhe breit sein. Bei offenen und halb gedeckten Booten von nicht mehr als 6 Meter Länge brauchen die Buchstaben und Zahlen nur 10 Zentimeter hoch und $^1/_2$ Meter vom Steven entfernt sein. Die Buchstaben sind in lateinischer, die Zahlen in arabischer Schrift darzustellen. Wo örtlich noch andere Kennzeichen für Fischereifahrzeuge in Küstengewässern üblich sind, kann der Regierungspräsident deren Beibehaltung neben den neuen Kennzeichen vorschreiben. Für die Kennzeichnung der sonstigen Fischzeuge gilt § 41 mit der Maßgabe, daß, wenn sie zu einem Fahrzeuge gehören, als Zeichen nur die Unterscheidungsbuchstaben und Zahlen des Fahrzeuges zulässig sind.

(Polizeiverordnung vom 27. April 1923, LMBl. S. 438.)

§ 43.

Die nach den §§ 41, 42 vorgeschriebenen Kennzeichen dürfen nicht beseitigt, verändert, unkenntlich gemacht, versteckt oder sonst verheimlicht werden.

Sechster Abschnitt.

Ordnung beim Fischfang in offenen Gewässern.

§ 44.

Fanggeräte dürfen nicht so aufgestellt oder ausgelegt sein, daß sie den Schiffsverkehr behindern. Der Regierungspräsident kann anordnen, daß bestimmte Wasserflächen frei bleiben müssen. Die Lage der Fanggeräte muß den Führern von Fahrzeugen erkennbar sein. Der Regierungspräsident kann bestimmen, daß die Fischer zu diesem Zweck besondere Zeichen zu setzen haben. Fanggeräte, die nicht mehr benutzt werden oder nicht mehr benutzt werden dürfen, sind aus dem Wasser zu nehmen. Pfähle müssen mindestens 1 Meter über den gewöhnlichen Wasserstand (§ 8 Abs. 3 des Wassergesetzes vom 7. April 1913, GS. S. 53) hervorragen und nach beendigtem Fischfang herausgezogen werden, ohne daß Teile davon unter dem Wasser stehenbleiben.

§ 45.

In einer Entfernung bis zu 100 Meter auf beiden Seiten eines durch Tonnen, Bojen, Baken, Schilder oder sonstige Merkmale erkennbar gemachten Kabelwegs ist die Verwendung von Grundschleppnetzen, Ankern und Staken zum Fortbewegen von Fahrzeugen sowie das Eintreiben von Pfählen und Pricken verboten. Der Regierungspräsident kann den Abstand im einzelnen Falle herabsetzen. Die Vorschriften über den Schutzabstand gegenüber Kabelschiffen (Reichsgesetz vom 21. November 1887, RGBl. S. 169) werden hierdurch nicht berührt.

§ 46.

Die zur Bezeichnung der Schiffahrt und des Kabelweges dienenden Merkmale dürfen nicht verschoben werden. Dasselbe gilt von Kennzeichen für Schonbezirke (§ 110 Abs. 2 FG.) Jede Veränderung solcher Zeichen haben die Fischer sofort der örtlichen Fischereibehörde anzuzeigen. Bei Schiffahrtszeichen ist statt dessen auch die Anzeige an die Wasserpolizeibehörde, bei Bezeichnungen für Kabelwege die Anzeige an die nächste Lotsenstation oder Post-(Telegraphen-)Behörde zulässig.

§ 47.

Wird ein Kabel erfaßt, so ist es unter Vermeidung jeder Beschädigung (§§ 317 bis 318a des Reichsstrafgesetzbuchs) frei zu machen. Wenn dies nicht möglich ist, müssen die daran festsitzenden Fischerzeuge aufgegeben werden. In jedem Fall, auch wenn das Kabel nicht beschädigt erscheint, haben die Fischer spätestens binnen 24 Stunden nach Ankunft in dem ersten Hafen oder an der ersten Landungsstelle der nächsten Post- (Telegraphen-) Behörde den Sachverhalt anzuzeigen. Ersatzansprüche wegen verlorener oder beschädigter Fischerzeuge sind bei der örtlichen Fischereibehörde geltend zu machen.

§ 48.

Die Fischer müssen die bei der Winterfischerei gehauenen Eisstücke unmittelbar neben den Löchern aufstellen. Sind die Eisstücke zu groß, um herausgehoben zu werden, so müssen die Öffnungen durch Strauch, Stangen oder auf andere leicht sichtbare Art gekennzeichnet werden. In und neben gebahnten und ausgesteckten Eiswegen und bis zu einer Entfernung von 4 Metern davon dürfen keine Löcher gehauen werden.

§ 49.

Ein Fischer darf nicht in den Zug desjenigen fallen, der schon fischt oder in die Zuglinie desjenigen einbiegen, der seine Fanggeräte bereits ausgeworfen hat. Er darf seine Netze nicht in einen fremden Garnzug setzen, der nach § 44 oder in ortsüblicher Weise gekennzeichnet ist. Großfischer dürfen ihre Fanggeräte nicht so einrichten, daß sie damit Kleinfischerei betreiben können und umgekehrt. Der Regierungspräsident kann Bestimmungen darüber treffen, daß Fischer einander auszuweichen haben. Er kann ferner, außer aus den Gründen der §§ 21, 44, auch zur Vermeidung gegenseitiger Störungen der Fischer zeitliche und örtliche Beschränkungen in der Anwendung der einzelnen Fischereibetriebsarten anordnen. Hiervon abgesehen bestimmt die örtliche Fischereibehörde den Platz und den Umfang des Platzes, den ein Fischer einzunehmen hat, sowie die Reihenfolge, in der mehrere Fischer die Fischerei auszuüben haben. Besondere Rechte werden hierdurch nicht berührt.

Hierzu:

Aus dem Zusammenhange von Satz 4, 5 und Satz 6, 7 ergibt sich, daß danach grundsätzlich nur der Regierungspräsident zur Vermeidung gegenseitiger Störungen der Fischerei zeitliche und örtliche Beschränkungen in der Anwendung der einzelnen Betriebsarten, und zwar auch nur unbeschadet besonderer Rechte, anordnen kann. Nur „hiervon abgesehen", d. h. soweit es sich nicht um die zeitliche und örtliche Beschränkung usw. handelt, vielmehr nur die Ausübung der Fischerei durch einen oder mehrere Fischer in Frage steht, darf die örtliche Fischereibehörde hinsichtlich des Platzes, sowie der Reihenfolge der Ausübung der Fischerei Bestimmungen treffen. Es kommen daher als Anordnungen der örtlichen Fischereibehörde nach § 49 Satz 6 nur solche Anordnungen in Frage, die einen einzelnen Fall oder einzelne Personen betreffen, nicht aber Anordnungen, durch die die gesamte Ausübung einer Fischereibetriebsart für einen Bezirk im Wege öffentlich bekannt zu machender Polizeiverordnung geregelt wird. Das Gleiche ergibt die Vorschrift des § 52 FO. Auch hieraus erhellt, daß für den Erlaß von nicht nur einen einzelnen Fall oder einzelne Personen, sondern sämtliche Fischereiberechtigten eines Bezirks betreffenden Bestimmungen auf Grund der FO. nur der Regierungspräsident in Betracht kommt. Kg. vom 28. September 1926, Ring, Bd. 5 S. 171.

§ 50.

Wer beim Fischfange von einem Fischereibeamten oder amtlich verpflichteten Aufseher angerufen wird, hat dem

Rufe Folge zu leisten und nicht eher von der Stelle zu weichen, als bis er dazu ausdrücklich ermächtigt ist. Auf Verlangen hat er den Aufsichtsbeamten seine amtlichen Ausweise (Fischereischein, Erkennungsnummer, Erlaubnisschein, Ursprungsschein) vorzuzeigen. Die Führer von Fischerfahrzeugen und Fahrzeugen, die zur Beförderung von Fischen gebraucht werden, haben, wenn ihnen durch vier oder mehrere kurze Pfiffe mit der Dampf- oder Motorpfeife oder bei Segeldienstfahrzeugen durch mehrfaches Hissen, Herablassen oder Wiederhissen der Flagge oder Laterne ein Zeichen gegeben wird, sofort ihr Fahrzeug zum Stillstand zu bringen und nötigenfalls zu Anker zu gehen, bis sie der Aufsichtsbeamte zum Weiterfahren ermächtigt. Auf Verlangen haben sie den Aufsichtsbeamten an Bord zu holen und wieder an Land zu bringen, sowie ihm jede sonstige Hilfe zur Durchführung seiner dienstlichen Zwecke zu gewähren, namentlich auch die an Bord befindlichen Kescher zur Durchsuchung des Fischraums zur Verfügung zu stellen.

Siebenter Abschnitt.

Schlußbestimmungen.

§ 51.

Auf die Untersuchungen des Deutschen Seefischervereins in Küstengewässern finden die §§ 1 bis 3, 11 bis 13, 15, 17, 19, 23, 24, 28, 29, 32, 37 keine Anwendung.

Durch die §§ 36, 44, 48 werden die Anordnungen der Wasserpolizeibehörde nicht berührt.

§ 52.

Vor Erlaß von Bestimmungen nach dieser Polizeiverordnung, die nicht nur einen einzelnen Fall oder einzelne Personen betreffen, soll der Regierungspräsident Beteiligte hören. Solche Bestimmungen sind auch öffentlich bekannt zu machen.

§ 53.

Zuwiderhandlungen gegen die Polizeiverordnung oder gegen die auf Grund derselben von dem Regierungspräsidenten oder der örtlichen Fischereibehörde getroffenen Bestimmungen werden, soweit sie nicht nach den §§ 125 bis 128 des Fischereigesetzes unter Strafe gestellt sind, mit Geldstrafe bis zu 30 Reichsmark bestraft.

§ 54.

Die Polizeiverordnung tritt am 15. April 1917 in Kraft. Mit demselben Tage treten alle Polizeiverordnungen außer Kraft, die auf Grund des Fischereigesetzes vom 30. Mai 1874 (GS. S. 197) und der dazu ergangenen Allerhöchsten Verordnungen erlassen sind.

Berlin, den 29. März 1917.

Der Minister für Landwirtschaft, Domänen und Forsten.

6a.

Die für die einzelnen Regierungsbezirke von den Regierungspräsidenten erlassenen Bezirksfischereiordnungen (Bekanntmachungen) sind nicht wiedergegeben; dies würde über den Rahmen der Erläuterungen zu dem Gesetze hinausgehen. Die auf Grund der ministeriellen Polizeiverordnung vom 29. März 1917 erlassenen einzelnen Bekanntmachungen enthalten vornehmlich Anordnungen und Verbote, welche durch die Verschiedenheit der örtlichen und sonstigen Verhältnisse geboten sind.

7. Polizeiverordnung vom 2. November 1925, betreffend Beschränkung der Schleppnetzfischerei im Stettiner Haff und Nebengewässern (LMBl. S. 532).

Auf Grund des § 106 Abs. 1 Ziff. 3 und 4 und der §§ 124, 128 des Fischereigesetzes vom 11. Mai 1916 (GS.

S. 55) sowie der §§ 136, 140 des Gesetzes über die allgemeine Landesverwaltung vom 30. Juli 1883 (GS. S. 195) wird hierdurch folgende Polizeiverordnung erlassen:

1. Die Ausübung der Schleppnetzfischerei mit Tucker- und Taglerzeesen unter Anwendung von Segel-, Motor- oder Dampfkraft ist verboten:

a) in den Nebengewässern des Stettiner Haffs, besonders im Papenwasser südlich der Linie nördliche Hafeneinfahrt Ziegenort—Nordspitze des Leitholm-Nordausgang des Dorfes Schwantesitz; in der Dievenow einschließlich des Camminer Boddens und anderen Ausbuchtungen nördlich der Linie Roosspitze—Gut Sager; in der Swine; in der Peene und ihren Ausbuchtungen von der Eisenbahnbrücke bei Karmin und abwärts, ausgenommen die Krumminer Wiek.

b) im Stettiner Haff: in der Warsiner Bucht landwärts der Linie Kronziegelei—Hartschaar—Steuder—Trendelspitze; in dem vom Wolliner, Karziger, Soldewiner, Plötziner und Roosschar eingeschlossenen Mitteltief nördlich der Linie Sagerbusch—Schiffahrtsbake auf Roossort; auf den Wasserflächen westlich der Linie von der Westseite des hohen bewaldeten Ufers südlich der Ortschaft Bossin—Kamighakensteurer—Ükerkopf: auf der Wasserfläche südlich der Linie Gehöft Sagersruh—Keppenortbake, auf der Wasserfläche nördlich und westlich einer Linie vom Ostmolenkopf der Kaiserfahrt—Krikshakensteurer—Kirche in Lebbin.

2. Ferner ist die Ausübung der Schleppnetzfischerei mit Tucker- und Taglerzeesen unter Anwendung von Segel-, Motor- oder Dampfkraft im Stettiner Haff und in der Krumminer Wiek auf allen Flächen, die einen geringeren mittleren Wasserstand als 2 Meter haben, dauernd, auf den übrigen Flächen in der Zeit vom 15. April bis 15 Oktober jeden Jahres verboten.

3. Der hintere Sackteil der Schleppnetze darf eine Maschenweite von 1,7 Zentimeter von der Mitte des einen bis zur Mitte des anderen Knotens haben.

4. Zuwiderhandlungen gegen die Polizeiverordnung werden mit Geldstrafe bis zu 150 Reichsmark und Einziehung der mitgeführten Fanggeräte bestraft.

5. Die Polizeiverordnung tritt mit dem Tage ihrer Verkündung in Kraft.

Der Minister für Landwirtschaft, Domänen und Forsten.

8. Zu § 25 FG.

Gesetz über den Erwerb von Fischereiberechtigungen durch den Staat und das Aufgebot von Fischereiberechtigungen vom 2. September 1911 (GS. S. 189).

§ 1. Für Fischereiberechtigungen an Gewässern, die durch Bauausführungen der staatlichen Wasserbauverwaltung betroffen werden, gelten die nachstehenden Vorschriften.

§ 2. Die Fischereiberechtigungen können als selbständige Gerechtigkeiten ganz oder für Teile der Gewässer auf den Staat übertragen werden.

Zu der Übertragung ist die Einigung des Fischereiberechtigten und des Staates über die Rechtsänderung und die Eintragung der Rechtsänderung im Grundbuch erforderlich.

§ 3. Die Einigung bedarf der gerichtlichen oder notariellen Beurkundung oder der Beurkundung nach Maßgabe des Art. 12 §§ 2, 4 des preuß. Ausführungsgesetzes zum BGB. (GS. 1899 S. 183).

Die Eintragung erfolgt auf Grund des bloßen Nachweises der Einigung durch die Anlegung eines besonderen Blattes für die selbständige Gerechtigkeit.

Bei der Eintragung ist, falls die Berechtigung noch nicht im Grundbuch eingetragen war, ersichtlich zu machen, daß der Staat das Recht nur erwirbt, soweit es dem Übertragenden zusteht

§ 4. Für die Anlegung und Führung des besonderen Grundbuchblattes ist, wenn die Fischereiberechtigung mit dem Eigentum an einem Grundstücke verbunden war, das Grundbuchamt zuständig, welches das Grundbuch über das Grundstück zu führen hat.

Im übrigen ist für die Zuständigkeit die Lage des Gewässers maßgebend, das den Gegenstand der Fischereiberechtigung bildet. Erstreckt sich die Berechtigung über den Bezirk eines Grundbuchamtes hinaus, so ist das zuständige Grundbuchamt nach § 20 des Ausführungsgesetzes zum Gerichtsverfassungsgesetz (GS. 1899 S. 276) zu bestimmen.

§ 5. Bei Fischereiberechtigungen, die mit dem Eigentum an einem Grundstücke verbunden sind oder auf dem Eigentum an einem im Grundbuch eingetragenen Gewässer beruhen, wird die Anlegung des Blattes für die selbständige Gerechtigkeit auf dem Blatt des Grundstücks oder des Gewässers vermerkt.

Eingetragene Rechte Dritter an dem Grundstück oder an dem Gewässer, die sich auf die Fischereiberechtigung erstrecken, sind auf das Blatt der selbständigen Gerechtigkeit zu übertragen, sofern nicht der Dritte die Löschung bewilligt.

§ 6. Sind mit der Fischereiberechtigung Nebenrechte verbunden, insbesondere das Recht zum Trocknen der Netze, zur Rohrnutzung oder zum Fischen auf überschwemmten Wiesen, so gehen sie mit der Fischereiberechtigung auf den Staat über.

§ 7. Das Gesetz, betreffend die durch ein Auseinandersetzungsverfahren begründeten gemeinschaftlichen Angelegenheiten, vom 2. April 1887 (GS. S. 105) findet auf gemeinschaftliche Fischereiberechtigungen auch dann Anwendung, wenn sie zwar nicht durch ein Auseinandersetzungsverfahren begründet, aber in einem Auseinandersetzungsrezeß aufrechterhalten sind.

§ 8. Auf die selbständigen Fischereigerechtigkeiten finden die Vorschriften Anwendung, die nach Art. 40 Abs. 1, 2 des Ausführungsgesetzes zum BGB. (GS. 1899 S. 201) und nach Art. 22, 28 des Ausführungsgesetzes zur Grundbuchordnung (GS. 1899 S. 312, 313) für andere eingetragene selbständige Gerechtigkeiten gelten.

§ 9. Die Fischereiberechtigungen können im Wege des Aufgebotsverfahrens mit der Wirkung ausgeschlossen werden, daß sie dem Staate gegenüber nicht mehr geltend gemacht werden können. Das Aufgebot ist nur für bestimmte Gewässer oder Strecken von Gewässern (Aufgebotsgebiet) zulässig.

Für das Aufgebotsverfahren gelten die besonderen Bestimmungen der §§ 10 bis 15.

§ 10. Zuständig ist das Amtsgericht, zu dessen Bezirk das Aufgebotsgebiet gehört. Erstreckt sich dieses Gebiet über den Bezirk eines Amtsgerichts hinaus, so ist das zuständige Gericht nach § 20 des Ausführungsgesetzes zum Gerichtsverfassungsgesetz (GS. 1899 S. 276) zu bestimmen.

§ 11. Antragsberechtigt ist die für die Bauausführung (§ 1) zuständige Provinzialbehörde.

Der Antrag muß eine genaue Bezeichnung des Aufgebotsgebiets, soweit erforderlich nach einer dem Antrage beizufügenden Karte, und die Angabe der mit ihrem Bezirk an dem Aufgebotsgebiete beteiligten Amtsgerichte, Regierungen, Kreise und Gemeinden enthalten.

Die Antragstellerin hat die ihr bekannten Fischereiansprüche unter Angabe des Wohnortes der Berechtigten, und zwar auch nach der räumlichen Ausdehnung und der Art der Fischerei, soweit ihr diese bekannt sind, anzuzeigen und gleichzeitig durch Bescheinigungen der Gemeindevorsteher (Gutsvorsteher) des Aufgebotsgebiets glaubhaft zu machen, daß andere Fischereiansprüche als die angezeigten nicht bekannt sind.

§ 12. In das Aufgebot ist aufzunehmen: 1. die genaue Bezeichnung des Aufgebotsgebiets; 2. die Aufforderung, Fischereiberechtigungen, die für das Aufgebotsgebiet oder einen Teil des Gebietes in Anspruch genommen werden, nach der räumlichen Ausdehnung und der Art der Fischerei spätestens im Aufgebotstermin anzumelden, widrigenfalls sie mit der Wirkung ausgeschlossen werden würden, daß sie dem Staate gegenüber nicht mehr geltend gemacht werden können.

§ 13. Die öffentliche Bekanntmachung des Aufgebots erfolgt: 1. durch Anheftung an die Gerichtstafel bei den beteiligten Amtsgerichten; 2. durch Einrückung in den Deutschen Reichsanzeiger sowie in die Amtsblätter der beteiligten Regierungen und die Kreisblätter der beteiligten Kreise; 3. durch ortsübliche Bekanntmachung in den beteiligten Gemeinden.

Das Gericht kann anordnen, daß die Bekanntmachung noch in andere Blätter einzurücken ist.

Das Aufgebot soll den von der Antragstellerin angezeigten Fischereiberechtigten von Amts wegen unter Mitteilung der Anzeige zugestellt werden, und zwar, sofern auch die räumliche Ausdehnung und die Art der Fischerei angezeigt sind, mit der Eröffnung, daß es der Anmeldung der Ansprüche nicht bedürfe, soweit nicht weitergehende Rechte, als angezeigt sind, in Anspruch genommen werden. Im übrigen erfolgt die Zustellung mit der Aufforderung, Fischereiberechtigungen, die für das Aufgebotsgebiet oder einen Teil des Gebiets in Anspruch genommen werden, nach der räumlichen Ausdehnung und der Art der Fischerei spätestens im Aufgebotstermin anzumelden. Die Zustellung kann durch Aufgabe zur Post erfolgen.

§ 14. Die Aufgebotsfrist muß mindestens 3 Monate betragen.

§ 15. In dem Ausschlußurteile sind die von der Antragstellerin unter Angabe der räumlichen Ausdehnung und der Art der Fischerei angezeigten Fischereiansprüche auch dann vorzubehalten, wenn sie nicht angemeldet sind.

§ 16. Die Vorschriften der §§ 2 bis 6 finden auch dann Anwendung, wenn die Einigung vor dem Inkrafttreten dieses Gesetzes zustande gekommen ist.

Hierzu: Soweit es sich um Gewässer handelt, die zu den auf das Reich im Eigentum übergegangenen Wasserstraßen gehören, tritt an Stelle des Staates das Reich (vgl. § 25 FG.).

9. Erlaß des Landwirtschaftsministers vom 23. September 1925, betreffend Aalfang im Camelstrom (LMBl. S. 487),

an die Regierung zu Stettin:

Bei der gesonderten Nutzbarmachung des Aalfanges im Camelstrom handelt es sich nicht um die Übertragung der vollen Ausübung des Fischereirechts, für die allein es eines Pachtvertrages in schriftlicher Form bedarf, sondern um die Übertragung der Ausübung eines Fischereirechts unter Beschränkung auf den Fischfang. Nach § 28 FG. wird ein unter Beschränkung auf den Fischfang abgeschlossener Vertrag, für den keine Form vorgeschrieben ist, erst durch Erteilung eines Erlaubnisscheines nach § 98 FG. wirksam. Wie allgemein bei der Übertragung der Ausübung eines beschränkten Fischereirechts handelt es sich im vorliegenden Falle um keine Verpachtung im Sinne des Fischereigesetzes. Der Abschließung eines schriftlichen Vertrages bedarf es daher nur, wenn noch andere Abmachungen zu treffen sind, als die, welche der durch Ausübung des Rechts erforderliche Erlaubnisschein zu seiner Gültigkeit enthalten muß (vgl. § 98 Abs. 6 FG.). Ein solcher Vertrag ist aber nicht als „Pachtvertrag“, sondern als „Vertrag über die Nutzung eines beschränkten Fischereirechts“, der vorliegendenfalls als „Vertrag über die Ausübung des Rechts zum Aalfang im Camelstrom" zu bezeichnen ist. In einem solchen Vertrage ist auch nicht von „Pacht" oder „Pachtgeld", sondern von „Entgelt" oder „Nutzungsentgelt" zu sprechen.

10. Zu § 105 FG.

§ 30 — bisher § 34 — des Feld- und Forstpolizeigesetzes vom 1. April 1880, in der Fassung, wie sie durch das Gesetz vom 15. Januar 1926 (GS. S. 9) gegeben ist (s. Bekanntmachung des Gesetzes vom 21. Januar 1926 (GS. S. 83), hat durch das Gesetz vom 8. Juli 1920 (GS. S. 437) folgende Fassung erhalten:

„Die zuständigen Minister und die nachgeordneten Polizeibehörden können Anordnungen zum Schutze von Tieren, von Pflanzen und von Naturschutzgebieten sowie zur Vernichtung schädlicher Tiere und Pflanzen erlassen und zwar auch für den Meeresstrand und das Küstenmeer. Die Übertretung dieser Anordnungen wird mit Geldstrafe bis zu 150 Reichsmark oder mit Haft bestraft."

Vgl. dazu Art. 150 der Verfassung des Deutschen Reichs vom 11. August 1919, RGBl. S. 1383: Die Denkmäler der Kunst, der Geschichte und der Natur sowie die Landschaft genießen den Schutz und die Pflege des Staates.

Vgl. ferner (Staatsvertrag) Übereinkunft zum Schutze der für die Landwirtschaft nützlichen Vögel vom 19. März 1902, RGBl. 1906 S. 89. Danach ist zwischen den vertragschließenden Staaten Schutz für die Vögel vereinbart worden, die in der der Übereinkunft beigefügten Anlage angegeben sind. (Im Art. 9 der Übereinkunft ist bestimmt, daß jeder der vertragschließenden Teile Ausnahmen von den Bestimmungen der gegenwärtigen Übereinkunft festsetzen kann, 1. für die Vögel, welche nach der Gesetzgebung des Landes als schädlich für die Jagd oder Fischerei geschossen oder getötet werden können; 2. für die Vögel, welche die Gesetzgebung des Landes als schädlich für die örtliche Landwirtschaft bezeichnet.)

Diesem Staatsvertrag hat sozusagen als Vorläufer das Reichsgesetz vom 22. März 1888, betreffend den Schutz von Vögeln, gedient, an dessen Stelle das jetzt geltende Reichsvogelschutzgesetz vom 30. Mai 1908, RGBl. S. 314, getreten ist, das auch für Helgoland gilt.

Vgl. dazu Ministerial-Polizeiverordnung vom 30. Mai 1921 über den Schutz von einzelnen Tier- und Pflanzenarten, und ihren Nachtrag vom 15. Juli 1922 (Reichsanzeiger Nr. 172 vom 26. Juli 1921 sowie Nr. 211 vom 22. September 1922) und Ministerial-Polizeiverordnung, betreffend Schutz der Raubvögel, vom 3. März 1927 (LMBl. S. 202) — siehe „preuß. Jagdgesetze" von A. Born im Anhang § 30 des Feld- und Forstpolizeigesetzes.

11. Zu § 119 FG.

a) Runderlaß des Landwirtschaftsministers, betreffend Fischereiaufsicht durch amtlich verpflichtete private Fischereiaufseher, vom 2. März 1927 (LMBl. S. 229).

Der Erlaß gibt Richtlinien für die amtliche Verpflichtung und ein Merkblatt für amtlich verpflichtete private Aufseher:

1. Sie rechnen nicht zu den Fischereibeamten, sind aber bei Ausübung der ihnen übertragenen Hoheitsrechte als „Beamte" im strafrechtlichen Sinne anzusehen. Ebenso wie ihnen danach die Pflicht zur Verfolgung strafbarer Handlungen und die Verantwortung für Amtspflichtverletzungen obliegt, steht ihnen auch bei rechtmäßiger Ausübung des Amtes der Schutz des § 113 des Reichsstrafgesetzbuchs gegen tatsächlichen Angriff, Widerstand usw. zur Seite.

2. Als Ausweis dient ihnen ein ihr Amt bezeichnendes, metallenes Schild. Der Verlust des Schildes ist unverzüglich anzuzeigen. Bei Beendigung der Amtsführung ist es zurückzugeben.

3. Sie haben darüber zu wachen, daß die Fischerei innerhalb ihres Aufsichtsbezirks den gesetzlichen und

polizeilichen Vorschriften entsprechend ausgeübt wird. Die Tätigkeit beschränkt sich nicht auf die Verfolgung geschehener Gesetzesverletzungen, sondern erstreckt sich auch auf deren Vorbeugung. Zur Unterstützung können sie die Ortspolizeibeamten, die Landjäger und den Reichswasserschutz in Anspruch nehmen.

4. Den Anordnungen der staatlichen Fischereibeamten (Oberfischmeister, Fischmeister und Fischereiaufseher) haben sie Folge zu leisten, auch den Weisungen des Direktors der Landesanstalt für Fischerei in Berlin-Friedrichshagen, der zur Anstellung amtlicher Untersuchungen in den Fischgewässern und zur Wahrnehmung fischereipolizeilicher Aufsichtsbefugnisse ermächtigt ist, nachzukommen (§ 119 Abs. 7 FG.).

5. Über das, was sie in amtlicher Eigenschaft oder aus Veranlassung der Amtsführung erfahren, haben sie strengste Verschwiegenheit zu beobachten, soweit dies die Sachlage von selbst erfordert oder ihnen im einzelnen Falle zur besonderen Pflicht gemacht wird.

6. Sie haben sich mit dem Inhalte des Fischereigesetzes, der Fischereiordnung und der in ihrem Bezirk geltenden Bekanntmachungen des Regierungspräsidenten über die Fischerei sowie den sonstigen Fischerei-Polizeiverordnungen vertraut zu machen. Gegenüber Mitfischereiberechtigten, deren Pächtern und solchen Personen, die von diesen Erlaubnisscheine zum Fischfang erhalten haben, ist mit besonderer Vorsicht zu verfahren, damit der Schein vermieden wird, als ob durch die amtliche Verpflichtung ein Übergewicht zur Erreichung privater Vorteile gegeben sei.

7. Bei plötzlich starker Verunreinigung von Fischgewässern und bei Fischsterben ist der Oberfischmeister auf dem schnellsten Wege zu benachrichtigen.

8. Wen sie beim Fischfange anrufen, hat dem Rufe Folge zu leisten und nicht eher von der Stelle zu weichen, als bis sie ihn dazu ausdrücklich ermächtigen. Auf ihr Ver-

langen sind die amtlichen Ausweise (Fischereischein, Erlaubnisschein zum Fischfang u. a.) vorzuzeigen. Die Führer von Fischerfahrzeugen und Fahrzeugen, die zur Beförderung von Fischen gebraucht werden, haben auf Anruf sofort ihr Fahrzeug zum Stillstand zu bringen, nötigenfalls vor Anker zu gehen, bis sie zum Weiterfahren ermächtigt werden. Die Aufseher können verlangen, an Bord geholt und wieder an Land gebracht zu werden, sowie ferner, daß ihnen jede nötige Hilfe zur Durchführung amtlicher Maßnahmen gewährt wird. Hierzu gehört namentlich auch die Benutzung der an Bord befindlichen Kescher zur Untersuchung des Fischraumes (§ 50 der Polizeiverordnung zum Fischereigesetz — FO.).

9. Sie sind befugt, jederzeit die beim Fischfang gebrauchten Fanggeräte, die Fanggeräte und Fische in Fischerfahrzeugen sowie Fischbehälter in offenen Gewässern zu untersuchen (§ 123 FG.). Diese Befugnis ist schonend auszuüben, Schaden ist nach Möglichkeit zu vermeiden. Durchsuchungen von Personen, Wohnungen und sonstigen Räumen dürfen sie dagegen nur dann vornehmen, wenn die betreffende Person 1. auf frischer Tat ertappt ist, und 2. sich außerdem ausdrücklich mit der Durchsuchung einverstanden erklärt hat, nachdem sie darauf hingewiesen ist, daß sie dazu nicht verpflichtet ist.

10. Fische, Fanggeräte und sonstige Gegenstände, welche als Beweismittel für die Untersuchung von Bedeutung sein können oder der Einziehung unterliegen, sind in Verwahrung zu nehmen oder in anderer Weise (Abgabe an die Ortspolizeibehörde) sicher zu stellen. Befinden sich die Gegenstände im Gewahrsam einer Person oder werden sie nicht freiwillig herausgegeben, so bedarf es der Beschlagnahme. Die Anordnung der Beschlagnahme steht dem Richter, bei Gefahr im Verzuge auch der Staatsanwaltschaft und denjenigen Polizei- und Sicherheitsbeamten zu, welche als Hilfsbeamte der Staatsanwaltschaft ihren Anordnungen Folge zu leisten haben.

Unberechtigt gefangene Fische können die Fischereiaufseher auch namens der Fischereiberechtigten zum Zwecke der Selbsthilfe wegnehmen, wenn obrigkeitliche Hilfe nicht rechtzeitig zu erlangen ist und ohne sofortiges Eingreifen die Gefahr besteht, daß die Verwirklichung des Anspruches vereitelt oder wesentlich erschwert wird. Den Fischereiberechtigten sind die Fische unverzüglich zur weiteren Veranlassung gemäß § 229 BGB. zu übergeben.

11. Sie sind — wie jedermann — zur vorläufigen Festnahme eines Täters, den sie auf frischer Tat betroffen und verfolgt haben, berechtigt, jedoch nur dann, wenn er der Flucht verdächtig ist oder seine Persönlichkeit nicht sofort festgestellt werden kann. Neben der Frage der Zulässigkeit der vorläufigen Festnahme ist stets die Frage ihrer Notwendigkeit sorgfältig zu prüfen, wobei die Bedeutung der strafbaren Handlung ausschlaggebend sein muß. Der Festgenommene ist, sofern er nicht wieder in Freiheit gesetzt wird, unverzüglich (d. h. ohne jeden unnützen, ungerechtfertigten Aufenthalt) dem Amtsrichter des Bezirks, in dem die Festnahme erfolgt ist, zuzuführen. Bei Festnahme eines Täters haben sie — soweit erforderlich — die von ihm mitgeführten Gegenstände sicher zu stellen.

12. Waffen dürfen bei Ausübung der amtlichen Tätigkeit nur in Fällen der Notwehr gebraucht werden. Notwehr ist diejenige Verteidigung, welche erforderlich ist, um einen gegenwärtigen rechtswidrigen Angriff in einer den Umständen angemessenen Weise von sich oder einem anderen abzuwehren.

13. Nach Aufklärung des Sachverhalts ist die Strafanzeige unverzüglich der Ortspolizeibehörde des Tatortes zur weiteren Behandlung zuzustellen. Bei Aufnahme der Strafanzeige müssen möglichst alle Umstände zu Papier gebracht werden, die für die tatsächliche und rechtliche Beurteilung der strafbaren Handlung von Bedeutung sein können. Beispielsweise muß aus den Anzeigen mit Sicher-

heit erkennbar sein, ob der Fischfrevler ohne den Fischereischein (§ 92 FG.) oder ohne den Erlaubnisschein zum Fischfang (§ 98 FG.) — oder ohne beide — betroffen worden ist und ob er beide Scheine — oder einen von ihnen — überhaupt nicht besessen (§ 126 FG.) oder nur nicht bei sich geführt hat (§ 125 FG.).

Für die

zu Hilfspolizeibeamten

ausdrücklich ernannten amtlich verpflichteten privaten Fischereiaufseher treten zu den vorstehenden noch folgende

erweiterten Befugnisse:

Zu Ziffer 9: Die Durchsuchung einer Person oder einer Wohnung oder eines anderen Raumes dürfen sie, abgesehen von den in Nr. 9 bezeichneten Fällen auch zur Verhütung einer strafbaren Handlung gegen die zum Schutz der Fischerei erlassenen gesetzlichen oder sonstigen Vorschriften oder der Fortsetzung einer solchen strafbaren Handlung vornehmen. Sie sind in rechtmäßiger Erfüllung ihres Amtes berechtigt, fremde Grundstücke auch ohne Erlaubnis des Eigentümers zu betreten.

Zu Ziffer 10: Sie können auch zur Verhütung von strafbaren Handlungen gegen die zum Schutz der Fischerei erlassenen gesetzlichen oder sonstigen Vorschriften oder zur Verhütung der Fortsetzung einer solchen strafbaren Handlung Gegenstände, die zur Begehung der Tat gebraucht werden oder geeignet sind, dem Besitzer wegnehmen. Ist eine strafbare Handlung bereits begangen, so haben sie solche Gegenstände, die als Beweismittel für die Untersuchung von Bedeutung sein können, oder der Einziehung unterliegen, in Verwahrung zu nehmen oder in anderer Weise vorläufig sicher zu stellen. Widerspricht der Besitzer, so ist die Wegnahme nur zulässig, wenn die Gefahr — d. h. eine sich aus den Tatsachen ergebende Wahrscheinlichkeit oder die begründete Besorgnis einer solchen — besteht, daß der Täter die Gegenstände zu einer strafbaren Handlung gebrauchen wird.

Zu Ziffer 11: Sie können zur vorläufigen Festnahme bei Gefahr im Verzuge auch dann schreiten, wenn der Festzunehmende einer strafbaren Handlung gegen die zum Schutz der Fischerei erlassenen gesetzlichen oder sonstigen Vorschriften dringend verdächtig und wenn er entweder der Flucht verdächtig ist oder Tatsachen vorliegen, aus denen zu schließen ist, daß er Spuren der Tat vernichten oder daß er Zeugen oder Mitschuldige zu einer falschen Aussage oder Zeugen dazu verleiten werde, sich der Zeugnispflicht zu entziehen (Verdunkelungsgefahr). Diese Tatsachen sind aktenkundig zu machen.

Der Verdacht der Flucht bedarf keiner weiteren Begründung, wenn der Angeschuldigte ein Heimatloser oder Landstreicher oder nicht imstande ist, sich über seine Person auszuweisen; ferner wenn der Angeschuldigte ein Ausländer ist und begründeter Zweifel besteht, daß er sich auf Ladung vor Gericht stellen und dem Urteile Folge leisten werde.

Ist die Tat mit Haft oder Geldstrafe bedroht, so darf die Festnahme nicht wegen Verdunkelungsgefahr (siehe oben), sondern nur wegen Verdachts der Flucht und auch dann nur erfolgen, wenn der Verdächtigte zu den vorstehend in Abs. 2 genannten Personen gehört oder wenn er unter Polizeiaufsicht steht.

Zu Ziffer 12: Sie dürfen, abgesehen von dem Falle der Notwehr, von den ihnen nach allgemeinen Vorschriften zur Führung gestatteten Waffen bei Ausübung der Aufsichtstätigkeit auch in sonstigen Fällen Gebrauch machen. Maßgebend ist dabei der Ministerialerlaß über den Waffengebrauch durch Fischereibeamte vom 29. Oktober 1923, LMBl. S. 971, von dem ihnen ein Abdruck bei der Ernennung zum Hilfspolizeibeamten übergeben wird.

Richtlinien: 1. Die amtliche Verpflichtung erfolgt nach Anordnung desjenigen Regierungspräsidenten, in dessen

Bezirk das zu beaufsichtigende Gewässer liegt. Wird für ein in mehreren Regierungsbezirken liegendes Gewässer die amtliche Verpflichtung beantragt, so veranlaßt diese nach Vereinbarung in der Regel der für den Wohnort des Aufsehers zuständige Regierungspräsident.

2. Außer einer Prüfung der Zuverlässigkeit des Vorgeschlagenen werden grundsätzlich keine weiteren Anforderungen in persönlicher Hinsicht zu stellen sein, da andernfalls der Zweck der Maßnahme erschwert wird.

3. Über die amtliche Verpflichtung ist dem Aufseher eine Bescheinigung auszuhändigen und auf Kosten des Antragstellers die öffentliche Bekanntmachung zu erlassen.

4. Wegen der Ausweisschilder vgl. meinen Erlaß vom 14. Januar 1924/29. August 1924 (nicht veröffentlicht) —) VI 31042, II/VI 32545 —.

Auf Grund der inzwischen erfolgten Abänderung der Ausführungsanweisung in §§ 119 bis 123 des FG. Ziffer 5 sind die amtlich verpflichteten Fischereiaufseher zum Tragen der Dienstmütze weder verpflichtet noch berechtigt.

5. Die Eigenschaft als Hilfsbeamter der Staatsanwaltschaft kann den amtlich verpflichteten Fischereiaufsehern nicht beigelegt werden. Auch kommt ihre Bewaffnung auf Kosten des Staates nicht in Frage. Wegen der Ernennung zu Hilfspolizeibeamten verweise ich auf meinen Erlaß vom 7. März 1925 — VI 27248 — (nicht veröffentlicht). Den in Frage kommenden Personen ist ein Abdruck des Erlasses über den Waffengebrauch vom 29. Oktober 1923 — I B IIb/II 14459 — (LMBl. S. 971) auszuhändigen.

6. Jedem Aufseher ist ein Abdruck des anliegenden Merkblattes zu liefern. Der Bedarf ist umgehend bei der Registratur VI meines Ministeriums anzufordern. Eine Textausgabe des Fischereigesetzes haben sie sich selbst oder auf Kosten ihrer Auftraggeber zu beschaffen.

b) Verfügung des Ministers für Landwirtschaft, betreffend Beschlagnahme von Fischereigeräten und deren Verwertung nach rechtskräftig gewordener Einziehung, vom 16. Februar 1923 (LMBl. S. 203),

in der durch den Ministerialerlaß vom 23. Oktober 1924 (LMBl. S. 603) gegebenen Fassung.

Diese Verfügung ist im Einverständnis mit den Ministern des Innern und der Justiz erlassen worden. (Vgl. auch JMErl. vom 19. März 1924, MBl. f. d. i. V. S. 767, bei der preuß. JO., neunter Abschnitt, bei § 295 StGB., in den „preußischen Jagdgesetzen" — mit Erläuterungen versehen von A. Born — angeführt; sowie JMErl. vom 12. März 1923, JMBl. S. 214).

1. Die bei einem durch das Reichsstrafgesetzbuch mit Strafe bedrohten Fischereivergehen gebrauchten Fanggeräte sind, auch wenn sie an sich zulässig gearbeitet waren, zu beschlagnahmen, in Verwahrung zu nehmen oder in anderer Weise sicher zu stellen. Dasselbe gilt für die Fanggeräte, die a) verbotswidrig auf Wasserfahrzeugen mitgeführt werden (§ 127 Ziff. 5 FG.), b) zur Ausübung der Fischerei in Schonbezirken verbotswidrig benutzt werden (§ 127 Ziff. 6 FG.), c) entgegen den Vorschriften der §§ 24 und 25 der Fischereiordnung vom 29. März 1917/16. März 1918 und den vom Regierungspräsidenten getroffenen Bestimmungen über die zulässige Maschenweite und die sonstige Beschaffenheit der Fanggeräte beim Fischfang benutzt werden (§§ 106, 124 FG. und § 53 FO.), d) unter Störung der aus Rücksichten auf den öffentlichen Verkehr und die Schiffahrt sowie zur Vermeidung gegenseitiger Störung der Fischer und zur Erleichterung der Aufsichtsführung beim Fischfang zu beobachtenden Ordnung benutzt werden (§ 106 Abs. 1 Ziff. 4 FG.).

2. Bei der Handhabung der Vorschriften über die zulässige Maschenweite usw. ist an dem Gesichtspunkte fest-

zuhalten, daß nur wirklich schädliche Fanggeräte ausge schlossen werden. Dies bezweckt, den Fischern in der Anfertigung und Verwendung der Fanggeräte keine Beschränkungen aufzuerlegen, die nicht unbedingt geboten sind, um einer Schädigung des Fischbestandes vorzubeugen.

Der Regel nach wird daher eine Beschlagnahme der Netze wegen Verstoßes gegen die Vorschriften über die zulässige Maschenweite nur vorzunehmen sein, wenn nach der ganzen Beschaffenheit des Netzes anzunehmen ist, daß es von vornherein enger als zulässig gearbeitet war, mithin eine absichtliche Übertretung der betreffenden Vorschriften vorliegt.

In allen anderen Fällen, namentlich wenn das Gerät nur geringe, anscheinend nicht beabsichtigte Abweichungen von der zulässigen Maschenweite aufweist, werden die Fischer zunächst auf die Mängel aufmerksam zu machen und zur Abstellung dieser binnen bestimmter, aagemeessner Frist aufzufordern sein. Erst wenn der gewarnte Fischer nach Ablauf der Frist wieder bei Anwendung derselben unvorschriftsmäßigen Gerätes betroffen werden sollte und wenn die Maschenweite des Netzes durch besondere Maßnahmen (starkes Teeren, Schleifen geteerter und noch nicht vollständig trockener Netze über Sand usw.) nachträglich absichtlich verengert ist, wird zur Beschlagnahme zu schreiten sein.

3. Die beschlagnahmten, an sich zulässig gearbeiteten Fanggeräte sind sorgfältig aufzubewahren. Sobald ihre Einziehung rechtskräftig geworden ist, sind die Geräte von Zeit zu Zeit dem Provinzial- (Bezirks-) Fischereiverein oder einer sonstigen vom Regierungspräsidenten zu bestimmenden Fischereiorganisation zum Verkauf an solche Mitglieder, die zur Ausübung des Fischfanges befugt sind, gegen Abführung des Erlöses an die Staatskasse zur Verfügung zu stellen.

. Wird die Übernahme ganz oder teilweise abgelehnt, so sind die Geräte öffentlich meistbietend zu versteigern. Von der Versteigerung auszuschließen sind Personen, die sich über ihre Befugnisse zur Ausübung des Fischfangs nicht ausweisen können und solche, die als unzuverlässig bekannt sind.

4. Mit den beschlagnahmten, unzulässig gearbeiteten Fanggeräten ist nach rechtskräftig gewordener Einziehung wie in Ziff. 3 Abs. 1 vorgeschrieben, zu verfahren, sofern sich ihre weitere Verwendung ganz oder teilweise für andere Fanggeräte oder andere Fischarten ermöglichen läßt. Ist dies ausgeschlossen oder wird die Übernahme von dem Verein usw. abgelehnt, so sind solche Geräte nach Zerschneidung und Zerstörung der unvorschriftsmäßigen Teile des Netzwerks, wie in Ziff. 3 Abs. 2 angegeben, zu versteigern.

Ausnahmsweise können in Fällen besonderer Billigkeit diejenigen Teile des Gezeuges, die sich noch zur Herstellung anderer zulässiger Fanggeräte verwenden lassen, wie Taue, Leinen, Simme, Schwimmer, Bleistücke und dergleichen, dem bisherigen Eigentümer auf dessen Antrag nach Anhörung des Oberfischmeisters zur Abholung binnen bestimmter Frist wieder zur Verfügung gestellt werden.

5. Das beschlagnahmte Material, dessen weitere Verwertung unzweckmäßig erscheint oder das bei dem ersten Versuch der Versteigerung keine Käufer gefunden hat, ist nach Unbrauchbarmachung für Fischereizwecke entweder für staatliche Betriebseinrichtungen zu verwenden oder freihändig zu verkaufen.

6. Wird ein Fischfrevler bei der Verübung eines Fischereivergehens gegen das Strafgesetzbuch im Besitz schädlicher oder explodierender Stoffe betroffen, so sind die Gegenstände zu beschlagnahmen. In Frage kommen: giftige Köder oder Mittel zur Betäubung und Vernichtung der Fische, Sprengpatronen und andere Sprengmittel — § 100 FG. —,

ferner: Fallen mit Schlagfedern, Gabeln, Aalharken, Speere, Stecheisen, Schußwaffen, Stangen usw.

Sobald die Einziehung rechtskräftig geworden ist, sind diese Gegenstände mit der erforderlichen Vorsicht unschädlich zu machen und zu vernichten. Hiervon können solche Geräte ausgenommen werden, die einen kulturhistorischen Wert haben und sich zur Einverleibung in die Sammlungen der Provinzial-Museen usw. eignen. Schußwaffen sind nicht zu vernichten, sondern kostenfrei an den Regierungspräsidenten zu übersenden. Eine Ausnahme gilt: a) für Waffen, falls die Zuwiderhandlung auf einem forststaatlichen oder einem zum ehemaligen preußischen Krongut oder königlichen Hausfideikommiß gehörigen Fischgewässer stattgefunden hat; b) für Vollstreckungsbehörden an Orten mit staatlicher Polizeiverwaltung; c) für Vollstreckungsbehörden am Sitze eines Landratsamtes, der nicht zugleich Sitz des Regierungspräsidenten ist.

Die Übersendung erfolgt im Falle zu a) an den zuständigen Revieroberförster, im Falle zu b) an die staatliche Polizeiverwaltung, im Falle zu c) an den Landrat. Von der Einsendung ist in jedem Falle der Regierungspräsident zu benachrichtigen (Min.-Erl. vom 23. Oktober 1924, LMBl S. 603). Für die weitere Behandlung der eingelieferten Waffen ist der Erlaß des Ministers des Innern vom 9. Juli 1924, MBl. f. d. i. Verw. S. 767, maßgebend.

7. Über die Beschlagnahme und Ablieferung an die zuständige Polizeibehörde und die weiteren Maßnahmen mit den eingezogenen Gegenständen sind zugleich kurze Bemerkungen zu den Akten zu bringen, aus denen jederzeit der Verbleib des einzelnen Gegenstandes zu ersehen ist.

8. Die bei der Verwertung eingezogener Fischgeräte aufkommenden Erlöse sind — sofern nicht die vereinnahmende Stelle selbst eine Staatsbehörde ist — an die

Staatskasse abzuführen, und zwar im Falle gerichtlicher Einziehung an die Gerichtskasse.

Hierzu Ministerialerlaß vom 23. Oktober 1924, LMBl. S. 603, der im Einverständnis mit den Ministern des Innern und der Justiz erlassen ist: II. — I ist in Ziff. 6 angeführt —: Zur Behebung von Zweifeln weise ich darauf hin, daß die in Ziff. 1 der Bestimmungen des Erlasses vom 16. Februar 1923 aufgeführten Zuwiderhandlungen vornehmlich schwerere Fälle treffen, in denen die Beschlagnahme der Fanggeräte zur Vermeidung weiterer strafbarer Handlungen und zur Erhärtung der nachfolgenden Bestrafung unter allen Umständen geboten ist. Daneben bleibt den zur Beschlagnahme befugten Beamten die Wahl, je nach Lage des Falles auch bei Zuwiderhandlungen gegen die übrigen — in Ziff. 1 des Erlasses nicht besonders aufgeführten — Bestimmungen auf Grund des § 106 FG. die mitgeführten Fanggeräte zu beschlagnahmen. Gemäß § 128 Abs. 2 FG können die Fischereibehörden auch in diesen Fällen auf Einziehung erkennen.

Im übrigen kommt auch in allen Fällen einer Fischereiübertretung zur Sicherung des Beweises Beschlagnahme, Inverwahrungnahme oder sonstige Sicherstellung von Fischereigeräten in Frage und schließlich aus dem Gesichtspunkte der Präventivpolizei die vorläufige Wegnahme. Letztere ist nach § 10 II 17 ALR. auch dort, wo die Voraussetzungen der Einziehung oder Beschlagnahme usw. fehlen, in den Fällen zulässig, in denen die Belassung der Fanggeräte in der Hand des Täters die Befürchtung strafbarer Eingriffe in fremde Fischereirechte begründet erscheinen läßt. Die weggenommenen Fanggeräte sind jedoch, soweit nicht die Voraussetzungen für die Einziehung gegeben sind, ihren Besitzern nach Fortfall der Voraussetzung, unter der sie weggenommen sind, zurückzugeben oder zur Abholung zur Verfügung zu stellen.

c) Erlaß des Landwirtschaftsministers, betreffend Erlaß über den Waffengebrauch durch Fischereibeamte, vom 29. Oktober 1923 (LMBl. S. 971).

Die Bestimmungen treten an die Stelle der Instruktion über den Waffengebrauch im Dienste für die Fischereiaufsichtsbeamten vom 29. Mai 1879 (Das preußische Fischereirecht S. 298).

Die Fischereibeamten dürfen in ihrer Eigenschaft als Polizei-Exekutivbeamte im Dienst von der Waffe Gebrauch machen: a) zur Abwehr eines Angriffs oder einer Bedrohung mit gegenwärtiger Gefahr für Leib und Leben des Beamten oder der in seinem Schutz befindlichen Personen; b) zum Anhalten von Personen, die sich der Feststellung, Festnahme oder Festhaltung seitens des Beamten durch die Flucht zu entziehen versuchen. Der Fall zu a) ist auch dann gegeben, wenn der Täter der mit den Worten „Waffen nieder" oder „ich schieße (schlage, stoße)" oder „Hände hoch oder ich schieße (schlage, stoße)" oder ähnliche Redewendungen zum Ausdruck gebrachten Aufforderung des Beamten, Waffen oder andere gefährliche Werkzeuge niederzulegen oder loszulassen, nicht sofort nachkommt oder losgelassene Waffen oder andere gefährliche Werkzeuge wieder aufzunehmen sich anschickt.

Im Falle zu b) darf bei offensichtlich geringfügigen Verfehlungen, insbesondere polizeilichen Charakters zur Verhinderung von Fluchtversuchen von der Waffe nicht Gebrauch gemacht werden. Dem Gebrauch der Schußwaffe gegen Flüchtlinge muß der Anruf „Hände hoch oder ich schieße" oder „Halt oder ich schieße" erfolglos vorangegangen sein. Der Anruf kann nötigenfalls durch zwei kurz hintereinander in die Luft abgegebene Schüsse ersetzt werden.

Allgemeine Richtlinien.

1. Der Beamte darf von der Waffe nur Gebrauch machen, wenn er die für Fischereibeamte vorgeschriebene

Dienstkleidung trägt oder das amtliche Erkennungsschild bei sich trägt, und sich dem Täter gegenüber als Fischereibeamter zu erkennen gegeben hat.

2. Von der Waffe ist nur Gebrauch zu machen, wenn andere Mittel vergeblich angewandt sind oder von vornherein keinen Erfolg versprechen. Insbesondere ist Waffengewalt gegen die Person nicht anzuwenden, wenn Gewalt gegen Sachen (Kappen von Tauen, Wegnahme oder Zerbrechen von Rudern, Zerschneiden von Segeln und dgl.) zum Ziele führt.

3. Es dürfen nur Dienstwaffen (die vom Staat gelieferten oder die von der vorgesetzten Behörde zum Dienstgebrauch genehmigten eigenen Waffen) gebraucht werden.

4. Soweit dadurch der erstrebte Erfolg gesichert erscheint, ist das Seitengewehr von den hiermit ausgerüsteten Beamten zu verwenden. Die Schußwaffe ist nur zu gebrauchen, wenn die Anwendung des Seitengewehrs keinen Erfolg verspricht.

5. Der Täter soll nach Möglichkeit nur kampfunfähig gemacht, aber nicht getötet oder lebensgefährlich verletzt werden.

6. Gegen Kinder darf die Schußwaffe überhaupt nicht angewandt werden.

7. Beim Gebrauch der Schußwaffe ist darauf zu achten, daß unbeteiligte Personen nicht getroffen werden.

8. Festgenommene Personen sind unverzüglich darauf hinzuweisen, daß bei Fluchtversuch von der Waffe Gebrauch gemacht werden kann.

9. Verletzten Personen ist, soweit dies nach Lage der Sache ohne Gefahr für den Beamten oder die in seinem Schutz befindlichen Personen geschehen kann, die erforderliche Hilfe zu leisten. Sie sind alsbald der nächsten Ortspolizeibehörde zu übergeben.

10. Jeder Fall des Waffengebrauchs ist unverzüglich unter ausführlicher Darstellung des Sachverhalts dem Oberfischmeister anzuzeigen.

11. Zuwiderhandlungen gegen die Vorschriften dieses Erlasses werden disziplinarisch und strafrechtlich geahndet. Wer dagegen unter Beachtung dieser Vorschriften von der Waffe Gebrauch macht, kann auf den Schutz der Gesetze und die Vertretung durch die Vorgesetzten rechnen.

12. Zu § 133 FG.

a) Fischereiordnung für die Binnengewässer der Provinz Preußen. Vom 7. März 1845 (GS. S. 114).

§ 17 Abs. 1 bis 3: Diejenigen, denen nur das Recht zusteht, zu Tisches Notdurft zu fischen, dürfen solches nur in dem Umfange und mit dem Gezeuge, wie dasselbe bisher auf erlaubte Weise geschehen ist, ausüben.

Sofern dieselben nicht die Befugnis zur Benutzung großer Fischerzeuge besonders erworben haben, dürfen sie sich keines Fischerzeuges bedienen, dessen Handhabung mehr als zwei Personen erfordert. Auch soll, wenn nicht etwas anderes rechtsgültig feststeht, angenommen werden, daß dergleichen Berechtigungen, sofern sie den Besitzern einzelner Güter zustehen, auf den Bedarf der zum eigenen Haushalt der Berechtigten gehörigen Personen, sofern sie aber ganzen Gemeinden zustehen, auf den Bedarf der zur Zeit der Verleihung oder sonstigen Erwerbung vorhanden gewesenen Haushaltungen sich beschränken.

Wem die Fischerei nur zum häuslichen Bedarf oder nur zur Tisches Notdurft zusteht, der darf weder mit den gefangenen Fischen Handel treiben noch dieselben verschenken. Auch darf er der Regel nach von den gefangenen Fischen nichts als Lohn gegen Arbeit verabreichen. Haben jedoch zu einem Fischfange Arbeiter, die nicht zu der Familie oder dem Hausstande des Berechtigten gehören, zugezogen werden müssen, so darf denselben statt des üblichen Tagelohnes soviel an Fischen verabreicht werden, als nach den gewöhnlichen Verkaufspreisen der Fische zur Berichtigung des Tagelohnes erforderlich ist.

b) Fischereiordnung für das Frische Haff. Vom 7. März 1845 (GS. S. 121).

§ 1. Die Fischerei auf dem Frischen Haff ist Eigentum des Staates.

§ 2. Die Ausübung der Fischerei auf dem Frischen Haff ist nur demjenigen gestattet, welcher ein durch landesherrliche Verleihung, Vertrag mit dem Fiskus oder Verjährung begründetes Recht dazu hat.

§ 3. Wem die Fischerei nur zum häuslichen Bedarf oder nur zur Tisches Notdurft zusteht, der darf weder mit den gefangenen Fischen Handel treiben noch dieselben verschenken. Auch darf er der Regel nach von den gefangenen Fischen nichts als Lohn gegen Arbeit verabreichen. Haben jedoch zu einem Fischfange Arbeiter, die nicht zu der Familie oder dem Hausstande des Berechtigten gehören, zugezogen werden müssen, so darf denselben statt des üblichen Tagelohns soviel an Fischen verabreicht werden, als nach den gewöhnlichen Verkaufspreisen der Fische zur Berichtigung des Tagelohnes erforderlich ist.

Die Verpachtung einer auf den häuslichen Bedarf oder des Tisches Notdurft beschränkten Fischereiberechtigung ist nicht gestattet. Wenn dieselbe aber einem Grundstück zusteht, so kann sie dem Pächter des Grundstücks mit letzterem zur Ausübung überlassen werden.

Kontraventionen gegen die in diesem Paragraphen enthaltenen Vorschriften werden mit einer Geldstrafe bis zu (50 Talern) 150 RM. bestraft.

§ 4. Kein Fischereiberechtigter darf den Fischereibetrieb über seine rechtlich erworbenen Befugnisse ausdehnen. Namentlich ist weder einer Gemeinde oder Ortschaft, noch einem einzelnen Fischereiberechtigten gestattet, zu gleicher Zeit mit mehr großen Garnen, als ihnen zusteht, zu fischen. Auch darf in Ermangelung einer weitergehenden Berechtigung kein Sackfischer gleichzeitig mehr als sechszehn Säcke oder acht Tücher oder acht Netze ausstellen.

§ 5. Ist die Fischereiberechtigung auf kleines Fischerzeug eingeschränkt, so darf dabei nur Fischerzeug angewendet werden, zu dessen Gebrauch nicht mehr als drei Menschen erforderlich sind.

§ 6. Wenn der Umfang der Gerechtsame eines Fischereiberechtigten, welchem „die freie Fischerei mit großen oder kleinen Gezeugen" oder „so, wie sie von der Landesherrschaft besessen", verliehen worden, nicht durch Judikatur, Verträge oder auf andere rechtsgültige Weise unzweifelhaft festgestellt ist, so muß der Berechtigte sich auf gleichzeitige Benutzung so vieler großen und kleinen Gezeuge beschränken, als von ihm in den letzten zehn Jahren, vom Tage der Publikation dieser Fischereiordnung zurückgerechnet, gleichzeitig benutzt und, soweit es sich um Fischerei auf dem zu Ostpreußen gehörenden Teile des Frischen Haffs handelt, zur Fischmeisterordnung verzeichnet worden sind. Die Befugnis zur Ausübung der großen und kleinen Fischerei mit allen Arten von Gezeugen berechtigt jedoch nicht zur Ausübung der Keitelfischerei, welche vielmehr nur auf Grund ausdrücklicher Bewilligung oder 44jähriger Verjährung betrieben werden darf.

§ 12. Jede Gemeinde darf von ihrem Ufer nur bis in die Mitte des Haffs fischen. Ebenso dürfen auf der einen Seite die zu Westpreußen, und auf der anderen Seite die zu Ostpreußen gehörigen Fischer die Fischerei nicht weiter betreiben als solche vor dem 27. September 1772 von den beiderseitigen Fischern ausgeübt werden durfte. Wer die oben angegebenen Grenzen der Fischerei überschreitet, verfällt in eine Geldstrafe bis zu (zehn Talern) 30 RM., wenn nicht aus den Umständen erhellt, daß die Überschreitung ohne Vorsatz geschehen ist.,

c) Fischereiordnung für das Kurische Haff. Vom 7. März 1845 (GS. S. 139).

§ 1. Die Fischerei auf dem Kurischen Haff ist Eigentum des Staates.

§ 2. Die Ausübung der Fischerei auf dem Kurischen Haff ist nur denjenigen gestattet, welche ein durch landesherrliche Verleihung, Vertrag mit dem Fiskus oder Verjährung begründetes Recht dazu haben.

§ 3 Abs. 1. Wem die Fischerei nur zum häuslichen Bedarf oder nur zu des Tisches Notdurft zusteht, der darf weder mit den gefangenen Fischen Handel treiben noch dieselben verschenken. Auch darf er der Regel nach von den gefangenen Fischen (usw. wie im § 3 Abs. 1 zu b) . . .

§ 4. Kein Fischereiberechtigter darf den Fischereibetrieb (usw. wie § 4 zu b) bis zu: „mit mehr großen Garnen, als ihnen zusteht, zu fischen").

§ 13. Denjenigen Fischerbauern zu Nidden, welche bisher mit allerlei Gezeugen, Lachsstellen ausgenommen, auf beiden Seiten der Linie von Lickerorth nach Grabsterorth zu fischen berechtigt gewesen, verbleibt auch ferner diese Befugnis. Die Keitelfischerei darf von denselben jedoch nur auf dem südlich der Linie von Lickerorth nach Grabsterorth befindlichen Haffteilen betrieben werden (vgl. § 20). Neue Ansiedler zu Nidden, sowie alle diejenigen dortigen Einwohner, welchen die vorgedachte Berechtigung nicht schon bisher zugestanden hat, bleiben auch fernerhin davon ausgeschlossen.

§ 18 Abs. 3. Die Kurrenfahrer können soweit im Haff hinaufziehen, als sie wollen; jedoch dürfen sie, je nachdem sie in einem südlich oder nördlich der Linie von Lickerorth auf Grabsterorth gelegenen Orte wohnen, die Kurrenfischerei nur auf der südlichen oder nördlichen Seite dieser

Linie betreiben. Wer dieselbe überschreitet, verfällt in eine Geldstrafe bis zu (50 Talern) 150 RM., wenn nicht aus den Umständen erhellt, daß die Überschreitung ohne Vorsatz geschehen ist.

§ 20 Abs. 4 bis 6. Der Betrieb der Keitelfischerei im Kurischen Haff ist nur den hierzu berechtigten Einwohnern derjenigen Ortschaften, welche südlich der Linie von Lickerorth auf Grabsterorth liegen, ingleichen den Fischerbauern zu Nidden (§ 13), bis zu dieser Linie hin und nur auf dem Boden, nicht auf den flachen Stellen des Haffs gestattet.

Wer die Keitelfischerei auf den flachen Stellen des vorbezeichneten südlichen Teiles des Haffs oder vor dem 1. Juni oder nach dem 1. Oktober betreibt, verfällt in die in den §§ 5 und 6 bestimmten Strafen.

Im nördlichen Teile des Kurischen Haffs, von der Linie von Lickerorth auf Grabsterorth an, bleibt die Keitelfischerei bei einer Geldstrafe bis (50 Taler) 150 RM. verboten.

13. (Vgl. § 8 FG.).

§§ 6, 7 des alten Fischereigesetzes, vom 30. Mai 1874 (GS. S. 197).

§ 6. Fischereiberechtigungen, welche, ohne mit einem bestimmten Grundbesitz verbunden zu sein, bisher von allen Einwohnern oder Mitgliedern einer Gemeinde ausgeübt werden konnten, sollen künftig in dem bisherigen Umfange der politischen Gemeinde zustehen.

§ 7. Das Recht zur Ausübung der Binnenfischerei in solchen Gewässern, welche bisher dem freien Fischfange unterlagen, soll den politischen Gemeinden in den innerhalb ihrer Gemarkung belegenen Gewässern zustehen.

Wenn derartige Gewässer die Grenze zweier oder mehrerer Gemeinden bilden, ohne der einen oder anderen Gemarkung ganz oder zu bestimmten Teilen anzugehören, sollen die Gemeinden in der Erstreckung, auf welcher ihr Bezirk das Gewässer begrenzt, gleichberechtigt sein.

Zu § 6 des alten FG.: „Fischereiberechtigungen, welche ohne Verbindung mit einem bestimmten Grundbesitz bis zum Inkrafttreten des Fischereigesetzes vom 30. Mai 1874 von allen Einwohnern oder Mitgliedern einer Gemeinde ausgeübt werden konnten, sind kraft dieses Gesetzes dergestalt auf die politische Gemeinde übergegangen, daß dieser nicht nur die Ausübung, sondern auch das Eigentum der Substanz und der Nutzung zusteht". OG. vom 7. Mai 1887, Bd. 15 S. 187.

Zu § 7 des alten FG.: „§ 7 des alten FG. vom 30 Mai 1874 bezieht sich im Gegensatz zu den Fällen des § 6 auf die Fälle, in welchen die Fischerei als ein ius omnium commune jedermann freistand, in welchen das betreffende Gewässer dem absolut freien Fischfang unterlag. Vgl. RGZ. vom 10. Juli 1888 Bd. 4 S. 163".

„Beide Rechte, das im § 6 des a. FG. vom 30. Mai 1874 behandelte Recht und die im § 7 daselbst neu geschaffene Berechtigung sind gleicher Art. Es handelt sich in den Fällen des § 6 um ein Recht, welches seiner Substanz nach bereits der Gemeinde zusteht (s. spezielle Begründung in den Motiven zu § 6, Drucks. d. Abg.-Hauses, 1873/74 Nr. 98 S. 26); nur die Ausübung war den Gemeindeangehörigen (Gemeindemitgliedern in der weiteren Bedeutung dieses Wortes), und zwar sämtlichen, überlassen. Es handelt sich also um „Gemeindegliedervermögen" im technischen Sinne dieses Wortes (§ 1 Abs. 2 der Deklaration vom 26. Juli 1847, GS. S. 327). Es war zur Zeit des Erlasses des Fischereigesetzes bereits lange geltendes Recht, welches in § 69 Abs. 3 der Landgemeindeordnung vom 3. Juli 1891 von neuem Anerkennung gefunden hat, daß Gemeindegliedervermögen, das sämtlichen Gemeindeangehörigen als solchen, ohne daß noch etwas sonst hinzutritt, zusteht, ohne Entschädigung der bisherigen Ausübungsberechtigten in Gemeindevermögen im engeren Sinne (in Städten Kämmereivermögen genannt) verwandelt werden kann. Ein wohlerworbenes Individualrecht der Gemeindeglieder auf die Fortdauer der bisherigen Verhältnisse in dem Sinne, daß ihnen in solchem Fall für die Entziehung ihrer Nutzungen Entschädigung zu gewähren sei, ist als existierend und rechtlich konstruierbar vom Gesetzgeber nicht anerkannt worden. Im § 6 hätte es richtiger heißen müssen, daß die Ausübung der Berechtigungen auf die Gemeinde selbst übertragen werde. § 6 betrifft überhaupt nur das Verhältnis der Gemeindemitglieder zur Gemeinde. Dieses Verhältnis ist, da die Nutzung des der Substanz und Trägerschaft nach der Gemeinde zustehenden Rechts ausschließlich und allein in der Gemeindeangehörigkeit wurzelte, rein öffentlicher Natur. Das Recht der Gemeinde selbst, also ihr Rechtsverhältnis zu dem Gegenstande, an welchem es besteht, ist privatrechtlicher Natur. Die rechtliche Natur dieses Rechtes hat mit den daran bestehenden Rechten der Gemeindeglieder nichts zu tun. Es stellt sich dar als ein an einer nicht im Eigentum der Gemeinde stehenden Sache begründetes, nutzbares Vermögensrecht, dessen Einkünfte demgemäß in den Gemeindehaushalt fließen".

„Ist das Recht aus § 6 ein Privatrecht, so muß dies auch von dem Rechte aus § 7 gelten; beide Rechte sind im wesentlichen gleicher Art. Das ergibt sich aus der Natur der Dinge und der Behandlung beider Rechte im Gesetz und dessen Begründung. Auch dieses Recht ist nämlich ein nutzbares Vermögensrecht der Gemeinde an einer fremden Sache, dessen Einkünfte der Gemeindekasse zufließen. Daß dieses Recht neu geschaffen ist, während dasjenige des § 6 schon bestand, gibt keine Handhabe für eine rechtliche Unterscheidung dieses Inhalts, und ebensowenig kann eine solche darauf gestützt werden, daß es seine Entstehung allgemeinen, öffentlichen, landeskulturellen Interessen verdankt. Es handelt sich darum, anstatt der Wildfischerei die Berechtigung zur Fischerei in die Hände solcher Träger zu legen, „denen", wie die Motive (zu § 6) sagen, „das eigene

Interesse die Sorge für die Erhaltung des Fischbestandes „auferlegte". Als solche boten sich als vorzugsweise die Gemeinden dar. Das öffentliche Interesse betätigte sich darin, daß den Gemeinden das Recht der Fischerei verliehen, also gewissermaßen ein Geschenk gemacht wurde. Daß der § 6 sich auf Binnen- und Küstengewässer, der § 7 nur auf erstere bezieht, kann in bezug auf die rechtliche Natur selbstverständlich nicht in Betracht kommen, ganz abgesehen davon, daß, wie die Motive zu § 6 selbst sagen, eine Berechtigung aus § 6 in Ansehung von Küstengewässern wohl kaum irgendwo vorhanden sein wird". RGZ. vom 24. Mai 1901, Bd. 49 S. 241.

14. Arbeitsgerichtsgesetz vom 23. Dezember 1926 siehe im Anhang zu „den preußischen Jagdgesetzen" von A. Born unter Nr. XI.

Nachtrag.

1. Zweites Gesetz über die Änderung der Gesetze, betreffend die Ablösung der auf Dienstbarkeit beruhenden Berechtigungen, vom 13. Dezember 1927 (GS. S. 293).

§ 1. Das Gesetz über die Änderung der Gesetze, betrefferd die Ablösung der auf Dienstbarkeit beruhenden Berechtigungen, vom 7. März 1924 (GS. S. 125) wird aufgehoben.

§ 2. (1) Der Jahreswert der Berechtigungen, die auf Grund der Gesetze, betreffend die Ablösung der auf Dienstbarkeit beruhenden Berechtigungen, abgelöst werden, ist durch Sachverständige zu schätzen.

(2) Die Vorschriften

1. der Gemeinheitsteilungsordnung vom 7. Juni 1821 (GS. S. 53) § 120 Satz 2 bis zum Schlusse,
2. des Gesetzes, betreffend Ergänzung und Abänderung der Gemeinheitsteilungsordnung vom 7. Juni 1821 und einiger anderen über Gemeinheitsteilung ergangenen Gesetze, vom 2. März 1850 (GS. S. 139) Art. 6 Abs. 2 Satz 1 von den Worten „welche dabei" bis zum Schlusse,
3. des Gesetzes wegen Ergänzung bzw. Änderung der Verordnung vom 13. Mai 1867, betreffend die Ablösung der Servituten, die Teilung der Gemeinheiten und die Zusammenlegung der Grundstücke, für das vormalige Kurfürstentum Hessen (GS. S. 716) vom 25. Juli 1876 (GS. S. 366) Art. 1,
4. des Gesetzes, betreffend die Zusammenlegung der Grundstücke, Ablösung der Servituten und Teilung

der Gemeinheiten, für die Hohenzollernschen Lande vom 23. Mai 1885 (GS. S. 143) § 14 Abs. 3,

5. über das schiedsrichterliche Verfahren, soweit es bisher bei der Ablösung der auf Dienstbarkeit beruhenden Berechtigungen zulässig war,

werden aufgehoben.

§ 3. In dem beim Inkrafttreten dieses Gesetzes anhängigen Verfahren zur Ablösung einer auf Dienstbarkeit beruhenden Berechtigung ist für die Ermittelung des Jahreswertes der Berechtigung der Zeitpunkt des Inkrafttretens dieses Gesetzes maßgebend.

§ 4. Dieses Gesetz tritt am Tage seiner Verkündung in Kraft.

Das vorstehende, vom Landtage beschlossene Gesetz wird hiermit verkündet. Die verfassungsmäßigen Rechte des Staatsrates sind gewahrt.

Das Preußische Staatsministerium.

2. Gesetz über die Regelung verschiedener Punkte des Gemeindeverfassungsrechts, vom 27. Dezember 1927 (GS. S. 211).

§ 11. (1) Die bestehenden selbständigen Gutsbezirke sind aufzulösen.

(2) Sie sind entweder mit Landgemeinden oder Stadtgemeinden zu vereinigen oder mit anderen Gutsbezirken zu einer neuen Landgemeinde oder Stadtgemeinde zusammenzulegen oder allein für sich im ganzen oder in Teilen in Landgemeinden oder Stadtgemeinden umzuwandeln.

(3) Bei dieser Regelung ist in erster Linie auf die Schaffung leistungsfähiger Gemeinden sowie darauf Rücksicht zu nehmen, daß einheitlich bewirtschafteter Grundbesitz ein und derselben Gemeinde zugelegt wird.

(4) Über die Art der Auflösung (Abs. 2) beschließt das Staatsministerium. In jedem Kreise ist binnen einer vom Staatsministerium zu bestimmenden Frist durch den Kreisausschuß nach Anhörung der beteiligten Gemeinden und Gutsbesitzer ein Plan aufzustellen. Wird der Plan innerhalb dieser Frist nicht aufgestellt, so entscheidet das Staatsministerium von Amts wegen.

(5) Dabei soll von der Auflösung eines Gutsbezirkes Abstand genommen werden, wenn seine Vereinigung mit anderen Gemeinden oder seine Zusammenlegung mit anderen Gutsbezirken zu einer neuen Gemeinde nach Lage der Verhältnisse ausgeschlossen und seine Umwandlung in eine selbständige Gemeinde nicht möglich ist, weil sich ein eigenes Gemeindeleben wegen geringer Einwohnerzahl oder räumlicher Trennung der Wohnstätten nicht entwickeln kann.

§ 12. (1) Über die infolge dieser Regelung notwendig werdende Auseinandersetzung zwischen den beteiligten Gemeinden und Gutsbesitzern beschließt die Beschlußbehörde.

(2) Bei der Auseinandersetzung können Grundstücke, Gerechtigkeiten, Anlagen und Einrichtungen, die im Privateigentum des Gutsbesitzers stehen, aber dem Gemeingebrauch dienen, der Gemeinde übereignet werden.

(3) Bei der Auseinandersetzung ist die Mehr- oder Minderbelastung, die der Gutsbesitzer infolge der Auflösung des Gutsbezirks im ganzen erfährt, in billiger Weise zu berücksichtigen. Die Übereignung (Abs. 2) ist nur gegen volle Entschädigung zulässig. Wegen der Höhe der Entschädigung steht den Beteiligten gegen den endgültigen Beschluß der Beschlußbehörde binnen einem Monate die Klage im ordentlichen Rechtswege zu.

(4) Die Beschlußbehörde ist befugt, Unschädlichkeitsatteste gemäß Art. 20 des Ausführungsgesetzes zur Grundbuchordnung vom 26. September 1899 auszustellen.

§ 13. Bis zur Auflösung des einzelnen Gutsbezirks gilt folgendes:

1. Auf die Gutsbezirke finden die für Landgemeinden geltenden Vorschriften entsprechende Anwendung, soweit sie nicht das Bestehen einer Gemeindevertretung (Gemeindeversammlung) zur Voraussetzung haben.
2. Für den Bereich eines selbständigen Gutsbezirks ist der Besitzer des Gutes Träger der öffentlich-rechtlichen Rechte und Pflichten, deren Träger für den Bereich eines Gemeindebezirks die Gemeinde ist, mit den hinsichtlich einzelner dieser Rechte und Pflichten aus den Gesetzen folgenden Maßgaben.
3. Die obrigkeitlichen Geschäfte übt für den Gutsbezirk der Gutsvorsteher aus.
4. Der Gutsvorsteher wird vom Kreisausschuß bestellt. Der Kreisausschuß kann als solchen entweder eine im Gutsbezirk wohnende geeignete Persönlichkeit oder, wenn eine solche nicht vorhanden ist, einen benachbarten Gemeindevorsteher oder eine andere geeignete Persönlichkeit bestellen. Für einzelne Teile des Gutsbezirkes können besondere Gutsvorsteher bestellt werden.
5. Der Gutsbesitzer hat dem Gutsvorsteher auf Antrag eine angemessene Vergütung für die Besorgung der obrigkeitlichen Geschäfte zu zahlen. Über die Vergütung beschließt im Streitfalle der Kreisausschuß endgültig.

§ 14. Auf die sogenannten fürstlichen Gemeinden in den Kreisen Wetzlar und Neuwied (Regierungsbezirk Koblenz) finden die §§ 11 bis 13 entsprechende Anwendung.

§ 15. (1) Dieses Gesetz tritt mit dem auf die Verkündung folgenden Tage in Kraft.

(2) Mit demselben Zeitpunkte treten die entgegenstehenden Vorschriften der geltenden Gemeinde-Verfassungsgesetze außer Kraft.

(3) Der Minister des Innern erläßt die zur Ausführung dieses Gesetzes nötigen Anweisungen.

Das vorstehende, vom Landtage beschlossene Gesetz wird hiermit verkündet; die verfassungsmäßigen Rechte des Staatsrats sind gewahrt.

Das Preußische Staatsministerium.

3. Runderlaß, betreffend Fischereipachtverträge, vom 19. November 1927 (LMBl. S. 880).

In dem Erlaß wird darauf hingewiesen, daß über die Verpachtung forststaatlicher Fischereien an Privatpersonen — freihändige und solche gegen Meistgebot — ordnungsmäßige Verträge aufzustellen sind. Fiskalische Verträge müssen mustergültig sein. Selbstverständlich ist es auch, daß den Pächtern vollständige Nebenausfertigungen der Verträge zuzuleiten sind. Es kann nicht für ausreichend erachtet werden, etwa eine Versteigerungsverhandlung als Vertrag gelten zu lassen. — Die Pachtzeiten sind gesetzmäßig mindestens auf 12 Jahre festzusetzen. Ausnahmen bedürfen der Genehmigung des Kreis- (Stadt-) Ausschusses nach § 29 Ziff. 1 FG. Sonst ist ein vorzeitiges Kündigungsrecht nur dann gegeben, wenn der Pächter seine Vertragspflichten verletzt, z. B. im Falle des § 554 BGB.

Ferner wird darauf aufmerksam gemacht, daß die Beitreibung von Vertragsstrafen durch den Verpächter (Fiskus) — durch die zuständige Forstkasse im Verwaltungszwangsverfahren — nicht vertretbar ist. Die allgem. Verf. vom 25. Juli 1925 (LMBl. S. 371) wird in Erinnerung gebracht.

Die Formulare für Fischereipachtverträge sind unter Mitwirkung der Justitiare einer eingehenden Prüfung zu unterziehen.

4. Zum Schluß soll noch auf den Entwurf eines Allgemeinen Deutschen Strafgesetzbuchs, ausgegeben am 19. Mai 1927 (Reichstag III 1924/27, Drucksache Nr. 3390) und u. a. auf die das unberechtigte Jagen und Fischen betreffenden §§ 361 bis 365, § 396 (Störung der Sonntagsfeier), § 405 (Verkehr mit gefährlichen Gegenständen — explosiven, usw., Stoffen) und § 411 (Schutz von Jagd- und Fischereigebieten) sowie §§ 149, 150, 151, 152 (Auflehnung gegen die Staatsgewalt — Widerstand gegen Wald-, Jagd- oder Fischereiberechtigte) hingewiesen werden.

Berichtigung.

Auf Seite 224 Zeile 12 von oben muß es statt „Ziff. 2" heißen: „Ziff. 1 vorliegt oder nicht" und in Zeile 16 von oben statt „Ziff. 1, 2 a oder b oder Ziff. 3 vorliegen": „Ziff. 2 a oder b oder Ziff. 3 vorliegen, sofern es sich um Personen handelt, die nicht Fischereiberechtigte sind.

Sachverzeichnis.

A.

G.

T.

U.

V.

W.

Gedruckt bei A. W. Hayn's Erben, Potsdam.

Kolibri 360 GmbH
Ferdinand-Jühlke-Straße 7
99095 Erfurt, Deutschland
produktsicherheit@kolibri360.de